西藏2019统计年鉴

TIBET STATISTICAL YEARBOOK

西藏自治区统计局
国家统计局西藏调查总队 编

总第31期

中国统计出版社
China Statistics Press

图书在版编目（ＣＩＰ）数据

西藏统计年鉴. 2019：汉英对照 / 西藏自治区统计局, 国家统计局西藏调查总队编. -- 北京 ：中国统计出版社, 2019.12
ISBN 978-7-5037-8834-5

Ⅰ. ①西… Ⅱ. ①西… ②国… Ⅲ. ①统计资料－西藏－2019－年鉴－汉、英 Ⅳ. ①C832.75-54

中国版本图书馆 CIP 数据核字(2019)第 129639 号

西藏统计年鉴-2019

作　　者/ 西藏自治区统计局　国家统计局西藏调查总队
责任编辑/ 李　冲　张　洁
封面设计/ 李雪燕
出版发行/ 中国统计出版社有限公司
地　　址/ 北京市丰台区西三环南路甲 6 号　邮政编码/100073
电　　话/ 邮购（010）63376909　书店（010）68783171
网　　址/ http://www.zgtjcbs.com
印　　刷/ 河北鑫兆源印刷有限公司
经　　销/ 新华书店
开　　本/ 890mm×1240mm　1/16
字　　数/ 840 千字
印　　张/ 26.25
版　　别/ 2019 年 12 月第 1 版
版　　次/ 2019 年 12 月第 1 次印刷
定　　价/ 280.00 元

本书附同版本 CD-ROM 一张，光盘内容以书面文字为准。
如有印装差错，由本社发行部调换。

《西藏统计年鉴-2019》编辑委员会及编辑工作人员

编辑委员会

编辑工作人员

《TIBET STATISTICAL YEARBOOK-2019》
EDITORIAL BOARD AND EDITORIAL STAFF

编辑说明

一、《西藏统计年鉴》(2019)是一本信息高度密集的资料工具书。本书收录了2018年西藏自治区的经济和社会发展等各方面的统计数据，以及西藏和平解放以来各个时期的主要统计数据，是国内外各界人士了解西藏、认识西藏的重要资料性工具书。

二、全书内容分为18个篇目，即1.行政区划和自然资源；2.综合和国民经济核算；3.人口、就业和工资；4.固定资产投资；5.财政；6.价格；7.人民生活；8.农业；9.工业；10.建筑业；11.运输和邮电业；12.国内贸易；13.对外贸易和旅游；14.金融业；15.教育、科技和文化；16.体育、卫生和其他；17.各县（区、市）主要统计指标；18.全国各省（区、市）统计资料。为便于读者正确使用资料，书末还附有主要统计指标解释。

三、本年鉴中总量指标均按当年现行价格计算。西藏生产总值及各产业增加值、农业总产值、工业总产值指数和增长速度均按可比价格计算。

四、本年鉴部分数据合计数或相对数由于单位取舍不同产生的计算误差未作机械调整。

五、本年鉴中涉及到的历史数据，均以最新出版的年鉴数据为准。

六、本年鉴中的符号使用说明:“…”表示数据不足本表最小单位数;“空格”表示该项统计指标数据不详或无数据;“＃”表示其中主要项。

七、资料中所使用的度量衡单位采用国际统一标准计量单位。

八、本书为中英文对照，配有电子版光盘。

九、《西藏统计年鉴》出版得到区直有关部门和单位的大力支持，对此我们深表感谢。限于我们的水平，欢迎读者继续对年鉴的不足之处给予批评和指正，以便我们进一步改进年鉴的编辑工作，更好地为广大读者服务。

EDITOR'S NOTE

Ⅰ.*Tibet Statistical Yearbook 2019* contains comprehensive statistics on Tibetan economic and social development in 2018 and major statistical data in historically important years after The Peaceful Liberation of Tibet. It is really an important and efficient reference yearbook for people of all circles at home and abroad to know and understand Tibet.

Ⅱ.The Yearbook contains 18 parts: 1. Administrative Division and Natural Resources; 2. General Survey and National Accounts; 3. Population, Employment and Wages; 4. Investment in Fixed Assets; 5. Government Finance; 6. Prices; 7. People's Living Conditions; 8. Agriculture; 9. Industry; 10. Construction; 11. Transport, Postal and Telecommunication Services; 12. Domestic Trade; 13. Foreign Trade and Tourism; 14. Financial Intermediation; 15. Education, Science & Technology and Culture; 16. Sports, Public Health and Others; 17. Main Economic Indicators by Counties (Cities and Regions); 18. Statistical Data of Province, Municipality and Autonomous Region. To facilitate readers, at the end of the book, Explanatory Notes on main statistical indicators are included.

Ⅲ.The prices used in calculation in this publication are current prices of those years. Indices and growth rate of gross regional product of Tibet, value-added by three strata of industry, gross output value of agriculture and gross output value of industry are calculated at constant prices.

Ⅳ.Statistical discrepancies on totals and relative figures due to rounding are not adjusted in the Yearbook.

Ⅴ.Please refer to the newly published version of the Yearbook for updated historical data.

Ⅵ.Marks in this yearbook:"…"indicates that the data is not large enough to be rounded into the least unit; "blank space" indicates that the data are unknown or not available; "#" indicates a major breakdown of the total.

Ⅶ.The units of measurement used in the Yearbook are internationally standard measurement units.

Ⅷ.This book is written in Chinese and English, and is equipped with electric CD.

Ⅸ. During the compilation of the yearbook, we have got the support from some government departments of Autonomous Region and other relative units. We express our thanks to all of them here. In order to be better, we welcome all candid comments and criticism from our readers.

目　　录

Contents

第一篇　行政区划和自然资源
CHAPTER 1　ADMINISTRATIVE DIVISION AND NATURAL RESOURCES

第二篇　综合和国民经济核算
CHAPTER 2　GENERAL SURVEY AND NATIONAL ACCOUNTS

第四篇 固定资产投资
CHAPTER 4 INVESTMENT IN FIXED ASSETS

第五篇 财　　政
CHAPTER 5　GOVERNMENT FINANCE

第六篇 价　　格
CHAPTER 6　PRICES

第七篇 人民生活
CHAPTER 7 PEOPLE’S LIVING CONDITIONS

第八篇 农　业
CHAPTER 8 AGRICULTURE

第九篇 工　业
CHAPTER 9 INDUSTRY

第十篇 建 筑 业
CHAPTER 10 CONSTRUCTION

第十一篇 运输和邮电业
CHAPTER 11 TRANSPORT, POSTAL AND TELECOMMUNICATION SERVICES

第十二篇 国内贸易
CHAPTER 12 DOMESTIC TRADE

第十三篇　对外贸易和旅游
CHAPTER 13　FOREIGN TRADE AND TOURISM

第十四篇　金 融 业
CHAPTER 14　FINANCIAL INTERMEDIATION

第十五篇　教育、科技和文化
CHAPTER 15　EDUCATION, SCIENCE & TECHNOLOGY AND CULTURE

第十六篇　体育、卫生和其他
CHAPTER 16　SPORTS, PUBLIC HEALTH AND OTHERS

第十七篇　各县（区、市）主要统计指标
CHAPTER 17　MAIN ECONOMIC INDICATORS BY COUNTIES (CITIES AND REGIONS)

第十八篇　全国各省（区、市）统计资料
CHAPTER 18　STATISTICAL DATA OF PROVINCE, MUNICIPALITY AND AUTONOMOUS REGION

附　录
APPENDIX

第一篇

行政区划和自然资源

CHAPTER 1

ADMINISTRATIVE DIVISION AND NATURAL RESOURCES

1-1 行政区划
ADMINISTRATIVE DIVISIONS

单位：个 (unit)

地 区 Region		市辖区 Districts Under the Jurisdication of Cities	县级市 Cities at County Level	县 Counties	乡 Township	#民族乡 National Township	镇 Towns	街道 Street Communities	居民委员会 Neighborhood Committee	村民委员会 Village Committee
总 计	**Total**	**8**		**66**	**539**	**9**	**138**	**20**	**214**	**5261**
拉萨市	Lhasa	3		5	42		7	16	45	226
日喀则市	Xigazê	1		17	175		27	2	30	1643
昌都市	Qamdo	1		10	110	1	28		23	1119
林芝市	Nyingchi	1		6	34	3	20	2	9	489
山南市	Lhoka	1		11	59	5	24		59	497
那曲市	Nagqu	1		10	89		25		37	1153
阿里地区	Ngari			7	30		7		11	134

1-2 行政区划一览表
LIST OF ADMINISTRATIVE DIVISIONS

拉萨市	Lhasa	城关区 堆龙德庆区 达孜区 林周县 当雄县 尼木县 曲水县 墨竹工卡县 Chengguan Doilungdêqên Dagzê Lhünzhub Damxung Nyêmo Qüxü Maizhokunggar
日喀则市	Xigazê	桑珠孜区 南木林县 江孜县 定日县 萨迦县 拉孜县 昂仁县 谢通门县 白朗县 仁布县 康马县 定结县 仲巴县 亚东县 吉隆县 聂拉木县 萨嘎县 岗巴县 Samzhubzê Namling Gyangzê Tingri Sa'gya Lhazê Ngamring Xaitongmoin Bainang Rinbung Kangmar Dinggyê Zhongba Yadong Gyirong Nyalam Saga Kamba
昌都市	Qamdo	卡若区 江达县 贡觉县 类乌齐县 丁青县 察雅县 八宿县 左贡县 芒康县 洛隆县 边坝县 Karub Jomda Konjo Riwoqê Dêngqên Chagyab Baxoi Zogang Markam Lhorong Banbar
林芝市	Nyingchi	巴宜区 工布江达县 米林县 墨脱县 波密县 察隅县 朗县 Bayip Gongbo'gyamda Mainling Mêdog Bomê Zayü Nang
山南市	Lhoka	乃东区 扎囊县 贡嘎县 桑日县 琼结县 曲松县 措美县 洛扎县 加查县 隆子县 错那县 浪卡子县 Nêdong Chanang Konggar Sangri Qonggyai Qusum Comai Lhozhag Gyaca Lhünzê Cona Nagarzê
那曲市	Nagqu	色尼区 嘉黎县 比如县 聂荣县 安多县 申扎县 索县 班戈县 巴青县 尼玛县 双湖县 Seni Lhari Biru Nyainrong Amdo Xainza Sog Bangoin Baqên Nyima Shuanghu
阿里地区	Ngari	普兰县 札达县 噶尔县 日土县 革吉县 改则县 措勤县 Burang Zanda Gar Rutog Gê'gyai Gêrzê Coqên

1-3 县(市、区)分类
COUNTIES (CITIES AND REGIONS) BY TYPE

分类 Classify	个数 Number	县(市、区)名称 Name of County (city and region)
边境县 Counties of Border	21	定日县 康马县 定结县 仲巴县 亚东县 吉隆县 聂拉木县 萨嘎县 岗巴县 米林县 墨脱县 察隅县 朗县 洛扎县 隆子县 错那县 浪卡子县 普兰县 札达县 噶尔县 日土县 Tingri Kangmar Dinggyê Zhongba Yadong Gyirong Nyalam Saga Kamba Mainling Mêdog Zayü Nang Lhozhag Lhünzê Cona Nagarzê Burang Zanda Gar Rutog
农业县 Counties of Agriculture	35	城关区 堆龙德庆区 达孜区 尼木县 曲水县 墨竹工卡县 桑珠孜区 南木林县 江孜县 定日县 萨迦县 拉孜县 白朗县 仁布县 定结县 吉隆县 聂拉木县 左贡县 芒康县 洛隆县 边坝县 巴宜区 米林县 墨脱县 波密县 察隅县 朗县 乃东区 扎囊县 贡嘎县 桑日县 琼结县 洛扎县 加查县 隆子县 Chengguan Doilungdêqên Dagzê Nyêmo Qüxü Maizhokunggar Samzhubzê Namling Gyangzê Tingri Sa'gya Lhazê Bainang Rinbung Dinggyê Gyirong Nyalam Zogang Markam Lhorong Banbar Bayip Mainling Mêdog Bomê Zayü Nang Nêdong Chanang Konggar Sangri Qonggyai Lhozhag Gyaca Lhünzê
牧业县 Counties of Animal Husbandry	15	当雄县 仲巴县 萨嘎县 色尼区 嘉黎县 聂荣县 安多县 申扎县 班戈县 巴青县 尼玛县 双湖县 革吉县 改则县 措勤县 Damxung Zhongba Saga Seni Lhari Nyainrong Amdo Xainza Bangoin Baqên Nyima Shuanghu Gê'gyai Gêrzê Coqên
半农半牧县 Counties of Half Agriculture and Half Animal Husbandry	24	林周县 昂仁县 谢通门县 康马县 亚东县 岗巴县 卡若区 江达县 贡觉县 类乌齐县 丁青县 察雅县 八宿县 工布江达县 曲松县 措美县 错那县 浪卡子县 比如县 索县 普兰县 札达县 噶尔县 日土县 Lhünzhub Ngamring Xaitongmoin Kangmar Yadong Kamba Karub Qu Jomda Konjo Riwoqê Dêngqên Chagyab Baxoi Gongbo'gyamda Qusum Comai Cona Nagarzê Biru Sog Burang Zanda Gar Rutog
"一江两河"开发县 Counties of Three River Exploiture	18	城关区 堆龙德庆区 达孜区 林周县 尼木县 曲水县 墨竹工卡县 桑珠孜区 南木林县 江孜县 拉孜县 谢通门县 白朗县 乃东区 扎囊县 贡嘎县 桑日县 琼结县 Chengguan Doilungdêqên Dagzê Lhünzhub Nyêmo Qüxü Maizhokunggar Samzhubzê Namling Gyangzê Lhazê Xaitongmoin Bainang Nêdong Chanang Konggar Sangri Qonggyai
粮食基地县 Counties of Grain Base	11	堆龙德庆区 林周县 桑珠孜区 江孜县 拉孜县 白朗县 芒康县 波密县 乃东区 扎囊县 贡嘎县 Doilungdêqên Lhünzhub Samzhubzê Gyangzê Lhazê Bainang Markam Bomê Nêdong Chanang Konggar

1-4 西藏各水系流域面积
DRAINAGE AREA OF TIBET WATER SYSTEM

单位：平方公里、% (sq.km, %)

区域 Area	水系 Water System	流域	Drainage Area	面积 Area	比重 Proportion
外流区 Water System of Outer Area	太平洋水系 Pacific Ocean Water System	金沙江	Jingsha River	22933	1.9
		澜沧江	Lantsang River	38908	3.2
		小计	Subtotal	61841	5.1
	印度洋水系 Indian Ocean Water System	怒江	Nujiang River	102691	8.5
		吉太曲	Jitaicu	2350	0.2
		察隅曲	Chayucu	17881	1.5
		丹马曲(达兰河)	Danbacu (Dalan River)	12114	1.0
		雅鲁藏布江	Brahmaputra	242004	20.1
		西巴霞曲	Xibaxiacu	25775	2.1
		鲍罗里河(卡门河)	Baoluoli River (Kameng River)	10790	0.9
		达旺-娘江曲	Dawang-niangjiangcu	6330	0.5
		洛扎怒曲	Luozhanucu	6312	0.5
		康布曲	Kangbucu	2176	0.2
		汇入布拉马普特拉河的其他河流	Brahmaputra from Other Rivers	8882	0.7
		朋曲	Pengcu	24272	2.0
		绒辖藏布	Rongxiacangbu	1400	0.1
		波曲(麻章藏布)	Pocu (Mazhangcangbu)	1987	0.2
		吉隆藏布	Jilongcangbu	2950	0.2
		马甲藏布(孔雀河)	Majiacangbu (Peacock River)	3063	0.3
		甲扎岗噶曲	Jiazhagangcu	1483	0.1
		乌热曲-乌扎拉曲	Wurecu-wuzhalacu	816	0.1
		汇入恒河的其他河流	Ganges from Other Rivers	1443	0.1
		朗钦藏布(象泉河)	Langqincangbu (Xiangquan River)	23070	1.9
		如许藏布	Ruxucangbu	2630	0.2
		森格藏布(狮泉河)	Senggecangbu	27170	2.3
		羌臣摩河(奇普恰普河)	Qiangchengmo River (Qipuqiapu River)	1397	0.1
		小计	Subtotal	528986	44.0
	合计		Total	590827	49.1
内流区 Water System of Inner Area	藏南内流水系 Water System Inner of South Tibet	羊卓雍错-普莫雍错-哲古错	Yangzhuoyongcuo-pumoyongcuo-zhegucuo	10091	0.8
		多庆错-嘎拉错	Duoqingcuo-galacuo	3111	0.3
		错姆折林-共左错	Cuomuzhelin-Gongzuocuo	1380	0.1
		佩枯错-错戳龙	Peikucuo-cuochuolong	3290	0.3
		小计	Subtotal	17872	1.5
	藏北内流水系 Water System Inner of North Tibet	纳木错-己木错-兹格塘错	Namucuo-Jimucuo-Zigetangcuo	33449	2.8
		色林错-格林错	Selincuo-Gelincuo	51405	4.3
		扎日南木错-当惹雍错湖区	Zharinanmucuo-Dangreyongcuo	60962	5.1
		玛旁雍错-昂拉仁错-塔若错	Mapangyongcuo-Anglangrencuo-Taruocuo	52460	4.4
		班公错-泽错	Bangongcuo-Zecuo	28436	2.4
		藏北其他湖区	Others	366959	30.5
		小计	Subtotal	593671	49.4
	合计		Total	611543	50.9

1-5 西藏境内面积大于200平方公里的湖泊 STATISTICS OF LAKE AREA MORE THAN 200 SQUARE KILOMETERS IN TIBET

湖泊名称	Lake Name	湖面海拔(米) Height above Sea Level (m)	湖面面积 (平方公里) Area (sq.km)	湖泊类型 Type
纳木错	Namtso Lake	4718	2018	咸 Salty
色林错	Selin Lake	4530	2209	咸 Salty
扎日南木错	Zharinanmu Lake	4613	998	咸 Salty
当惹雍错	Dangreyong Lake	4535	843	咸 Salty
羊卓雍错	Yamdok Tso Lake	4441	614	咸 Salty
昂拉仁错	Anglaren Lake	4689	516	咸 Salty
塔若错	Tarou Lake	4545	490	淡 Fresh
格仁错	Geren Lake	4650	485	咸 Salty
班公错	Bangong Lake	4241	667	东淡西咸 Fresh in East and Salty in West
玛旁雍错	Mapangyong Lake	4588	412	淡 Fresh
昂孜错	Angzi Lake	4638	446	咸 Salty
多格仁错	Dougeren Lake	4814	417	咸 Salty
吴如错	Wuru Lake	4552	365	咸 Salty
多尔索洞错	Douershoudong Lake	4749	466	咸 Salty
鲁玛江冬错	Lumajiangdong Lake	4810	343	咸 Salty
佩枯错	Peiku Lake	4591	271	咸 Salty
普莫雍错	Pumoyong Lake	5009	292	淡 Fresh
拉昂错	Laang Lake	4573	259	咸 Salty
错鄂	Coue Lake	4562	253	咸 Salty
郭扎错	Gouzha Lake	5080	250	北淡南咸 Fresh in North and Salty in South
达则错	Dazhe Lake	4461	285	咸 Salty
许如错	Xuru Lake	4714	212	咸 Salty
扎布耶茶卡	Zabuyeca Lake	4400	231	咸 Salty

1-6 西藏境内海拔5000米以上的湖泊
STATISTICS OF LAKE HEIGHT ABOVE SEA LEVEL OVER 5000 METERS IN TIBET

湖泊名称 Lake Name		湖面海拔(米) Height above Sea Level (m)	湖面面积 (平方公里) Area (sq.km)	湖泊类型 Type
普莫雍错	Mopuyong Lake	5009	292	淡 Fresh
郭扎错	Gouzha Lake	5080	250	北淡南咸 Fresh in North and Salty in South
杰萨错	Jiesa Lake	5202	144	淡 Fresh
打加错	Dajia Lake	5170	111	咸 Salty
帕龙错	Palong Lake	5116	151	咸 Salty
龙木错	Longmu Lake	5002	102	咸 Salty
黑石北错	Heishibei Lake	5048	105	咸 Salty
令戈错	Lingge Lake	5051	112	咸 Salty
窝尔巴错	Woerba Lake	5177	92.6	咸 Salty
森里错	Shengli Lake	5386	82.3	淡 Fresh
独立石湖	Dulishi Lake	5031	93.2	咸 Salty
美日切错	Meiriqie Lake	5354	90.3	咸 Salty
骆驼错	Luotuo Lake	5103	67.4	淡 Fresh
清澈错	Qingche Lake	5104	67.5	淡 Fresh
阿果错	Arguo Lake	5000	4.72	淡 Fresh

第二篇

综合和国民经济核算

CHAPTER 2

GENERAL SURVEY AND NATIONAL ACCOUNTS

2-1　各部门机构数
GRASSROOTS UNITS IN VARIOUS SECTORS

部　　门		Sector		2014	2015	2016	2017	2018
农村基层组织	**（个）**	**Rural Grassroots Units**	**(unit)**					
乡政府		Township Governments		544	544	545	545	539
镇政府		Town Governments		140	140	140	140	138
村民委员会		Village Committees		5257	5258	5259	5261	5261
乡村户数	**（万户）**	**Numbers of Rural Household**	**(10000 households)**	**55.28**	**57.02**	**56.94**	**56.93**	**57.11**
工业企业	**（个）**	**Industrial Enterprises**	**(unit)**	**763**	**1008**	**1199**	**1249**	**1521**
#国有及国有控股		State-owned		143	115	173	186	175
集体经济		Collective-owned		102	93	109	111	168
建筑业企业	**（个）**	**Construction Enterprises**	**(unit)**	**172**	**167**	**194**	**271**	**322**
#国有及国有控股		State-owned		25	26	28	34	36
邮政局所	**（个）**	**Post Offices**	**(unit)**	**281**	**738**	**758**	**762**	**752**
卫生事业	**（个）**	**Health Care**	**(unit)**	**1451**	**1463**	**1476**	**1507**	**1548**
#医院及卫生院		Hospitals and Health Centers		790	819	824	830	835
诊所、卫生所、医务室		Outpatient Department, Clinics and Dispensary		489	489	497	519	549
疾病预防控制中心		Center for Disease Control and Prevention		82	82	82	82	82
教育事业	**（所）**	**Education**	**(unit)**					
普通高等学校		Regular Higher Education Institutions		6	6	7	7	7
中等学校		Secondary Schools		134	136	139	143	144
#普通中学		Regular Secondary Schools		124	127	129	132	133
小学		Primary Schools		829	826	805	806	809
幼儿园		Kindergartens		722	882	1028	1239	1477
文化艺术事业	**（个）**	**Cultural and Art**	**(unit)**	**951**	**954**	**956**	**956**	**956**
艺术事业		Art		99	99	99	99	99
群众文化事业		Mass Culture		772	774	774	774	774
图书馆事业		Libraries		78	79	81	81	81
文物事业	**（个）**	**Cultural Relics**	**(unit)**	**88**	**88**	**73**	**73**	**70**
出版发行事业	**（个）**	**Publishing and Distribution**	**(unit)**	**90**	**111**	**111**	**367**	**243**
广播电视	**（座）**	**Radio and Television**	**(unit)**	**85**	**85**	**85**	**153**	**153**
广播电台		Radio Stations		1	1	1	1	1
电视台		Television Stations		2	2	2	2	1
广播电视台		Broadcast-Television Stations		6	6	6	74	75
县级以上有线电视转播发射台		Cable-TV Transmission and Relaying Stations above the County Level		76	76	76	76	76

注：2017年获批增加了68个县级广播电视台。
Note: A total of 68 county-level broadcast-television stations had been approved and established in 2017.

2-2 国民经济和社会发展总量与速度指标

指标		Item		总量指标		
				1965	1978	1993
人 口	**（万人）**	**Population**	**(10000 persons)**			
总人口(年末)		Population (Year-end)		137.12	178.82	232.22
城镇人口		Urban Population			20.21	38.39
乡村人口		Rural Population			158.61	193.83
就 业	**（万人）**	**Employment**	**(10000 persons)**			
职工人数		Staff and Workers		6.25	13.52	16.90
国民经济核算		**National Accounts**				
地区生产总值	（亿元）	Gross Domestic Product	(100 million yuan)	3.27	6.65	37.42
第一产业		Primary Industry		2.32	3.37	18.30
第二产业		Secondary Industry		0.22	1.84	5.49
第三产业		Tertiary Industry		0.73	1.44	13.63
人均地区生产总值	（元）	Per Capita GDP	(yuan)	241	375	1624
财 政	**（亿元）**	**Government Finance**	**(100 million yuan)**			
一般公共预算收入		General Public Budget Revenue				
一般公共预算支出		General Public Budget Expenditures				
物价指数(上年=100)		**Price Indices**	**(preceding year=100)**			
商品零售价格总指数		General Retail Price Index				111.9
居民消费价格总指数		General Consumer Price Index				113.4
人民生活		**People's Livelihood**				
城镇居民人均可支配收入	（元）	Per Capita Disposable Income of Urban Households	(yuan)		575	2392
农村居民人均可支配收入	（元）	Per Capita Disposable Income of Rural Households	(yuan)		174	703
储蓄存款余额	（亿元）	Balance of Saving Deposits in Urban & Rural Areas	(100 million yuan)	0.25	0.33	9.05
职工工资		**Wages of Staff and Workers**				
职工工资总额	（亿元）	Total Wages of Staff and Workers	(100 million yuan)	0.59	1.11	6.79
职工平均工资	（元）	Average Wage of Staff and Workers	(yuan)	938	850	4085
农 业		**Agriculture**				
农林牧渔业总产值	（亿元）	Gross Output Value of Agriculture, Forestry, Animal Husbandry and Fishery	(100 million yuan)	2.64	3.92	22.99

PRINCIPAL AGGREGATE INDICATORS ON NATIONAL ECONOMIC AND SOCIAL DEVELOPMENT AND GROWTH RATES

Aggregate Data					速度指标 (%) Growth Rates								
					指数(2018年比以下各年) Index (2018 as percentage of the following years)					年平均增长速度 Average Annual Growth Rate			
2000	2005	2016	2017	2018	1965	1978	1993	2000	2017	1966–2018	1979–2018	1994–2018	2001–2018
259.83	280.31	330.54	337.15	343.82	250.7	192.3	148.1	132.3	102.0	1.7	1.6	1.6	1.6
50.22	58.45	97.71	104.15	107.07		529.8	278.9	213.2	102.8		4.3	4.2	4.3
209.61	221.86	232.83	233.00	236.75		149.3	122.1	112.9	101.6		1.0	0.8	0.7
16.24	16.28	28.63	30.24	34.62	553.9	256.1	204.9	213.2	114.5	3.3	2.4	2.9	4.3
117.80	248.80	1151.41	1310.92	1477.63	10192.1	5374.2	1770.3	737.8	109.1	9.1	10.5	12.2	11.7
36.39	48.04	115.78	122.72	130.25	806.5	588.0	259.8	202.7	103.4	4.0	4.5	3.9	4.0
27.05	63.52	429.17	513.65	628.37	64901.6	9089.6	5690.2	1502.5	117.5	13.0	11.9	17.5	16.2
54.37	137.24	606.46	674.55	719.01	33633.0	17217.0	2369.0	718.9	104.1	11.6	13.7	13.5	11.6
4572	8939	35184	39267	43398	4051.8	2791.3	1216.9	567.8	107.0	7.2	8.7	10.5	10.1
5.38	12.03	155.99	185.83	230.35				4281.6	123.9				23.2
59.97	185.45	1587.97	1681.94	1970.68				3286.1	117.2				21.4
99.2	100.8	102.1	101.4	101.5			192.4	127.4	101.5			2.7	1.4
99.9	101.5	102.5	101.6	101.7			266.9	153.0	101.7			4.0	2.4
6448	8411	27802	30671	33797		5877.7	1412.9	524.1	110.2		10.7	11.2	9.6
1331	2078	9094	10330	11450		6580.5	1628.7	860.3	110.8		11.0	11.8	12.7
40.48	123.10	785.89	879.72	925.95	370380.0	280590.9	10231.5	2287.4	105.3	16.8	22.0	20.3	19.0
23.20	46.26	311.59	344.92	399.32	67681.4	35974.8	5881.0	1721.2	115.8	13.1	15.9	17.7	17.1
14976	28950	110330	115549	119947	12787.5	14111.4	2936.3	800.9	103.8	9.6	13.2	14.5	12.3
51.21	67.74	162.46	178.16	195.47	784.2	528.0	281.8	216.6	105.5	4.0	4.2	4.2	4.4

2-2 续表1

指标		Item		总量指标 1965	1978	1993
#农业产值		Gross Output Value of Farming		0.85	1.47	10.05
牧业产值		Gross Output Value of Animal Husbandry		1.79	2.44	12.37
主要产品产量		Output of Major Farm Products				
粮食	(万吨)	Grain	(10000 tons)	29.07	51.34	67.22
油菜籽	(吨)	Rapeseeds	(ton)	5264	7914	26040
猪牛羊肉	(万吨)	Pork, Beef and Mutton	(10000 tons)		4.71	10.25
年末牲畜存栏		Number of Livestock in Year-end				
大牲畜	(万头)	Large Animal	(10000 heads)	459	509	588
猪	(万头)	Hog	(10000 heads)	13	25	20
羊	(万头)	Sheep and Goats	(10000 heads)	1229	1815	1713
工业		**Industry**				
工业总产值	(亿元)	Gross Output Value of Industry	(100 million yuan)	0.23	1.49	5.99
主要产品产量		Output of Major Industrial Products				
铬矿石	(万吨)	Chromium Ore	(10000 tons)		1.25	7.13
发电量	(亿千瓦时)	Electricity	(100 million kWh)	0.28	1.34	3.93
水泥	(万吨)	Cement	(10000 tons)	1.06	6.20	13.09
全部规模以上工业企业主要指标		Main Indicators of all Industrial Enterprises above Designated Size				
资产总计	(亿元)	Total Assets	(100 million yuan)			
利润总额	(亿元)	Total Profits	(100 million yuan)			
交通运输业		**Transport**				
客运量	(万人次)	Passenger Traffic	(10000 person-times)	9.30	6.0	218.70
公路		Highways		9.30	6.0	207.42
铁路		Railways				
民航		Civil Aviation				11.28
货运量	(万吨)	Freight Traffic	(10000 tons)	29.60	49.0	153.62
公路		Highways		29.60	49.0	144.68
铁路		Railways				
民航		Civil Aviation				0.14
管道		Pipelines				8.80
民用汽车拥有量	(万辆)	Possession of Civil Motor Vehicles	(10000 sets)			
邮电业		**Postal, Telecommunication**				
邮政业务总量	(万元)	Business Volume of Postal Services	(10000 yuan)	63	89	1399
电信业务总量	(万元)	Volume of Telecommunication Service	(10000 yuan)	58	125	1874

continued

Aggregate Data				速度指标(%)　Growth Rates								
				指数(2018年比以下各年) Index (2018 as percentage of the following years)					年平均增长速度 Average Annual Growth Rate			
2000	2005	2017	2018	1965	1978	1993	2000	2017	1966-2018	1979-2018	1994-2018	2001-2018
26.36	29.89	78.44	88.08	756.6	450.6	286.2	194.0	108.0	3.9	3.8	4.3	3.7
23.53	30.05	92.17	98.36	461.9	334.2	225.7	188.1	102.7	2.9	3.1	3.3	3.6
96.22	93.39	104.55	104.40	359.1	203.4	155.3	108.5	99.9	2.4	1.8	1.8	0.5
39610	61164	59107	58212.00	1105.9	735.6	223.5	147.0	98.5	4.6	5.1	3.3	2.2
14.93	21.46	30.03	27.80		590.2	271.2	186.2	92.6		4.5	4.1	3.5
579	686	628	640	139.4	125.7	108.8	110.5	102.1	0.6	0.6	0.3	0.6
23	30	42	40	307.7	160.0	200.0	173.9	95.2	2.1	1.2	2.8	3.1
1664	1698	1105	1046	88.4	57.6	61.1	65.3	94.7	-0.3	-1.4	-2.0	-2.5
18.30	33.65	245.99	270.75	21000.4	3716.3	2042.5	944.3	117.7	10.6	9.5	12.8	13.3
19.66	11.67	6.06	6.59		527.2	92.4	33.5	108.7		4.2	-0.3	-5.9
6.61	13.34	58.57	66.48	23742.9	4961.2	1691.6	1005.7	1135.1	10.9	10.3	12.0	13.7
49.32	137.28	646.47	913.03	86134.9	14726.3	6975.0	1851.2	141.2	13.6	13.3	18.5	17.6
75.24	112.43	1393.75	1586.22				2108.2	113.8				18.5
2.68	4.47	26.60	18.95				707.1	71.2				11.5
310.08	479.47	1709.72	1874.79	20159.0	31246.5	857.2	604.6	109.7	10.5	15.4	9.0	10.5
257.00	385.00	998.69	1047.19	11260.1	17453.2	504.9	407.5	104.9	9.3	13.8	6.7	8.1
		320.22	352.28					110.0				
53.08	94.47	390.81	475.32			4213.8	895.5	121.6			16.1	13.0
209.30	369.61	2216.58	2448.62	8272.4	4997.2	1593.9	1169.9	110.5	8.7	10.3	11.7	14.6
196.00	356.00	2147.00	2362.70	7982.1	4821.8	1633.1	1205.5	110.0	8.6	10.2	11.8	14.8
		52.87	69.81					132.0				
1.30	1.61	2.39	3.26			2328.6	250.8	136.4			13.4	5.2
12.00	12.00	14.32	12.85			146.0	107.1	89.7			1.5	0.4
		44.68	58.24					130.3				
3220	10466	34375	42086	66803.2	47287.6	3008.3	1307.0	122.4	13.1	16.6	14.6	15.3
35211	154367	460953	1119700	1930517.2	895760.0	59749.2	3180.0	242.9	20.5	25.5	29.1	21.2

2-2 续表2

指标		Item		总量指标 1965	1978	1993
国内贸易		**Domestic Trade**				
社会消费品零售总额	(亿元)	Total Retail Sales of Consumer Goods	(100 million yuan)		2.45	18.16
对外贸易		**Foreign Trade**				
进出口总额	(万元)	Total Exports and Imports	(10000 yuan)	693	2869	89305
出口		Exports		110	272	13076
进口		Imports		583	2597	76229
旅　游		**Tourism**				
外国入境旅客	(万人次)	Number of Oversea Visitor Arrivals	(10000 person-times)			5.44
国内旅客	(万人次)	Number of Domestic Visitors	(10000 person-times)			12.99
国际旅游收入	(万美元)	Foreign Exchange Earnings from International Tourism	(10000 USD)			675
金　融		**Finance**				
金融机构人民币各项存款余额	(亿元)	Deposits of National Banking System	(100 million yuan)	2.30	7.06	32.68
金融机构人民币各项贷款余额	(亿元)	Loans of National Banking System	(100 million yuan)	0.91	1.61	33.01
教　育		**Education**				
在校学生数		Students Enrollment				
高等学校	(人)	Higher Education Institutions	(person)	2251	2081	2813
中等职业学校	(人)	Secondary Vocational Schools	(person)	455	4640	4948
普通中学	(人)	Regular Secondary Schools	(person)	1059	17679	25693
小学	(万人)	Primary Schools	(10000 persons)	6.68	26.26	21.19
文　化		**Culture**				
出版数量		Publications				
报纸	(千印张)	Number of Newspapers Issue	(1000 sheets)	3258	26669	15377
期刊	(千册)	Number of Magazines Issue	(1000 copies)		74	297
图书	(千册)	Number of Books Published	(1000 copies)	500	3060	4164
卫　生		**Public Health**				
医院、卫生院	(个)	Hospitals and Health Centers	(unit)	86	519	293
医院、卫生院床位数	(张)	Number of Beds of Hospitals and Health Centers	(unit)	1570	4198	4515
卫生技术人员数	(人)	Medical Technical Personnel	(person)	2424	5780	7540

continued

Aggregate Data				速度指标(%) Growth Rates								
				指数(2018年比以下各年) Index (2018 as percentage of the following years)					年平均增长速度 Average Annual Growth Rate			
2000	2005	2017	2018	1965	1978	1993	2000	2017	1966-2018	1979-2018	1994-2018	2001-2018
42.52	73.23	523.32	597.58		24391.0	3290.6	1405.4	114.2		14.7	15.0	15.8
113352	166366	591919	475188	68569.7	16562.8	532.1	419.2	80.3	13.1	13.6	6.9	8.3
98597	133909	298473	285698	259725.5	105036.0	2184.9	289.8	95.7	16.0	19.0	13.1	6.1
14755	32457	293446	189490	32502.6	7296.5	248.6	1284.2	64.6	11.5	11.3	3.7	15.2
14.94	12.13	34.35	47.62			875.4	318.7	138.6			9.1	6.7
45.89	167.93	2527.08	3321.1			25566.6	7237.1	131.4			24.8	26.9
5226	4443	19751	24709			3660.6	472.8	125.1			15.5	9.0
144.98	455.11	4952.51	4928.4	214278.3	60883.9	15080.8	3399.4	99.5	15.6	17.8	22.2	21.6
80.62	178.85	4041.44	4555.5	500604.4	282950.3	13800.4	5650.6	112.7	17.4	22.0	21.8	25.1
5475	18979	37447	37833	1680.7	1818.0	1344.9	691.0	101.0	5.5	7.5	11.0	11.3
6585	7027	19300	22817	5014.7	491.7	461.1	3465.0	118.2	7.7	4.1	6.3	7.1
55232	15048	183329	191107	18046.0	1081.0	743.8	346.0	104.2	10.3	6.1	8.4	7.1
31.38	32.75	31.51	32.63	488.5	124.3	154.0	104.0	103.6	3.0	0.5	1.7	0.2
28712	53511	242370	216376	6641.4	811.3	1407.1	753.6	89.3	8.2	5.4	11.2	11.9
580	767	2480	2442		3300.0	822.2	421.0	98.5		9.1	8.8	8.3
5240	8540	14830	13150	2630.0	429.7	315.8	251.0	88.7	6.4	3.7	4.7	5.2
810	763	830	835	970.9	160.9	285.0	103.1	100.6	4.4	1.2	4.3	0.2
6156	6412	16138	16787	1069.2	399.9	371.8	272.7	104.0	4.6	3.5	5.4	5.7
8948	8914	16503	19035	785.3	329.3	252.5	212.7	115.3	4.0	3.0	3.8	4.3

2-3 国民经济和社会发展结构指标
COMPOSITION INDICATORS ON NATIONAL ECONOMIC AND SOCIAL DEVELOPMENT

单位：% (%)

指标	Item	1978	1994	2000	2010	2017	2018
常住人口	**Population**						
城乡	Urban and Rural Composition						
城镇	Urban	11.3	16.6	18.9	22.67	30.89	31.14
乡村	Rural	88.7	83.4	81.1	77.33	69.11	68.86
性别	Sexual Composition						
男	Male	48.8	49.4	50.6	51.38	50.79	50.98
女	Female	51.2	50.6	49.4	48.62	49.21	49.02
地区生产总值	**Gross Domestic Product**						
第一产业	Primary Industry	50.7	46.0	30.9	13.5	9.4	8.8
第二产业	Secondary Industry	27.7	17.1	23.2	32.3	39.1	42.5
第三产业	Tertiary Industry	21.6	36.9	45.9	54.2	51.5	48.7
就　业	**Employment**						
第一产业	Primary Industry	82.0	77.1	72.9	53.6	37.3	36.5
第二产业	Secondary Industry	5.9	3.7	5.9	10.9	17.7	19.7
第三产业	Tertiary Industry	12.1	19.2	21.2	35.5	44.9	43.8
投　资	**Investment**						
全社会固定资产投资	Total Investment in Fixed Assets						
第一产业	Primary Industry		4.6	4.6	5.1	3.5	4.3
第二产业	Secondary Industry		30.5	25.3	29.0	17.8	19.3
第三产业	Tertiary Industry		64.9	70.1	65.9	78.7	76.4
资金来源结构	Structure of Funded Sources						
国家预算资金	State Budget		49.1	53.0	62.1	74.7	50.1
国内贷款	Domestic Loans		4.4	3.8	1.9	5.1	13.3
自筹和其他投资	Self-raising Funds and Other Investment		46.5	43.2	36.0	20.2	36.6
农　业	**Agriculture**						
农林牧渔业产值	Gross Output Value of Agriculture, Forestry, Animal Husbandry and Fishery						
#农业	Farming	39.6	49.0	51.5	45.9	44.0	45.1
林业	Forestry	0.4	2.4	2.6	2.4	1.7	1.6
牧业	Animal Husbandry	59.9	48.6	45.9	48.5	51.7	50.3
渔业	Fishery	…		…	0.2	0.2	0.2
工　业	**Industry**						
轻工业	Light Industry	38.1	47.2	37.6	34.9	34.4	22.9
重工业	Heavy Industry	61.9	52.8	62.4	65.1	65.6	77.1

2-4　平均每天主要社会经济活动
SELECTED INDICATORS ON AVERAGE DAILY SOCIAL AND ECONOMIC ACTIVITIES

指　　标	Item		1978	1994	2000	2010	2017	2018
每天创造的财富	**Daily Production**							
地区生产总值(万元)	Gross Domestic Product	(10000 yuan)	182	1260	3218	13903	35916	40483
第一产业	Primary Industry		92	579	995	1883	3362	3568
第二产业	Secondary Industry		50	216	745	4491	14073	17216
工业	Industry		17	94	278	1088	2799	3137
建筑业	Construction		34	122	468	3402	11274	14078
第三产业	Tertiary Industry		40	465	1478	7529	18481	19699
农业总产值(万元)	Gross Output Value of Agriculture	(10000 yuan)	107	735	1403	2761	4881	5355
工业总产值(万元)	Gross Output Value of Industry	(10000 yuan)	41	209	501	2072	6740	7418
一般公共预算收入(万元)	General Public Budget Revenue	(10000 yuan)			148	1004	5091	6311
一般公共预算支出(万元)	General Public Budget Expenditures	(10000 yuan)			1643	15097	46081	53991
粮食(吨)	Grain	(ton)	1407	1820	2636	2499	2865	2860
油菜籽(吨)	Rapeseeds	(ton)	22	80	108	159	162	159
发电量(万千瓦时)	Electricity	(10000 kWh)	37	122	181	662	1605	1821
水泥(吨)	Cement	(ton)	170	411	1351	6003	17712	25015
铬矿石(吨)	Chromium Ore	(ton)	34	203	539	551	166	180
每天消费量	**Daily Consumption**							
社会消费品零售总额(万元)	Total Retail Sales of Consumer Goods	(10000 yuan)	67	568	1174	5077	14337	16372
每天其他活动	**Other Daily Activities**							
邮电业务总量(万元)	Business Volume of Postal and Telecommunications Services	(10000 yuan)	1	11	105	638	1326	3183
外国入境旅客(人次)	Number of Oversea Visitor Arrivals	(person-time)		181	409	626	941	1305
居民储蓄额(万元)	Outstanding Amount of Saving Deposit	(10000 yuan)	9	306	1109	7319	24102	25369
出版报纸(千印张)	Number of Newspapers Issue	(1000 sheets)	73	74	79	384	664	593
出版图书(千册)	Number of Books Published	(1000 copies)	8	8	14	39	41	36

2-5 人均主要经济指标
PER CAPITA MAIN ECONOMIC INDICATORS

年 份 Year	地 区 生产总值 (元) Gross Domestic Product (yuan)	农 业 总产值 (元) Gross Output Value of Agriculture (yuan)	工 业 总产值 (元) Gross Output Value of Industry (yuan)	粮 食 产 量 (公斤) Output of Grain (kg)	社会消费品 零售总额 (元) Total Retail Sales of Consumer Goods (yuan)	储 蓄 存款余额 (元) Outstanding Amount of Saving Deposit (yuan)	农村居民人均 可支配收入 (元) Per Capita Disposable Income of Rural Residents (yuan)	全部职工 人均工资 (元) Average Wage of All Staff and Workers (yuan)
1965	241	194	17	214				940
1978	375	221	84	290	105		174	850
1985	894	550	107	268	406	80	533	1963
1986	842	494	101	226	389	99	490	2375
1987	863	506	105	228	422	111	517	2499
1988	964	616	126	242	454	134	571	2710
1989	1021	640	156	257	551	155	553	2881
1990	1276	899	171	256	551	180	580	3181
1991	1358	941	198	289	593	227	615	3355
1992	1468	990	219	290	651	260	651	3448
1993	1624	998	260	292	788	334	703	4085
1994	1964	1146	325	284	885	472	814	7115
1995	2358	1508	382	302	1021	807	875	7382
1996	2688	1594	429	321	1083	1098	971	11087
1997	3144	1688	479	322	1315	1230	1081	10098
1998	3666	1698	578	341	1391	1330	1154	10987
1999	4180	1902	655	364	1484	1441	1253	12904
2000	4572	1988	710	373	1650	1558	1326	14976
2001	5318	2027	764	376	1861	1908	1399	19144
2002	6094	2108	816	371	1998	2637	1515	24766
2003	6850	2184	892	360	2153	3401	1685	26931
2004	8034	2307	1045	353	2323	3927	1854	29292
2005	8939	2460	1222	339	2660	4444	2070	28950
2006	10285	2526	1440	331	3226	4975	2426	31518
2007	11898	2825	1785	332	3985	5615	2777	46098
2008	13588	3097	2091	333	4551	6440	3164	47280
2009	15008	3236	2279	314	5371	7805	3519	48750
2010	17027	3455	2593	313	6409	9159	4123	54397
2011	20086	3624	3151	311	7831	10566	4885	55845
2012	22970	3847	3443	308	9034	13130	5697	58347
2013	26355	4131	4061	310	10326	16010	6553	64409
2014	29280	4407	4818	311	11479	17766	7359	68059
2015	32031	4660	5585	314	12609	20378	8244	110980
2016	35184	4964	6422	318	14038	24015	9094	110330
2017	39267	5337	7368	313	15675	26351	10330	115549
2018	43398	5741	7952	307	17551	27195	11450	119947

2-6 地区生产总值
GROSS DOMESTIC PRODUCT

单位：亿元 (100 million yuan)

年 份 Year	地区生产总值 Gross Domestic Product	第一产业 Primary Industry	第二产业 Secondary Industry	工 业 Industry	建筑业 Construction	第三产业 Tertiary Industry	人均地区生产总值(元) Per Capita GDP (yuan)
1951	1.29	1.26	0.001		0.001	0.03	114
1959	1.74	1.28	0.22	0.15	0.07	0.24	142
1965	3.27	2.32	0.22	0.09	0.13	0.73	241
1978	6.65	3.37	1.84	0.61	1.23	1.44	375
1985	17.76	8.87	3.08	1.23	1.85	5.81	894
1986	16.93	7.95	2.18	1.01	1.17	6.82	842
1987	17.71	8.07	2.13	1.09	1.04	7.51	863
1988	20.25	9.65	2.41	1.28	1.12	8.19	964
1989	21.86	10.04	2.84	1.58	1.26	8.98	1021
1990	27.70	14.10	3.57	1.92	1.65	10.03	1276
1991	30.53	15.50	4.17	2.27	1.90	10.86	1358
1992	33.29	16.59	4.46	2.56	1.90	12.24	1468
1993	37.42	18.30	5.49	2.70	2.79	13.63	1624
1994	45.99	21.14	7.88	3.43	4.44	16.97	1964
1995	56.11	23.48	13.24	4.10	9.13	19.39	2358
1996	64.98	27.20	11.32	4.40	6.93	26.46	2688
1997	77.24	29.23	16.88	8.16	8.72	31.13	3144
1998	91.50	31.37	20.14	9.05	11.09	39.99	3666
1999	105.98	34.25	23.86	9.50	14.36	47.86	4180
2000	117.80	36.39	27.05	10.17	16.88	54.37	4572
2001	139.16	37.54	31.97	10.88	21.09	69.65	5318
2002	162.04	39.75	32.72	11.65	21.07	89.56	6094
2003	185.09	40.70	47.64	13.82	33.82	96.76	6850
2004	220.34	44.30	52.74	16.10	36.64	123.30	8034
2005	248.80	48.04	63.52	17.48	46.04	137.24	8939
2006	290.76	50.90	80.10	21.71	58.39	159.76	10285
2007	341.43	54.89	98.48	27.62	70.86	188.06	11898
2008	394.85	60.62	115.56	29.48	86.08	218.67	13588
2009	441.36	63.88	136.63	33.11	103.52	240.85	15008
2010	507.46	68.72	163.92	39.73	124.19	274.82	17027
2011	606.13	74.47	208.83	48.22	160.61	322.83	20086
2012	701.65	80.38	243.03	55.53	187.50	378.24	22970
2013	816.57	84.68	293.12	61.34	231.78	438.77	26355
2014	921.73	91.64	336.97	66.27	270.70	493.12	29280
2015	1027.43	98.04	376.28	69.97	306.31	553.11	32031
2016	1151.41	115.78	429.17	86.44	342.73	606.46	35184
2017	1310.92	122.72	513.65	102.16	411.49	674.55	39267
2018	1477.63	130.25	628.37	114.51	513.86	719.01	43398

注：1.本表按当年价格计算。依据第二次经济普查资料，对2005–2008年地区生产总值进行了修订。
2.从2017年起将研发支出纳入GDP核算，并对2011年以来的历史数据进行了修订(以下相关表同)。
3.2018年数据为初步核算数，下同。

Note: 1.Data in this table are calculated at current prices. From 2005 to 2008, data had been adjusted according to the results of the Second Economic Census.
2.Since 2017, R&D expenditure has been included in GDP, data from 2011 to 2016 had been adjusted according to the new method. The same applies to the relevant tables following.
3.Data in 2018 are preliminary estimation, the following as the same.

2-7 地区生产总值构成
COMPOSITION OF GROSS DOMESTIC PRODUCT

单位：% (%)

年 份 Year	地区生产总值 Gross Domestic Product	第一产业 Primary Industry	第二产业 Secondary Industry	工 业 Industry	建筑业 Construction	第三产业 Tertiary Industry
1951	100.0	97.7	…		…	2.3
1959	100.0	73.6	12.6	8.6	4.0	13.8
1965	100.0	70.9	6.8	2.8	4.0	22.3
1978	100.0	50.7	27.7	9.2	18.5	21.6
1985	100.0	49.9	17.4	6.9	10.4	32.7
1986	100.0	47.0	12.8	6.0	6.9	40.2
1987	100.0	45.6	12.0	6.2	5.9	42.4
1988	100.0	47.7	11.9	6.3	5.5	40.4
1989	100.0	45.9	13.0	7.2	5.8	41.1
1990	100.0	50.9	12.9	6.9	5.8	36.2
1991	100.0	50.8	13.7	7.4	6.2	35.5
1992	100.0	49.8	13.4	7.7	5.7	36.8
1993	100.0	48.9	14.7	7.2	7.5	36.4
1994	100.0	46.0	17.1	7.5	9.7	36.9
1995	100.0	41.8	23.6	7.3	16.3	34.6
1996	100.0	41.9	17.4	6.8	10.7	40.7
1997	100.0	37.8	21.9	10.6	11.3	40.3
1998	100.0	34.3	22.0	9.9	12.1	43.7
1999	100.0	32.3	22.5	9.0	13.5	45.2
2000	100.0	30.9	23.0	8.6	14.3	46.2
2001	100.0	27.0	23.0	7.8	15.2	50.1
2002	100.0	24.5	20.2	7.2	13.0	55.3
2003	100.0	22.0	25.7	7.5	18.3	52.3
2004	100.0	20.1	23.9	7.3	16.6	56.0
2005	100.0	19.3	25.5	7.0	18.5	55.2
2006	100.0	17.5	27.6	7.5	20.1	54.9
2007	100.0	16.1	28.8	8.1	20.7	55.1
2008	100.0	15.3	29.3	7.5	21.8	55.4
2009	100.0	14.5	30.9	7.5	23.4	54.6
2010	100.0	13.5	32.3	7.8	24.5	54.2
2011	100.0	12.3	34.4	8.0	26.4	53.3
2012	100.0	11.5	34.6	7.9	26.7	53.9
2013	100.0	10.4	35.9	7.5	28.4	53.7
2014	100.0	9.9	36.6	7.2	29.4	53.5
2015	100.0	9.6	36.6	6.8	29.8	53.8
2016	100.0	10.0	37.3	7.5	29.8	52.7
2017	100.0	9.4	39.1	7.8	31.3	51.5
2018	100.0	8.8	42.5	7.7	34.8	48.7

注：本表按当年价格计算。
Note: Data in this table are calculated at current prices.

2-8 地区生产总值指数
INDICES OF GROSS DOMESTIC PRODUCT

上年=100 (preceding year=100)

年 份 Year	地区生产总值 Gross Domestic Product	第一产业 Primary Industry	第二产业 Secondary Industry	工 业 Industry	建筑业 Construction	第三产业 Tertiary Industry	人均地区生产总值 Per Capita GDP
1959	101.2	91.1	128.6	96.5	422.7	166.9	100.7
1960	145.8	115.9	292.6	270.0	339.9	167.8	141.7
1965	116.1	110.1	176.2	190.9	167.0	124.8	114.2
1978	107.2	102.9	115.3	107.4	120.1	108.5	105.1
1985	115.4	113.6	107.9	102.3	111.1	111.0	109.8
1986	90.8	91.2	67.1	96.3	52.3	100.3	89.4
1987	100.1	101.5	104.2	106.2	102.2	97.6	98.0
1988	104.2	106.3	100.0	110.9	89.2	103.3	101.8
1989	108.4	104.1	117.9	116.3	118.5	110.0	106.3
1990	108.9	106.5	114.4	113.5	116.3	109.5	107.8
1991	100.4	96.3	108.6	107.9	109.4	103.6	98.4
1992	107.1	103.5	105.7	103.2	101.6	112.6	106.1
1993	115.5	106.6	119.7	108.6	132.9	127.4	113.7
1994	115.7	104.0	128.8	108.6	148.4	125.5	113.8
1995	117.9	104.0	167.5	109.1	208.8	113.2	116.0
1996	113.2	104.2	90.8	106.9	84.8	134.9	111.5
1997	111.8	104.0	114.4	108.9	117.0	116.7	110.0
1998	112.1	101.7	121.1	107.8	126.9	115.6	110.3
1999	112.3	105.3	120.2	106.1	125.4	113.2	110.5
2000	110.4	102.1	116.1	106.7	119.0	112.6	108.6
2001	112.7	103.1	117.8	106.7	124.1	116.0	111.9
2002	112.9	104.4	120.5	105.7	128.1	113.9	111.1
2003	112.0	103.4	113.4	110.5	114.7	115.2	110.2
2004	112.1	105.5	111.4	116.4	109.3	115.1	110.4
2005	112.1	105.5	123.6	110.1	129.6	109.7	110.5
2006	113.3	103.1	123.0	117.2	125.2	112.4	111.5
2007	114.0	104.2	116.0	117.7	115.4	116.0	112.3
2008	110.1	106.2	107.9	108.7	107.6	112.4	108.7
2009	112.4	103.0	121.7	112.9	124.9	110.4	111.1
2010	112.3	103.2	114.1	113.3	114.4	113.7	110.8
2011	112.7	103.4	118.3	118.1	118.4	111.6	111.3
2012	111.8	103.4	114.5	114.7	114.4	112.0	110.4
2013	112.1	103.8	120.0	112.2	122.5	108.8	111.6
2014	110.8	104.2	114.5	109.2	116.1	109.5	109.0
2015	111.0	103.7	115.7	113.3	116.4	108.9	108.9
2016	110.1	104.5	112.2	112.4	112.1	109.6	107.9
2017	110.0	104.1	111.7	109.5	112.2	109.9	107.9
2018	109.1	103.4	117.5	112.0	118.7	104.1	107.0

注：本表按可比价格计算。
Note: Data in this table are calculated at constant prices.

2-9 地区生产总值指数
INDICES OF GROSS DOMESTIC PRODUCT

1951年=100 (year of 1951=100)

年 份 Year	地区生产总 值 Gross Domestic Product	第一产业 Primary Industry	第二产业 Secondary Industry	工 业 Industry	建筑业 Construction	第三产业 Tertiary Industry	人均地区生产总值 Per Capita GDP
1959	135.4	101.8	32104.6	3102.4	10398.0	777.1	126.5
1965	254.1	184.4	32192.3	1913.9	18850.1	2826.3	212.6
1978	481.9	252.9	229859.4	11509.6	149850.9	5521.1	308.6
1985	1053.5	493.8	283368.1	14676.1	183651.5	22166.3	583.4
1986	956.6	450.3	190140.0	14133.1	96049.5	22232.8	521.6
1987	957.6	457.1	198125.9	15009.4	98162.6	21699.2	511.2
1988	997.8	485.9	198125.9	16645.4	87561.0	22415.3	520.4
1989	1081.6	505.8	233590.4	19358.6	103759.8	24656.8	553.2
1990	1177.9	538.7	267227.4	21972.0	120672.6	26999.2	596.3
1991	1182.6	518.9	290209.0	23707.8	132015.8	27971.2	586.8
1992	1266.6	537.1	306750.9	24466.4	134128.1	31495.6	622.6
1993	1462.9	572.5	367180.8	26570.5	178256.2	40125.4	707.9
1994	1692.6	595.5	472928.9	28855.6	264532.3	50357.4	805.6
1995	1995.6	619.3	792155.9	31481.4	552343.4	57004.5	934.5
1996	2259.0	645.3	719277.6	33653.7	468387.2	76899.1	1041.9
1997	2525.6	671.1	822853.5	36648.8	548013.0	89741.3	1146.1
1998	2831.1	682.5	996475.6	39507.4	695428.5	103740.9	1264.2
1999	3179.4	718.7	1197763.7	41917.4	872067.3	117434.7	1396.9
2000	3510.0	733.8	1390603.7	44725.9	1037760.1	132231.5	1517.1
2001	3955.8	756.5	1638131.1	47722.5	1287860.3	153388.5	1697.6
2002	4466.1	789.8	1973948.0	50442.7	1649749.1	174709.5	1886.0
2003	5002.0	816.6	2238457.1	55739.1	1892262.2	201265.4	2078.4
2004	5607.3	861.6	2493641.2	64880.4	2068242.6	231656.5	2294.6
2005	6285.8	909.0	3082140.5	71433.3	2680442.4	254127.2	2535.5
2006	7121.8	937.2	3791032.8	83719.8	3355913.9	285639.0	2827.1
2007	8118.9	976.6	4397598.0	98538.2	3872724.6	331341.2	3174.8
2008	8938.9	1037.1	4745008.2	107111.0	4167051.7	372427.5	3451.0
2009	10047.3	1068.2	5774675.0	120928.3	5204647.6	411160.0	3834.1
2010	11283.1	1102.4	6588904.2	137011.8	5954116.9	467488.9	4248.2
2011	12716.1	1139.9	7794673.7	161810.9	7049674.4	521717.6	4728.2
2012	14216.6	1178.7	8924901.4	185597.1	8064827.5	584323.7	5220.0
2013	15936.8	1223.5	10709881.7	208239.9	9879413.7	635744.2	5825.5
2014	17658.0	1274.9	12262814.5	227398.0	11469999.3	696139.9	6349.8
2015	19600.4	1322.1	14188076.4	257641.9	13351079.2	758096.4	6914.9
2016	21580.0	1381.6	15919021.7	289589.5	14966559.8	830873.6	7461.2
2017	23738.0	1438.2	17781547.2	317100.5	16792480.1	913130.1	8050.6
2018	25898.2	1487.1	20893318.0	355152.6	19932673.9	950568.4	8614.1

注：本表按可比价格计算。
Note: Data in this table are calculated at constant prices.

2-10　分地区生产总值
GROSS DOMESTIC PRODUCT BY REGION

单位：亿元　　(100 million yuan)

地　区	Region	2017				2018			
		地区生产总　值 Gross Domestic Product	第一产业 Primary Industry	第二产业 Secondary Industry	第三产业 Tertiary Industry	地区生产总　值 Gross Domestic Product	第一产业 Primary Industry	第二产业 Secondary Industry	第三产业 Tertiary Industry
拉萨市	Lhasa	479.26	17.54	189.38	272.33	540.78	18.29	229.65	292.83
日喀则市	Xigazê	216.29	36.82	79.87	99.61	243.20	38.91	95.14	109.15
昌都市	Qamdo	169.83	26.60	73.27	69.96	191.42	28.17	91.04	72.21
林芝市	Nyingchi	133.33	10.66	50.02	72.65	150.01	11.22	61.03	77.76
山南市	Lhoka	145.83	7.10	76.27	62.46	164.32	7.38	93.26	63.68
那曲市	Nagqu	119.82	17.43	30.14	72.25	135.67	19.60	39.14	76.94
阿里地区	Ngari	47.24	6.66	15.55	25.03	52.62	6.68	19.12	26.82

注：本表按当年价格计算。
Note: Data in this table are calculated at current prices.

2-11　分地区生产总值增长速度
GROWTH RATE OF GROSS DOMESTIC PRODUCT BY REGION

单位：%　　(%)

地　区	Region	2017				2018			
		地区生产总　值 Gross Domestic Product	第一产业 Primary Industry	第二产业 Secondary Industry	第三产业 Tertiary Industry	地区生产总　值 Gross Domestic Product	第一产业 Primary Industry	第二产业 Secondary Industry	第三产业 Tertiary Industry
拉萨市	Lhasa	10.0	4.5	10.4	10.0	9.3	3.0	17.4	4.6
日喀则市	Xigazê	10.0	4.2	12.3	10.2	8.9	3.0	14.4	6.5
昌都市	Qamdo	10.0	4.5	15.7	6.8	9.1	4.1	19.0	1.2
林芝市	Nyingchi	10.1	4.4	11.4	10.0	9.3	4.1	16.7	5.1
山南市	Lhoka	10.1	4.2	13.2	7.5	9.1	4.1	17.7	
那曲市	Nagqu	9.9	4.5	11.7	10.3	9.1	3.0	23.5	4.7
阿里地区	Ngari	9.9	4.5	12.4	9.9	8.9	3.3	17.5	5.1

注：本表按可比价格计算。
Note: Data in this table are calculated at constant prices.

1－10 分地区生产总值

GROSS DOMESTIC PRODUCT BY REGION

第三篇

人口、就业和工资

CHAPTER 3

POPULATION, EMPLOYMENT AND WAGES

3-1　人口数及构成
POPULATION AND ITS COMPOSITION

单位：万人　　　　(10000 persons)

年　份 Year	总人口(年末) Total Population	按性别分 By Sex 男 Male 人口数 Population	比重(%) Proportion	女 Female 人口数 Population	比重(%) Proportion	按城乡分 By Residence 城　镇 Urban 人口数 Population	比重(%) Proportion	乡　村 Rural 人口数 Population	比重(%) Proportion
1995	239.84	118.51	49.4	121.33	50.6	40.05	16.7	199.79	83.3
1996	243.70	121.10	49.7	122.60	50.3	43.64	17.9	200.06	82.1
1997	247.60	123.32	49.8	124.28	50.2	45.14	18.2	202.46	81.8
1998	251.54	124.51	49.5	127.03	50.5	46.69	18.6	204.85	81.4
1999	255.51	126.99	49.7	128.52	50.3	48.29	18.9	207.22	81.1
2000	259.83	131.47	50.6	128.36	49.4	50.22	19.3	209.61	80.7
2001	263.55	133.52	50.66	130.03	49.34	51.77	19.64	211.78	80.36
2002	268.24	136.10	50.74	132.14	49.26	53.36	19.89	214.88	80.11
2003	272.16	138.25	50.80	133.91	49.20	55.00	20.21	217.16	79.79
2004	276.35	140.56	50.86	135.79	49.14	56.70	20.52	219.65	79.48
2005	280.31	142.90	50.98	137.41	49.02	58.45	20.85	221.86	79.15
2006	285.08	145.25	50.95	139.83	49.05	60.25	21.13	224.83	78.87
2007	288.83	147.04	50.91	141.79	49.09	62.10	21.50	226.73	78.50
2008	292.33	149.40	51.11	142.93	48.89	64.01	21.90	228.32	78.10
2009	295.84	151.80	51.31	144.04	48.69	65.99	22.30	229.85	77.70
2010	300.22	154.26	51.38	145.96	48.62	68.06	22.67	232.16	77.33
2011	303.30	155.29	51.20	148.01	48.80	68.88	22.71	234.42	77.29
2012	307.62	156.89	51.00	150.73	49.00	69.98	22.75	237.64	77.25
2013	312.04	158.83	50.90	153.21	49.10	73.99	23.71	238.05	76.29
2014	317.55	160.99	50.70	156.56	49.30	81.77	25.75	235.78	74.25
2015	323.97	164.29	50.71	159.68	49.29	89.87	27.74	234.10	72.26
2016	330.54	167.86	50.78	162.68	49.22	97.71	29.56	232.83	70.44
2017	337.15	171.24	50.79	165.91	49.21	104.15	30.89	233.00	69.11
2018	343.82	175.28	50.98	168.54	49.02	107.07	31.14	236.75	68.86

注：本表数据为常住人口数。2000年和2010年为当年人口普查数据,其余年份为年度人口变动抽样调查推算数据。
Note: Data in this table are usual residents. Data of 2000 and 2010 are the census year estimates, the rest are the estimates from the annual national sample survey of population.

3-2　人口出生率、死亡率和自然增长率
BIRTH RATE, DEATH RATE AND NATURAL GROWTH RATE OF POPULATION

单位：‰　　(‰)

年　份 Year	出生率 Birth Rate	死亡率 Death Rate	自然增长率 Natural Growth Rate	年　份 Year	出生率 Birth Rate	死亡率 Death Rate	自然增长率 Natural Growth Rate
1990	26.00	8.90	17.10	2007	16.40	5.10	11.30
1995	24.90	8.80	16.10	2008	15.50	5.20	10.30
1996	24.70	8.50	16.20	2009	15.30	5.10	10.20
1997	23.90	7.90	16.00	2010	15.23	5.30	9.93
1998	23.70	7.80	15.90	2011	15.39	5.13	10.26
1999	23.20	7.40	15.80	2012	15.48	5.21	10.27
2000	19.50	6.60	12.90	2013	15.77	5.39	10.38
2001	18.60	6.50	12.10	2014	15.76	5.21	10.55
2002	18.80	6.10	12.70	2015	15.75	5.10	10.65
2003	17.40	6.30	11.10	2016	15.79	5.11	10.68
2004	17.40	6.20	11.20	2017	16.00	4.95	11.05
2005	17.90	7.20	10.80	2018	15.22	4.58	10.64
2006	17.40	5.70	11.70				

3-3　分地市年末人口数
POPULATION AT YEAR-END BY REGION

单位：万人　　(10000 persons)

年　份 Year	合　计 Total	拉萨市 Lhasa	日喀则市 Xigazê	昌都市 Qamdo	林芝市 Nyingchi	山南市 Lhoka	那曲市 Nagqu	阿里地区 Ngari
2000	261.63	47.45	63.50	58.62	15.86	31.81	36.67	7.73
2010	300.22	55.94	70.33	65.75	19.51	32.90	46.24	9.55
2011	303.30	56.54	71.04	66.41	19.72	33.24	46.71	9.64
2012	307.62	57.38	72.05	67.34	20.00	33.71	47.36	9.78
2013	312.04	58.85	72.88	67.95	20.39	34.18	47.88	9.92
2014	317.55	61.29	73.73	68.36	20.96	34.75	48.36	10.10
2015	323.97	63.93	74.78	68.96	21.59	35.42	48.98	10.31
2016	330.54	66.53	75.89	69.63	22.23	36.11	49.63	10.52
2017	337.15	68.83	77.10	70.48	22.82	36.81	50.37	10.74
2018	343.82	70.38	78.57	71.77	23.30	37.53	51.32	10.95

3-4　按三次产业分的就业人员数(年底数)
NUMBER OF EMPLOYED PERSONS BY THREE STRATA OF INDUSTRY

年　份 Year	合计(万人) Total (10000 persons)				构成(%)　Proportion		
		第一产业 Primary Industry	第二产业 Secondary Industry	第三产业 Tertiary Industry	第一产业 Primary Industry	第二产业 Secondary Industry	第三产业 Tertiary Industry
1978	93.09	76.34	5.53	11.22	82.0	5.9	12.1
1986	107.37	85.75	5.37	16.25	79.9	5.0	15.1
1987	107.77	85.79	5.30	16.68	79.6	4.9	15.5
1988	107.24	85.38	4.90	16.96	79.6	4.6	15.8
1989	107.56	86.79	4.30	16.47	80.7	4.0	15.3
1990	107.88	87.08	4.13	16.67	80.7	3.8	15.5
1991	109.73	87.13	4.32	18.28	79.4	3.9	16.7
1992	110.92	86.78	4.67	19.47	78.2	4.2	17.6
1993	112.35	88.14	5.41	18.80	78.5	4.8	16.7
1994	114.34	88.21	4.21	21.92	77.1	3.7	19.2
1995	115.09	89.51	5.62	19.96	77.8	4.9	17.3
1996	117.70	89.72	5.84	22.14	76.2	5.0	18.8
1997	120.47	91.01	6.38	23.08	75.5	5.3	19.2
1998	120.22	89.27	6.87	24.08	74.3	5.7	20.0
1999	123.91	92.19	6.46	25.26	74.4	5.2	20.4
2000	124.18	90.98	7.35	25.85	73.3	5.9	20.8
2001	126.33	89.65	8.16	28.52	71.0	6.5	22.5
2002	130.20	89.63	8.11	32.46	68.8	6.2	25.0
2003	132.81	85.14	12.36	35.31	64.1	9.3	26.6
2004	137.32	86.00	13.17	38.15	62.6	9.6	27.8
2005	143.60	86.39	13.60	43.61	60.1	9.5	30.4
2006	148.20	87.32	14.28	46.60	58.9	9.6	31.4
2007	158.15	88.63	17.07	52.45	56.0	10.8	33.2
2008	163.50	89.41	17.09	57.00	54.6	10.5	34.9
2009	169.07	92.17	18.18	58.72	54.5	10.8	34.7
2010	173.39	92.96	18.85	61.58	53.6	10.9	35.5
2011	185.55	93.41	22.57	69.57	50.3	12.2	37.5
2012	202.06	93.60	27.10	81.36	46.3	13.4	40.3
2013	205.54	92.82	28.92	83.80	45.1	14.1	40.8
2014	213.68	93.38	31.44	88.86	43.7	14.7	41.6
2015	234.73	96.76	31.09	106.88	41.2	13.3	45.5
2016	254.36	95.96	41.77	116.63	37.7	16.4	45.9
2017	265.36	99.11	47.07	119.18	37.3	17.7	44.9
2018	260.20	95.03	51.23	113.94	36.5	19.7	43.8

3-5 国民经济各行业就业人员数(2018年)
NUMBER OF EMPLOYED PERSONS BY SECTOR (2018)

单位：人 (person)

行业	Sector	合计 Total	国有经济单位 State-owned Units	集体经济单位 Collective-owned Units	其他经济单位 Other Units	城镇私营和个体 Urban Private Enterprises and Self-employed Individuals	乡村从业人数 Rural Employed Persons
总　计	**Total**	**2601961**	**303651**	**1670**	**63628**	**814444**	**1418568**
农、林、牧、渔业	Agriculture, Forestry, Animal Husbandry and Fishery	950268	2296	19		10087	937866
工　业	Industry	112533	7959	639	18425	49884	35626
采矿业	Mining		98	195	4766	4018	
制造业	Manufacturing		837	444	7743	43800	
电力、热力、燃气及水生产供应业	Production and Supply of Electricity, Heat, Gas and Water		7024		5916	2066	
建筑业	Construction	399777	7475	854	12984	219188	159276
批发和零售业	Wholesale and Retail Trade	161754	3191	36	5768	109777	42982
交通运输、仓储及邮政业	Transport, Storage and Post	289028	5807		4630	215813	62778
住宿和餐饮业	Hotels and Catering Services	68019	1842	63	2936	25112	38066
信息传输、软件和信息技术服务业	Information Transmission, Software and Information Technology	26755	2149		2272	18819	3515
其他行业	Others	593827	272932	59	16613	165764	138459
金融业	Financial Intermediation		8456		1753	1731	
房地产业	Real Estate		166		1937	6324	
租赁和商务服务业	Leasing and Business Services		1085	5	5997	57809	
科学研究和技术服务业	Scientific Research and Technical Services		8278		204	18566	
水利、环境和公共设施管理业	Management of Water Conservancy, Environment and Public Facilities		1398	21	3876	3098	
居民服务、修理和其他服务业	Services to Households, Repair and Other Services		281		160	51267	
教　育	Education		61875		474	1549	
卫生和社会工作	Health and Social Service		16569		1255	4963	
文化、体育和娱乐业	Culture, Sports and Entertainment		7758	33	957	19160	
公共管理、社会保障和社会组织	Public Management, Social Security and Social Organization		167066			779	

3-6　全区职工人数及构成

NUMBER OF STAFF AND WORKERS AND ITS COMPOSITION

年　份 Year	合　计 (人) Total (person)	国有经济单　位 State-owned Units	集体经济单　位 Collective-owned Units	其他经济单　位 Other Units	构成(总计=100)　Proportion (Total=100) 国有经济单　位 State-owned Units	集体经济单　位 Collective-owned Units	其他经济单　位 Units of Other Type of Ownership
1978	135217	126663	8554		93.7	6.3	
1981	174227	162637	11590		93.3	6.7	
1982	182821	168301	14520		92.1	7.9	
1983	174964	160191	14773		91.6	8.4	
1984	176282	161695	14587		91.7	8.3	
1985	166772	152566	14018	188	91.5	8.4	0.1
1986	158985	146216	12202	567	92.0	7.7	0.3
1987	156826	146168	10189	469	93.2	6.5	0.3
1988	160038	148718	10746	574	92.9	6.7	0.4
1989	161385	150657	10125	603	93.4	6.3	0.3
1990	157841	149144	8557	140	94.5	5.4	0.1
1991	163863	152573	10522	768	93.1	6.4	0.5
1992	167790	155940	11043	807	92.9	6.7	0.4
1993	169018	157263	11194	561	93.1	6.6	0.3
1994	160143	151134	8318	691	94.4	5.2	0.4
1995	162896	151971	10021	904	93.3	6.1	0.6
1996	167496	155488	10818	1190	92.8	6.5	0.7
1997	166960	154262	11348	1350	92.4	6.8	0.8
1998	163342	149057	11752	2533	91.3	7.2	1.5
1999	161451	147146	10076	4229	91.1	6.2	2.6
2000	162438	149690	8187	4561	92.2	5.0	2.8
2001	159691	144592	8512	6587	90.6	5.3	4.1
2002	148025	137940	5580	4505	93.2	3.8	3.0
2003	144777	136646	3688	4443	94.4	2.5	3.1
2004	144924	136732	2940	5252	94.4	2.0	3.6
2005	162831	154473	3226	5132	94.9	2.0	3.1
2006	170141	160669	4709	4763	94.4	2.8	2.8
2007	177690	167465	4873	5352	94.3	2.7	3.0
2008	180700	170748	4983	4969	94.5	2.8	2.7
2009	188881	178593	4648	5640	94.8	2.3	2.9
2010	194553	184151	4754	5648	94.7	2.4	2.9
2011	198029	187335	3788	6906	94.6	1.9	3.5
2012	215020	207167	2780	5073	96.3	1.3	2.4
2013	264807	228325	3582	32900	86.2	1.4	12.4
2014	277015	229119	2973	44923	82.7	1.1	16.2
2015	284628	234804	2641	47183	82.5	0.9	16.6
2016	286316	242007	2356	41953	84.5	0.8	14.7
2017	302424	253614	2018	46792	83.9	0.7	15.5
2018	346225	286221	1542	58462	82.7	0.4	16.9

注：1998年以后为在岗职工人数。
Note: Since 1998, the data refers to fully employed staff and workers.

3-7 各行业分经济类型、分地市职工人数(2018年)

单位：人

行 业	Sector	合 计 Total	国有经济单位 State-owned Units	集体经济单位 Collective-owned Units
总 计	**Total**	**346225**	**286221**	**1542**
农、林、牧、渔业	Farming, Forestry, Animal Husbandry and Fishery	2312	2293	19
采矿业	Mining	4699	42	195
制造业	Manufacturing	8853	755	444
电力、热力、燃气及水生产供应业	Production and Supply of Electricity, Heat, Gas and Water	12875	6969	
建筑业	Construction	12739	1908	726
批发和零售业	Wholesale and Retail Trade	8538	3030	36
交通运输、仓储及邮政业	Transport, Storage and Post	9034	4539	
住宿和餐饮业	Hotels and Catering Services	4415	1479	63
信息传输、软件和信息技术服务业	Information Transmission, Software and Information Technology	4344	2072	
金融业	Financial Intermediation	10190	8442	
房地产业	Real Estate	2044	134	
租赁和商务服务业	Leasing and Business Services	6469	982	5
科学研究和技术服务业	Scientific Research and Technical Services	8174	7970	
水利、环境和公共设施管理业	Management of Water Conservancy, Environment and Public Facilities	4853	1094	21
居民服务、修理和其他服务业	Services to Households, Repair and Other Services	398	244	
教 育	Education	59789	59315	
卫生和社会工作	Health and Social Service	16356	15235	
文化、体育和娱乐业	Culture, Sports and Entertainment	7976	7551	33
公共管理、社会保障和社会组织	Public Management, Social Security and Social Organization	162167	162167	

注：2017年起，分地区中的其他合并到拉萨市(以下相关表同)。

NUMBER OF STAFF AND WORKERS BY REGION, OWNERSHIP AND SECTOR (2018)

(person)

其他经济单位 Other Units	拉萨市 Lhasa	日喀则市 Xigazê	昌都市 Qamdo	林芝市 Nyingchi	山南市 Lhoka	那曲市 Nagqu	阿里地区 Ngari
58462	**145398**	**51243**	**47602**	**23361**	**32042**	**32611**	**13968**
	72	157	215	342	13	1513	
4462	2900	519	632		563	60	25
7654	6114	751	753	326	619	290	
5906	10312	647	588	510	328	254	236
10105	6577	1655	1366	170	2474	62	435
5472	5078	1086	390	610	507	665	202
4495	7186	334	401	410	138	373	192
2873	2799	441	89	586	289	96	115
2272	2129	505	337	401	339	412	221
1748	10178					12	
1910	1670	215	18	86	55		
5482	6036	17		46	352		18
204	4798	1253	445	261	311	914	192
3738	4346	168		154	79	71	35
154	73	160	64		19	82	
474	23150	11565	5956	4129	5416	7916	1657
1121	5041	3411	2095	1534	1915	1694	666
392	1553	3813	328	233	563	1269	217
	45386	24546	33925	13563	18062	16928	9757

Note: Since 2017, Lhasa includes others. The same applies to the relevant tables following.

3-8　国有经济单位分行业、分地市职工人数(2018年)

单位：人

行　　业	Sector	合　计 Total	拉萨市 Lhasa
总　计	**Total**	**286221**	**101442**
农、林、牧、渔业	Farming, Forestry, Animal Husbandry and Fishery	2293	72
采矿业	Mining	42	13
制造业	Manufacturing	755	413
电力、热力、燃气及水生产供应业	Production and Supply of Electricity, Heat, Gas and Water	6969	5018
建筑业	Construction	1908	1182
批发和零售业	Wholesale and Retail Trade	3030	927
交通运输、仓储及邮政业	Transport, Storage and Post	4539	3084
住宿和餐饮业	Hotels and Catering Services	1479	1049
信息传输、软件和信息技术服务业	Information Transmission, Software and Information Technology	2072	988
金融业	Financial Intermediation	8442	8430
房地产业	Real Estate	134	134
租赁和商务服务业	Leasing and Business Services	982	952
科学研究和技术服务业	Scientific Research and Technical Services	7970	5054
水利、环境和公共设施管理业	Management of Water Conservancy, Environment and Public Facilities	1094	762
居民服务、修理和其他服务业	Services to Households, Repair and Other Services	244	73
教　育	Education	59315	23150
卫生和社会工作	Health and Social Service	15235	3998
文化、体育和娱乐业	Culture, Sports and Entertainment	7551	1974
公共管理、社会保障和社会组织	Public Management, Social Security and Social Organization	162167	44169

NUMBER OF STAFF AND WORKERS IN STATE-OWNED UNITS BY SECTOR AND REGION (2018)

(person)

日喀则市 Xigazê	昌都市 Qamdo	林芝市 Nyingchi	山南市 Lhoka	那曲市 Nagqu	阿里地区 Ngari
46659	**43918**	**21260**	**27271**	**32479**	**13192**
157	215	323	13	1513	
				4	25
31	212			99	
562	514	377	184	254	60
50			96	557	23
554	137	378	316	589	129
243	203	410	58	349	192
131	19		256	24	
116	279	190	107	171	221
				12	
12					18
1253	445	201	311	514	192
168			58	71	35
80	64			27	
11565	5482	4129	5416	7916	1657
3411	2095	1456	1915	1694	666
3780	328	233	479	540	217
24546	33925	13563	18062	18145	9757

3-9 集体经济单位分行业、分地市职工人数(2018年)

单位：人

行业	Sector	合计 Total	拉萨市 Lhasa
总　计	**Total**	**1542**	**200**
农、林、牧、渔业	Agriculture, Forestry, Animal Husbandry and Fishery	19	
采矿业	Mining	195	
制造业	Manufacturing	444	
电力、热力、燃气及水生产供应业	Production and Supply of Electricity, Heat, Gas and Water		
建筑业	Construction	726	200
批发和零售业	Wholesale and Retail Trade	36	
交通运输、仓储及邮政业	Transport, Storage and Post		
住宿和餐饮业	Hotels and Catering Services	63	
信息传输、软件和信息技术服务业	Information Transmission, Software and Information Technology		
金融业	Financial Intermediation		
房地产业	Real Estate		
租赁和商务服务业	Leasing and Business Services	5	
科学研究和技术服务业	Scientific Research and Technical Services		
水利、环境和公共设施管理业	Management of Water Conservancy, Environment and Public Facilities	21	
居民服务、修理和其他服务业	Services to Households, Repair and Other Services		
教　育	Education		
卫生和社会工作	Health and Social Service		
文化、体育和娱乐业	Culture, Sports and Entertainment	33	
公共管理、社会保障和社会组织	Public Management, Social Security and Social Organization		

NUMBER OF STAFF AND WORKERS IN COLLECTIVE-OWNED UNITS BY SECTOR AND REGION (2018)

(person)

日喀则市 Xigazê	昌都市 Qamdo	林芝市 Nyingchi	山南市 Lhoka	那曲市 Nagqu	阿里地区 Ngari
630	**120**	**19**	**456**	**29**	**88**
		19			
195					
251			164	29	
47	120		271		88
36					
63					
5					
			21		
33					

3-10 单位就业人员工资总额(2018年)
TOTAL WAGE BILL OF EMPLOYED PERSONS IN UNITS (2018)

单位：万元 (10000 yuan)

行业	Sector	工资总额 Total	在岗职工 Staff and Workers	其他从业人员 Others
总计	**Total**	**4091673**	**3993223**	**98450**
按经济类型分	**Grouped by Ownership**			
国有经济单位	State-owned Units	3514129	3440452	73677
集体经济单位	Urban Collective Owned Units	9003	8051	952
其他经济单位	Other Units	568541	544720	23821
按行业分	**Grouped by Sector**			
农、林、牧、渔业	Agriculture, Forestry, Animal Husbandry and Fishery	7914	7883	31
采矿业	Mining	57794	54559	3235
制造业	Manufacturing	80145	79484	661
电力、热力、燃气及水生产供应业	Production and Supply of Electricity, Heat, Gas and Water	125609	125256	353
建筑业	Construction	105654	87846	17808
批发和零售业	Wholesale and Retail Trade	72766	69775	2991
交通运输、仓储及邮政业	Transport, Storage and Post	105679	96951	8728
住宿和餐饮业	Stay Place and Catering	31672	29838	1834
信息传输、软件和信息技术服务业	Information Transmission, Software and Information Technology	54213	53699	514
金融业	Financial Intermediation	222329	221928	401
房地产业	Real Estate	17738	17272	466
租赁和商务服务业	Leasing and Business Services	72057	68469	3588
科学研究和技术服务业	Scientific Research and Technical Services	107958	103914	4044
水利、环境和公共设施管理业	Management of Water Conservancy, Environment and Public Facilities	28099	27133	966
居民服务、修理和其他服务业	Services to Households, Repair and Other Services	4763	4639	124
教育	Education	724224	714182	10042
卫生和社会工作	Health and Social Service	217165	209211	7954
文化、体育和娱乐业	Culture, Sports and Entertainment	94024	91104	2920
公共管理、社会保障和社会组织	Public Management, Social Security and Social Organization	1961870	1930080	31790

3-11 职工工资总额及构成
TOTAL WAGE BILL OF STAFF AND WORKERS AND ITS COMPOSITION

年 份 Year	地 区 Region	绝对数(万元) Value (10000 yuan)				构成(总计=100) Composition(Total=100)		
		合 计 Total	国有经济单位 State-Owned Units	集体经济单位 Collection-Owned Units	其他经济单位 Other Units	国有经济单位 State-Owned Units	城镇集体经济单位 Collection-Owned Units	其他经济单位 Other Units
1965		5861	5861			100.0		
1978		11125	10658	467		95.8	4.2	
1985		32856	30636	2181	39	93.2	6.6	0.2
1990		49071	47118	1896	57	96.0	3.9	0.1
1991		54513	51567	2312	274	95.2	4.3	0.5
1992		56851	53946	2610	295	94.9	4.6	0.5
1993		67869	64520	3032	317	95.1	4.5	0.4
1994		111934	108501	2478	955	96.9	2.2	0.9
1995		120652	115668	4007	977	95.9	3.3	0.8
1996		185405	179463	4482	1460	96.8	2.4	0.8
1997		170366	164175	5223	968	96.3	3.1	0.6
1998		179427	171185	6321	1921	95.4	3.5	1.1
1999		205336	195535	5389	4412	95.2	2.6	2.2
2000		232007	222425	4648	4934	95.9	2.0	2.1
2001		295197	283439	5123	6635	96.0	1.7	2.3
2002		364066	351545	5437	7084	96.6	1.5	1.9
2003		388303	375822	3402	9079	96.8	0.9	2.3
2004		422299	410205	2814	9280	97.1	0.7	2.2
2005		462580	448477	3935	10168	97.0	0.9	2.1
2006		528980	512456	5184	11340	96.9	1.0	2.1
2007		805584	785865	5776	13943	97.6	0.7	1.7
2008		848391	829494	6699	12198	97.8	0.8	1.4
2009		920798	897831	5685	17282	97.5	0.6	1.9
2010		1058308	1023536	7819	26953	96.7	0.7	2.6
2011		1105895	1068081	5750	32064	96.6	0.5	2.9
2012		1238223	1205450	7499	25274	97.3	0.7	2.0
2013		1687309	1511242	8810	167257	89.6	0.5	9.9
2014		1865641	1581317	8249	276075	84.8	0.4	14.8
2015		3101255	2771958	9591	319706	89.4	0.3	10.3
2016		3115931	2795856	12292	307783	89.7	0.4	9.9
2017		3449197	3078383	9933	360881	89.2	0.3	10.5
2018		3993223	3440453	8051	544719	86.2	0.2	13.6
拉萨市	Lhasa	1430875	1159850	1995	269029	81.1	0.1	18.8
日喀则市	Xigazê	471929	449565	3862	18503	95.3	0.8	3.9
昌都市	Qamdo	441025	417506	460	23059	94.7	0.1	5.2
林芝市	Nyingchi	243366	226679	142	16545	93.1	0.1	6.8
山南市	Lhoka	342982	319117	3285	20580	93.0	1.0	6.0
那曲市	Nagqu	372789	367624	189	4976	98.6	0.1	1.3
阿里地区	Ngari	146232	138043		8189	94.4		5.6

注：1998年后为在岗职工工资(下同)。

Note: Since 1998, data refers to wages of fully employed staff and workers. The same applies to the relevant tables following.

3-12 职工工资总额指数
INDICES OF TOTAL WAGE OF STAFF AND WORKERS

年 份 Year	指数(1978=100) Indices (1978=100)				指数(上年=100) Indices (preceding year=100)			
	合 计 Total	国有经济单位 State-Owned Units	集体经济单位 Collection-Owned Units	其他经济单位 Other Units	合 计 Total	国有经济单位 State-Owned Units	集体经济单位 Collection-Owned Units	其他经济单位 Other Units
1978	100.0	100.0	100.0			107.0		
1981	174.3	173.0	205.3		99.2	99.3	98.4	
1982	210.8	205.1	340.5		102.9	118.6	165.9	
1983	219.1	210.0	425.4		103.9	102.4	125.0	
1984	265.0	257.1	446.5		121.0	122.4	105.0	
1985	295.3	287.5	466.9	100.0	111.4	111.8	104.6	
1986	337.6	331.2	452.0	387.2	114.3	115.2	96.8	387.2
1987	347.3	343.3	427.7	261.5	102.9	103.5	94.6	67.5
1988	383.5	376.0	426.4	341.0	110.4	109.7	123.1	130.4
1989	418.7	416.5	433.4	425.6	109.2	110.8	82.3	124.8
1990	441.1	442.9	406.0	146.2	105.4	106.3	93.7	34.4
1991	490	483.8	495.1	702.6	111.1	109.2	121.9	480.6
1992	511.0	506.2	558.9	756.4	104.3	104.6	112.9	107.7
1993	610.1	605.4	649.3	812.8	119.4	119.6	116.2	107.5
1994	1006.2	1018.1	530.6	2448.7	164.9	168.2	81.7	301.3
1995	1084.5	1085.3	858	2505.1	107.8	106.6	161.7	102.3
1996	1666.6	1683.8	959.7	3743.6	153.7	155.2	111.9	149.4
1997	1531.4	1540.4	1118.4	2481.5	91.9	91.5	116.5	66.3
1998	1612.8	1606.2	1353.5	4925.6	105.3	104.3	121.0	198.5
1999	1845.7	1834.6	1154.0	11312.8	114.4	114.2	85.3	229.7
2000	2085.6	2087.8	995.9	12647.7	113.0	113.8	86.3	111.8
2001	2653.5	2659.4	1096.8	17010.3	127.2	127.4	110.2	134.5
2002	3272.5	3298.4	1164.2	18164.1	123.3	124.0	106.1	106.8
2003	3490.4	3526.2	728.5	23279.5	106.7	106.9	62.6	128.2
2004	3797.6	3847.1	602.5	23791.6	108.8	109.1	82.7	102.2
2005	4158.0	4207.9	842.6	26071.8	109.5	109.3	139.8	109.6
2006	4754.9	4808.2	1110.1	29076.9	114.4	114.3	131.7	115.5
2007	7241.2	7373.5	1236.8	35753.9	152.3	153.4	111.4	123.0
2008	7625.9	7792.8	1434.4	31276.9	105.3	105.6	116	87.5
2009	8276.8	8424.0	1217.3	44312.8	108.5	108	84.9	141.7
2010	9512.8	9603.4	1674.3	69110.3	114.9	114.0	137.5	155.9
2011	9940.6	10021.4	1231.3	82241.3	104.5	104.4	73.5	119
2012	11130.1	11310.3	1605.8	64805.1	119.7	112.9	130.4	78.8
2013	15166.8	14179.4	1886.5	428864.1	136.3	125.4	117.5	661.8
2014	16769.8	14836.9	1766.4	707884.6	110.6	104.6	93.6	165.1
2015	27876.4	26008.2	2053.7	819759.0	166.2	175.3	116.3	115.8
2016	28008.4	26232.5	2632.1	789187.2	100.5	100.9	128.2	96.3
2017	31004.0	28883.3	2127.0	925335.9	110.7	110.1	80.8	117.3
2018	35894.1	32280.5	1724.0	1396331.9	115.8	111.8	81.1	150.9

3-13　职工平均工资及指数
AVERAGE WAGE OF STAFF AND WORKERS AND RELATED INDICES

年份 Year	地区 Region	平均工资(元) Average (yuan)				指数(上年=100) Indices (preceding year=100)			
		合计 Total	国有经济单位 State-owned Units	集体经济单位 Collective-Owned Units	其他经济单位 Other Units	合计 Total	国有经济单位 State-owned Units	集体经济单位 Collective-Owned Units	其他经济单位 Other Units
1978			854						
1990		3181	3224	2384	3419	110.4	109.6	119.3	124.8
1991		3355	3416	2507	3568	105.5	106.0	105.2	104.3
1992		3448	3495	2689	3656	108.4	108.4	112.8	106.9
1993		4085	4178	2720	5566	118.5	120.0	101.1	152.3
1994		7115	7304	3067	13815	174.8	174.8	112.8	248.2
1995		7382	7572	4090	10821	103.8	103.7	133.4	78.3
1996		11087	11519	4370	12411	150.2	152.1	106.8	114.7
1997		10098	10524	4588	7233	91.1	91.4	105.0	58.3
1998		10987	11462	5382	8709	108.8	108.9	117.3	120.4
1999		12904	13490	5364	10692	117.4	117.7	99.7	122.8
2000		14976	15566	5835	12135	116.1	115.4	108.8	113.5
2001		19144	20112	6236	13125	127.8	129.2	106.9	108.2
2002		24766	25675	9761	15693	129.4	127.7	156.5	119.6
2003		26931	27611	9348	20475	108.7	107.5	95.8	130.5
2004		29292	30163	9600	17704	108.8	109.2	102.7	86.5
2005		28950	29644	12336	19154	98.8	98.3	128.5	108.2
2006		31518	32355	11125	23680	108.9	109.2	90.2	123.6
2007		46098	47757	11770	26334	146.3	147.6	105.8	111.2
2008		47280	48975	13023	24778	102.6	102.6	110.6	94.1
2009		48750	50272	12231	30641	103.1	102.6	93.9	123.6
2010		54397	55581	16447	47722	111.5	110.5	134.4	155.7
2011		55845	57014	15181	46429	102.7	102.6	92.3	97.3
2012		58347	58982	11160	50527	104.5	103.5	73.5	108.8
2013		64409	67186	23856	50164	110.4	113.9	213.8	99.3
2014		68059	69754	28066	62063	105.7	103.8	117.6	123.7
2015		110980	120786	36219	67591	163.1	173.2	129.0	108.9
2016		110330	117554	52086	72895	99.4	97.3	143.8	107.8
2017		115549	122876	49443	78504	104.7	104.5	94.9	107.7
2018		119947	125852	51055	93972	103.8	102.4	103.3	119.7
拉萨市	Lhasa	117256	131279	53927	80765	105.6	104.8	119.4	110.0
日喀则市	Xigazê	113124	112198	47793	66941	109.6	108.8	104.0	113.0
昌都市	Qamdo	108275	113093	41071	62271	105.3	107.8	115.0	80.6
林芝市	Nyingchi	115432	119148	33116	82111	105.3	104.7	85.0	108.8
山南市	Lhoka	113838	118883	50688	78013	101.0	102.1	73.7	102.2
那曲市	Nagqu	120080	116518	67500	73832	96.1	96.0	81.3	104.4
阿里地区	Ngari	124252	126610		94559	112.7	111.7		127.3

3-14 各行业分经济类型、分地市职工工资总额(2018年)

单位：万元

行 业	Sector	合 计 Total	国有经济单位 State-owned Units	集体经济单位 Collective-owned Units
总 计	**Total**	**3993223**	**3440453**	**8051**
农、林、牧、渔业	Agriculture, Forestry, Animal Husbandry and Fishery	7884	7819	65
采矿业	Mining	54559	473	1980
制造业	Manufacturing	79484	6029	1006
电力、热力、燃气及水生产供应业	Production and Supply of Electricity, Heat, Gas and Water	125256	65126	
建筑业	Construction	87846	12455	4168
批发和零售业	Wholesale and Retail Trade	69775	31404	173
交通运输、仓储及邮政业	Transport, Storage and Post	96951	42213	
住宿和餐饮业	Hotels and Catering Services	29839	11568	381
信息传输、软件和信息技术服务业	Information Transmission, Software and Information Technology	53699	26488	
金融业	Financial Intermediation	221929	194382	
房地产业	Real Estate	17272	1399	
租赁和商务服务业	Leasing and Business Services	68469	9177	10
科学研究和技术服务业	Scientific Research and Technical Services	103914	101588	
水利、环境和公共设施管理业	Management of Water Conservancy, Environment and Public Facilities	27133	8731	118
居民服务、修理和其他服务业	Services to Households, Repair and Other Services	4639	2473	
教 育	Education	714182	705409	
卫生和社会工作	Health and Social Service	209211	196612	
文化、体育和娱乐业	Culture, Sports and Entertainment	91104	87030	150
公共管理、社会保障和社会组织	Public Management, Social Security and Social Organization	1930077	1930077	

TOTAL WAGE BILL OF STAFF AND WORKERS BY REGION, OWNERSHIP AND SECTOR (2018)

(10000 yuan)

其他经济单位 Other Units	拉萨市 Lhasa	日喀则市 Xigazê	昌都市 Qamdo	林芝市 Nyingchi	山南市 Lhoka	那曲市 Nagqu	阿里地区 Ngari
544719	**1692059**	**555549**	**513141**	**263960**	**367149**	**414945**	**186420**
	963	1494	2128	1511	145	1643	
52106	36457	4543	7778		5273	314	194
72449	56239	5081	6780	4389	5501	1494	
60130	97507	4907	5730	5229	5512	3090	3281
71223	59534	8498	7512	1053	8342	679	2228
38198	35770	9398	4071	6142	5879	5801	2714
54738	77806	3420	4540	4612	1561	2565	2447
17890	21078	2409	406	3097	1782	339	728
27211	27574	4984	4209	5080	3957	5061	2834
27547	221759					170	
15873	14805	1220	195	676	376		
59282	65654	46		280	2437		52
2326	65593	13094	5644	1647	3120	11683	3133
18284	21223	2077		980	427	2154	272
2166	859	2074	385		135	1186	
8773	208528	152254	99836	52213	68032	110318	23001
12599	75473	35509	30940	15066	26232	17166	8825
3924	23150	46780	3463	2254	6162	6384	2911
	582087	257761	329524	159731	222276	244898	133800

3-15 各行业分经济类型、分地市职工平均工资(2018年)

单位：元

行业	Sector	合计 Total	国有经济单位 State-owned Units	集体经济单位 Collective-owned Units
总计	**Total**	**119947**	**125852**	**51055**
农、林、牧、渔业	Agriculture, Forestry, Animal Husbandry and Fishery	34117	34118	34000
采矿业	Mining	118555	115049	102052
制造业	Manufacturing	90787	78711	27401
电力、热力、燃气及水生产供应业	Production and Supply of Electricity, Heat, Gas and Water	99981	95788	
建筑业	Construction	67887	66568	49678
批发和零售业	Wholesale and Retail Trade	82760	107805	48167
交通运输、仓储及邮政业	Transport, Storage and Post	111182	93973	
住宿和餐饮业	Hotels and Catering Services	66963	76511	60429
信息传输、软件和信息技术服务业	Information Transmission, Software and Information Technology	125143	129527	
金融业	Financial Intermediation	218154	231516	
房地产业	Real Estate	84833	106809	
租赁和商务服务业	Leasing and Business Services	107334	93537	20400
科学研究和技术服务业	Scientific Research and Technical Services	125971	127366	
水利、环境和公共设施管理业	Management of Water Conservancy, Environment and Public Facilities	55933	80920	56333
居民服务、修理和其他服务业	Services to Households, Repair and Other Services	116560	101790	
教育	Education	142120	141711	
卫生和社会工作	Health and Social Service	133468	134610	
文化、体育和娱乐业	Culture, Sports and Entertainment	116293	117338	45667
公共管理、社会保障和社会组织	Public Management, Social Security and Social Organization	120603	120603	

AVERAGE WAGE OF STAFF AND WORKERS BY REGION, OWNERSHIP AND SECTOR (2018)

(yuan)

其他经济单位 Other Units	拉萨市 Lhasa	日喀则市 Xigazê	昌都市 Qamdo	林芝市 Nyingchi	山南市 Lhoka	那曲市 Nagqu	阿里地区 Ngari
93972	**124815**	**112058**	**107819**	**116185**	**115692**	**128745**	**136531**
	132055	96348	98930	44216	111077	10863	
119322	128160	87038	122490		93980	13347	61000
95052	90102	73004	90405	144835	101313	72150	
104957	98653	77030	97451	102727	169609	87285	139609
69622	86579	54407	55600	63066	33693	81819	52421
69678	72354	89078	104105	101181	116192	78069	134347
129466	112486	107544	112386	116757	120069	69888	129450
62095	73543	54993	45584	53206	61668	31101	66145
121152	129221	100290	121997	127306	124428	150616	130014
155022	218202					170000	
83321	89339	56500	108556	75144	68418		
109925	111118	27176		96552	70026		28778
85212	141113	107948	128574	63837	79188	129384	162332
48743	49517	129800		59370	54025	163159	85094
139716	117726	130465	60156		67700	139306	
185076	145124	136355	167623	135901	126172	115150	139907
117861	155390	119559	147685	100106	137197	131266	133314
102180	124031	126603	105573	97155	108871	144496	137953
	130273	106950	97133	120153	124818	142330	141094

3-16 国有经济单位分行业、分地市职工工资总额(2018年)

单位：万元

行　业	Sector	合　计 Total	拉萨市 Lhasa
总　计	**Total**	**3440453**	**1269437**
农、林、牧、渔业	Agriculture, Forestry, Animal Husbandry and Fishery	7819	964
采矿业	Mining	471	168
制造业	Manufacturing	6029	2606
电力、热力、燃气及水生产供应业	Production and Supply of Electricity, Heat, Gas and Water	65127	48265
建筑业	Construction	12455	10968
批发和零售业	Wholesale and Retail Trade	31404	10523
交通运输、仓储及邮政业	Transport, Storage and Post	42213	27398
住宿和餐饮业	Hotels and Catering Services	11569	8802
信息传输、软件和信息技术服务业	Information Transmission, Software and Information Technology	26488	12937
金融业	Financial Intermediation	194381	194211
房地产业	Real Estate	1399	1399
租赁和商务服务业	Leasing and Business Services	9176	9088
科学研究和技术服务业	Scientific Research and Technical Services	101588	63775
水利、环境和公共设施管理业	Management of Water Conservancy, Environment and Public Facilities	8731	3919
居民服务、修理和其他服务业	Services to Households, Repair and Other Services	2474	859
教　育	Education	705410	208528
卫生和社会工作	Health and Social Service	196612	63505
文化、体育和娱乐业	Culture, Sports and Entertainment	87030	20261
公共管理、社会保障和社会组织	Public Management, Social Security and Social Organization	1930077	581261

TOTAL WAGE BILL OF STAFF AND WORKERS IN STATE-OWNED UNITS BY SECTOR AND REGION (2018)

(10000 yuan)

日喀则市 Xigazê	昌都市 Qamdo	林芝市 Nyingchi	山南市 Lhoka	那曲市 Nagqu	阿里地区 Ngari
523833	**478366**	**244221**	**336447**	**408237**	**179912**
1493	2127	1449	143	1643	
				107	196
146	2641			636	
3917	4646	2780	1948	3090	481
240			641	469	137
5045	1228	3589	5067	4128	1824
2925	3135	4612	311	1385	2447
837	87		1607	236	
998	3482	2020	1633	2584	2834
				170	
36					52
13094	5644	1139	3120	11683	3133
2077			309	2154	272
872	385			358	
152254	91064	52213	68032	110318	23001
35509	30940	14434	26232	17167	8825
46629	3463	2254	5128	6384	2911
257761	329524	159731	222276	245725	133799

3-17 国有经济单位分行业、分地市职工平均工资(2018年)

单位：元

行业	Sector	合计 Total	拉萨市 Lhasa
总计	**Total**	**125852**	**138004**
农、林、牧、渔业	Agriculture, Forestry, Animal Husbandry and Fishery	34118	132055
采矿业	Mining	115049	110667
制造业	Manufacturing	78711	65898
电力、热力、燃气及水生产供应业	Production and Supply of Electricity, Heat, Gas and Water	95788	101220
建筑业	Construction	66568	68077
批发和零售业	Wholesale and Retail Trade	107805	126315
交通运输、仓储及邮政业	Transport, Storage and Post	93973	84553
住宿和餐饮业	Hotels and Catering Services	76511	84630
信息传输、软件和信息技术服务业	Information Transmission, Software and Information Technology	129527	131078
金融业	Financial Intermediation	231516	231590
房地产业	Real Estate	106809	106809
租赁和商务服务业	Leasing and Business Services	93537	98653
科学研究和技术服务业	Scientific Research and Technical Services	127366	143271
水利、环境和公共设施管理业	Management of Water Conservancy, Environment and Public Facilities	80920	55492
居民服务、修理和其他服务业	Services to Households, Repair and Other Services	101790	117726
教育	Education	141711	145124
卫生和社会工作	Health and Social Service	134610	164266
文化、体育和娱乐业	Culture, Sports and Entertainment	117338	125386
公共管理、社会保障和社会组织	Public Management, Social Security and Social Organization	120603	130273

AVERAGE WAGE OF STAFF AND WORKERS IN STATE-OWNED UNITS BY SECTOR AND REGION (2018)

(yuan)

日喀则市 Xigazê	昌都市 Qamdo	林芝市 Nyingchi	山南市 Lhoka	那曲市 Nagqu	阿里地区 Ngari
115905	**108942**	**118255**	**124361**	**130248**	**139542**
96348	98930	44817	111077	10863	
				133125	61000
52036	124585			69846	
70700	90385	73944	107663	87285	81492
43636			66729	114463	59478
91736	89664	95707	160335	72042	141411
128894	154429	116757	53655	62099	129450
56154	45842		62781	27172	
87553	125686	106326	185534	151111	130014
				170000	
30000					
107948	128574	57515	79188	129384	
129800			53190	163159	
110329	60156			139306	
136355	166114	135901	126172	115150	139907
119559	147685	101151	137197	131266	133314
127332	105573	97155	106380	144496	137953
106950	97133	120153	124818	142330	141094

3-18 城镇集体经济单位分行业、分地市职工工资总额(2018年)

单位：万元

行业	Sector	合计 Total	拉萨市 Lhasa
总计	**Total**	**8051**	**1491**
农、林、牧、渔业	Agriculture, Forestry, Animal Husbandry and Fishery	64	
采矿业	Mining	1980	
制造业	Manufacturing	1006	
电力、热力、燃气及水生产供应业	Production and Supply of Electricity, Heat, Gas and Water		
建筑业	Construction	4168	1491
批发和零售业	Wholesale and Retail Trade	173	
交通运输、仓储及邮政业	Transport, Storage and Post		
住宿和餐饮业	Hotels and Catering Services	381	
信息传输、软件和信息技术服务业	Information Transmission, Software and Information Technology		
金融业	Financial Intermediation		
房地产业	Real Estate		
租赁和商务服务业	Leasing and Business Services	10	
科学研究和技术服务业	Scientific Research and Technical Services		
水利、环境和公共设施管理业	Management of Water Conservancy, Environment and Public Facilities	118	
居民服务、修理和其他服务业	Services to Households, Repair and Other Services		
教育	Education		
卫生和社会工作	Health and Social Service		
文化、体育和娱乐业	Culture, Sports and Entertainment	151	
公共管理、社会保障和社会组织	Public Management, Social Security and Social Organization		

TOTAL WAGE BILL OF STAFF AND WORKERS IN URBAN COLLECTIVE-OWNED UNITS BY SECTOR AND REGION (2018)

(10000 yuan)

日喀则市 Xigazê	昌都市 Qamdo	林芝市 Nyingchi	山南市 Lhoka	那曲市 Nagqu	阿里地区 Ngari
4509	**450**	**64**	**1343**	**194**	
		64			
1980					
711			101	194	
1103	450		1124		
173					
381					
10					
			118		
151					

3-19 城镇集体经济单位分行业、分地市职工平均工资(2018年)

单位：元

行　　业	Sector	合　计 Total	拉萨市 Lhasa
总　计	**Total**	**51055**	**54023**
农、林、牧、渔业	Agriculture, Forestry, Animal Husbandry and Fishery	34000	
采矿业	Mining	102052	
制造业	Manufacturing	27401	
电力、热力、燃气及水生产供应业	Production and Supply of Electricity, Heat, Gas and Water		
建筑业	Construction	49678	54023
批发和零售业	Wholesale and Retail Trade	48167	
交通运输、仓储及邮政业	Transport, Storage and Post		
住宿和餐饮业	Hotels and Catering Services	60429	
信息传输、软件和信息技术服务业	Information Transmission, Software and Information Technology		
金融业	Financial Intermediation		
房地产业	Real Estate		
租赁和商务服务业	Leasing and Business Services	20400	
科学研究和技术服务业	Scientific Research and Technical Services		
水利、环境和公共设施管理业	Management of Water Conservancy, Environment and Public Facilities	56333	
居民服务、修理和其他服务业	Services to Households, Repair and Other Services		
教　育	Education		
卫生和社会工作	Health and Social Service		
文化、体育和娱乐业	Culture, Sports and Entertainment	45667	
公共管理、社会保障和社会组织	Public Management, Social Security and Social Organization		

AVERAGE WAGE OF STAFF AND WORKERS IN URBAN COLLECTIVE-OWNED UNITS BY SECTOR AND REGION (2018)

(yuan)

日喀则市 Xigazê	昌都市 Qamdo	林芝市 Nyingchi	山南市 Lhoka	那曲市 Nagqu	阿里地区 Ngari
48583	**40179**	**34000**	**42465**	**69214**	
		34000			
102052					
29855			11511	69214	
32237	40179		49476		
48167					
60429					
20400					
			56333		
45667					

3-20 各行业分经济类型从业人员平均工资(2018年)
AVERAGE WAGE OF EMPLOYED PERSONS BY OWNERSHIP AND SECTOR (2018)

单位：元 (yuan)

行业	Sector	合计 Total	国有经济单位 State-owned Units	集体经济单位 Collective-owned Units	其他经济单位 Other Units
总计	**Total**	**116015**	**122030**	**49144**	**90417**
农、林、牧、渔业	Agriculture, Forestry, Animal Husbandry and Fishery	34205	34207	34000	
采矿业	Mining	114535	72845	102052	115894
制造业	Manufacturing	90011	75178	27401	94592
电力、热力、燃气及水生产供应业	Production and Supply of Electricity, Heat, Gas and Water	99753	95514		104811
建筑业	Construction	56975	38816	46799	64612
批发和零售业	Wholesale and Retail Trade	81731	106144	48167	68986
交通运输、仓储及邮政业	Transport, Storage and Post	104261	86855		127228
住宿和餐饮业	Hotels and Catering Services	64902	70903	60429	61284
信息传输、软件和信息技术服务业	Information Transmission, Software and Information Technology	123604	126177		121152
金融业	Financial Intermediation	218141	231470		155235
房地产业	Real Estate	82351	89669		81751
租赁和商务服务业	Leasing and Business Services	103026	88373	20400	105804
科学研究和技术服务业	Scientific Research and Technical Services	126104	127451		85212
水利、环境和公共设施管理业	Management of Water Conservancy, Environment and Public Facilities	53400	68533	56333	47965
居民服务、修理和其他服务业	Services to Households, Repair and Other Services	107993	91718		136298
教育	Education	138809	138385		185076
卫生和社会工作	Health and Social Service	124550	125483		111794
文化、体育和娱乐业	Culture, Sports and Entertainment	108799	115053	45667	60577
公共管理、社会保障和社会组织	Public Management, Social Security and Social Organization	118812	118812		

3-21 各行业分经济类型从业人员工资总额(2018年)
TOTAL WAGE BILL OF EMPLOYED PERSONS BY OWNERSHIP AND SECTOR (2018)

单位：万元 (10000 yuan)

行业	Sector	合计 Total	国有经济单位 State-owned Units	集体经济单位 Collective-owned Units	其他经济单位 Other Units
总计	**Total**	**4091673**	**3514129**	**9003**	**568541**
农、林、牧、渔业	Agriculture, Forestry, Animal Husbandry and Fishery	7915	7850	65	
采矿业	Mining	57794	706	1980	55108
制造业	Manufacturing	80145	6247	1005	72893
电力、热力、燃气及水生产供应业	Production and Supply of Electricity, Heat, Gas and Water	125609	65437		60172
建筑业	Construction	105654	18380	5120	82154
批发和零售业	Wholesale and Retail Trade	72766	32629	173	39964
交通运输、仓储及邮政业	Transport, Storage and Post	105679	50080		55599
住宿和餐饮业	Hotels and Catering Services	31672	13053	381	18238
信息传输、软件和信息技术服务业	Information Transmission, Software and Information Technology	54213	27002		27211
金融业	Financial Intermediation	222329	194666		27663
房地产业	Real Estate	17738	1462		16276
租赁和商务服务业	Leasing and Business Services	72056	9633	10	62413
科学研究和技术服务业	Scientific Research and Technical Services	107958	105632		2326
水利、环境和公共设施管理业	Management of Water Conservancy, Environment and Public Facilities	28099	9471	118	18510
居民服务、修理和其他服务业	Services to Households, Repair and Other Services	4763	2569		2194
教育	Education	724224	715451		8773
卫生和社会工作	Health and Social Service	217165	203872		13293
文化、体育和娱乐业	Culture, Sports and Entertainment	94024	88119	151	5754
公共管理、社会保障和社会组织	Public Management, Social Security and Social Organization	1961870	1961870		

3-22 城镇登记失业人员及失业率
REGISTERED UNEMPLOYED PERSONS AND UNEMPLOYMENT RATE IN URBAN AREA

年 份 Year	失业人员(万人) Unemployed Persons (10000 persons)	失业率(%) Unemployment Rate (%)
2010	1.6	3.81
2011	1.8	3.20
2012	1.64	2.58
2013	1.64	2.49
2014	1.69	2.49
2015	1.76	2.48
2016	1.84	2.58
2017	1.95	2.68
2018	2.11	2.83

第四篇

固定资产投资

CHAPTER 4

INVESTMENT IN FIXED ASSETS

4-1 全社会固定资产投资(不含农户)主要指标比上年增长情况
GROWTH OF MAIN INDICATORS OF FIXED ASSETS INVESTMENT (EXCLUDING RURAL HOUSEHOLDS) IN THE WHOLE COUNTRY

单位：% (%)

指 标	Item	2017	2018
投资总额	**Total Investment**	**23.9**	**9.9**
按经济类型分	**Grouped by Ownership**		
国有经济	State-Owned	39.3	2.8
集体经济	Collective-Owned	262.4	-84.3
个体经济	Self-employed Individual	-50.3	-66.1
联营经济	Joint	32.8	-61.8
股份制经济	Share Holding	-79.8	29.3
外商投资经济	Foreign Funded	-94.1	
港澳台投资经济	Funds from Hong Kong, Macao and Taiwan	6.1	-91.4
其他经济	Others	18.4	70.3
按三次产业分	**Grouped by Three Strata of Industry**		
第一产业	Primary Industry	-19.6	116.7
第二产业	Secondary Industry	40.2	15.9
第三产业	Tertiary Industry	23.4	5.5
按构成分	**Grouped by Composition of Funds**		
建筑安装工程	Construction and Installation	24.1	9.9
设备工器具购置	Purchase of Equipment and Instruments	19.9	-17.6
其他费用	Others	27.8	72.3
按建设性质分	**Grouped by Type of Construction**		
#新 建	New Construction	34.3	11.5
扩 建	Expansion	-12.3	19.9
改 建	Reconstruction	5.1	-45.0
实际到位资金	**Actual Funds for Investment**		
国家预算资金	State Budget	-8.8	-41.6
国内贷款	Domestic Loans	4.0	56.4
债 券	Bond		317.8
利用外资	Foreign Investment		
自筹资金	Self-raising Fund	12.6	9.4
其他资金	Others	59.9	-13.0

4-2 分行业固定资产投资和项目(不含农户)情况(2018年)
FIXED ASSETS INVESTMENT AND PROJECTS (EXCLUDING RURAL HOUSEHOLDS) BY SECTOR (2018)

单位：% (%)

行业	Sector	固定资产投资比上年增长 Growth of Fixed Assets Investment	项目建成投产率 Rate of Construction Projects Completed and Put into Use	固定资产交付使用率 Rate of Projects of Fixed Assets Completed and Put into Use
总　计	**Total**	**9.9**	**11.6**	**28.5**
农、林、牧、渔业	Agriculture, Forestry, Animal Husbandry and Fishery	80.4	9.1	24.1
采矿业	Mining	51.5	6.0	7.4
#有色金属矿采选业	Mining and Processing of Non-ferrous Metal Ores	41.6	7.1	8.3
制造业	Manufacturing	50.6	13.7	29.0
#农副食品加工业	Processing of Food from Agricultural Products	110.2	17.2	28.5
食品制造业	Manufacture of Foods	-58.1	28.6	11.8
酒、饮料和精制茶制造业	Manufacture of Liquor, Beverages and Refined Tea	-47.9	13.3	91.5
医药制造业	Manufacture of Medicines	-20.0		40.4
非金属矿物制品业	Manufacture of Non-metallic Mineral Products	140.4	16.7	31.6
电力、热力、燃气及水生产和供应业	Production and Supply of Electricity, Heats, Gas and Water	-15.8	16.5	30.8
#电力、热力生产和供应业	Production and Supply of Electricity and Heat Power	-19.9	28.4	32.8
建筑业	Construction	526.4		
批发和零售业	Wholesale and Retail Trades	2.0	20.0	15.9
交通运输、仓储及邮政业	Transport, Storage and Post	5.2	7.2	28.9
#铁路运输业	Railway Transportation	-26.7		
道路运输业	Road Transportation	13.3	6.4	27.0
住宿和餐饮业	Hotels and Catering Services	26.1	34.1	46.0
住宿业	Hotels	39.0	33.3	46.1
餐饮业	Catering Services	-96.5	100.0	

4-2 续表 continued

行　　业	Sector	固定资产投资比上年增长 Growth of Fixed Assets Investment	项目建成投产率 Rate of Construction Projects Completed and Put into Use	固定资产交付使用率 Rate of Projects of Fixed Assets Completed and Put into Use
信息传输、软件和信息技术服务业	Information Transmission, Software and Information Technology	2157.4		
#电信、广播电视和卫星传输服务	Telecommunication, Radio and Television, and Satellite Transmission Service	644.7		
金融业	Financial Intermediation	-33.3	33.3	
房地产业	Real Estate	7.6	20.1	42.4
租赁和商务服务业	Leasing and Business Services	99.3	13.2	8.6
商务服务业	Business Services	274.4	12.2	8.7
科学研究和技术服务业	Scientific Research and Technical Services	196.6	5.5	91.0
水利、环境和公共设施管理业	Management of Water Conservancy, Environment and Public Facilities	-0.9	11.3	29.6
水利管理业	Management of Water Conservancy	2.5	8.6	25.5
生态保护和环境治理业	Ecological Protection and Environmental Treatment	76.9	8.7	1.1
公共设施管理业	Management of Public Facilities	-7.8	13.4	34.9
居民服务、修理和其他服务业	Services to Households, Repair and Other Services	-61.0	3.6	23.4
教　育	Education	21.0	9.8	16.7
卫生和社会工作	Health and Social Service	87.2	15.1	10.2
文化、体育和娱乐业	Culture, Sports and Entertainment	20.5	15.1	16.7
#广播、电视、电影和影视录音制作业	Radio, Television, Motion Picture and Videotape Programme Production Services	-15.1	38.5	52.4
文化艺术业	Cultural and Art Activities	19.1	7.0	6.5
体　育	Sports Activities	-48.4	20.0	100.6
娱乐业	Entertainment	981.0	14.3	
公共管理、社会保障和社会组织	Public Management, Social Security and Social Organizations	-21.5	16.5	30.2

4-3 分地市全社会固定资产投资(不含农户)主要指标比上年增长情况(2018年)

单位：%

指　　标	Item	合　计 Total
投资总额	**Total Investment**	**9.9**
实际到位资金	**Actual Funds for Investment**	
国家预算资金	State Budget	-41.6
国内贷款	Domestic Loans	56.4
债　券	Bond	317.8
利用外资	Foreign Investment	
自筹资金	Self-raising Fund	9.4
其他资金	Others	-13.0
按构成分	**Grouped by Composition of Funds**	
建筑安装工程	Construction and Installation	9.9
设备工器具购置	Purchase of Equipment and Instruments	-17.6
其他费用	Others	72.3
按建设性质分	**Grouped by Type of Construction**	
#新　建	New Construction	11.5
扩　建	Expansion	19.9
改　建	Reconstruction	-45.0
按三次产业分	**Grouped by Three Strata of Industry**	
第一产业	Primary Industry	116.7
第二产业	Secondary Industry	15.9
第三产业	Tertiary Industry	5.5
按国民经济主要行业分	**Grouped by Main Sector**	
#农林牧渔业	Agriculture, Forestry, Animal Husbandry and Fishery	80.4
工　业	Industry	-3.6
交通运输、仓储及邮政业	Transport, Storage and Post	5.2
房地产开发	Real Estate Development	131.2

GROWTH OF MAIN INDICATORS OF FIXED ASSETS (EXCLUDING RURAL HOUSEHOLDS) INVESTMENT BY REGION (2018)

(%)

拉　萨 Lhasa	日喀则 Xigazê	昌　都 Qamdo	林　芝 Nyingchi	山　南 Lhoka	那　曲 Nagqu	阿　里 Ngari
11.3	**-13.2**	**30.9**	**-8.7**	**18.6**	**34.5**	**20.5**
-19.5	-88.9	-22.5	-59.9	-14.3	-67.2	-44.8
64.5	-70.8	1550.9	-43.5	96.1	141.7	-100.0
375.8				-70.0		-100.0
8.0	28.3	205.6	-36.1	14.8	-94.2	-100.0
-40.2	-84.8	118.7	-75.2	303.9	7.8	-100.0
16.9	-7.7	26.1	-29.5	30.6	-7.0	30.2
-24.9	-62.1	88.0	-27.9	12.9	-28.9	-43.8
106.4	715.9	-18.2	193.5	89.7	-29.1	-25.0
8.8	-20.3	64.4	-9.1	53.3	-18.1	22.1
-11.9	291.3	-18.2	-37.9	33.4	159.8	-27.7
-64.6	0.2	-25.4	-85.4	-60.7	-31.1	20.8
58.0	62.3	158.4	134.2	768.4	270.9	-76.2
20.8	-26.1	-7.6	-81.4	108.2	1.8	63.5
16.4	-14.4	45.0	-19.5	1.2	-12.4	11.1
16.6	67.8	137.0	138.0	307.7	129.0	-67.2
-30.6	-26.1	-7.6	-84.0	108.2	1.8	-16.5
16.8	-20.2	62.9	-42.1	-5.1	-9.5	97.0
188.0			-21.6	-26.0		

4-4 房地产开发主要指标

指 标	Item	2004	2005	2006
本年土地购置面积(万平方米)	**Land Space Purchased This Year (10000 sq.m)**		**44.66**	**52.92**
实际到位资金(万元)	**Actual Funds for Investment (10000 yuan)**	**60166**	**69783**	**115081**
国内贷款	Domestic Loans	4100	9626	16062
利用外资	Foreign Investment			
自筹资金	Self-raising Fund	6552	24567	40029
其他资金	Others	49514	35590	57274
房屋建筑面积(万平方米)	**Floor Space of Buildings**			
施工面积	Floor Space under Construction	38.43	43.36	107.82
竣工面积	Floor Space Completed	9.19	26.49	32.94
本年新开工面积	Floor Space Started This Year	30.05	38.81	60.37
#住 宅	Residential Buildings	30.05	33.43	51.96
商品房屋销售额(万元)	**Selling Value of Commercialized Buildings (10000 yuan)**	**26279**	**44032**	**112855**
#住 宅	Residential Buildings	26279	36421	71317
商品房屋销售面积(万平方米)	**Floor Space of Commercialized Buildings Sold (10000 sq.m)**	**9.56**	**25.9**	**57.10**
#住 宅	Residential Buildings	9.56	24.18	42.28
商品房平均销售价格(元/平方米)	**Average Selling Price of Commercialized Buildings (yuan/sq.m)**	**2749**	**1700**	**1976**
#住 宅	Residential Buildings	2749	1506	1687
本年完成投资额(万元)	**Investment Completed This Year (10000 yuan)**	**53934**	**60207**	**89022**
#住 宅	Residential Buildings	52734	43348	69001

MAIN INDICATORS OF REAL ESTATE DEVELOPMENT

2007	2008	2009	2010	2011	2012	2013	2014	2015	2016	2017	2018
5.2	**20.46**	**5.23**	**4.55**	**5.77**	**1.34**		**58.10**	**30.82**	**2.94**	**26.57**	**36.08**
119154	**133641**	**310418**	**150211**	**136383**	**107702**		**479030**	**439281**	**640297**	**535784**	**989461**
14060	19391	18600	783	24000			8000	12000	10000	161100	58131
30865	43514	118125	107545	28843	21319	51017	350322	286959	368497	175067	705471
74229	70736	173693	41883	44497	60001	74539	120708	140322	159549	199617	225859
114.71	144.89	140.62		48.73	47.33	57.7	273.17	380.62	348.77	229.85	349.07
41.27	54.85	45.98	12.18	21.69	9.23	18.09	52.47	92.27	31.53	43.57	52.32
56.42	122.53	37.35	16.92	4.53	22.68	27.76	191.49	119.87	57.01	61.07	183.51
48.49	53.26	31.84	15.3	19.28	17.07	22.37	118.43	80.88	35.53	31.58	128.17
164348	**213056**	**155127**	**56143**	**66890**	**73545**	**106023**	**342528**	**210756**	**381416**	**352842**	**529486**
158663	192808	146889	52105	60733	61578	88458	285541	166997	346994	251926	430658
60.78	**66.68**	**63.26**	**19.37**	**19.36**	**22.50**	**25.40**	**59.33**	**51.27**	**74.61**	**53.25**	**73.62**
59.60	62.26	61.42	18.85	18.40	20.65	22.78	53.64	46.32	71.16	44.96	62.37
2704	**3195**	**2452**	**2898**	**3455**	**3269**	**4174**	**5774**	**4111**	**5112**	**6626**	**7193**
2662	3097	2397		3299	2982	3883	5323	3605	4876	5604	6905
116767	**137888**	**157480**	**89634**	**51342**	**68719**	**96777**	**529087**	**500161**	**485361**	**403647**	**933338**
104008	120080	113798	69870	37363	42509	58669	294421	395958	391421	200964	503206

第五篇

财　　政

CHAPTER 5

GOVERNMENT FINANCE

5-1 一般公共预算收支总额及增长速度
GENERAL PUBLIC BUDGET REVENUE AND EXPENDITURE AND THEIR INCREASE RATE

单位：万元 (10000 yuan)

年 份 Year	一般公共预算收入 General Public Budget Revenue	#税收收入 Total Tax Revenue	一般公共预算支出 General Public Budget Expenditure	增长速度(%) Increase Rate (%) 一般公共预算收入 General Public Budget Revenue	一般公共预算支出 General Public Budget Expenditure
1996	24141	27498	368458		
1997	29537	31496	381952	22.4	3.7
1998	36393	35935	453225	23.2	18.7
1999	45731	43073	532544	25.7	17.5
2000	53848	50652	599693	17.7	12.6
2001	61108	53587	1045690	13.5	74.4
2002	73082	58140	1378433	19.6	31.8
2003	81499	65387	1459054	11.5	5.8
2004	100188	71917	1338335	22.9	-8.3
2005	120312	81458	1854502	20.1	38.6
2006	145607	88486	2001969	21.0	8.0
2007	201412	116667	2753682	38.3	37.5
2008	248823	151865	3806589	23.5	38.2
2009	300894	185065	4701322	20.9	23.5
2010	366473	252770	5510362	21.8	17.2
2011	547647	458317	7581085	49.4	37.6
2012	865827	700654	9053384	58.1	19.4
2013	950237	715366	10143128	9.7	12.0
2014	1242708	858616	11855107	30.8	16.9
2015	1371293	919971	13814638	10.3	16.5
2016	1559861	990506	15879748	13.8	14.9
2017	1858341	1227022	16819444	19.1	5.9
2018	2303543	1559298	19706768	24.0	17.2

5-2 一般公共预算主要收入项目
MAIN ITEMS OF GENERAL PUBLIC BUDGET REVENUE

单位: 万元 (10000 yuan)

项 目	Item	1999	2000	2005	2010	2016	2017	2018
合 计	**General Public Budget Revenue**	**45731**	**53848**	**120312**	**366473**	**1559861**	**1858341**	**2303543**
税收收入	Total Tax Revenue	43073	50652	81458	252770	990506	1227022	1559298
#增值税	Value Added Tax	6954	7892	11824	35005	487672	789438	989297
营业税	Business Tax	16758	19390	48721	119554	157434		
企业所得税	Corporate Income Tax	12623	16123	8879	45273	46426	47419	49341
个人所得税	Individual Income Tax	2697	3127	4475	19797	129981	186240	251974
资源税	Resources Tax	1534	1654	2399	6630	10449	19341	26380
城市维护建设税	City Maintenance and Construction Tax	1912	2117	4114	18651	86242	110165	137624
印花税	Stamp Tax	151	168	654	3099	27086	35676	39073
土地增值税	Land Appreciation Tax	437	144	296	1302	16187	14102	31775
非税收入	Total Non-tax Revenue	2658	3196	38854	113703	569355	631319	744245
#专项收入	Special Program Receipts	1153	1607	3469	11806	78701	155875	111841
行政事业性收费	Charge of Administrative and Institutional Units	689	834	16289	15879	48867	68344	91868
罚没收入	Penalty Receipts	1530	2029	5841	8295	34366	43749	52956
国有资本经营收入	Operating Income from Government Capital	1014	837	1683	-4273	13407	-2830	-7684
国有资源(资产)有偿使用收入	Income from Use of State-owned Resources (Assets)				30864	274046	201554	398088

5-3 一般公共预算主要支出项目
MAIN ITEMS OF GENERAL PUBLIC BUDGET EXPENDITURE

单位: 万元 (10000 yuan)

项 目	Item	2017	2018
合 计	**General Public Budget Expenditure**	**16819444**	**19706768**
#一般公共服务支出	Expenditure for General Public Services	2435522	2830366
教育支出	Expenditure for Education	2271970	2321456
科学技术支出	Expenditure for Science and Technology	84933	81159
文化体育与传媒支出	Expenditure for Culture, Sport and Media	449345	460247
社会保障和就业支出	Expenditure for Social Safety Net and Employment Effort	1558602	1079200
医疗卫生与计划生育支出	Expenditure for Medical and Health Care and Family Planning	937958	1069306
节能环保支出	Expenditure for Environmental Protection	466393	449338
城乡社区支出	Expenditure for Urban and Rural Community Affairs	1659875	1052618
农林水支出	Expenditure for Agriculture, Forestry and Water Conservancy	2380903	3646394
交通运输支出	Expenditure for Transportation	2003412	3342463
资源勘察电力信息等支出	Expenditure for Affairs of Resource Exploration, Electricity and Information	620676	485314
金融支出	Expenditure for Financial Affairs	155118	15670
国土海洋气象等支出	Expenditure for Affairs of Land, Ocean and Weather	83629	127847
粮油物资储备支出	Expenditure for Affairs of Management of Grain & Oil Reserves	23842	26632

5-4 分地市一般公共预算收支情况
GENERAL PUBLIC BUDGET REVENUE AND EXPENDITURE BY REGION

单位：万元　　(10000 yuan)

地 区	Region	2016 一般公共预算收入 General Public Budget Revenue	2016 一般公共预算支出 General Public Budget Expenditure	2017 一般公共预算收入 General Public Budget Revenue	2017 一般公共预算支出 General Public Budget Expenditure	2018 一般公共预算收入 General Public Budget Revenue	2018 一般公共预算支出 General Public Budget Expenditure
拉萨市	Lhasa	707891	2482843	896288	2574658	1101030	3001179
日喀则市	Xigazê	123672	3125877	157519	2617582	175829	2874023
昌都市	Qamdo	123411	1686199	151029	1928457	175365	2307847
林芝市	Nyingchi	106067	856818	129647	989503	138011	1190747
山南市	Lhoka	135563	1260798	165704	1437895	188776	1488794
那曲市	Nagqu	60083	1668651	74866	1534136	88809	2108444
阿里地区	Ngari	29750	802601	37093	832345	42814	883682

5-5 政府性基金收支和国家财政补助收入情况
REVENUE & EXPENDITURE OF GOVERNMENT FUNDS AND SUBSIDIES REVENUE OF GOVERNMENT

单位：万元　　(10000 yuan)

年 份 Year	政府性基金收入 Revenue of Government Funds	政府性基金支出 Expenditure of Government Funds	国家财政补助收入 Subsidies Revenue of Government
1996	247	12737	312114
1997	8717	9009	348735
1998	7880	8741	415547
1999	8850	11679	572711
2000	9417	16415	635957
2001	12682	16377	944776
2002	14243	20471	1311470
2003	18843	22912	1287564
2004	19711	22355	1359655
2005	23018	37110	1915340
2006	27075		2007860
2007	30025	39949	2804127
2008	37049	33584	3578559
2009	8214	9669	4709465
2010	58206	115472	5309980
2011	97623	175742	7142541
2012	90458	286329	8042975
2013	153997	347519	9024888
2014	404828	547604	10348682
2015	387014	433522	13311740
2016	507624	565463	13719475
2017	732738	863685	15107587
2018	891355	1097851	17047933

5-6 分地市政府性基金收支情况
REVENUE AND EXPENDITURE OF GOVERNMENT FUNDS BY REGION

单位：万元 (10000 yuan)

地 区	Region	2016		2017		2018	
		政府性基金收入 Subsidies Revenue of Government	政府性基金支出 Subsidies Expenditure of Government	政府性基金收入 Subsidies Revenue of Government	政府性基金支出 Subsidies Expenditure of Government	政府性基金收入 Subsidies Revenue of Government	政府性基金支出 Subsidies Expenditure of Government
拉萨市	Lhasa	363030	414140	508748	662490	608819	683098
日喀则市	Xigazê	18899	26135	30986	45961	101948	162372
昌都市	Qamdo	16081	24847	19396	44211	23806	53064
林芝市	Nyingchi	34725	40821	20176	18123	31669	62921
山南市	Lhoka	3331	12635	28331	46370	35881	45082
那曲市	Nagqu	2573	11236	5126	12682	19009	43874
阿里地区	Ngari	703	9587	26	5003	1345	11326

第六篇

价　格

CHAPTER 6

PRICES

6-1 全区物价指数
GENERAL PRICE INDICES

上年=100 (preceding year=100)

年 份 Year	商品零售价格指数 Retail Price Index	城 镇 Urban	农 村 Rural	居民消费价格指数 Consumer Price Index	城 镇 Urban	农 村 Rural
1998	98.8	99.0	98.9	100.7	99.8	101.5
1999	98.8	98.5	99.0	100.0	99.4	100.5
2000	99.2	99.1	99.5	99.9	100.4	99.8
2001	99.6	99.6	99.4	100.2	99.2	100.9
2002	99.5	99.4	99.6	100.4	101.0	99.9
2003	99.4	99.1	100.0	100.9	100.8	100.9
2004	100.7	100.5	101.2	102.7	102.0	103.4
2005	100.8	100.8	100.4	101.5	101.5	100.9
2006	100.2	99.9	100.8	102.0	101.9	102.4
2007	101.7	101.3	102.5	103.4	102.9	104.2
2008	103.9	104.1	103.5	105.7	105.7	105.7
2009	99.5	99.5	99.6	101.4	101.5	101.3
2010	101.0	101.0	101.0	102.2	102.2	102.2
2011	103.7	103.9	103.3	105.0	105.2	104.7
2012	102.9	103.1	102.5	103.5	103.6	103.4
2013	103.0	103.3	102.5	103.6	103.5	103.6
2014	102.2	102.4	101.9	102.9	103.3	102.5
2015	101.4	101.4	101.3	102.0	102.1	101.8
2016	102.1	102.1	102.2	102.5	102.6	102.5
2017	101.4	101.5	101.3	101.6	101.6	101.7
2018	101.5	101.3	102.4	101.7	101.3	102.2
1989年=100 (Year of 1989=100)						
1998	211.9	208.9	216.8	247.0	252.2	240.8
1999	209.4	205.8	214.6	247.0	250.7	242.0
2000	207.7	203.9	213.5	246.8	251.8	241.5
2001	206.9	203.1	212.2	247.3	249.8	243.7
2002	205.9	201.9	211.4	248.3	252.3	243.5
2003	204.7	200.1	211.4	250.5	254.3	245.7
2004	206.1	201.1	213.9	257.3	259.4	254.1
2005	207.8	202.7	214.8	261.2	263.3	256.4
2006	208.2	202.5	216.5	266.4	268.3	262.6
2007	211.7	205.1	221.9	275.5	276.1	273.6
2008	220.0	213.5	229.7	291.2	291.8	289.2
2009	218.9	212.4	228.8	295.3	296.2	293.0
2010	221.1	214.5	231.1	301.8	302.8	299.5
2011	229.5	223.1	239.2	315.4	316.4	313.0
2012	236.0	229.8	244.7	328.0	330.0	324.3
2013	243.1	237.4	250.8	339.8	341.6	336.0
2014	248.4	243.1	255.6	349.7	352.9	344.4
2015	251.9	246.5	258.9	356.7	360.3	350.6
2016	257.2	251.7	264.6	365.6	369.7	359.4
2017	260.8	255.5	268.0	371.4	375.6	365.5
2018	264.7	258.8	274.4	377.7	380.5	373.5

6-2 居民消费价格分类指数
CONSUMER PRICE INDICES BY CATEGORY

上年=100 (preceding year=100)

项 目	Item	2007	2010	2015	2016	2017	2018
居民消费价格总指数	**Consumer Price Index**	**103.4**	**102.2**	**102.0**	**102.5**	**101.6**	**101.7**
非食品烟酒价格指数	**Consumer Price Index without Food, Liquor and Tobacco**				**101.3**	**101.4**	**101.4**
服务价格指数	**Services Price Index**	**103.7**	**101.5**	**102.1**	**101.0**	**101.2**	**100.9**
工业品价格指数	**Industrial Goods Price Index**				**101.5**	**101.7**	**101.8**
消费品价格指数	**Consumer Goods Price Index**	**103.3**	**102.3**	**102.0**	**103.2**	**101.8**	**102.0**
食品烟酒	**Food, Tobacco and Liquor**				**104.9**	**102.0**	**102.3**
食品	Food	106.6	104.5	103.1	104.4	101.1	101.7
茶及饮料	Tea and Beverages	100.9	100.7	101.1	101.9	102.9	100.7
烟酒	Tobacco and Liquor				101.8	100.5	100.7
在外餐饮	Dining Out	103.6	104.4	105.8	108.9	106.1	105.1
衣着	**Clothing**	**102.0**	**102.1**	**102.4**	**103.2**	**102.3**	**102.3**
服装	Garments	101.7	102.5	100.2	102.5	102.0	101.8
服装材料	Garments Material	100.1	101.8	100.5	101.2	101.3	101.1
其他衣着及配件	Other Clothing and Parts				103.2	101.9	101.0
衣着加工服务费	Garment Manufacturing Services	104.7	102.8	116.5	114.7	109.2	108.4
鞋类	Footwear				101.6	100.8	101.6
居住	**Residence**	**107.1**	**102.8**	**100.7**	**100.8**	**101.6**	**101.1**
租赁房房租	Rent of Rental Housing	102.5	105.2	100.0	100.8	100.5	101.2
住房保养维修及管理	House Maintenance and Management				101.5	101.7	100.9
水电燃料	Water, Electricity and Fuels	106.5	101.3	100.8	101.5	103.6	100.2
自有住房	Private Housing	124.5	100.2	101.0	100.2	100.8	101.7
生活用品及服务	**Articles for Daily Use and Services**				**101.5**	**100.6**	**101.7**
家具及室内装饰品	Furniture and Interior Decorations				102.1	100.4	101.6
家用器具	Home Appliances				100.5	99.8	102.4
家用纺织品	Home Textiles				102.2	100.9	101.2
家庭日用杂品	Daily Use Household Articles	99.4	100.7	101.7	101.3	101.0	100.9
个人护理用品	Personal-care Supplies				100.7	100.2	102.4
家庭服务	Household Services				105.9	103.2	101.7
交通和通信	**Transport and Communications**	**100.6**	**99.8**	**98.5**	**99.5**	**100.8**	**101.5**
交通	Transport	101.4	102.9	97.4	99.2	102.8	103.6
通信	Communications	99	94.0	100.0	99.9	98.4	98.7
教育文化和娱乐	**Education, Culture and Recreation**				**101.1**	**101.1**	**100.4**
教育	Education	100.4	100.8	100.9	100.6	100.3	100.2
文化娱乐	Culture and Recreation	101.6	101.1	100.1	101.6	101.8	100.6
医疗保健	**Health Care**				**102.1**	**102.7**	**102.1**
药品及医疗器具	Medicine and Medical Instrument				105.8	106.0	103.9
医疗服务	Medical Services				99.9	100.6	100.8
其他用品和服务	**Other Articles and Services**				**103.1**	**100.4**	**101.1**
其他用品类	Other Articles				103.1	98.8	99.1
其他服务类	Other Services				103.2	102.1	103.1

6-3 拉萨市居民消费价格分类指数
CONSUMER PRICE INDICES BY CATEGORY OF LHASA

上年=100 (preceding year=100)

项 目	Item	2009	2010	2015	2016	2017	2018
居民消费价格总指数	**Consumer Price Index**	**101.7**	**102.2**	**102.2**	**102.6**	**101.4**	**101.1**
非食品烟酒价格指数	**Consumer Price Index without Food, Liquor and Tobacco**				**101.5**	**101.8**	**101.2**
服务价格指数	**Services Price Index**	**101.7**	**102.0**	**101.8**	**100.8**	**100.5**	**100.8**
工业品价格指数	**Industrial Goods Price Index**				**102.2**	**103.2**	**101.6**
消费品价格指数	**Consumer Goods Price Index**	**101.7**	**102.2**	**102.3**	**103.5**	**101.9**	**101.2**
食品烟酒	**Food, Tobacco and Liquor**				**104.9**	**100.7**	**100.7**
食品	Food	103.8	105.3	103.9	103.7	98.7	100.2
茶及饮料	Tea and Beverages	101.9	101.0	102.4	101.5	103.3	98.5
烟酒	Tobacco and Liquor				101.3	102.8	100.2
在外餐饮	Dining Out	104.0	105.5	106.3	109.4	104.3	102.3
衣着	**Clothing**	**101.7**	**102.4**	**101.5**	**104.4**	**103.9**	**102.8**
服装	Garments	102.0	102.6	98.9	103.5	103.5	102.5
服装材料	Garments Material	109.8	103.1	100.0	100.0	100.0	100.0
其他衣着及配件	Other Clothing and Parts				102.4	104.6	100.4
衣着加工服务费	Garment Manufacturing Services	113.7	104.1	119.3	120.6	113.7	111.3
鞋类	Footwear				102.6	101.5	100.7
居住	**Residence**	**100.4**	**102.7**	**100.8**	**101.2**	**102.3**	**100.6**
租赁房房租	Rent of Rental Housing	102.2	106.2	101.0	101.8	100.6	102.1
住房保养维修及管理	House Maintenance and Management				102.8	100.8	100.9
水电燃料	Water, Electricity and Fuels	99.5	98.5	99.7	102.7	110.2	99.8
自有住房	Private Housing	94.9	102.0	101.2	100.0	100.0	100.4
生活用品及服务	**Articles for Daily Use and Services**				**101.5**	**99.6**	**100.6**
家具及室内装饰品	Furniture and Interior Decorations				101.0	98.0	99.3
家用器具	Home Appliances				100.0	99.2	100.0
家用纺织品	Home Textiles				105.1	99.8	100.8
家庭日用杂品	Daily Use Household Articles	104.1	100.8	100.0	100.4	100.4	99.5
个人护理用品	Personal-care Supplies				101.2	99.9	104.4
家庭服务	Household Services				106.5	100.0	100.7
交通和通信	**Transport and Communications**	**98.1**	**98.6**	**99.0**	**99.4**	**100.8**	**101.7**
交通	Transport	100.9	102.3	98.3	99.0	102.4	102.9
通信	Communications	94.1	93.2	100.0	99.9	98.4	99.8
教育文化和娱乐	**Education, Culture and Recreation**				**100.2**	**100.0**	**100.0**
教育	Education	99.4	100.7	100.1	100.1	100.0	100.0
文化娱乐	Culture and Recreation	104.9	101.5	99.3	100.3	100.0	99.9
医疗保健	**Health Care**				**103.9**	**105.0**	**102.4**
药品及医疗器具	Medicine and Medical Instrument				111.0	113.2	106.0
医疗服务	Medical Services				100.0	100.0	100.0
其他用品和服务	**Other Articles and Services**				**103.1**	**100.4**	**100.1**
其他用品类	Other Articles				106.0	99.9	98.5
其他服务类	Other Services				99.7	101.0	102.0

6-4 日喀则市居民消费价格分类指数
CONSUMER PRICE INDICES BY CATEGORY OF XIGAZE

上年=100 (preceding year=100)

项　目	Item	2009	2010	2015	2016	2017	2018
居民消费价格总指数	**Consumer Price Index**	**101.0**	**102.4**	**102.5**	**102.5**	**102.0**	**102.0**
非食品烟酒价格指数	**Consumer Price Index without Food, Liquor and Tobacco**				**100.8**	**100.7**	**102.0**
服务价格指数	**Services Price Index**	**99.3**	**99.0**	**103.5**	**100.9**	**100.3**	**102.7**
工业品价格指数	**Industrial Goods Price Index**				**100.8**	**101.1**	**101.5**
消费品价格指数	**Consumer Goods Price Index**	**103.8**	**103.0**	**102.2**	**103.2**	**102.8**	**101.7**
食品烟酒	**Food, Tobacco and Liquor**				**105.7**	**104.4**	**101.8**
食品	Food	101.1	105.0	103.0	102.6	100.7	102.0
茶及饮料	Tea and Beverages	100.0	100.0	100.0	101.9	100.2	100.1
烟酒	Tobacco and Liquor				102.5	100.3	101.5
在外餐饮	Dining Out	102.4	102.5	105.2	115.6	114.9	101.8
衣着	**Clothing**	**101.3**	**102.0**	**107.2**	**102.2**	**101.4**	**102.9**
服装	Garments	100.4	102.6	102.8	100.5	100.9	102.3
服装材料	Garments Material	100.8	100.0	102.0	100.0	100.0	100.0
其他衣着及配件	Other Clothing and Parts				105.3	99.3	99.7
衣着加工服务费	Garment Manufacturing Services	99.0	102.1	138.8	117.0	108.0	114.0
鞋类	Footwear				104.0	101.8	103.1
居住	**Residence**	**101.3**	**106.1**	**100.1**	**100.7**	**100.7**	**102.5**
租赁房房租	Rent of Rental Housing	103.7	101.8	98.5	100.0	100.0	101.9
住房保养维修及管理	House Maintenance and Management				103.6	103.0	101.4
水电燃料	Water, Electricity and Fuels	102.2	118.2	101.8	100.0	100.3	100.1
自有住房	Private Housing	91.8	91.7	100.4	100.0	100.0	104.1
生活用品及服务	**Articles for Daily Use and Services**				**102.4**	**101.5**	**101.0**
家具及室内装饰品	Furniture and Interior Decorations				101.0	99.7	99.6
家用器具	Home Appliances				100.0	100.4	100.0
家用纺织品	Home Textiles				99.4	99.7	100.0
家庭日用杂品	Daily Use Household Articles	102.9	100.2	106.7	103.5	100.3	101.2
个人护理用品	Personal-care Supplies				101.6	100.0	101.8
家庭服务	Household Services				111.9	114.5	103.7
交通和通信	**Transport and Communications**	**92.4**	**98.9**	**97.8**	**99.1**	**100.2**	**103.8**
交通	Transport	94.7	102.5	96.4	99.4	102.6	103.5
通信	Communications	87.7	91.0	100.0	98.9	97.3	104.1
教育文化和娱乐	**Education, Culture and Recreation**				**100.4**	**100.4**	**100.6**
教育	Education	101.9	100.1	100.0	100.0	99.8	100.0
文化娱乐	Culture and Recreation	100.1	100.0	100.9	100.9	100.9	101.2
医疗保健	**Health Care**				**100.6**	**100.9**	**100.8**
药品及医疗器具	Medicine and Medical Instrument				100.9	102.2	100.2
医疗服务	Medical Services				100.4	100.0	101.2
其他用品和服务	**Other Articles and Services**				**102.3**	**99.6**	**99.3**
其他用品类	Other Articles				101.2	100.1	100.0
其他服务类	Other Services				103.4	99.2	98.5

6–5 昌都市居民消费价格分类指数
CONSUMER PRICE INDICES BY CATEGORY OF QAMDO

上年=100 (preceding year=100)

项 目	Item	2009	2010	2015	2016	2017	2018
居民消费价格总指数	**Consumer Price Index**	**101.6**	**102.5**	**102.3**	**103.0**	**102.0**	**102.3**
非食品烟酒价格指数	**Consumer Price Index without Food, Liquor and Tobacco**				**101.3**	**100.9**	**101.5**
服务价格指数	**Services Price Index**	**101.7**	**104.7**	**100.5**	**101.9**	**100.4**	**101.2**
工业品价格指数	**Industrial Goods Price Index**				**100.8**	**101.4**	**101.8**
消费品价格指数	**Consumer Goods Price Index**	**101.6**	**102.2**	**102.8**	**103.5**	**102.7**	**102.8**
食品烟酒	**Food, Tobacco and Liquor**				**106.2**	**103.9**	**103.7**
食品	Food	104.0	105.1	104.5	103.1	101.9	100.9
茶及饮料	Tea and Beverages	101.8	102.4	100.7	100.0	100.6	102.0
烟酒	Tobacco and Liquor				103.9	99.3	104.8
在外餐饮	Dining Out	101.1	104.5	107.4	116.7	111.3	109.9
衣着	**Clothing**	**102.4**	**102.3**	**100.1**	**101.6**	**103.3**	**104.4**
服装	Garments	103.1	103.8	100.0	101.2	102.9	102.9
服装材料	Garments Material	101.2	98.7	100.1	99.8	100.0	101.5
其他衣着及配件	Other Clothing and Parts				100.1	100.7	102.7
衣着加工服务费	Garment Manufacturing Services	102.6	101.5	100.2	113.1	113.3	123.7
鞋类	Footwear				99.0	101.2	101.1
居住	**Residence**	**100.4**	**100.0**	**100.9**	**101.0**	**101.7**	**105.5**
租赁房房租	Rent of Rental Housing	103.0	107.0	100.0	100.0	100.0	101.0
住房保养维修及管理	House Maintenance and Management				101.5	107.5	101.0
水电燃料	Water, Electricity and Fuels	98.7	95.2	102.1	103.2	100.0	100.0
自有住房	Private Housing	103.3	106.0	100.0	100.0	101.0	110.6
生活用品及服务	**Articles for Daily Use and Services**				**101.0**	**100.9**	**102.1**
家具及室内装饰品	Furniture and Interior Decorations				100.0	101.0	101.5
家用器具	Home Appliances				100.1	100.0	100.0
家用纺织品	Home Textiles				100.1	100.4	101.0
家庭日用杂品	Daily Use Household Articles	99.8	100.3	100.1	100.2	101.7	104.1
个人护理用品	Personal-care Supplies				99.6	101.1	102.8
家庭服务	Household Services				113.5	100.4	102.3
交通和通信	**Transport and Communications**	**98.5**	**102.7**	**98.5**	**101.2**	**97.4**	**91.8**
交通	Transport	99.6	104.7	97.3	99.7	102.5	103.2
通信	Communications	96.9	100.1	100.1	103.1	91.1	76.2
教育文化和娱乐	**Education, Culture and Recreation**				**100.9**	**100.0**	**100.2**
教育	Education	104.4	105.2	105.7	101.1	100.0	100.1
文化娱乐	Culture and Recreation	99.2	100.5	101.1	100.8	100.0	100.3
医疗保健	**Health Care**				**100.9**	**101.5**	**103.3**
药品及医疗器具	Medicine and Medical Instrument				101.0	101.9	103.8
医疗服务	Medical Services				100.9	101.3	102.9
其他用品和服务	**Other Articles and Services**				**104.7**	**102.8**	**101.0**
其他用品类	Other Articles				102.9	100.5	100.0
其他服务类	Other Services				106.5	104.9	102.0

6-6 林芝市居民消费价格分类指数
CONSUMER PRICE INDICES BY CATEGORY OF NYINGCHI

上年=100 (preceding year=100)

项 目	Item	2009	2010	2015	2016	2017	2018
居民消费价格总指数	**Consumer Price Index**	**101.1**	**102.2**	**102.1**	**101.4**	**102.4**	**101.3**
非食品烟酒价格指数	**Consumer Price Index without Food, Liquor and Tobacco**				**100.8**	**101.9**	**101.6**
服务价格指数	**Services Price Index**	**98.6**	**100.9**	**103.0**	**101.4**	**102.9**	**104.2**
工业品价格指数	**Industrial Goods Price Index**				**100.1**	**100.9**	**98.8**
消费品价格指数	**Consumer Goods Price Index**	**101.5**	**102.4**	**101.8**	**101.4**	**102.2**	**100.0**
食品烟酒	**Food, Tobacco and Liquor**				**102.6**	**103.4**	**101.0**
食品	Food	103.3	104.6	103.5	102.1	101.8	99.4
茶及饮料	Tea and Beverages	100.7	101.6	102.3	103.0	102.6	105.2
烟酒	Tobacco and Liquor				101.6	99.8	99.7
在外餐饮	Dining Out	106.3	105.0	101.0	104.3	109.4	104.9
衣着	**Clothing**	**100.9**	**102.3**	**101.6**	**102.2**	**103.2**	**95.0**
服装	Garments	101.3	102.5	98.3	97.9	101.9	95.3
服装材料	Garments Material	100.7	100.6	104.2	117.6	117.7	109.7
其他衣着及配件	Other Clothing and Parts				100.9	104.4	101.0
衣着加工服务费	Garment Manufacturing Services	100.9	101.3	104.5	141.0	118.6	97.2
鞋类	Footwear				100.7	97.9	89.1
居住	**Residence**	**99.6**	**101.9**	**101.0**	**101.6**	**104.7**	**103.3**
租赁房房租	Rent of Rental Housing	99.5	101.3	100.0	99.9	103.8	100.2
住房保养维修及管理	House Maintenance and Management				100.1	105.9	102.8
水电燃料	Water, Electricity and Fuels	102.2	100.8	100.0	100.0	100.7	101.5
自有住房	Private Housing	84.2	101.0	102.4	102.9	106.1	104.6
生活用品及服务	**Articles for Daily Use and Services**				**101.2**	**100.0**	**100.3**
家具及室内装饰品	Furniture and Interior Decorations				104.1	100.5	101.4
家用器具	Home Appliances				100.0	98.9	98.8
家用纺织品	Home Textiles				100.5	102.3	102.1
家庭日用杂品	Daily Use Household Articles	101.9	99.3	100.4	100.9	100.0	100.2
个人护理用品	Personal-care Supplies				102.1	99.9	99.6
家庭服务	Household Services				100.0	100.0	102.7
交通和通信	**Transport and Communications**	**97.4**	**99.6**	**98.5**	**99.0**	**98.4**	**101.8**
交通	Transport	99.7	101.3	97.6	99.8	103.9	103.6
通信	Communications	93.8	96.9	100.0	98.0	92.3	99.5
教育文化和娱乐	**Education, Culture and Recreation**				**99.8**	**101.4**	**101.1**
教育	Education	100.7	101.9	100.0	100.0	100.8	100.8
文化娱乐	Culture and Recreation	101.7	100.7	99.1	99.7	102.0	101.4
医疗保健	**Health Care**				**100.0**	**100.4**	**109.1**
药品及医疗器具	Medicine and Medical Instrument				99.6	98.5	100.5
医疗服务	Medical Services				100.2	101.4	113.6
其他用品和服务	**Other Articles and Services**				**102.7**	**104.5**	**101.0**
其他用品类	Other Articles				102.3	97.2	99.7
其他服务类	Other Services				103.1	112.6	102.3

6-7 山南市居民消费价格分类指数
CONSUMER PRICE INDICES BY CATEGORY OF LHOKA

上年=100 (preceding year=100)

项目	Item	2009	2010	2015	2016	2017	2018
居民消费价格总指数	**Consumer Price Index**	**101.3**	**102.3**	**101.2**	**102.5**	**101.6**	**101.5**
非食品烟酒价格指数	**Consumer Price Index without Food, Liquor and Tobacco**				**101.8**	**102.0**	**100.7**
服务价格指数	**Services Price Index**	**99.7**	**102.0**	**101.1**	**102.1**	**102.9**	**100.5**
工业品价格指数	**Industrial Goods Price Index**				**101.6**	**101.3**	**100.8**
消费品价格指数	**Consumer Goods Price Index**	**101.6**	**102.9**	**101.3**	**102.6**	**101.2**	**101.9**
食品烟酒	**Food, Tobacco and Liquor**				**103.6**	**101.1**	**102.9**
食品	Food	105.0	103.1	101.5	103.5	100.5	102.9
茶及饮料	Tea and Beverages	100.0	100.0	100.0	100.0	100.0	100.0
烟酒	Tobacco and Liquor				100.9	100.0	100.0
在外餐饮	Dining Out	100.7	106.0	103.9	107.4	106.0	105.9
衣着	**Clothing**	**100.7**	**103.6**	**102.7**	**104.9**	**102.2**	**99.3**
服装	Garments	101.5	104.0	101.9	104.5	102.0	97.4
服装材料	Garments Material	99.6	108.2	100.2	100.0	100.0	100.0
其他衣着及配件	Other Clothing and Parts				110.3	100.5	100.0
衣着加工服务费	Garment Manufacturing Services	100.0	105.5	105.0	116.6	108.0	106.7
鞋类	Footwear				100.5	100.8	102.5
居住	**Residence**	**97.1**	**100.5**	**100.2**	**100.3**	**100.4**	**100.1**
租赁房房租	Rent of Rental Housing	100.8	103.7	100.0	100.0	100.0	100.0
住房保养维修及管理	House Maintenance and Management				100.0	100.4	100.1
水电燃料	Water, Electricity and Fuels	101.2	94.8	100.6	100.9	100.5	100.9
自有住房	Private Housing	78.6	100.0	100.1	100.0	100.5	99.5
生活用品及服务	**Articles for Daily Use and Services**				**101.4**	**100.6**	**100.7**
家具及室内装饰品	Furniture and Interior Decorations				108.2	105.4	102.8
家用器具	Home Appliances				101.0	97.0	99.7
家用纺织品	Home Textiles				99.0	100.0	100.0
家庭日用杂品	Daily Use Household Articles	100.0	103.7	100.5	100.1	100.1	100.5
个人护理用品	Personal-care Supplies				100.0	100.5	101.2
家庭服务	Household Services				101.8	109.4	100.0
交通和通信	**Transport and Communications**	**98.5**	**101.2**	**96.9**	**98.8**	**101.3**	**101.8**
交通	Transport	104.9	104.8	95.8	99.1	102.2	103.2
通信	Communications	91.6	97.2	98.4	98.4	100.2	100.0
教育文化和娱乐	**Education, Culture and Recreation**				**103.5**	**106.5**	**100.4**
教育	Education	102.4	103.1	100.0	100.9	102.7	100.8
文化娱乐	Culture and Recreation	99.7	102.9	101.6	106.0	110.0	100.0
医疗保健	**Health Care**				**102.9**	**101.7**	**102.8**
药品及医疗器具	Medicine and Medical Instrument				108.7	104.8	107.7
医疗服务	Medical Services				100.0	100.0	100.0
其他用品和服务	**Other Articles and Services**				**104.7**	**101.7**	**100.8**
其他用品类	Other Articles				101.5	100.9	98.0
其他服务类	Other Services				108.4	102.6	103.8

6-8　那曲市居民消费价格分类指数
CONSUMER PRICE INDICES BY CATEGORY OF NAGQU

上年=100　　(preceding year=100)

项　　目	Item	2009	2010	2015	2016	2017	2018
居民消费价格总指数	**Consumer Price Index**	**101.3**	**101.5**	**102.4**	**101.8**	**101.4**	**102.4**
非食品烟酒价格指数	**Consumer Price Index without Food, Liquor and Tobacco**				**100.8**	**100.8**	**102.0**
服务价格指数	**Services Price Index**	**97.5**	**100.6**	**102.0**	**100.7**	**101.1**	**100.5**
工业品价格指数	**Industrial Goods Price Index**				**100.8**	**100.5**	**103.2**
消费品价格指数	**Consumer Goods Price Index**	**101.9**	**101.6**	**102.4**	**102.2**	**101.5**	**103.1**
食品烟酒	**Food, Tobacco and Liquor**				**103.5**	**102.4**	**102.9**
食品	Food	105.0	104.8	103.5	104.5	102.5	102.2
茶及饮料	Tea and Beverages	101.7	100.2	100.9	103.4	105.2	102.9
烟酒	Tobacco and Liquor				102.3	100.5	100.7
在外餐饮	Dining Out	110.6	104.9	105.8	99.0	103.4	109.7
衣着	**Clothing**	**101.4**	**98.6**	**101.9**	**101.3**	**100.2**	**103.0**
服装	Garments	104.8	99.3	100.8	101.1	100.5	103.7
服装材料	Garments Material	97.9	99.0	100.1	101.2	100.9	100.0
其他衣着及配件	Other Clothing and Parts				99.3	100.1	100.6
衣着加工服务费	Garment Manufacturing Services	109.5	98.5	114.8	105.7	101.5	103.8
鞋类	Footwear				101.1	98.8	102.7
居住	**Residence**	**94.0**	**98.6**	**100.1**	**100.6**	**101.2**	**100.4**
租赁房房租	Rent of Rental Housing	94.9	103.3	100.0	100.2	100.7	100.4
住房保养维修及管理	House Maintenance and Management				101.0	101.8	100.6
水电燃料	Water, Electricity and Fuels	94.4	97.3	100.4	100.6	100.3	100.0
自有住房	Private Housing	82.5	98.2	100.0	100.6	101.9	100.6
生活用品及服务	**Articles for Daily Use and Services**				**101.3**	**101.8**	**104.5**
家具及室内装饰品	Furniture and Interior Decorations				100.2	99.5	105.3
家用器具	Home Appliances				100.1	102.4	110.1
家用纺织品	Home Textiles				101.0	101.8	100.8
家庭日用杂品	Daily Use Household Articles	99.9	98.6	100.1	102.3	102.4	102.3
个人护理用品	Personal-care Supplies				100.4	100.1	102.0
家庭服务	Household Services				105.7	104.4	102.8
交通和通信	**Transport and Communications**	**98.8**	**99.6**	**100.2**	**99.6**	**101.9**	**103.4**
交通	Transport	103.5	101.7	99.2	99.0	103.9	105.8
通信	Communications	89.9	95.9	102.0	100.2	99.7	100.7
教育文化和娱乐	**Education, Culture and Recreation**				**101.5**	**99.7**	**101.1**
教育	Education	103.4	99.8	100.1	101.2	99.1	100.1
文化娱乐	Culture and Recreation	108.8	105.2	99.9	101.8	100.3	102.1
医疗保健	**Health Care**				**100.1**	**100.5**	**100.2**
药品及医疗器具	Medicine and Medical Instrument				102.9	100.7	100.6
医疗服务	Medical Services				98.5	100.4	100.0
其他用品和服务	**Other Articles and Services**				**101.9**	**97.0**	**102.3**
其他用品类	Other Articles				99.6	93.1	98.9
其他服务类	Other Services				104.4	101.1	105.7

6-9　阿里地区居民消费价格分类指数
CONSUMER PRICE INDICES BY CATEGORY OF NGARI

上年=100　　(preceding year=100)

项　　目	Item	2009	2010	2015	2016	2017	2018
居民消费价格总指数	**Consumer Price Index**	**101.5**	**101.5**	**101.1**	**103.3**	**102.3**	**102.6**
非食品烟酒价格指数	**Consumer Price Index without Food, Liquor and Tobacco**				**101.9**	**101.9**	**101.6**
服务价格指数	**Services Price Index**	**99.2**	**99.2**	**103.8**	**100.5**	**102.7**	**101.0**
工业品价格指数	**Industrial Goods Price Index**				**103.0**	**101.3**	**102.1**
消费品价格指数	**Consumer Goods Price Index**	**101.9**	**102.0**	**100.4**	**104.4**	**102.1**	**103.2**
食品烟酒	**Food, Tobacco and Liquor**				**105.7**	**103.0**	**104.2**
食品	Food	106.9	103.8	100.5	107.8	104.3	104.3
茶及饮料	Tea and Beverages	96.9	100.0	99.7	101.0	100.9	100.1
烟酒	Tobacco and Liquor				99.0	96.1	100.4
在外餐饮	Dining Out	103.1	98.2	117.5	101.5	102.0	108.6
衣着	**Clothing**	**102.6**	**100.8**	**98.9**	**100.3**	**100.9**	**104.6**
服装	Garments	103.2	101.7	99.0	100.4	100.0	104.3
服装材料	Garments Material	112.3	100.0	100.0	100.0	100.2	111.0
其他衣着及配件	Other Clothing and Parts				100.0	100.7	104.0
衣着加工服务费	Garment Manufacturing Services	100.0	100.0	98.8	100.1	103.0	103.6
鞋类	Footwear				100.0	102.9	105.2
居住	**Residence**	**96.4**	**99.2**	**100.2**	**107.1**	**102.5**	**100.6**
租赁房房租	Rent of Rental Housing	93.9	100.0	100.0	100.0	100.0	100.6
住房保养维修及管理	House Maintenance and Management				99.6	100.6	101.4
水电燃料	Water, Electricity and Fuels	97.6	97.7	100.0	127.0	107.6	100.6
自有住房	Private Housing	101.9	99.7	100.0	100.0	100.0	100.1
生活用品及服务	**Articles for Daily Use and Services**				**100.1**	**101.0**	**101.6**
家具及室内装饰品	Furniture and Interior Decorations				100.1	100.6	101.3
家用器具	Home Appliances				100.0	100.4	101.9
家用纺织品	Home Textiles				100.0	103.9	105.6
家庭日用杂品	Daily Use Household Articles	98.3	102.4	100.6	100.2	101.0	100.8
个人护理用品	Personal-care Supplies				100.1	100.6	100.2
家庭服务	Household Services				100.1	100.6	102.0
交通和通信	**Transport and Communications**	**95.1**	**101.5**	**98.7**	**99.5**	**101.9**	**102.0**
交通	Transport	105.6	102.5	97.2	99.1	102.4	103.3
通信	Communications	87.6	100.7	100.0	100.0	101.3	100.3
教育文化和娱乐	**Education, Culture and Recreation**				**99.8**	**100.5**	**100.2**
教育	Education	105.5	98.2	106.7	99.5	100.8	100.3
文化娱乐	Culture and Recreation	101.6	99.4	100.1	100.1	100.2	100.1
医疗保健	**Health Care**				**102.7**	**104.9**	**100.0**
药品及医疗器具	Medicine and Medical Instrument				100.1	100.0	100.0
医疗服务	Medical Services				104.2	107.6	99.9
其他用品和服务	**Other Articles and Services**				**101.4**	**101.6**	**103.7**
其他用品类	Other Articles				103.1	100.6	102.5
其他服务类	Other Services				99.6	102.7	104.9

6-10　各月居民消费价格分类指数(2018年)
CONSUMER PRICE INDICES BY CATEGORY EACH MONTH (2018)

上年同月=100　　(same month of preceding year=100)

项　　目	Item	1月 Jan.	2月 Feb.	3月 Mar.	4月 Apr.	5月 May	6月 June
居民消费价格总指数	**Consumer Price Index**	**101.3**	**101.5**	**101.5**	**101.6**	**101.7**	**101.9**
食品烟酒	Food, Tobacco and Liquor	101.5	102.0	101.9	102.3	102.5	102.5
食品	Food	100.3	101.1	100.9	101.7	101.9	102.1
茶及饮料	Tea and Beverages	100.7	100.2	100.3	100.3	100.9	101.2
烟酒	Cigarettes, Liquors	100.5	100.6	100.8	100.8	100.7	100.7
在外用餐	Dining Out	106.8	106.0	106.2	105.4	105.9	105.2
衣着	Clothing	102.1	102.4	102.6	102.5	102.2	102.3
居住	Residence	100.6	100.6	100.5	100.4	100.7	101.0
生活用品及服务	Articles for Daily Use and Services	100.8	101.3	101.4	101.5	101.6	101.7
交通和通信	Transport and Communications	100.8	101.0	100.7	100.8	101.5	101.8
教育文化和娱乐	Education, Culture and Recreation	100.2	100.3	100.5	100.5	100.5	100.5
医疗保健	Health Care	103.1	102.6	102.6	102.7	102.1	101.8
其他用品和服务	Other Articles and Services	102.2	101.8	101.8	100.8	101.4	101.5

6-10 续表　continued

项　　目	Item	7月 July	8月 Aug.	9月 Sep.	10月 Oct.	11月 Nov.	12月 Dec.
居民消费价格总指数	**Consumer Price Index**	**101.9**	**101.9**	**101.6**	**101.9**	**101.8**	**102.0**
食品烟酒	Food, Tobacco and Liquor	102.5	102.6	102.2	102.3	102.1	102.7
食品	Food	102.2	102.3	101.9	102.2	101.7	102.7
茶及饮料	Tea and Beverages	100.9	101.0	101.0	100.9	100.9	100.7
烟酒	Cigarettes, Liquors	100.7	101.1	100.9	100.7	100.7	100.6
在外用餐	Dining Out	105.0	104.7	104.0	103.6	104.1	104.3
衣着	Clothing	102.2	102.2	101.9	101.4	102.5	102.8
居住	Residence	101.1	101.3	100.9	101.4	102.2	102.3
生活用品及服务	Articles for Daily Use and Services	101.7	101.9	101.8	102.1	102.3	102.2
交通和通信	Transport and Communications	102.3	102.3	102.3	103.1	101.2	99.8
教育文化和娱乐	Education, Culture and Recreation	100.5	100.5	100.4	100.5	100.3	100.3
医疗保健	Health Care	101.7	101.5	101.4	101.6	101.9	101.7
其他用品和服务	Other Articles and Services	100.6	100.0	99.5	101.0	101.1	101.4

6-11 商品零售价格分类指数(2018年)
RETAIL PRICE INDICES BY CATEGORY (2018)

上年=100 (preceding year=100)

项 目	Item	全 区 Average	城 镇 Urban	农 村 Rural
商品零售价格指数	**Retail Price Index**	**101.5**	**101.3**	**102.4**
食品	**Food**	**101.8**	**101.4**	**103.6**
粮食	Grain	102.1	101.9	102.9
薯类	Tubers	104.2	104.8	102.0
豆类	Beans	103.1	103.4	102.3
食用油	Edible Oil and Fats	98.4	97.7	101.0
菜	Vegetables	101.5	100.4	106.6
畜肉类	Meat of Livestock	99.6	99.2	101.5
禽肉类	Meat of Poultry	99.3	98.2	103.4
水产品	Aquatic Products	102.9	102.5	105.2
蛋类	Eggs	101.8	101.2	104.1
奶类	Milk	101.0	100.0	104.2
干鲜瓜果类	Dried and Fresh Melons and Fruits	101.8	101.8	102.2
糖果糕点类	Candy and Cakc	101.0	100.6	102.5
调味品	Flavoring	102.1	102.2	101.4
其他食品类	Other Foods	102.6	102.9	101.9
在外餐饮	Dining Out	104.5	104.2	107.8
饮料、烟酒	**Beverages, Tobacco and Liquor**	**101.0**	**101.1**	**100.5**
茶及饮料	Tea and Beverages	100.4	100.3	101.1
烟草	Tobacco	100.9	101.0	100.5
酒	Liquor	101.3	101.5	100.1
服装、鞋帽	**Garments, Shoes and Hats**	**101.5**	**101.4**	**101.8**
服装	Garments	101.9	102.0	101.2
鞋帽袜	Footgear and Hat	100.6	100.1	103.2
其他衣着配件	Other Clothing and Parts	100.4	100.4	100.3
纺织品	**Textiles**	**101.3**	**100.9**	**103.1**
服装材料	Clothing	102.3	102.0	103.4
床上用品	Bedding	100.4	100.0	102.6
家用电器及音像器材类	**Household Appliances Music and Video Equipment**	**100.3**	**99.9**	**102.4**
家庭设备	Home Appliances	100.4	99.9	103.1
文娱耐用消费品	Durable Consumer Goods for Culture and Recreation	100.5	100.3	101.2
专业音像器材	Professional Audio and Video Equipment	98.8	98.8	100.8

6-11 续表 continued

上年=100 (preceding year=100)

项目	Item	全区 Average	城市 Urban	农村 Rural
文化办公用品	**Culture and Office Appliances**	**99.6**	**99.4**	**100.4**
日用品	**Articles for Daily Use**	**100.3**	**100.2**	**100.8**
日用百货	General Merchandise for Daily Use	100.4	100.2	101.1
厨具餐具茶具	Kitchenware, Tableware and Teaware	101.1	100.9	102.4
清洗用品	Clean Articles	99.8	99.9	99.3
其他日用品	Others	100.1	100.0	100.8
体育娱乐用品	**Sports and Recreation Articles**	**100.6**	**100.6**	**100.5**
体育户外用品	Sports Outdoor Articles	100.3	100.2	101.5
娱乐用品	Recreation Articles	100.7	100.8	100.2
交通通信用品	**Transportation and Communication Appliances**	**99.8**	**99.4**	**101.8**
交通运输机械	Transportation Machines	100.0	100.0	100.0
通信器材	Communication Appliances	99.1	97.5	105.9
家具	**Furniture**	**100.5**	**100.0**	**103.0**
化妆品	**Cosmetics**	**103.7**	**104.1**	**101.1**
金银饰品	**Gold and Silver Ornaments**	**98.2**	**98.2**	**98.3**
中西药品及医疗保健用品	**Traditional Chinese and Western Medicines and Health Care Articles**	**104.5**	**104.7**	**103.2**
医疗卫生器具	Medical Instrument	99.8	99.7	100.0
中药	Traditional Chinese Medicines	105.9	106.7	102.6
西药	Western Medicines	105.6	105.7	104.8
保健器具及用品	Health Care Instrument and Articles	101.0	101.1	100.8
书报杂志及电子出版物	**Books, Newspapers, Magazines and Electronic Publications**	**100.0**	**100.0**	**100.2**
教材及参考书	Teaching Materials and Reference Books	100.1	100.1	100.2
书报杂志	Books, Newspapers and Magazines	99.9	99.8	100.1
计算机办公软件	Computer Office Software	99.2	99.0	100.9
燃料	**Fuels**	**106.3**	**106.3**	**106.1**
煤炭及制品	Coal and Relevant Products	101.1	101.0	101.4
石油及制品	Petroleum and Relevant Products	108.1	108.0	108.2
建筑材料及五金电料	**Building Materials and Hardware**	**101.1**	**101.2**	**100.8**
建筑装潢材料	Building Decoration Materials	100.3	100.3	100.4
五金水暖	Hardware	103.9	104.3	102.3

6-12 拉萨市商品零售价格分类指数
RETAIL PRICE INDICES BY CATEGORY OF LHASA

上年=100 (preceding year=100)

项 目	Item	2009	2010	2015	2016	2017	2018
商品零售价格总指数	**General Retail Price Index**	**100.1**	**101.2**	**101.5**	**102.4**	**101.2**	**101.1**
食品	**Food**	**104.8**	**105.0**	**104.0**	**105.2**	**100.0**	**100.7**
粮食	Grain	98.4	107.0	105.1	106.7	101.9	100.3
薯类	Tubers				102.6	86.8	106.9
豆类	Beans				98.4	98.5	104.5
食用油	Edible Oil and Fats				105.3	102.3	95.8
菜	Vegetables	119.1	105.3	102.0	109.9	96.1	101.3
畜肉类	Meat of Livestock				101.8	96.3	99.8
禽肉类	Meat of Poultry				97.5	100.1	97.8
水产品	Aquatic Products	102.0	101.2	101.5	99.0	101.3	101.7
蛋类	Eggs	97.8	105.0	106.5	102.9	100.9	101.1
奶类	Milk				100.0	100.0	98.7
干鲜瓜果类	Dried and Fresh Melons and Fruits	115.3	109.8	100.8	106.8	99.7	100.0
糖果糕点类	Candy and Cake				102.4	105.6	101.0
调味品	Flavoring	105.4	106.0	102.9	103.4	100.5	100.5
其他食品类	Other Foods	100.0	100.0	100.0	102.2	99.9	99.9
在外餐饮	Dining Out	104.0	105.5	106.3	109.4	104.3	102.4
饮料、烟酒	**Beverages, Tobacco and Liquor**	**104.2**	**101.8**	**103.2**	**101.1**	**102.9**	**99.9**
茶及饮料	Tea and Beverages	102.2	101.0	102.4	101.5	103.3	98.5
烟草	Tobacco	107.5	102.9	106.8	96.6	104.7	99.9
酒	Liquor	101.7	101.2	99.8	106.2	100.9	100.6
服装、鞋帽	**Garments, Shoes and Hats**	**99.6**	**102.0**	**99.3**	**103.1**	**103.0**	**101.9**
服装	Garments	101.9	102.6	98.9	103.5	103.6	102.5
鞋帽袜	Footgear and Hat	94.5	101.2	100.0	102.5	101.4	100.4
其他衣着配件	Other Clothing and Parts				100.0	100.0	100.1
纺织品	**Textiles**	**105.6**	**103.7**	**100.8**	**103.2**	**99.6**	**99.9**
服装材料	Clothing	109.8	103.1	100.0	100.0	100.0	100.0
床上用品	Bedding	101.0	104.3	101.3	104.8	99.3	99.9
家用电器及音像器材类	**Household Appliances Music and Video Equipment**	**91.6**	**94.1**	**100.4**	**99.6**	**97.1**	**100.0**
家庭设备	Home Appliances	87.5	98.0	100.3	99.5	98.3	100.0
文娱耐用消费品	Durable Consumer Goods for Culture and Recreation	96.7	90.6	100.7	99.6	93.3	99.9
专业音像器材	Professional Audio and Video Equipment	69.0	71.2	100.0	100.0	100.0	100.0

6-12 续表 continued

上年=100 (preceding year=100)

项目	Item	2009	2010	2015	2016	2017	2018
文化办公用品	**Culture and Office Appliances**	**103.1**	**97.0**	**101.2**	**100.6**	**100.7**	**99.8**
日用品	**Articles for Daily Use**	**99.4**	**100.0**	**100.0**	**100.5**	**100.1**	**99.5**
日用百货	General Merchandise for Daily Use	94.4	100.8	100.0	100.7	100.7	99.7
厨具餐具茶具	Kitchenware, Tableware and Teaware				101.2	102.4	100.0
清洗用品	Clean Articles				99.0	96.6	98.0
其他日用品	Others	103.2	98.5	100.0	100.7	100.3	99.9
体育娱乐用品	**Sports and Recreation Articles**	**92.8**	**97.1**	**100.0**	**101.4**	**102.7**	**100.1**
体育户外用品	Sports Outdoor Articles				102.4	104.7	99.6
娱乐用品	Recreation Articles	90.2	94.0	100.0	101.0	102.0	100.3
交通通信用品	**Transportation and Communication Appliances**	**89.1**	**92.8**	**100.0**	**99.9**	**98.5**	**99.8**
交通运输机械	Transportation Machines	97.0	95.3	100.0	100.0	100.0	100.0
通信器材	Communication Appliances	79.9	90.0	100.0	99.4	93.6	99.0
家具	**Furniture**	**104.7**	**104.9**	**101.2**	**101.1**	**97.3**	**99.2**
化妆品	**Cosmetics**	**101.1**	**100.0**	**99.1**	**101.0**	**100.1**	**105.3**
金银饰品	**Gold and Silver Ornaments**	**101.9**	**106.7**	**96.1**	**110.4**	**99.0**	**97.2**
中西药品及医疗保健用品	**Traditional Chinese and Western Medicines and Health Care Articles**	**97.1**	**99.5**	**105.6**	**112.1**	**114.1**	**106.2**
医疗卫生器具	Medical Instrument				100.0	100.0	100.0
中药	Traditional Chinese Medicines				103.9	106.0	110.5
西药	Western Medicines	98.8	97.7	106.6	113.5	123.2	106.8
保健器具及用品	Health Care Instrument and Articles	96.3	100.0	100.8	115.9	100.3	101.8
书报杂志及电子出版物	**Books, Newspapers, Magazines and Electronic Publications**	**97.5**	**100.4**	**100.0**	**99.8**	**100.0**	**100.0**
教材及参考书	Teaching Materials and Reference Books	96.9	100.0	100.0	99.8	100.0	100.0
书报杂志	Books, Newspapers and Magazines	103.4	102.2	100.0	100.0	100.0	100.0
计算机办公软件	Computer Office Software				100.0	100.0	100.0
燃料	**Fuels**	**99.4**	**108.0**	**92.1**	**95.3**	**103.4**	**106.2**
煤炭及制品	Coal and Relevant Products	99.9	100.7	100.0	92.3	99.2	100.0
石油及制品	Petroleum and Relevant Products	99.3	110.2	89.9	96.4	104.7	108.2
建筑材料及五金电料	**Building Materials and Hardware**	**101.6**	**104.2**	**102.4**	**103.7**	**102.3**	**100.2**
建筑装潢材料	Building Decoration Materials	103.2	106.5	101.4	103.1	101.6	100.3
五金水暖	Hardware				106.2	105.0	100.0

6-13 日喀则市商品零售价格分类指数
RETAIL PRICE INDICES BY CATEGORY OF XIGAZE

上年=100 (preceding year=100)

项 目	Item	2009	2010	2015	2016	2017	2018
商品零售价格总指数	**General Retail Price Index**	**99.1**	**100.9**	**101.5**	**101.8**	**102.0**	**101.7**
食品	**Food**	**102.9**	**104.5**	**102.8**	**105.5**	**104.2**	**101.9**
粮食	Grain	100.2	108.4	105.8	103.6	100.4	103.8
薯类	Tubers				107.8	107.8	116.1
豆类	Beans				107.4	100.6	101.6
食用油	Edible Oil and Fats				100.8	100.4	101.2
菜	Vegetables	115.0	110.6	103.2	105.3	98.4	103.3
畜肉类	Meat of Livestock				102.8	99.2	97.3
禽肉类	Meat of Poultry				94.0	107.3	104.4
水产品	Aquatic Products	100.0	100.6	101.9	99.1	103.1	103.6
蛋类	Eggs	99.3	101.1	99.8	96.7	99.0	110.1
奶类	Milk				101.3	103.1	101.0
干鲜瓜果类	Dried and Fresh Melons and Fruits	107.8	114.8	106.8	101.9	103.7	104.5
糖果糕点类	Candy and Cake				105.9	100.9	101.4
调味品	Flavoring	100.1	100.5	100.9	103.7	98.7	104.2
其他食品类	Other Foods	100.0	100.0	100.0	103.5	100.7	100.0
在外餐饮	Dining Out	101.9	103.1	105.2	115.6	115.1	101.8
饮料、烟酒	**Beverages, Tobacco and Liquor**	**100.1**	**100.5**	**101.7**	**102.4**	**100.3**	**101.3**
茶及饮料	Tea and Beverages	100.0	100.0	100.0	101.9	100.2	100.1
烟草	Tobacco	100.0	100.0	103.0	102.5	99.3	100.0
酒	Liquor	100.5	101.7	101.1	102.5	101.7	103.5
服装、鞋帽	**Garments, Shoes and Hats**	**101.3**	**101.7**	**102.9**	**101.5**	**101.1**	**102.4**
服装	Garments	100.1	102.1	103.1	100.5	100.9	102.3
鞋帽袜	Footgear and Hat	104.2	101.2	102.7	104.1	101.6	102.6
其他衣着配件	Other Clothing and Parts				90.7	100.6	100.2
纺织品	**Textiles**	**100.6**	**100.0**	**102.7**	**99.0**	**99.8**	**100.0**
服装材料	Clothing	101.3	100.0	102.0	100.0	100.0	100.0
床上用品	Bedding	100.0	100.0	103.4	98.0	99.6	100.0
家用电器及音像器材类	**Household Appliances Music and Video Equipment**	**92.3**	**95.6**	**99.5**	**99.2**	**102.2**	**100.0**
家庭设备	Home Appliances	90.8	96.9	100.2	100.0	100.4	100.0
文娱耐用消费品	Durable Consumer Goods for Culture and Recreation	92.4	96.5	98.6	97.2	106.8	99.9
专业音像器材	Professional Audio and Video Equipment				100.0	100.0	100.0

6-13 续表 continued

上年=100　　(preceding year=100)

项　　目	Item	2009	2010	2015	2016	2017	2018
文化办公用品	**Culture and Office Appliances**	**95.2**	**95.2**	**99.0**	**100.9**	**103.5**	**99.9**
日用品	**Articles for Daily Use**	**99.7**	**100.0**	**103.8**	**102.7**	**100.1**	**100.3**
日用百货	General Merchandise for Daily Use	97.5	100.2	103.1	101.7	100.1	100.0
厨具餐具茶具	Kitchenware, Tableware and Teaware				101.2	99.6	100.7
清洗用品	Clean Articles				107.9	100.0	100.0
其他日用品	Others	100.0	100.0	104.8	101.0	100.3	100.6
体育娱乐用品	**Sports and Recreation Articles**	**91.5**	**97.2**	**103.1**	**108.2**	**100.6**	**101.6**
体育户外用品	Sports Outdoor Articles				105.7	102.4	103.3
娱乐用品	Recreation Articles	79.5	93.0	107.3	109.0	100.1	101.1
交通通信用品	**Transportation and Communication Appliances**	**81.8**	**89.1**	**100.0**	**99.2**	**99.7**	**100.3**
交通运输机械	Transportation Machines	92.9	100.0	100.0	100.0	100.0	100.0
通信器材	Communication Appliances	75.8	82.6	100.0	96.7	98.7	101.2
家具	**Furniture**	**99.9**	**100.0**	**101.7**	**101.1**	**99.7**	**99.6**
化妆品	**Cosmetics**	**98.5**	**99.2**	**100.8**	**101.7**	**100.0**	**102.0**
金银饰品	**Gold and Silver Ornaments**	**96.9**	**105.1**	**98.8**	**101.1**	**100.7**	**100.1**
中西药品及医疗保健用品	**Traditional Chinese and Western Medicines and Health Care Articles**	**99.2**	**100.6**	**103.3**	**100.8**	**101.9**	**100.2**
医疗卫生器具	Medical Instrument				101.3	106.4	100.0
中药	Traditional Chinese Medicines				98.4	103.5	102.2
西药	Western Medicines	100.0	100.0	102.0	100.1	101.7	99.3
保健器具及用品	Health Care Instrument and Articles	98.7	99.6	100.9	104.8	100.0	100.0
书报杂志及电子出版物	**Books, Newspapers, Magazines and Electronic Publications**	**98.7**	**100.0**	**100.0**	**100.0**	**100.2**	**100.1**
教材及参考书	Teaching Materials and Reference Books	100.0	100.0	100.0	100.0	99.1	99.9
书报杂志	Books, Newspapers and Magazines	100.0	100.0	100.0	100.0	100.0	100.0
计算机办公软件	Computer Office Software				100.0	108.3	101.5
燃料	**Fuels**	**101.8**	**106.9**	**92.9**	**98.0**	**104.9**	**107.8**
煤炭及制品	Coal and Relevant Products	100.0	100.0	103.7	100.0	100.0	106.3
石油及制品	Petroleum and Relevant Products	102.5	109.4	87.6	97.2	106.8	108.4
建筑材料及五金电料	**Building Materials and Hardware**	**102.3**	**101.4**	**101.0**	**104.1**	**101.9**	**102.8**
建筑装潢材料	Building Decoration Materials	102.8	101.8	100.5	103.6	101.7	101.1
五金水暖	Hardware				105.8	102.6	109.4

6-14 昌都市商品零售价格分类指数
RETAIL PRICE INDICES BY CATEGORY OF QAMDO

上年=100 (preceding year=100)

项 目	Item	2009	2010	2015	2016	2017	2018
商品零售价格总指数	**General Retail Price Index**	**100.4**	**101.5**	**101.9**	**102.0**	**101.9**	**102.2**
食品	**Food**	**104.1**	**105.1**	**104.4**	**106.0**	**104.2**	**103.1**
粮食	Grain	102.6	109.7	101.4	101.2	102.2	103.2
薯类	Tubers				101.6	100.1	93.7
豆类	Beans				103.6	101.7	101.9
食用油	Edible Oil and Fats				102.1	101.1	99.7
菜	Vegetables	113.0	113.8	106.3	112.6	98.9	98.1
畜肉类	Meat of Livestock				103.4	102.6	100.4
禽肉类	Meat of Poultry				99.6	98.7	100.1
水产品	Aquatic Products	97.6	105.1	114.0	105.2	113.6	103.9
蛋类	Eggs	99.2	102.8	101.2	99.1	100.5	98.5
奶类	Milk				96.9	100.2	102.2
干鲜瓜果类	Dried and Fresh Melons and Fruits	113.0	107.5	112.7	95.6	101.3	102.3
糖果糕点类	Candy and Cake				99.9	101.4	100.0
调味品	Flavoring	88.8	81.9	110.1	106.4	105.0	105.4
其他食品类	Other Foods	100.0	100.3	100.6	103.9	108.6	109.2
在外餐饮	Dining Out	101.2	104.5	107.4	116.7	111.4	109.9
饮料、烟酒	**Beverages, Tobacco and Liquor**	**102.2**	**97.9**	**104.0**	**103.2**	**99.5**	**104.2**
茶及饮料	Tea and Beverages	102.7	102.9	100.6	100.0	100.6	102.0
烟草	Tobacco	102.7	95.4	106.8	106.0	98.5	105.1
酒	Liquor	100.7	102.7	100.1	101.5	100.2	104.4
服装、鞋帽	**Garments, Shoes and Hats**	**102.2**	**102.3**	**100.0**	**100.6**	**102.4**	**102.4**
服装	Garments	103.1	103.7	100.0	101.2	102.9	102.8
鞋帽袜	Footgear and Hat	101.0	100.2	100.2	99.1	101.1	101.4
其他衣着配件	Other Clothing and Parts				100.0	100.3	102.0
纺织品	**Textiles**	**101.2**	**99.3**	**100.1**	**100.0**	**100.1**	**101.0**
服装材料	Clothing	101.1	98.2	100.1	99.8	100.0	101.5
床上用品	Bedding	101.2	100.1	100.0	100.2	100.2	100.6
家用电器及音像器材类	**Household Appliances Music and Video Equipment**	**94.1**	**99.7**	**99.4**	**100.1**	**100.0**	**100.1**
家庭设备	Home Appliances	96.5	100.7	100.0	100.0	100.0	99.9
文娱耐用消费品	Durable Consumer Goods for Culture and Recreation	90.1	99.1	100.0	100.0	100.0	101.8
专业音像器材	Professional Audio and Video Equipment	95.7	85.0	64.7	100.0	100.0	92.9

6-14 续表 continued

上年=100 (preceding year=100)

项 目	Item	2009	2010	2015	2016	2017	2018
文化办公用品	**Culture and Office Appliances**	**92.5**	**96.7**	**99.7**	**101.1**	**100.0**	**99.8**
日用品	**Articles for Daily Use**	**97.5**	**96.6**	**102.2**	**100.0**	**101.0**	**101.9**
日用百货	General Merchandise for Daily Use	99.7	96.8	103.6	99.2	102.1	102.4
厨具餐具茶具	Kitchenware, Tableware and Teaware				102.0	100.6	103.2
清洗用品	Clean Articles				100.0	100.6	102.9
其他日用品	Others	94.8	96.0	100.6	100.0	100.1	100.0
体育娱乐用品	**Sports and Recreation Articles**	**96.6**	**101.3**	**100.3**	**98.8**	**100.0**	**100.0**
体育户外用品	Sports Outdoor Articles				100.0	100.0	100.0
娱乐用品	Recreation Articles	95.9	100.7	100.8	98.4	100.0	100.0
交通通信用品	**Transportation and Communication Appliances**	**97.3**	**100.0**	**100.0**	**100.7**	**100.1**	**98.9**
交通运输机械	Transportation Machines	100.1	100.1	100.0	100.0	100.0	100.0
通信器材	Communication Appliances	95.1	100.0	100.0	102.9	100.4	95.9
家具	**Furniture**	**100.3**	**100.5**	**100.2**	**100.0**	**101.1**	**101.7**
化妆品	**Cosmetics**	**100.8**	**101.0**	**102.0**	**100.6**	**100.8**	**103.3**
金银饰品	**Gold and Silver Ornaments**	**92.1**	**100.0**	**98.9**	**106.8**	**101.1**	**99.6**
中西药品及医疗保健用品	**Traditional Chinese and Western Medicines and Health Care Articles**	**100.3**	**100.0**	**100.1**	**101.1**	**102.0**	**104.2**
医疗卫生器具	Medical Instrument				100.0	100.0	100.0
中药	Traditional Chinese Medicines				104.8	102.1	104.4
西药	Western Medicines	99.3	97.2	100.0	99.8	103.0	106.1
保健器具及用品	Health Care Instrument and Articles	100.8	99.8	100.0	100.0	100.0	100.0
书报杂志及电子出版物	**Books, Newspapers, Magazines and Electronic Publications**	**98.9**	**101.1**	**104.6**	**99.7**	**100.1**	**99.5**
教材及参考书	Teaching Materials and Reference Books	101.6	103.2	113.3	99.7	100.1	100.6
书报杂志	Books, Newspapers and Magazines	100.0	100.0	100.0	100.0	100.0	98.6
计算机办公软件	Computer Office Software				100.0	100.0	89.4
燃料	**Fuels**	**97.8**	**105.5**	**92.2**	**98.1**	**104.6**	**105.7**
煤炭及制品	Coal and Relevant Products	100.0	96.7	101.2	100.0	100.0	100.0
石油及制品	Petroleum and Relevant Products	97.0	108.2	89.6	97.5	106.0	107.4
建筑材料及五金电料	**Building Materials and Hardware**	**99.3**	**99.3**	**105.6**	**101.1**	**102.2**	**103.6**
建筑装潢材料	Building Decoration Materials	99.7	99.8	106.7	101.4	101.6	100.5
五金水暖	Hardware				100.0	104.1	113.9

6-15 林芝市商品零售价格分类指数
RETAIL PRICE INDICES BY CATEGORY OF NYINGCHI

上年=100 (preceding year=100)

项 目	Item	2009	2010	2015	2016	2017	2018
商品零售价格总指数	**General Retail Price Index**	**100.8**	**102.0**	**100.7**	**101.0**	**101.2**	**99.8**
食品	**Food**	**103.6**	**104.7**	**102.6**	**102.5**	**103.5**	**100.7**
粮食	Grain	101.4	106.1	99.4	101.2	106.9	105.3
薯类	Tubers				84.6	72.2	104.1
豆类	Beans				100.8	116.3	103.7
食用油	Edible Oil and Fats				97.5	99.1	99.1
菜	Vegetables	108.8	107.6	113.3	94.9	98.3	96.9
畜肉类	Meat of Livestock				105.1	101.0	96.2
禽肉类	Meat of Poultry				106.3	111.8	91.1
水产品	Aquatic Products	101.3	98.8	106.8	102.9	102.3	101.5
蛋类	Eggs	102.1	105.4	100.0	102.2	101.1	98.6
奶类	Milk				105.3	101.8	101.1
干鲜瓜果类	Dried and Fresh Melons and Fruits	108.9	108.9	97.9	108.9	104.9	106.5
糖果糕点类	Candy and Cake				104.3	96.0	99.1
调味品	Flavoring	100.6	102.7	100.0	100.7	100.0	99.6
其他食品类	Other Foods	100.1	100.0	100.1	102.5	99.8	99.6
在外餐饮	Dining Out	105.5	105.0	101.0	104.2	109.4	105.1
饮料、烟酒	**Beverages, Tobacco and Liquor**	**101.3**	**101.4**	**101.2**	**101.9**	**100.4**	**101.0**
茶及饮料	Tea and Beverages	100.8	101.8	102.1	103.0	102.6	105.2
烟草	Tobacco	99.8	100.9	101.9	103.0	100.0	100.2
酒	Liquor	103.8	101.9	100.0	100.0	99.6	99.2
服装、鞋帽	**Garments, Shoes and Hats**	**100.9**	**102.6**	**100.6**	**98.9**	**101.0**	**94.1**
服装	Garments	101.2	102.4	98.3	97.9	101.9	95.5
鞋帽袜	Footgear and Hat	100.8	103.0	106.3	101.3	99.0	91.2
其他衣着配件	Other Clothing and Parts				96.6	102.8	97.8
纺织品	**Textiles**	**99.5**	**98.2**	**101.4**	**108.6**	**109.0**	**105.4**
服装材料	Clothing	100.8	100.8	103.3	117.6	117.7	109.7
床上用品	Bedding	98.6	96.3	100.0	100.6	100.0	100.0
家用电器及音像器材类	**Household Appliances Music and Video Equipment**	**93.5**	**94.9**	**100.0**	**100.0**	**98.7**	**99.0**
家庭设备	Home Appliances	94.1	95.7	100.0	100.0	98.9	98.8
文娱耐用消费品	Durable Consumer Goods for Culture and Recreation	92.7	93.4	100.0	99.7	97.9	99.1
专业音像器材	Professional Audio and Video Equipment				100.0	100.0	100.0

6-15 续表 continued

上年=100 (preceding year=100)

项　目	Item	2009	2010	2015	2016	2017	2018
文化办公用品	**Culture and Office Appliances**	**96.1**	**101.5**	**100.0**	**100.2**	**97.3**	**96.0**
日用品	**Articles for Daily Use**	**104.2**	**100.5**	**100.8**	**100.7**	**100.0**	**99.9**
日用百货	General Merchandise for Daily Use	105.5	103.4	100.5	100.0	99.7	99.7
厨具餐具茶具	Kitchenware, Tableware and Teaware				104.6	100.0	100.0
清洗用品	Clean Articles				100.0	100.0	100.6
其他日用品	Others	97.8	95.4	102.4	100.1	100.2	99.9
体育娱乐用品	**Sports and Recreation Articles**	**99.5**	**97.5**	**100.2**	**100.2**	**105.7**	**104.1**
体育户外用品	Sports Outdoor Articles				100.0	100.0	101.9
娱乐用品	Recreation Articles	93.5	93.5	100.0	100.2	107.7	104.8
交通通信用品	**Transportation and Communication Appliances**	**91.8**	**93.8**	**100.0**	**99.9**	**98.9**	**96.5**
交通运输机械	Transportation Machines	97.9	96.1	100.0	100.0	100.0	100.0
通信器材	Communication Appliances	87.7	91.8	100.0	99.8	95.9	86.9
家具	**Furniture**	**100.8**	**102.4**	**101.2**	**104.0**	**99.6**	**101.5**
化妆品	**Cosmetics**	**101.5**	**99.7**	**100.3**	**102.2**	**100.0**	**99.9**
金银饰品	**Gold and Silver Ornaments**	**98.7**	**107.8**	**100.1**	**101.2**	**93.8**	**99.3**
中西药品及医疗保健用品	**Traditional Chinese and Western Medicines and Health Care Articles**	**100.3**	**101.9**	**100.0**	**99.6**	**98.6**	**100.7**
医疗卫生器具	Medical Instrument				100.0	98.3	97.5
中药	Traditional Chinese Medicines				100.1	100.0	100.0
西药	Western Medicines	100.0	103.5	100.0	99.2	97.4	101.5
保健器具及用品	Health Care Instrument and Articles	100.2	101.9	100.0	100.0	100.0	100.0
书报杂志及电子出版物	**Books, Newspapers, Magazines and Electronic Publications**	**101.5**	**100.7**	**100.3**	**99.8**	**99.7**	**100.5**
教材及参考书	Teaching Materials and Reference Books	100.6	102.7	100.0	99.8	99.2	100.5
书报杂志	Books, Newspapers and Magazines	104.7	102.2	99.9	100.0	103.0	100.6
计算机办公软件	Computer Office Software				100.0	100.0	100.0
燃料	**Fuels**	**100.0**	**107.4**	**91.9**	**99.4**	**105.2**	**106.4**
煤炭及制品	Coal and Relevant Products	101.8	101.6	100.0	100.0	100.0	100.0
石油及制品	Petroleum and Relevant Products	99.4	109.5	89.2	99.2	107.0	108.6
建筑材料及五金电料	**Building Materials and Hardware**	**101.9**	**103.0**	**100.5**	**100.4**	**103.3**	**99.0**
建筑装潢材料	Building Decoration Materials	101.9	103.7	100.5	100.2	104.2	98.7
五金水暖	Hardware				101.1	100.2	100.0

6-16 山南市商品零售价格分类指数
RETAIL PRICE INDICES BY CATEGORY OF LHOKA

上年=100 (preceding year=100)

项 目	Item	2009	2010	2015	2016	2017	2018
商品零售价格总指数	**General Retail Price Index**	**99.3**	**101.6**	**100.5**	**101.7**	**101.1**	**101.7**
食品	**Food**	**104.2**	**103.2**	**101.5**	**103.9**	**101.1**	**103.2**
粮食	Grain	100.8	103.0	102.5	104.0	104.1	102.7
薯类	Tubers				110.0	87.9	96.6
豆类	Beans				110.3	102.5	100.2
食用油	Edible Oil and Fats				98.7	97.6	100.0
菜	Vegetables	114.2	104.3	99.1	108.9	97.3	113.5
畜肉类	Meat of Livestock				103.5	98.4	100.0
禽肉类	Meat of Poultry				101.3	99.2	100.3
水产品	Aquatic Products	103.1	107.0	101.3	101.7	104.1	103.6
蛋类	Eggs	111.0	103.1	100.7	105.3	93.6	103.0
奶类	Milk				100.6	101.7	101.2
干鲜瓜果类	Dried and Fresh Melons and Fruits	114.9	107.0	95.7	99.3	111.1	101.3
糖果糕点类	Candy and Cake				100.3	100.0	100.3
调味品	Flavoring	100.2	101.9	101.9	103.1	102.5	102.4
其他食品类	Other Foods	105.7	102.2	100.0	105.6	101.5	100.0
在外餐饮	Dining Out	100.7	106.0	103.9	107.4	106.0	105.9
饮料、烟酒	**Beverages, Tobacco and Liquor**	**100.0**	**104.3**	**102.5**	**100.8**	**100.0**	**100.0**
茶及饮料	Tea and Beverages	100.0	100.0	100.0	100.0	100.0	100.0
烟草	Tobacco	98.8	99.6	106.6	101.9	100.0	100.0
酒	Liquor	101.9	114.6	97.0	100.0	100.0	100.0
服装、鞋帽	**Garments, Shoes and Hats**	**100.5**	**102.5**	**102.0**	**103.8**	**101.5**	**98.6**
服装	Garments	101.4	103.9	102.1	104.5	102.0	97.4
鞋帽袜	Footgear and Hat	99.4	100.9	102.4	102.0	100.1	102.2
其他衣着配件	Other Clothing and Parts				100.0	100.0	100.0
纺织品	**Textiles**	**99.8**	**102.1**	**100.0**	**99.5**	**100.0**	**100.0**
服装材料	Clothing	99.7	104.0	100.1	100.0	100.0	100.0
床上用品	Bedding	100.0	100.4	100.0	98.8	99.9	100.0
家用电器及音像器材类	**Household Appliances Music and Video Equipment**	**96.2**	**98.0**	**100.1**	**100.3**	**98.0**	**99.7**
家庭设备	Home Appliances	98.5	98.7	100.2	100.9	97.4	99.6
文娱耐用消费品	Durable Consumer Goods for Culture and Recreation	93.6	97.4	100.0	99.3	99.0	100.0
专业音像器材	Professional Audio and Video Equipment	93.0	94.6	100.0	100.0	100.0	100.0

6-16 续表 continued

上年=100 (preceding year=100)

项　　目	Item	2009	2010	2015	2016	2017	2018
文化办公用品	**Culture and Office Appliances**	**93.4**	**95.8**	**100.6**	**100.8**	**99.8**	**100.0**
日用品	**Articles for Daily Use**	**93.8**	**98.0**	**100.7**	**100.0**	**100.0**	**100.1**
日用百货	General Merchandise for Daily Use	90.1	97.6	100.7	100.1	100.0	100.1
厨具餐具茶具	Kitchenware, Tableware and Teaware				100.0	100.2	100.6
清洗用品	Clean Articles				100.0	100.0	100.0
其他日用品	Others	92.9	94.8	100.3	100.0	100.0	100.0
体育娱乐用品	**Sports and Recreation Articles**	**93.1**	**92.6**	**99.2**	**100.6**	**101.5**	**100.0**
体育户外用品	Sports Outdoor Articles				102.3	102.2	100.0
娱乐用品	Recreation Articles	85.7	90.7	100.0	100.1	101.3	100.0
交通通信用品	**Transportation and Communication Appliances**	**90.5**	**96.4**	**97.2**	**98.8**	**100.2**	**100.0**
交通运输机械	Transportation Machines	100.0	99.0	100.0	101.1	100.0	100.0
通信器材	Communication Appliances	81.0	93.4	97.2	93.9	100.7	100.0
家具	**Furniture**	**98.0**	**104.4**	**101.9**	**108.9**	**105.8**	**103.0**
化妆品	**Cosmetics**	**98.9**	**103.5**	**101.4**	**100.0**	**100.5**	**101.2**
金银饰品	**Gold and Silver Ornaments**	**94.3**	**109.3**	**97.4**	**103.1**	**101.8**	**96.1**
中西药品及医疗保健用品	**Traditional Chinese and Western Medicines and Health Care Articles**	**98.4**	**99.6**	**102.1**	**107.6**	**104.6**	**107.5**
医疗卫生器具	Medical Instrument				119.5	105.4	100.0
中药	Traditional Chinese Medicines				113.5	108.7	106.5
西药	Western Medicines	92.5	98.6	102.7	106.8	103.6	110.5
保健器具及用品	Health Care Instrument and Articles	101.7	100.0	100.0	100.0	100.7	102.2
书报杂志及电子出版物	**Books, Newspapers, Magazines and Electronic Publications**	**99.4**	**101.7**	**101.2**	**100.0**	**100.0**	**100.0**
教材及参考书	Teaching Materials and Reference Books	105.0	105.3	100.0	100.0	100.0	100.0
书报杂志	Books, Newspapers and Magazines	100.0	100.0	103.1	100.0	100.0	100.0
计算机办公软件	Computer Office Software				99.0	99.1	100.0
燃料	**Fuels**	**99.3**	**104.0**	**91.8**	**97.7**	**104.6**	**106.2**
煤炭及制品	Coal and Relevant Products	94.8	86.9	100.0	100.0	100.0	100.0
石油及制品	Petroleum and Relevant Products	101.0	109.7	89.4	96.8	106.4	108.5
建筑材料及五金电料	**Building Materials and Hardware**	**98.6**	**99.6**	**100.0**	**100.0**	**100.7**	**101.4**
建筑装潢材料	Building Decoration Materials	100.3	103.0	100.0	100.0	100.6	100.2
五金水暖	Hardware				100.0	101.1	105.4

6-17　那曲市商品零售价格分类指数
RETAIL PRICE INDICES BY CATEGORY OF NAGQU

上年=100　　(preceding year=100)

项　　目	Item	2009	2010	2015	2016	2017	2018
商品零售价格总指数	**General Retail Price Index**	**98.8**	**98.6**	**102.5**	**101.7**	**101.2**	**103.3**
食品	**Food**	**106.9**	**104.9**	**103.4**	**103.9**	**102.6**	**103.0**
粮食	Grain	100.4	103.9	100.1	102.6	101.0	103.6
薯类	Tubers				104.0	101.1	96.9
豆类	Beans				103.6	104.7	106.7
食用油	Edible Oil and Fats				101.0	105.4	100.8
菜	Vegetables	102.3	103.2	100.9	102.9	99.9	98.6
畜肉类	Meat of Livestock				105.4	102.6	99.6
禽肉类	Meat of Poultry				107.1	103.3	106.4
水产品	Aquatic Products	102.6	109.8	104.6	105.0	100.8	110.0
蛋类	Eggs	103.8	100.3	102.4	97.9	103.7	104.4
奶类	Milk				111.1	105.7	107.6
干鲜瓜果类	Dried and Fresh Melons and Fruits	107.7	107.2	110.7	106.5	102.6	97.4
糖果糕点类	Candy and Cake				104.6	104.0	104.9
调味品	Flavoring	102.2	99.9	100.1	101.2	103.5	100.3
其他食品类	Other Foods	100.4	100.3	100.0	101.0	102.2	104.9
在外餐饮	Dining Out	110.7	104.9	105.6	99.0	103.4	109.7
饮料、烟酒	**Beverages, Tobacco and Liquor**	**98.8**	**100.0**	**106.9**	**102.5**	**101.3**	**100.9**
茶及饮料	Tea and Beverages	101.8	100.2	100.9	103.4	105.2	102.9
烟草	Tobacco	100.2	99.9	112.1	101.2	100.0	101.8
酒	Liquor	96.0	99.8	106.5	103.3	101.0	99.6
服装、鞋帽	**Garments, Shoes and Hats**	**98.8**	**98.6**	**100.8**	**100.9**	**99.9**	**103.2**
服装	Garments	105.2	99.4	100.6	101.1	100.5	103.7
鞋帽袜	Footgear and Hat	92.0	97.1	101.6	100.9	98.6	102.2
其他衣着配件	Other Clothing and Parts				84.5	101.9	100.0
纺织品	**Textiles**	**98.7**	**99.6**	**100.0**	**101.1**	**101.3**	**100.4**
服装材料	Clothing	97.8	100.2	100.0	101.2	100.9	100.0
床上用品	Bedding	99.9	100.2	100.0	100.9	101.7	101.0
家用电器及音像器材类	**Household Appliances Music and Video Equipment**	**90.2**	**95.4**	**100.0**	**100.1**	**99.6**	**107.4**
家庭设备	Home Appliances	89.5	99.3	100.0	100.1	102.3	109.5
文娱耐用消费品	Durable Consumer Goods for Culture and Recreation	91.4	95.0	100.0	100.1	95.4	103.9
专业音像器材	Professional Audio and Video Equipment				100.0	99.9	102.8

6-17 续表 continued

上年=100 (preceding year=100)

项　　目	Item	2009	2010	2015	2016	2017	2018
文化办公用品	**Culture and Office Appliances**	**87.0**	**93.9**	**100.7**	**101.3**	**100.6**	**101.0**
日用品	**Articles for Daily Use**	**88.6**	**88.6**	**100.3**	**101.0**	**100.7**	**102.1**
日用百货	General Merchandise for Daily Use	92.1	89.9	101.4	100.3	100.5	103.6
厨具餐具茶具	Kitchenware, Tableware and Teaware				100.0	99.8	103.8
清洗用品	Clean Articles				102.7	102.4	97.5
其他日用品	Others	72.1	89.0	100.5	101.1	100.2	102.3
体育娱乐用品	**Sports and Recreation Articles**	**82.5**	**80.1**	**103.5**	**103.0**	**100.7**	**101.3**
体育户外用品	Sports Outdoor Articles				101.9	100.7	104.8
娱乐用品	Recreation Articles	85.1	80.1	107.4	103.3	100.7	100.2
交通通信用品	**Transportation and Communication Appliances**	**98.5**	**93.2**	**100.0**	**100.3**	**98.8**	**106.2**
交通运输机械	Transportation Machines	105.2	91.5	100.0	99.9	99.7	100.0
通信器材	Communication Appliances	94.2	94.4	100.0	100.9	97.1	119.1
家具	**Furniture**	**104.8**	**94.4**	**100.6**	**100.2**	**99.2**	**104.7**
化妆品	**Cosmetics**	**83.6**	**88.3**	**97.4**	**100.5**	**100.2**	**101.8**
金银饰品	**Gold and Silver Ornaments**	**89.3**	**97.2**	**113.1**	**99.2**	**87.9**	**96.8**
中西药品及医疗保健用品	**Traditional Chinese and Western Medicines and Health Care Articles**	**103.2**	**102.1**	**100.0**	**102.9**	**100.7**	**100.5**
医疗卫生器具	Medical Instrument				100.0	100.0	100.0
中药	Traditional Chinese Medicines				108.6	100.1	98.8
西药	Western Medicines	106.3	100.9	100.0	101.4	101.4	101.9
保健器具及用品	Health Care Instrument and Articles	104.2	103.7	100.0	100.2	100.2	100.0
书报杂志及电子出版物	**Books, Newspapers, Magazines and Electronic Publications**	**107.6**	**98.6**	**100.0**	**105.0**	**97.2**	**100.4**
教材及参考书	Teaching Materials and Reference Books	103.3	96.8	99.9	101.8	95.2	100.4
书报杂志	Books, Newspapers and Magazines	127.2	112.9	100.0	111.6	100.0	100.0
计算机办公软件	Computer Office Software				120.9	112.1	101.8
燃料	**Fuels**	**93.8**	**99.6**	**103.8**	**98.8**	**107.3**	**106.8**
煤炭及制品	Coal and Relevant Products	89.7	93.7	116.0	101.2	102.3	100.3
石油及制品	Petroleum and Relevant Products	99.9	107.3	89.8	97.7	109.8	109.9
建筑材料及五金电料	**Building Materials and Hardware**	**102.3**	**99.5**	**100.0**	**101.6**	**101.9**	**100.4**
建筑装潢材料	Building Decoration Materials	106.4	101.3	100.0	100.8	101.6	100.5
五金水暖	Hardware				104.3	102.7	100.0

6-18 阿里地区商品零售价格分类指数
RETAIL PRICE INDICES BY CATEGORY OF NGARI

上年=100 (preceding year=100)

项 目	Item	2009	2010	2015	2016	2017	2018
商品零售价格总指数	**General Retail Price Index**	**99.6**	**100.6**	**99.9**	**101.6**	**101.1**	**102.5**
食品	**Food**	**107.8**	**104.2**	**100.3**	**107.2**	**104.1**	**104.7**
粮食	Grain	118.2	107.9	93.1	125.4	103.9	102.3
薯类	Tubers				106.7	102.0	109.8
豆类	Beans				106.2	102.5	102.6
食用油	Edible Oil and Fats				102.5	105.7	102.4
菜	Vegetables	125.2	99.3	98.3	103.5	103.5	105.5
畜肉类	Meat of Livestock				111.1	108.0	104.8
禽肉类	Meat of Poultry				100.2	104.2	104.6
水产品	Aquatic Products	99.2	101.2	101.9	101.2	100.5	102.7
蛋类	Eggs	98.1	108.8	103.9	105.8	101.4	105.2
奶类	Milk				99.7	100.0	103.6
干鲜瓜果类	Dried and Fresh Melons and Fruits	114.0	91.9	102.1	106.2	104.6	108.4
糖果糕点类	Candy and Cake				102.0	101.6	102.6
调味品	Flavoring	117.7	99.7	99.5	107.1	102.4	101.3
其他食品类	Other Foods	102.5	97.6	101.8	101.1	101.3	101.0
在外餐饮	Dining Out	103.1	98.2	117.7	101.5	102.0	108.6
饮料、烟酒	**Beverages, Tobacco and Liquor**	**100.4**	**100.4**	**102.0**	**99.4**	**97.0**	**100.4**
茶及饮料	Tea and Beverages	95.9	100.0	99.0	101.0	100.9	100.1
烟草	Tobacco	100.3	99.3	104.1	100.0	100.0	100.0
酒	Liquor	103.2	102.1	101.4	97.8	91.3	101.1
服装、鞋帽	**Garments, Shoes and Hats**	**101.8**	**100.9**	**98.9**	**100.3**	**100.9**	**104.6**
服装	Garments	103.2	101.9	99.1	100.4	100.0	104.3
鞋帽袜	Footgear and Hat	99.3	99.2	98.4	100.0	102.6	105.2
其他衣着配件	Other Clothing and Parts				100.1	101.1	100.9
纺织品	**Textiles**	**98.5**	**104.5**	**100.0**	**100.0**	**102.3**	**109.5**
服装材料	Clothing	112.2	100.0	100.0	100.0	100.2	111.0
床上用品	Bedding	93.1	106.3	100.0	100.0	105.4	107.4
家用电器及音像器材类	**Household Appliances Music and Video Equipment**	**91.0**	**99.9**	**100.0**	**100.1**	**100.6**	**101.1**
家庭设备	Home Appliances	91.2	101.0	100.1	100.1	100.5	101.6
文娱耐用消费品	Durable Consumer Goods for Culture and Recreation	90.4	99.0	100.0	100.1	100.8	100.3
专业音像器材	Professional Audio and Video Equipment				100.0	100.0	100.0

6-18 续表 continued

上年=100 (preceding year=100)

项目	Item	2009	2010	2015	2016	2017	2018
文化办公用品	**Culture and Office Appliances**	**97.2**	**90.0**	**100.2**	**100.1**	**100.9**	**100.3**
日用品	**Articles for Daily Use**	**96.9**	**91.1**	**100.6**	**100.1**	**100.7**	**100.8**
日用百货	General Merchandise for Daily Use	96.0	98.8	100.3	100.0	100.2	100.2
厨具餐具茶具	Kitchenware, Tableware and Teaware				100.0	103.4	103.9
清洗用品	Clean Articles				100.6	100.6	100.2
其他日用品	Others	98.0	89.2	100.2	99.9	100.4	100.9
体育娱乐用品	**Sports and Recreation Articles**	**94.9**	**96.7**	**100.3**	**100.2**	**100.3**	**100.2**
体育户外用品	Sports Outdoor Articles				100.0	100.0	100.0
娱乐用品	Recreation Articles	92.5	98.0	100.0	100.3	100.3	100.3
交通通信用品	**Transportation and Communication Appliances**	**82.9**	**101.8**	**100.0**	**100.0**	**100.2**	**100.1**
交通运输机械	Transportation Machines	94.6	104.9	100.0	100.0	100.2	100.1
通信器材	Communication Appliances	75.1	99.4	100.0	100.0	100.1	100.0
家具	**Furniture**	**97.7**	**103.8**	**100.2**	**100.1**	**100.8**	**101.4**
化妆品	**Cosmetics**	**91.8**	**104.0**	**101.5**	**100.1**	**100.7**	**100.2**
金银饰品	**Gold and Silver Ornaments**	**96.5**	**98.5**	**101.6**	**104.6**	**100.9**	**104.1**
中西药品及医疗保健用品	**Traditional Chinese and Western Medicines and Health Care Articles**	**100.1**	**100.0**	**100.5**	**100.1**	**100.0**	**100.0**
医疗卫生器具	Medical Instrument				100.0	100.0	100.0
中药	Traditional Chinese Medicines				100.3	100.1	100.0
西药	Western Medicines	100.0	100.0	100.0	100.0	100.0	100.0
保健器具及用品	Health Care Instrument and Articles	100.5	100.0	100.0	100.0	100.1	100.0
书报杂志及电子出版物	**Books, Newspapers, Magazines and Electronic Publications**	**100.8**	**98.4**	**100.1**	**100.0**	**100.1**	**100.2**
教材及参考书	Teaching Materials and Reference Books	95.1	98.8	100.3	100.0	100.1	100.2
书报杂志	Books, Newspapers and Magazines	106.8	98.4	100.0	100.0	100.0	100.2
计算机办公软件	Computer Office Software				100.0	100.0	100.0
燃料	**Fuels**	**99.8**	**101.7**	**93.5**	**97.8**	**100.9**	**105.2**
煤炭及制品	Coal and Relevant Products	100.0	100.0	100.0	100.0	101.4	104.3
石油及制品	Petroleum and Relevant Products	99.8	102.8	89.7	97.0	100.7	105.6
建筑材料及五金电料	**Building Materials and Hardware**	**92.6**	**98.0**	**103.9**	**99.2**	**98.8**	**100.4**
建筑装潢材料	Building Decoration Materials	92.8	102.0	104.5	98.9	98.5	100.6
五金水暖	Hardware				100.4	99.8	99.9

6-19 各月商品零售价格分类指数(2018年)
RETAIL PRICE INDICES BY CATEGORY OF COMMODITIES EACH MONTH (2018)

上年同月=100 (same month of preceding year=100)

项 目	Item	1月 Jan.	2月 Feb.	3月 Mar.	4月 Apr.	5月 May	6月 June
总指数	**General Index**	**101.4**	**101.4**	**101.5**	**101.6**	**101.6**	**101.7**
食品	Food	101.5	101.9	101.6	102.0	102.1	101.9
#粮食	Grain	101.7	101.7	102.0	102.1	102.1	102.0
菜	Vegetables	95.6	96.9	98.2	102.3	104.8	104.9
饮料、烟酒	Beverages, Tobacco and Liquor	100.8	100.8	101.0	101.0	100.9	101.0
服装、鞋帽	Garments, Shoes and Hats	101.3	101.7	101.5	101.3	101.1	101.2
纺织品	Textiles	101.4	101.9	101.9	101.3	100.6	100.6
家用电器及音像器材	Household Appliances, Music and Video Equipment	99.4	100.0	100.3	100.5	100.4	100.5
文化办公用品	Cultural and Office Appliances	99.7	99.6	99.5	99.6	99.5	99.4
日用品	Articles for Daily Use	100.1	100.1	100.1	100.1	100.1	100.2
体育娱乐用品	Sports and Recreation Articles	100.0	100.4	100.6	100.6	100.4	100.6
交通、通信用品	Transportation and Communication Appliances	99.3	99.9	99.8	99.8	99.7	99.8
家具	Furniture	99.6	100.3	100.2	100.1	100.2	100.2
化妆品	Cosmetics	103.3	103.3	103.4	103.6	103.6	103.6
金银饰品	Gold and Silver Ornaments	101.0	100.5	98.5	96.6	97.9	97.4
中西药品及医疗保健用品	Traditional Chinese and Western Medicines and Health Care Articles	109.1	107.4	107.5	107.7	104.4	103.3
书报杂志及电子出版物	Books, Newspapers, Magazines and Electronic Publications	100.1	100.0	100.0	100.0	100.0	100.0
燃料	Fuels	103.3	101.7	104.0	105.4	108.1	110.0
建筑材料及五金电料	Building Materials and Hardware	102.0	101.3	100.9	100.4	100.3	101.1

6-19 续表 continued

项 目	Item	7月 July	8月 Aug.	9月 Sep.	10月 Oct.	11月 Nov.	12月 Dec.
总指数	**General Index**	**101.7**	**101.6**	**101.5**	**101.7**	**101.2**	**101.1**
食品	Food	101.9	101.7	101.4	101.6	101.4	102.3
#粮食	Grain	102.4	102.4	102.0	102.0	102.1	102.4
菜	Vegetables	104.8	102.4	101.4	104.8	100.2	103.0
饮料、烟酒	Beverages, Tobacco and Liquor	100.9	101.7	101.3	100.8	100.9	100.5
服装、鞋帽	Garments, Shoes and Hats	101.3	101.3	101.4	101.3	101.9	102.6
纺织品	Textiles	100.6	101.8	101.8	100.4	101.5	101.5
家用电器及音像器材	Household Appliances, Music and Video Equipment	100.5	100.5	100.5	100.4	100.4	100.7
文化办公用品	Cultural and Office Appliances	99.4	99.4	99.4	99.7	99.8	99.7
日用品	Articles for Daily Use	100.2	100.5	100.5	100.4	100.5	100.5
体育娱乐用品	Sports and Recreation Articles	100.6	100.5	101.0	101.0	101.0	100.5
交通、通信用品	Transportation and Communication Appliances	99.8	99.8	99.8	99.8	99.9	99.9
家具	Furniture	100.5	101.2	100.9	101.0	100.9	100.7
化妆品	Cosmetics	103.6	103.9	104.0	103.6	104.5	103.5
金银饰品	Gold and Silver Ornaments	98.7	96.6	96.4	97.7	97.0	100.0
中西药品及医疗保健用品	Traditional Chinese and Western Medicines and Health Care Articles	103.1	102.4	102.4	102.6	102.5	102.4
书报杂志及电子出版物	Books, Newspapers, Magazines and Electronic Publications	100.0	100.0	100.0	100.0	100.1	100.1
燃料	Fuels	110.3	109.4	109.4	111.8	104.3	98.5
建筑材料及五金电料	Building Materials and Hardware	101.4	101.3	101.2	101.0	100.8	101.3

6-20 农业生产资料价格分类指数(2018年) PRICE INDICES FOR MEANS OF AGRICULTURAL PRODUCTION BY CATEGORY (2018)

上年同月=100 (same month of preceding year=100)

项目	Item	全年 The Year	1月 Jan.	2月 Feb.	3月 Mar.	4月 Apr.	5月 May	6月 June
总指数	**General Index**	**101.0**	**100.6**	**100.5**	**100.7**	**100.8**	**101.2**	**101.3**
农用手工工具	Farm Handtools	102.6	100.4	100.2	100.9	101.7	103.5	103.5
饲料	Forage	100.7	100.3	100.1	100.3	100.3	100.7	100.7
仔畜幼禽及产品畜	Newborn Animals and Poultry, and Commodity Animals	101.0	100.4	100.4	100.4	100.4	101.0	101.4
半机械化农具	Semi-mechanized Farm Tools	100.0	100.2	100.2	100.2	100.0	100.0	100.0
机械化农具	Mechanized Farm Machinery	100.0	100.0	100.0	100.0	100.0	100.0	100.0
化学肥料	Chemical Fertilizer	100.0	99.9	99.9	99.9	100.0	100.0	100.0
氮肥	Nitrogenous Fertilizer	100.0	100.0	100.0	100.0	100.0	100.0	100.0
磷肥	Phosphate Fertilizer	100.0	100.0	100.0	100.0	100.0	100.0	100.0
钾肥	Kalium Fertilizer	99.9	99.6	99.6	99.6	100.0	100.0	100.0
复合肥料	Compound Fertilizer	100.0	100.0	100.0	100.0	100.0	100.0	100.0
农药及农药器械	Pesticide and Its Appliances	100.0	100.1	100.1	100.1	100.0	100.0	100.0
化学农药	Chemical Pesticide	100.0	100.0	100.0	100.0	100.0	100.0	100.0
农药器械	Chemical Pesticide Appliances	100.2	100.9	100.9	100.9	100.0	100.0	100.0
农机用油	Oil for Farm Machinery	105.9	102.6	101.4	103.2	105.4	108.1	109.7
其他农业生产资料	Other Means of Agricultural Production	102.0	102.0	102.2	102.2	102.2	102.2	102.3
农业生产服务	Service for Agricultural Production	100.0	100.0	100.0	100.0	100.0	100.0	100.0

6-20 续表 continued

项目	Item	7月 July	8月 Aug.	9月 Sep.	10月 Oct.	11月 Nov.	12月 Dec.
总指数	**General Index**	**101.4**	**101.4**	**101.3**	**101.4**	**101.0**	**100.7**
农用手工工具	Farm Handtools	103.5	103.5	103.5	103.5	103.5	103.5
饲料	Forage	101.0	101.0	101.0	101.0	101.0	101.0
仔畜幼禽及产品畜	Newborn Animals and Poultry, and Commodity Animals	101.4	101.4	101.4	101.4	101.4	101.4
半机械化农具	Semi-mechanized Farm Tools	100.0	100.0	100.0	100.0	100.0	100.0
机械化农具	Mechanized Farm Machinery	100.0	100.0	100.0	100.0	100.0	100.0
化学肥料	Chemical Fertilizer	100.0	100.0	100.0	100.0	100.0	100.0
氮肥	Nitrogenous Fertilizer	100.0	100.0	100.0	100.0	100.0	100.0
磷肥	Phosphate Fertilizer	100.0	100.0	100.0	100.0	100.0	100.0
钾肥	Kalium Fertilizer	100.0	100.0	100.0	100.0	100.0	100.0
复合肥料	Compound Fertilizer	100.0	100.0	100.0	100.0	100.0	100.0
农药及农药器械	Pesticide and Its Appliances	100.0	100.0	100.0	100.0	100.0	100.0
化学农药	Chemical Pesticide	100.0	100.0	100.0	100.0	100.0	100.0
农药器械	Chemical Pesticide Appliances	100.0	100.0	100.0	100.0	100.0	100.0
农机用油	Oil for Farm Machinery	110.1	109.1	109.1	111.4	104.0	98.0
其他农业生产资料	Other Means of Agricultural Production	102.3	102.3	102.0	101.1	101.6	101.6
农业生产服务	Service for Agricultural Production	100.0	100.0	100.0	100.0	100.0	100.0

6-21 山南市农业生产资料价格分类指数
PRICE INDICES FOR MEANS OF AGRICULTURAL PRODUCTION BY CATEGORY OF LHOKA

上年=100 (preceding year=100)

项 目	Item	2008	2009	2010	2015	2016	2017	2018
总指数	**General Index**	**101.7**	**97.2**	**101.7**	**99.3**	**99.7**	**100.6**	**101.1**
农用手工工具	Farm Handtools	100.0	97.8	100.1	100.0	100.0	100.0	100.0
饲料	Forage	108.3	90.0	99.7	100.0	100.0	100.0	100.0
仔畜幼禽及产品畜	Newborn Animals and Poultry, and Commodity Animals	100.5	100.0	100.0	100.0	100.0	100.0	100.0
半机械化农具	Semi-mechanized Farm Tools	100.0	100.0	100.0	100.0	100.0	100.0	100.0
机械化农具	Mechanized Farm Machinery	103.4	101.5	100.0	100.0	100.0	100.0	100.0
化学肥料	Chemical Fertilizer	102.4	96.5	104.0	99.8	99.1	100.0	100.0
氮肥	Nitrogenous Fertilizer	97.4	89.0	110.1	100.0	100.0	100.0	100.0
磷肥	Phosphate Fertilizer	100.0	96.1	99.6	100.0	100.0	100.0	100.0
钾肥	Kalium Fertilizer	100.0	99.4	102.1	98.4	93.6	100.0	100.0
复合肥料	Compound Fertilizer	106.2	100.3	101.4	100.0	100.0	100.0	100.0
农药及农药器械	Pesticide and Its Appliances	100.3	100.3	100.3	100.0	100.0	100.0	100.0
化学农药	Chemical Pesticide	100.0	100.0	100.4	100.0	100.0	100.0	100.0
农药器械	Chemical Pesticide Appliances	101.0	101.4	100.0	100.0	100.0	100.0	100.0
农机用油	Oil for Farm Machinery	118.8	106.4	107.2	90.4	95.9	109.3	112.7
其他农业生产资料	Other Means of Agricultural Production	102.1	94.6	103.3	101.0	100.0	101.2	102.7
农业生产服务	Service for Agricultural Production	100.0	100.1	100.9	100.0	100.0	100.0	100.0

6-22 那曲市农业生产资料价格分类指数
PRICE INDICES FOR MEANS OF AGRICULTURAL PRODUCTION BY CATEGORY OF NAGQU

上年=100 (preceding year=100)

项 目	Item	2008	2009	2010	2015	2016	2017	2018
总指数	**General Index**	**104.4**	**100.0**	**100.6**	**100.0**	**101.4**	**103.7**	**101.2**
农用手工工具	Farm Handtools	110.3	98.4	100.6	101.0	102.0	107.1	106.7
饲料	Forage	105.3	101.2	100.1	100.0	100.7	102.8	102.1
仔畜幼禽及产品畜	Newborn Animals and Poultry, and Commodity Animals	105.4	98.5	101.1	100.0	103.2	102.7	102.4
半机械化农具	Semi-mechanized Farm Tools	102.7	103.1	99.5	100.0	100.8	99.5	100.0
机械化农具	Mechanized Farm Machinery	100.5	99.2	100.0	100.0	100.3	100.0	100.0
化学肥料	Chemical Fertilizer	100.0	102.2	100.0	99.8	100.4	99.3	100.0
氮肥	Nitrogenous Fertilizer	100.0	102.8	100.0	100.0	100.6	97.5	100.0
磷肥	Phosphate Fertilizer	100.0	101.1	99.9	99.3	107.8	100.8	100.0
钾肥	Kalium Fertilizer	100.0	102.5	100.0	100.0	100.0	100.0	100.0
复合肥料	Compound Fertilizer	100.0	102.5	100.0	100.0	100.0	100.0	100.0
农药及农药器械	Pesticide and Its Appliances	99.9	100.4	99.6	100.0	101.2	100.4	100.0
化学农药	Chemical Pesticide	100.4	103.6	100.0	100.0	100.9	100.0	100.0
农药器械	Chemical Pesticide Appliances	99.2	96.0	99.0	100.0	105.8	105.3	100.7
农机用油	Oil for Farm Machinery	100.0	95.5	100.0	100.0	100.4	100.9	100.0
其他农业生产资料	Other Means of Agricultural Production	108.5	96.3	99.1	100.0	100.1	100.3	100.2
农业生产服务	Service for Agricultural Production	100.0	100.0	100.0	100.0	106.4	139.3	100.0

6-23 阿里地区农业生产资料价格分类指数
PRICE INDICES FOR MEANS OF AGRICULTURAL PRODUCTION BY CATEGORY OF NGARI

上年=100 (preceding year=100)

项 目	Item	2008	2009	2010	2015	2016	2017	2018
总指数	**General Index**	**100.0**	**99.9**	**100.2**	**100.0**	**99.9**	**100.2**	**100.6**
农用手工工具	Farm Handtools	100.0	96.9	103.2	100.0	100.0	100.0	100.0
饲料	Forage	100.0	100.0	100.0	100.0	100.0	100.1	100.3
仔畜幼禽及产品畜	Newborn Animals and Poultry, and Commodity Animals	100.0	100.0	100.0	100.0	100.0	101.4	100.6
半机械化农具	Semi-mechanized Farm Tools	100.0	100.0	100.0	100.0	100.0	100.7	100.2
机械化农具	Mechanized Farm Machinery	100.0	100.0	100.0	100.0	100.0	100.0	100.0
化学肥料	Chemical Fertilizer	100.0	100.0	100.0	100.0	100.0	99.8	99.9
氮肥	Nitrogenous Fertilizer	100.0	100.0	100.0	100.0	100.0	100.0	100.0
磷肥	Phosphate Fertilizer	100.0	100.0	100.0	100.0	100.0	100.0	100.0
钾肥	Kalium Fertilizer	100.0	100.0	100.0	100.0	100.0	98.2	99.4
复合肥料	Compound Fertilizer	100.0	100.0	100.0	100.0	100.0	100.0	100.0
农药及农药器械	Pesticide and Its Appliances	100.0	98.4	101.6	100.0	100.0	100.0	100.0
化学农药	Chemical Pesticide	100.0	98.4	101.6	100.0	100.0	100.0	100.0
农药器械	Chemical Pesticide Appliances	100.0	97.3	102.8	100.0	100.0	100.0	100.0
农机用油	Oil for Farm Machinery	100.0	100.0	100.0	100.0	98.3	97.6	100.0
其他农业生产资料	Other Means of Agricultural Production	100.0	100.0	100.0	100.0	100.0	100.1	102.8
农业生产服务	Service for Agricultural Production	100.0	100.0	100.0	100.0	100.0	100.2	100.1

6-24 工业生产者出厂价格主要分组指数
PRODUCER PRICE INDICES FOR INDUSTRIAL PRODUCTS BY MAIN GROUP

上年=100 (preceding year=100)

项 目	Item	2015	2016	2017	2018
总指数	**Total Price Indices**	**93.2**	**102.9**	**110.0**	**100.1**
核心指数	Core Index	91.7	104.0	116.1	102.0
高技术	High-tech	86.4	94.8	104.9	100.7
能源	Energy	92.3	112.5	95.6	84.5
按轻重工业分	Grouped by Light and Heavy Industries				
轻工业	Light Industry	100.4	98.7	107.2	104.2
以农产品为原料	Using Farm Products as Raw Materials	100.4	97.6	104.7	104.7
以非农产品为原料	Using Non-farm Products as Raw Materials	100.3	106.7	123.9	101.0
重工业	Heavy Industry	90.4	104.6	111.1	98.5
采掘	Mining and Quarrying	90.2	107.2	129.4	104.4
原料	Raw Materials	93.9	112.1	95.7	84.9
加工	Processing	88.7	99.5	105.0	98.4
按生产生活资料分	Grouped by Means of Production and Consumer Goods				
生产资料	Means of Production	91.4	105.7	111.7	98.5
采掘	Mining and Quarrying	90.2	107.2	129.4	104.4
原料	Raw Materials	94.0	112.1	95.8	85.0
加工	Processing	90.6	101.1	105.6	98.5
生活资料	Consumer Goods	96.4	97.5	106.5	103.3
食品	Food	95.9	96.7	106.5	103.4
衣着	Clothing	98.0	112.8	112.9	100.0
一般日用品	Articles for Daily Use	103.2	108.6	104.5	102.2
耐用消费品	Durable Consumer Goods	123.2	120.4	115.2	103.5
按初级中间最终产品分	Grouped by Primary, Intermediate and Final Products				
初级产品	Primary Products	90.2	107.2	129.4	104.4
矿产品	Mineral Products	90.2	107.2	129.4	104.4
废料	Wastes				
中间产品	Intermediate Products	92.4	101.7	104.1	97.7
最终产品	Final Products	95.5	101.8	103.5	98.3
最终投资品	Final Investment Products	98.8	100.9	109.2	104.7
最终消费品	Final Consumer Products	95.2	101.9	102.9	97.7
按工业部门分	Grouped by Industrial Sectors				
冶金工业	Metallurgical Industry	90.3	107.3	129.6	104.4
电力工业	Power Industry	92.3	112.5	95.6	84.5
煤炭及炼焦工业	Coal and Coking Industry	100.0			
石油工业	Petroleum Industry				

6-24 续表 continued

上年=100 (preceding year=100)

项　目	Item	2015	2016	2017	2018
化学工业	Chemical Industry	87.8	95.5	104.2	100.6
机械工业	Machine Manufacturing Industry	100.0	100.0	100.0	100.0
建筑材料工业	Building Materials Industry	89.1	101.5	105.2	97.5
森林工业	Timber Industry	107.8	100.5	100.5	100.1
食品工业	Food Industry	100.6	97.1	103.8	104.8
纺织工业	Textile Industry	98.6	92.5	92.6	102.6
缝纫工业	Tailoring Industry	97.4	119.8	101.0	100.0
皮革工业	Leather Industry	100.0	107.2	120.1	100.0
造纸工业	Paper Making Industry	100.2	100.7	111.7	104.3
文教艺术用品工业	Industry for Cultural, Educational & Art Articles	100.0	100.0	100.0	100.0
其他工业	Others	100.1	108.3	130.6	101.2
按工业行业大类分	**Grouped by Industrial Sector**				
黑色金属矿采选业	Mining and Processing of Ferrous Metal Ores	78.0	108.3	151.9	82.1
有色金属矿采选业	Mining and Processing of Non-ferrous Metal Ores	96.4	107.2	127.7	106.5
非金属矿采选业	Mining and Processing of Non-metal Ores	85.8	94.5	100.0	97.5
农副食品加工业	Processing of Food from Agricultural Products	104.4	104.2	98.9	99.5
食品制造业	Manufacture of Foods	101.2	95.0	138.1	103.5
酒、饮料和精制茶制造业	Manufacture of Liquor, Beverages and Refined Tea		96.4	96.9	106.0
纺织业	Manufacture of Textile	98.6	92.5	92.6	102.6
纺织服装、服饰业	Manufacture of Textile, Wearing Apparel and Accessories		119.8	101.0	100.0
皮革、毛皮、羽毛、及其制品和制鞋业	Manufacture of Leather, Fur, Feather, and Related Products and Footwear		107.2	120.1	100.0
木材加工及木、竹、藤、棕、草制品业	Processing of Timber, Manufacture of Wood, Bamboo, Rattan, Palm and Straw Products	107.7	100.0	100.0	100.0
家具制造业	Manufacture of Furniture	123.2	120.4	115.2	103.5
造纸及纸制品业	Manufacture of Paper and Paper Products	100.2	100.7	111.7	104.3
印刷业和记录媒介复制业	Printing and Reproduction of Recording Media	100.0	100.0	100.0	100.0
文教、工美、体育和娱乐用品制造业	Manufacture of Articles for Culture, Education, Arts and Crafts, Sport and Entertainment Activities		114.0	107.6	103.6
化学原料及化学制品制造业	Manufacture of Raw Chemical Materials and Chemical Products	100.8	100.9	100.0	100.0
医药制造业	Manufacture of Medicines	86.4	94.8	104.9	100.7
非金属矿物制品业	Manufacture of Non-metallic Mineral Products	89.0	101.5	105.2	97.5
金属制品业	Manufacture of Metal Products		100.0	100.0	100.0
电力、热力生产和供应业	Production and Supply of Electric Power and Heat Power	92.3	112.5	95.6	84.5
水的生产和供应业	Production and Supply of Water	100.0	104.5	147.7	100.0

第七篇

人民生活

CHAPTER 7

PEOPLE'S LIVING CONDITIONS

7-1　人民物质文化生活提高情况
IMPROVEMENT OF PEOPLE'S MATERIAL AND CULTURAL LIFE

指　标	Item	2000	2010	2015	2017	2018
就　业	**Employment**					
每一农村劳动力负担人数(人)	Number of Persons Supported by Each Rural Laborer (person)	1.74	1.59	1.64	1.59	1.67
每一城镇就业者负担人数(人)	Number of Persons Supported by Each Urban Employee (person)	1.89	2.25	2.05	1.46	1.89
收　入	**Income**					
农村居民人均可支配收入(元)	Per Capita Disposable Income of Rural Households (yuan)	1326	4123	8244	10330	11450
城镇居民人均可支配收入(元)	Per Capita Disposable Income of Urban Households (yuan)	6448	14980	25457	30671	33797
职工年平均工资(元)	Annual Average Wages of Staff and Workers (yuan)	14976	54397	110980	115549	119947
消　费	**Consumption**					
全区居民人均消费支出(元)	Per Capita Consumption of All Households (yuan)	1823	4326	8756	10320	11520
农村居民	Rural Households	1144	2381	5412	6691	7452
城镇居民	Urban Households	4737	11028	17466	21088	23029
储　蓄	**Savings**					
城乡居民年末储蓄存款余额(亿元)	Balance of Savings Deposit of Rural and Urban Households (year-end) (100 million yuan)	40.48	267.13	653.63	879.72	925.95
平均每人年末储蓄存款余额(元)	Per Capita Balance of Saving Deposit (yuan)	1558	9159	20378	26351	27195
住　房(平方米)	**Residence (sq.m)**					
农村人均自有住房面积	Per Capita Floor Space of Residential Building in Rural Areas	23.16	24.03	32.75	33.87	38.58
城市人均自有住房面积	Per Capita Floor Space of Residential Building in Urban Areas	19.86	34.72	26.19	28.63	32.05
文化、教育	**Culture and Education**					
城市每百户拥有彩色电视机(台)	Number of Color TV Sets per 100 Urban Households (unit)	120	129	134	135	122
农村每百户拥有电视机(台)	Number of TV Sets per 100 Rural Households (unit)	14	76	104	111	105
学龄儿童入学率(%)	Enrolment Ratio of School-aged Children (%)	85.8	99.2	99.7	99.5	99.5
每万人口中在校学生数(人)	Number of Students per 10000 Population (person)	1467	1775	1598	1647	1716
卫　生	**Public Health**					
每千人拥有床位数(张)	Number of Beds per 1000 Population (unit)	2.52	3.02	4.33	4.79	4.88
每千人拥有卫生技术人员数(人)	Number of Medical Technical Personnel per 1000 Population (person)	3.44	3.44	4.43	4.89	5.54

注：2014年及以后居民收入及消费数据均来源于城乡一体化住户收支与生活状况抽样调查新口径数据(以下相关表相同)。
Note: Since 2014, the data of income and consumption are compiled on the basis of the integrated household income and expenditure survey, including both urban and rural households. The same applies to the relevant tables following.

7-2 城乡居民家庭人均可支配收入及指数
PER CAPITA DISPOSABLE INCOME OF URBAN AND RURAL HOUSEHOLDS AND INDEX

年 份 Year	全体居民人均可支配收入 Per Capita Disposable Income of Households		农村居民人均可支配收入 Per Capita Disposable Income of Rural Households		城镇居民人均可支配收入 Per Capita Annual Disposable Income of Urban Households	
	绝对数(元) Value (yuan)	指数(上年=100) Index (preceding year=100)	绝对数(元) Value (yuan)	指数(上年=100) Index (preceding year=100)	绝对数(元) Value (yuan)	指数(上年=100) Index (preceding year=100)
1965	141		108		456	
1978	219	109.2	174	109.0	575	108.2
1980	327	116.7	273	117.6	696	109.3
1981	338	103.1	295	108.0	728	104.7
1982	366	108.5	323	109.5	782	107.4
1983	369	100.8	317	98.1	856	109.4
1984	494	133.8	444	140.3	932	108.9
1985	581	117.7	533	120.0	1002	107.5
1986	547	94.0	490	92.0	1045	104.3
1987	610	111.6	517	105.5	1252	119.8
1988	680	111.4	571	110.4	1401	112.0
1989	712	104.7	553	96.9	1504	107.3
1990	754	105.9	580	104.9	1643	109.2
1991	845	112.0	615	106.0	2032	123.7
1992	887	105.0	651	105.8	2122	104.4
1993	982	110.7	703	108.1	2392	112.7
1994	1242	126.4	814	115.7	3392	141.8
1995	1409	113.5	875	107.5	4074	120.1
1996	1715	121.7	971	111.0	5123	125.8
1997	1837	107.1	1081	111.3	5230	102.1
1998	1968	107.1	1154	106.7	5540	105.9
1999	2171	110.3	1253	108.6	6109	110.3
2000	2339	107.7	1326	105.8	6567	107.5
2001	2548	108.9	1399	105.5	7251	110.4
2002	2786	109.3	1515	108.3	7906	109.0
2003	3003	107.8	1685	111.2	8207	103.8
2004	3187	106.1	1854	110.1	8352	101.8
2005	3425	107.5	2070	111.7	8567	102.6
2006	3838	112.1	2426	117.2	9107	106.3
2007	4618	120.3	2777	114.5	11337	124.5
2008	5255	113.8	3164	113.9	12713	112.1
2009	5811	110.6	3519	111.2	13795	108.5
2010	6647	114.4	4123	117.2	15258	110.6
2011	7522	113.2	4885	118.5	16496	108.1
2012	8578	114.0	5697	116.6	18362	111.3
2013	9740	113.5	6553	115.0	20394	111.1
2014	10730	110.2	7359	112.3	22016	107.9
2015	12254	114.2	8244	112.0	25457	115.6
2016	13639	111.3	9094	110.3	27802	109.2
2017	15457	113.3	10330	113.6	30671	110.3
2018	17286	111.8	11450	110.8	33797	110.2

注：历史数据均已推算为可支配收入。

Note: Historical data have been adjusted accordingly.

7-3　全区居民人均收支情况
PER CAPITA INCOME AND CONSUMPTION EXPENDITURE

单位：元　　(yuan)

项　　目	Item	2017	2018
全区居民人均收入	**Per Capita Income**		
可支配收入	Disposable Income	15457	17286
工资性收入	Income of Wages and Salaries	7840	8904
经营净收入	Net Business Income	4482	4589
财产净收入	Net Income from Property	753	1096
转移净收入	Net Income from Transfer	2382	2697
现金可支配收入	Cash Disposable Income	13965	16081
工资性收入	Income of Wages and Salaries	7835	8898
经营净收入	Net Business Income	3676	4067
财产净收入	Net Income from Property	329	567
转移净收入	Net Income from Transfer	2125	2549
全区居民人均支出	**Per Capita Expenditure**	**12261**	**15352**
消费性支出	Consumption Expenditure	10320	11520
食品烟酒	Food, Tobacco and Liquor	4789	4330
衣　着	Clothing	1048	1285
居　住	Residence	1763	2103
生活用品及服务	Household Facilities, Articles and Services	617	622
交通通信	Transport and Communications	1177	1848
教育文化娱乐	Education, Culture and Recreation	442	609
医疗保健	Health Care and Medical Services	272	460
其他用品及服务	Miscellaneous Goods and Services	214	263
现金消费支出	Cash Consumption Expenditure	8157	9350
食品烟酒	Food, Tobacco and Liquor	3812	3876
衣　着	Clothing	1047	1281
居　住	Residence	640	545
生活用品及服务	Household Facilities, Articles and Services	615	614
交通通信	Transport and Communications	1177	1846
教育文化娱乐	Education, Culture and Recreation	441	608
医疗保健	Health Care and Medical Services	213	317
其他用品及服务	Miscellaneous Goods and Services	212	262

7-4　全区居民按收入五等份分组的人均收支情况(2018年)
PER CAPITA INCOME AND CONSUMPTION EXPENDITURE OF HOUSEHOLDS BY INCOME QUINTILE (2018)

单位：元　(yuan)

项　目	Item	总平均 Average	低收入户 Low Income Households	中等偏下户 Lower Middle Income Households	中等收入户 Middle Income Households	中等偏上户 Upper Middle Income Households	高收入户 High Income Households
可支配收入	**Disposable Income**	**17286.1**	**4560.9**	**9619.5**	**15167.4**	**25337.1**	**58154.0**
工资性收入	Income of Wages and Salaries	8903.5	1785.3	3299.4	5901.1	12345.9	39243.3
经营净收入	Net Business Income	4589.1	1560.7	4031.1	6317.8	7742.3	5947.3
财产净收入	Net Income from Property	1096.2	171.9	394.7	664.7	1541.7	5057.5
转移净收入	Net Income from Transfer	2697.3	1042.9	1894.3	2283.9	3707.2	7905.8
消费支出	**Consumption Expenditure**	**11520.2**	**5833.8**	**7952.8**	**10152.4**	**15283.5**	**30584.7**
食品烟酒	Food, Tobacco and Liquor	4330.5	2212.6	2918.4	3876.4	5912.8	11245.6
衣着	Clothing	1285.2	710.4	1033.0	1253.9	1658.2	2808.6
居住	Residence	2102.6	993.9	1284.8	1678.5	2903.8	6255.4
生活用品及服务	Household Facilities, Articles and Services	622.3	285.9	370.4	512.7	820.7	1920.6
交通通信	Transport and Communications	1847.7	958.5	1348.0	1676.1	2398.0	4688.2
教育文化娱乐	Education, Culture and Recreation	609.3	311.5	515.7	549.9	871.2	1298.8
医疗保健	Health Care and Medical Services	460.1	225.7	334.2	416.1	446.0	1423.9
其他用品及服务	Miscellaneous Goods and Services	262.6	135.2	148.5	188.7	272.9	943.6

7-5　全区居民人均主要食品消费量
PER CAPITA CONSUMPTION OF MAJOR FOODS OF HOUSEHOLDS

单位：千克　(kg)

指　标	Item	2017	2018
谷物	Cereal	277.4	280.5
薯类	Tuber	5.3	4.4
豆类	Beans and the Products	1.9	4.3
食用油	Edible Oil	20.9	18.7
#食用植物油	Edible Vegetable Oil	14.5	12.5
蔬菜及食用菌	Vegetable and Mushroom	32.1	42.7
#鲜菜	Fresh Vegetables	30.5	41.6
肉类	Products of Meat	29.8	34.9
#猪肉	Pork	7.6	7.1
牛肉	Beef	13.9	22.8
羊肉	Mutton	7.9	4.6
禽类	Poultry	1.4	1.5
水产品	Aquatic Products	0.8	0.5
蛋类	Eggs	3.7	3.6
奶类	Milk and Dairy Products	22.5	16.3
干鲜瓜果类	Dried and Fresh Melons and Fruits	10.1	6.0
#鲜瓜果	Fresh Melons and Fruits	9.0	4.9
坚果类	Nuts and Processed Products	0.8	0.9
食糖	Sugar	1.1	4.4
糕点	Cake	1.9	1.4
白酒	Liquor	21.8	6.4
啤酒	Beer	10.0	11.9
茶叶	Tea	2.8	2.1

7-6　全区居民平均每百户年末主要耐用消费品拥有量
MAIN DURABLE GOODS OWNED PER 100 HOUSEHOLDS

项　　目		Item		2017	2018
家用汽车	(辆)	Automobile	(unit)	26.0	37.3
摩托车	(辆)	Motorcycle	(unit)	60.9	61.7
电动助力车	(辆)	Electric Bicycle	(unit)	13.6	20.0
洗衣机	(台)	Washing Machine	(unit)	73.4	85.6
电冰箱	(台)	Refrigerator	(unit)	72.9	83.9
微波炉	(台)	Microwave Oven	(unit)	15.7	19.5
彩色电视机	(台)	Color TV Set	(unit)	119.4	111.2
空调	(台)	Air Conditioner	(unit)	3.5	5.8
热水器	(台)	Water Heater	(unit)	16.0	23.5
排油烟机	(台)	Exhaust Fan	(unit)	17.8	18.0
移动电话	(部)	Mobile Phone	(unit)	203.7	235.0
计算机	(台)	Computer	(unit)	21.4	18.8
照相机	(架)	Camera	(unit)	11.4	6.1

7-7　城镇居民家庭基本情况
BASIC CONDITIONS OF URBAN HOUSEHOLDS

项　　目		Item		2017	2018
调查户数	**(户)**	**Number of Households Surveyed**	**(household)**	**800**	**800**
平均每户家庭人口数	**(人)**	**Average Household Size**	**(person)**	**3.08**	**2.76**
平均每户就业人口数	**(人)**	**Average Number of Employed Persons per Household**	**(person)**	**1.45**	**1.47**
平均每户就业面	**(%)**	**Percentage of Employment per Household**	**(%)**	**47.1**	**53.3**
平均每一就业者负担人数	**(人)**	**Number of Persons Supported by Each Employee (Including the Employee Himself or Herself)**	**(person)**	**1.46**	**1.89**
人均可支配收入	**(元)**	**Per Capita Annual Disposable Income**	**(yuan)**	**30671**	**33797**
工资性收入		Income of Wages and Salaries		23898	25500
经营净收入		Net Business Income		764	912
财产净收入		Net Income from Property		2470	2989
转移净收入		Net Income from Transfer		3540	4397
人均消费性支出	**(元)**	**Per Capita Consumption Expenditure**	**(yuan)**	**21088**	**23029**
食品烟酒		Food, Tobacco and Liquor		9254	8975
衣着		Clothing		1973	2169
居住		Residence		4184	4727
生活用品及服务		Household Facilities, Articles and Services		1162	1390
交通通信		Transport and Communications		2313	3124
教育文化娱乐		Education, Culture and Recreation		1044	1176
医疗保健		Health Care and Medical Services		640	871
其他用品及服务		Miscellaneous Goods and Services		519	599

7-8 城镇居民人均可支配收入
PER CAPITA DISPOSABLE INCOME OF URBAN HOUSEHOLDS

(yuan)

项 目	Item	2017	2018
可支配收入	**Disposable Income**	**30671.1**	**33797.4**
工资性收入	**Income of Wages and salaries**	**23897.6**	**25499.8**
工资	Wages	21405.2	24125.1
实物福利	Benefits in Kind	19.3	17.2
其他	Others	2473.0	1357.4
经营净收入	**Net Business Income**	**763.9**	**912.0**
第一产业经营净收入	Primary Industry		244.2
#农业	Farming		29.1
牧业	Animal Husbandry		22.6
第二产业经营净收入	Secondary Industry	39.4	6.8
#建筑业	Construction	39.5	7.9
第三产业经营净收入	Tertiary Industry	724.6	661.0
#批发和零售业	Wholesale and Retail Trades	413.8	410.2
交通运输、仓储和邮政业	Transport, Storage and Post	40.5	-20.7
住宅和餐饮业	Hotels and Catering Services	203.2	189.1
租赁和商务服务业	Leasing and Business Services	18.5	-26.4
居民服务、修理和其他服务业	Services to Households and Other Services	53.8	
财产净收入	**Net Income from Property**	**2469.7**	**2989.0**
#利息净收入	Net Interest Income	-13.8	-73.7
红利收入	Dividend Income		13.4
#集体分配的红利	Collective Distribution of Dividends		13.4
储蓄性保险净收益	Net Income of Savings Insurance		
转让承包土地经营权租金净收入	Net Income from Transfer of Right to Contracted Management of Rural Land	2.1	0.7
出租房屋财产性收入	Property Income from Rental Accommodation	769.1	892.8
出租机械、专利、版权等资产的收入	Income from Rental Machinery, Patent, Copyright and the Like	4.3	22.3
转移净收入	**Net Income from Transfer**	**3540.0**	**4396.6**
转移性收入	Transfer Income	5739.3	6855.0
养老金或离退休金	Pension or Retirement Pension	5355.0	6175.6
#离退休金	Pensions of Retirees	5246.1	6104.6
城镇居民社会养老保险	Social Old-age Insurance for Urban Residents	22.4	26.1
新型农村养老保险	New System of Old-age Insurance for Rural Residents	19.8	0.8
社会救济和补助	Social Welfare or Aid	113.5	328.6
政策性生活补贴	Policy Living Allowance	61.3	57.9
报销医疗费	Reimbursement of Medical Expenses	75.7	84.4
家庭外出从业人员寄回带回收入	Sent Back by Family Outings Employees	1.7	
赡养收入	Alimony Income	31.5	71.4
其他经常转移收入	Other Regular Transfer Income	77.5	109.9
从政府和组织得到的实物产品和服务折价	Cash Calculated from Physical Products and Service Paid by Government and Organizations	22.6	14.4
现金政策性惠农补贴	Policy Agricultural Subsidies in Cash	0.6	12.8
转移性支出	Transfer Expenditure	2199.3	2458.4
#个人所得税	Personal Income Tax	5.2	27.7
社会保障支出	Social Security Expenditure	2081.2	2129.2
赡养支出	Alimony Expenditure	50.5	122.9

7-9 城镇居民人均消费支出
PER CAPITA CONSUMPTION EXPENDITURE OF URBAN HOUSEHOLDS

单位：元 (yuan)

项目	Item	2017	2018
消费性支出	**Consumption Expenditure**	**21088**	**23029**
食品烟酒	**Food, Tobacco and Liquor**	**9254**	**8975**
#食品	Food	6432	6326
谷物	Cereal	819	832
薯类	Tuber	104	85
豆类	Beans	23	25
食用油	Edible Oil and Fats	451	407
肉类	Meats	2598	2775
禽类	Poultry	114	110
蛋类	Eggs	134	117
水产品类	Aquatic Products	76	53
蔬菜和食用菌	Vegetable and Mushroom	839	859
糖果糕点类	Sugar and Cake	147	165
干鲜瓜果类	Dried and Fresh Melons and Fruits	476	244
奶及奶制品	Milk and Dairy Products	478	515
其他食品	Other Food	173	139
烟酒	Tobacco and Liquor	1086	900
#烟草类	Tobacco	764	618
酒类	Liquor	322	281
饮料	Beverages	285	248
食品加工服务费	Food Processig Service Fees	7	28
在外饮食	Dining Out	1363	1323
衣　着	**Clothing**	**1973**	**2169**
衣类	Garments	1425	1502
鞋类	Shoes	549	666
居　住	**Residence**	**4184**	**4727**
#住房维修及管理	Management and Maintenance of Housing	148	297
水电燃料其他	Water, Electricity, Fuels and Others	1097	916
生活用品及服务	**Household Facilities, Articles and Services**	**1162**	**1390**
耐用消费品家用器具	Durable Goods Household Facilities	127	190
家具及室内装饰品	Furniture and Interior Decorations	150	152
家用纺织品	Home Textiles	162	231
家庭日用杂品	Household Daily Groceries	261	304
个人用品	Personal Products	429	476
家庭服务	Household Services	32	37
交通通信	**Transport and Communications**	**2313**	**3124**
交通	Transport	1127	1896
通信	Communications	1185	1228
教育文化娱乐	**Education, Culture and Recreation**	**1044**	**1176**
教育	Education	551	593
文化娱乐服务	Cultural and Recreational Services	493	583
医疗保健	**Health Care and Medical Services**	**640**	**871**
医疗器具及药品	Medical Instrument and Articles	475	501
医疗服务	Medical Service	165	370
其他用品及服务	**Miscellaneous Goods and Services**	**519**	**599**
其他用品	Miscellaneous Goods	169	334
其他服务	Other Services	350	265

7-10 城镇居民按收入五等份分组的人均收支情况(2018年)

单位：元

项目	Item	总平均 Average	低收入户 Low Income Households
可支配收入	**Disposable Income**	**33797.4**	**9084.2**
工资性收入	Income of Wages and Salaries	25499.8	7423.7
经营净收入	Net Business Income	912.0	-78.3
财产净收入	Net Income from Property	2989.0	888.9
转移净收入	Net Income from Transfer	4396.6	849.9
消费支出	**Consumption Expenditure**	**23029.4**	**13762.4**
食品烟酒	Food, Tobacco and Liquor	8975.0	5832.6
衣着	Clothing	2168.5	1298.1
居住	Residence	4726.5	2883.3
生活用品及服务	Household Facilities, Articles and Services	1389.6	639.4
交通通信	Transport and Communications	3123.9	1414.1
教育文化娱乐	Education, Culture and Recreation	1175.8	876.0
医疗保健	Health Care and Medical Services	871.1	524.4
其他用品及服务	Miscellaneous Goods and Services	599.0	294.4

7-11 城镇居民按收入五等份分组的人均现金收支情况(2018年)

单位：元

项目	Item	总平均 Average	低收入户 Low Income Households
现金可支配收入	**Cash Disposable Income**	**31697.5**	**8458.4**
现金工资性收入	Cash Income of Wages and Salaries	25482.6	7421.6
现金经营净收入	Cash Net Business Income	954.7	116.9
现金财产性净收入	Cash Net Income from Property	962.4	82.8
现金转移性净收入	Cash Net Income from Transfer	4297.7	837.1
现金支出	**Cash Expenditure**	**26999.4**	**16097.8**
#现金消费支出	Cash Consumption Expenditure	19651.7	12204.7
食品烟酒	Food, Tobacco and Liquor	8951.4	5821.0
衣着	Clothing	2161.4	1298.1
居住	Residence	1475.2	1350.2
生活用品及服务	Household Facilities, Articles and Services	1386.7	639.1
交通通信	Transport and Communications	3118.6	1414.1
交通	Transport	1890.7	660.1
通信	Communications	1227.9	754.0
教育文化娱乐	Education, Cultural and Recreation	1174.0	874.5
教育	Education	592.6	551.3
文化娱乐	Cultural and Recreation	581.4	323.2
医疗保健	Health Care and Medical Services	786.1	513.2
医疗器具及用品	Medical Instrument and Articles	500.4	271.9
医疗服务(不含报销医疗费)	Medical Services	285.7	241.4
其他用品及服务	Miscellaneous Goods and Services	598.4	294.4
其他用品	Miscellaneous Goods	333.3	190.7
其他服务	Other Services	265.1	103.7

PER CAPITA INCOME AND CONSUMPTION EXPENDITURE OF URBAN HOUSEHOLDS BY INCOME QUINTILE(2018)

(yuan)

中等偏下户 Lower Middle Income Households	中等收入户 Middle Income Households	中等偏上户 Upper Middle Income Households	高收入户 High Income Households
20800.8	**32731.8**	**48345.9**	**85068.6**
15367.5	24615.6	34350.6	66819.1
940.2	1061.8	2353.3	465.9
1690.5	3154.6	5060.1	6102.5
2802.6	3899.8	6582.0	11681.0
17590.7	**23573.8**	**28418.2**	**41854.7**
7333.6	8997.8	10394.0	15832.5
1744.3	2269.9	2417.4	4066.4
3383.3	4911.4	6723.8	7505.4
937.4	1634.0	1698.9	2795.2
2200.6	3263.8	4143.3	6356.1
1067.3	1184.7	1167.7	1936.7
570.4	907.0	911.9	1951.4
353.8	405.2	961.2	1411.0

PER CAPITA CASH INCOME AND EXPENDITURE OF URBAN HOUSEHOLDS BY INCOME QUINTILE (2018)

(yuan)

中等偏下户 Lower Middle Income Households	中等收入户 Middle Income Households	中等偏上户 Upper Middle Income Households	高收入户 High Income Households
19344.8	**30592.1**	**44951.9**	**80912.6**
15367.2	24583.1	34315.3	66793.0
944.2	1048.0	2354.3	437.0
305.3	1097.3	1848.6	2337.9
2728.1	3863.8	6433.7	11344.7
18135.4	**27169.2**	**31228.8**	**57278.0**
15333.1	20101.6	23094.4	35923.6
7324.1	8948.8	10379.9	15787.3
1742.6	2247.0	2408.7	4063.5
1203.4	1518.5	1589.2	1967.2
937.3	1627.8	1693.8	2790.7
2198.7	3263.8	4117.3	6355.0
1274.7	2054.6	2672.5	3961.1
923.9	1209.2	1444.8	2393.9
1066.8	1184.7	1164.2	1931.6
706.0	701.7	459.1	484.0
360.8	483.0	705.1	1447.5
506.5	905.9	780.1	1621.5
312.4	560.5	582.7	1058.2
194.0	345.4	197.4	563.3
353.8	405.2	961.1	1406.8
170.4	170.6	580.3	804.1
183.4	234.5	380.9	602.7

7-12　城镇居民人均购买主要商品数量
PER CAPITA PURCHASES OF MAIN COMMODITIES OF URBAN HOUSEHOLDS

单位：千克　　　　(kg)

指　　标	Item	2017	2018
谷物	Cereal	133.4	146.7
薯类	Tuber	18.3	15.2
豆类	Beans and the Products	3.3	12.3
食用油	Edible Oil	23.7	19.8
#食用植物油	Edible Vegetable Oil	19.2	15.3
肉类	Products of Meat	50.0	53.8
#猪肉	Pork	14.1	12.4
牛肉	Beef	21.5	34.9
羊肉	Mutton	14.0	5.5
禽类	Poultry	5.1	4.6
奶类	Milk and Dairy Products	21.2	20.8
蛋类	Eggs	8.5	8.4
水产品类	Aquatic Products	3.0	1.8
蔬菜及食用菌	Vegetable and Mushroom	74.9	86.8
#鲜菜	Fresh Vegetables	71.2	83.8
白酒	Liquor	0.5	0.5
啤酒	Beer	20.2	16.0
茶叶	Tea	2.9	1.8
干鲜瓜果	Dried and Fresh Melons and Fruits	32.7	12.8
#鲜瓜果	Fresh Melons and Fruits	29.8	11.0
坚果类	Nuts and Processed Products	1.6	1.1
食糖	Sugar	1.2	3.5
糕点	Cake	3.4	2.6

7-13 城镇居民人均主要食品消费量
PER CAPITA CONSUMPTION OF MAJOR FOODS OF URBAN HOUSEHOLDS

单位：千克 (kg)

指 标	Item	2017	2018
谷物	Cereal	178.4	192.0
薯类	Tuber	3.7	3.0
豆类	Beans and the Products	3.3	12.3
食用油	Edible Oil	23.7	19.9
#食用植物油	Edible Vegetable Oil	19.2	15.3
蔬菜及食用菌	Vegetable and Mushroom	74.9	86.8
#鲜菜	Fresh Vegetables	71.2	83.8
肉类	Products of Meat	50.0	54.0
#猪肉	Pork	14.1	12.4
牛肉	Beef	21.5	35.2
羊肉	Mutton	14.0	5.5
禽类	Poultry	5.1	4.6
水产品	Aquatic Products	3.0	1.8
蛋类	Eggs	8.5	8.4
奶类	Milk and Dairy Products	21.2	21.0
干鲜瓜果类	Dried and Fresh Melons and Fruits	32.7	12.8
#鲜瓜果	Fresh Melons and Fruits	29.8	10.9
坚果类	Nuts and Processed Products	1.6	1.1
食糖	Sugar	1.2	3.5
糕点	Cake	3.4	2.6
白酒	Liquor	0.5	0.5
啤酒	Beer	20.2	16.0
茶叶	Tea	2.9	1.8

7-14 城镇居民平均每百户年末耐用消费品拥有量
MAIN DURABLE GOODS OWNED PER 100 URBAN HOUSEHOLDS

项目		Item		2017	2018
家用汽车	(辆)	Automobile	(unit)	41.42	45.69
摩托车	(辆)	Motorcycle	(unit)	11.51	14.71
电动助力车	(辆)	Electric Bicycle	(unit)	18.60	20.74
洗衣机	(台)	Washing Machine	(unit)	94.97	99.56
电冰箱	(台)	Refrigerator	(unit)	102.47	103.61
微波炉	(台)	Microwave Oven	(unit)	42.27	46.42
彩色电视机	(台)	Color TV Set	(unit)	135.34	121.45
空　调	(台)	Air Conditioner	(unit)	10.06	14.48
热水器	(台)	Water Heater	(unit)	41.28	47.90
排油烟机	(台)	Exhaust Fan	(unit)	50.33	45.86
洗碗机	(台)	Dish-washer	(unit)	4.93	1.48
健身器材	(套)	Healthy Equipment	(set)	3.79	4.83
固定电话	(部)	Fixed Telephone	(unit)	36.10	27.39
移动电话	(部)	Mobile Phone	(unit)	225.47	210.15
计算机	(台)	Computer	(unit)	60.48	43.65
照相机	(架)	Camera	(unit)	31.18	13.73

7-15 农村居民家庭基本情况
BASIC CONDITIONS OF RURAL HOUSEHOLDS

项目	Item	2017	2018
调查户数 （户）	**Number of Households Surveyed (unit)**	**1480**	**1480**
调查户常住人口 （人）	**Number of Permanent Residents per Households (person)**	**7508**	**7364**
平均每户常住人口	Number of Permanent Residents per Household	5.08	4.98
平均每户整半劳力	Number of Able-bodied and Semi-able-bodied Laborers per Household	3.11	2.89
平均每个劳动力负担人口(含本人)	Number of Persons Supported by Each Laborer (including the laborer himself or herself)	1.59	1.67
总收入 （元）	**Total Income (yuan)**	**12527**	**13161**
工资性收入	Income of Wages and Salaries	2428	3037
经营净收入	Net Business Income	7912	7475
财产净支出	Net Income from Property	175	460
转移净支出	Net Income from Transfer	2011	2189
可支配收入 （元）	**Disposable Income (yuan)**	**10330**	**11450**
工资性收入	Income of Wages and Salaries	2428	3037
经营净收入	Net Business Income	5735	5889
财产净收入	Net Income from Property	175	427
转移净收入	Net Income from Transfer	1992	2097
现金可支配收入 （元）	**Cash Disposable Income (yuan)**	**8932**	**10561**
现金工资性收入	Cash Income of Wages and Salaries	2428	3036
现金经营净收入	Cash Net Business Income	4648	5167
现金财产净收入	Cash Net Income from Property	175	427
现金转移净收入	Cash Net Income from Transfer	1681	1931
总支出 （元）	**Total Expenditure (yuan)**	**8206**	**10040**
消费支出	Consumption Expenditure	6691	7452
生产经营费用支出	Expenditure for Business	1352	1084
财产性支出	Property Expenditure		33
转移性支出	Transferred Expenditure	20	93
购置资产及非经常性转移支出	Acquisition of Assets and Non-recurring Transfer Expenditure	118	590
借贷性支出	Lending Expenditure	25	789
现金支出 （元）	**Cash Expenditure (yuan)**	**6138**	**8185**
现金消费支出	Cash Consumption Expenditure	4767	5708
生产经营费用支出	Cash Expenditure for Business	1208	973
现金财产性支出	Cash Property Expenditure		33
现金转移性支出	Cash Transferred Expenditure	20	93
购置资产及非经常性转移支出	Acquisition of Assets and Non-recurring Transfer Expenditure	118	590
借贷性支出	Lending Expenditure	25	789
平均每人消费性支出 （元）	**Per Capita Annual Living Expenditure for Consumption (yuan)**	**5636**	**6824**
期末住房情况	**Housing Conditions**		
人均自有住房面积 （平方米）	Per Capita Floor Space (sq.m)	33.87	38.58
人均新建(购)住房面积 （平方米）	Per Capita Newly-built Houses Space (sq.m)	0.19	0.52

7-16 农村居民人均可支配收入
PER CAPITA DISPOSABLE INCOME OF RURAL HOUSEHOLDS

单位：元 (yuan)

项 目	Item	2017	2018
可支配收入	**Disposable Income**	**10330**	**11449.8**
工资性收入	**Income of Wages and Salaries**	**2428**	**3037.2**
工资	Wages	1340	1864.9
实物福利	Benefits in Kind		0.9
其他	Others	1088	1171.4
经营净收入	**Net Business Income**	**5735**	**5888.9**
第一产业经营净收入	Primary Industry	4211	3854.6
#农业	Farming	1060	929.5
牧业	Animal Husbandry	1744	1652.9
第二产业经营净收入	Secondary Industry	223	372.4
#制造业	Manufacturing	32	17.6
建筑业	Construction	190	354.8
第三产业经营净收入	Tertiary Industry	1302	1662.0
#批发和零售业	Wholesale and Retail Trades	341	360.5
交通运输、仓储和邮政业	Transport, Storage and Post	520	965.6
住宅和餐饮业	Hotels and Catering Services	99	220.6
租赁和商务服务业	Leasing and Business Services	9	-1.9
居民服务、修理和其他服务业	Services to Households and Other Services	131	87.1
财产净收入	**Net Income from Property**	**175**	**427.2**
#利息净收入	Net Interest Income	1	37.2
红利收入	Dividend Income	52	65.3
#集体分配的红利	Collective Distribution of Dividends	48	44.3
储蓄性保险净收益	Net Income of Savings Insurance	1	7.2
转让承包土地经营权租金净收入	Net Income from Transfer of Right to Contracted Management of Rural Land	20	94.7
出租房屋财产性收入	Property Income from Rental Accommodation	21	52.1
出租机械、专利、版权等资产的收入	Income from Rental Machinery, Patent, Copyright and the Like	25	5.8
转移净收入	**Net Income from Transfer**	**1992**	**2096.6**
转移性收入	Transfer Income	2011	2189.2
养老金或离退休金	Pension or Retirement Pension	208	173.4
#离退休金	Pensions of Retirees	26	43.7
城镇居民社会养老保险	Social Old-age Insurance for Urban Residents	…	1.1
新型农村养老保险	New System of Old-age Insurance for Rural Residents	153	116.2
社会救济和补助	Social Welfare or Aid	293	385.5
政策性生活补贴	Policy Living Allowance	58	195.1
报销医疗费	Reimbursement of Medical Expenses	53	163.7
家庭外出从业人员寄回带回收入	Sent Back by Family Outings Employees	181	4.6
赡养收入	Alimony Income	7	15.5
其他经常转移收入	Other Regular Transfer Income	410	485.7
从政府和组织得到的实物产品和服务折价	Cash Calculated from Physical Products and Service Paid by Government and Organizations	258	1.5
现金政策性惠农补贴	Policy Agricultural Subsidies in Cash	542	764.1
转移性支出	Transfer Expenditure	20	92.6
#个人所得税	Personal Income Tax	…	0.3
社会保障支出	Social Security Expenditure	14	41.2
赡养支出	Alimony Expenditure		6.2

7-17 农村居民人均消费支出
PER CAPTA CONSUMPTION EXPENDITURE OF RURAL HOUSEHOLDS

单位：元 (yuan)

项　　目	Item	2017	2018
消费支出	**Consumption Expenditure**	**6691.5**	**7452.1**
按消费类别分	**By Category of Expenditure**		
食品烟酒	Food, Tobacco and Liquor	3283.9	2688.7
#食品	Food	2800.5	2094.8
谷物	Cereal	933.6	619.2
薯类	Tuber	61.1	32.2
豆类	Beans	13.2	8.5
食用油	Edible Oil and Fats	239.3	203.4
肉类	Meats	947.9	646.4
禽类	Poultry	2.2	7.4
蛋类	Eggs	26.3	20.2
水产品类	Aquatic Products		
蔬菜和食用菌	Vegetable and Mushroom	145.4	189.8
糖果糕点类	Sugar and Cake	82.1	70.5
干鲜瓜果类	Dried and Fresh Melons and Fruits	32.3	43.5
奶及奶制品	Milk and Dairy Products	212.6	150.8
其他食品	Other Food	104.5	102.9
烟酒	Tobacco and Liquor	221.9	245.4
烟草类	Tobacco	135.1	119.3
酒类	Liquor	86.8	126.1
衣着	Clothing	735.7	973.0
居住	Residence	947.5	1175.1
生活用品及服务	Household Facilities, Articles and Services	433.6	351.1
交通通信	Transport and Communications	794.2	1396.6
交通	Transport	483.6	922.7
通信	Communications	310.6	473.9
教育文化娱乐	Education, Culture and Recreation	238.6	409.0
教育	Education	195.0	343.7
文化娱乐服务	Cultural and Recreational Services	43.6	65.3
医疗保健	Health Care and Medical Services	147.5	314.9
其他用品及服务	Miscellaneous Goods and Services	110.6	143.7
现金消费支出	**Cash Consumption Expenditure**	**4767**	**5708**
食品烟酒	Food, Tobacco and Liquor	1990	2082
衣着	Clothing	735	970
居住	Residence	374	217
生活用品及服务	Household Facilities, Articles and Services	430	341
医疗保健	Health Care and Medical Services	95	151
交通通信	Transport and Communications	794	1396
教育文化娱乐	Education, Culture and Recreation	239	409
其他用品及服务	Miscellaneous Goods and Services	110	143

7-18 农村居民按收入五等份分组的人均收支情况(2018年)

单位：元

项目	Item	总平均 Average	低收入户 Low Income Households
可支配收入	**Disposable Income**	**11449.8**	**3781.9**
工资性收入	Income of Wages and salaries	3037.2	1479.7
经营净收入	Net Business Income	5888.9	1200.6
财产净收入	Net Property Income	427.2	130.1
转移净收入	Net Transfer Income	2096.6	971.4
消费支出	**Consumption Expenditure**	**7452.1**	**5214.5**
食品烟酒	Food, Tobacco and Liquor	2688.7	1995.2
衣着	Clothing	973.0	659.7
居住	Residence	1175.1	861.8
生活用品及服务	Household Facilities, Articles and Services	351.1	251.2
交通通信	Transport and Communications	1396.6	879.0
教育文化娱乐	Education, Culture and Recreation	409.0	283.8
医疗保健	Health Care and Medical Services	314.9	204.8
其他用品及服务	Miscellaneous Goods and Services	143.7	79.1

PER CAPITA INCOME AND CONSUMPTION EXPENDITURE OF RURAL HOUSEHOLDS BY INCOME QUINTILE (2018)

(yuan)

中等偏下户 Lower Middle Income Households	中等收入户 Middle Income Households	中等偏上户 Upper Middle Income Households	高收入户 High Income Households
7521.1	**10922.1**	**15421.1**	**27884.2**
2155.8	3248.9	4458.3	5248.1
3523.9	5096.0	8024.0	16935.6
256.2	310.4	551.8	1271.2
1585.2	2266.8	2386.9	4429.2
6504.9	**7464.3**	**8592.8**	**11706.6**
2240.6	2734.2	3040.5	4203.2
888.2	1009.2	1156.7	1409.7
1056.4	1094.5	1271.7	1949.0
309.0	357.6	427.2	499.0
1249.9	1294.5	1769.8	2269.5
319.3	515.6	406.7	641.6
278.5	332.3	339.9	523.9
163.0	126.3	180.2	210.8

7-19 农村居民人均主要食品消费量
PER CAPITA CONSUMPTION OF MAJOR FOODS OF RURAL HOUSEHOLDS

单位：千克 (kg)

项目	Item	2017	2018
谷物	Cereal	310.7	311.7
薯类	Tuber	5.9	4.8
豆类	Beans and the Products	1.4	1.5
食用油	Edible Oil	20.0	18.3
食用植物油	Edible Vegetable Oil	13.0	11.6
食用动物油	Edible Fats	7.1	6.7
蔬菜及食用菌	Vegetable and Mushroom	17.7	27.1
#鲜菜	Fresh Vegetables	16.8	26.7
肉类	Meat	23.0	28.2
#猪肉	Pork	5.4	5.2
牛肉	Beef	11.3	18.5
羊肉	Mutton	5.8	4.2
禽类	Poultry	0.1	0.4
水产品	Aquatic Products		
蛋类	Eggs	2.0	2.0
奶类	Milk and Dairy Products	22.9	14.7
干鲜瓜果类	Dried and Fresh Melons and Fruits	2.5	3.6
#鲜瓜果	Fresh Melons and Fruits	2.0	2.7
坚果类	Nuts and Processed Products	0.5	0.8
食糖	Sugar	1.0	4.6
糕点	Cake	1.4	1.0
白酒	Liquor	29.0	8.5
啤酒	Beer	6.6	10.5
茶叶	Tea	2.8	2.2

7-20 农村居民平均每百户年末主要耐用物品拥有量
MAIN DURABLE GOODS OWNED PER 100 RURAL HOUSEHOLDS

项目		Item		2017	2018
家用汽车	(辆)	Household Automobile	(unit)	17.65	32.07
摩托车	(辆)	Motorcycle	(unit)	87.73	90.87
电动助力车	(辆)	Electric Bicycle	(unit)	10.94	19.47
洗衣机	(台)	Washing Machine	(set)	61.65	77.03
电冰箱	(台)	Refrigerator	(set)	56.88	71.68
微波炉	(台)	Microwave Oven	(set)	1.31	2.74
彩色电视机	(台)	Color TV Set	(set)	110.7	104.89
热水器	(台)	Water Heater	(set)	2.31	8.39
固定电话	(部)	Telephone	(set)	19.63	16.67
移动电话	(部)	Mobile Telephone	(set)	191.9	250.44
计算机	(台)	Computer	(set)	0.23	3.44
照相机	(台)	Camera	(set)	0.69	1.42

7-21 分地市居民平均每百户年末主要耐用消费品拥有量(2018年) MAIN DURABLE GOODS OWNED PER 100 HOUSEHOLDS BY REGION (2018)

项 目		Item		拉萨市 Lhasa	日喀则市 Xigazê	昌都市 Qamdo	林芝市 Nyingchi	山南市 Lhoka	那曲市 Nagqu	阿里地区 Ngari
家用汽车	(辆)	Automobile	(unit)	41.5	24.7	31.5	71.3	25.5	39.4	47.2
摩托车	(辆)	Motorcycle	(unit)	29.3	77.7	90.1	64.0	74.9	61.0	34.9
电动助力车	(辆)	Electric Bicycle	(unit)	38.8	12.4	12.8	11.9	25.2	2.7	23.2
洗衣机	(台)	Washing Machine	(unit)	95.8	73.8	73.0	101.0	91.8	79.3	96.0
电冰箱	(台)	Refrigerator	(unit)	102.5	81.3	49.8	102.4	95.9	72.9	75.7
微波炉	(台)	Microwave Oven	(unit)	44.4	8.8	9.7	18.5	10.3	9.8	15.3
彩色电视机	(台)	Color TV Set	(unit)	125.1	112.9	97.7	122.0	113.7	90.8	104.6
空调	(台)	Air Conditioner	(unit)	15.1	3.1	4.1	1.9	0.8	2.4	3.5
热水器	(台)	Water Heater	(unit)	37.8	9.6	5.9	76.2	24.6	6.9	7.7
排油烟机	(台)	Exhaust Fan	(unit)	43.6	6.7	5.3	30.6	10.8	3.1	6.8
移动电话	(部)	Mobile Phone	(unit)	245.4	278.8	194.7	218.4	251.3	188.1	249.5
计算机	(台)	Computer	(unit)	20.7	13.8	8.8	45.9	17.0	16.5	23.8
照相机	(架)	Camera	(unit)	11.9	3.9		14.9	2.5	3.7	4.6

7-22 分地市城镇居民人均可支配收入 PER CAPITA DISPOSABLE INCOME OF URBAN HOUSEHOLDS BY REGION

年 份 Year / 地 区 Region	拉萨市 Lhasa	日喀则市 Xigazê	昌都市 Qamdo	林芝市 Nyingchi	山南市 Lhoka	那曲市 Nagqu	阿里地区 Ngari
绝对数(元) Value (yuan)							
2017	32408	30126	26820	26946	28535	31252	33019
2018	35842	32989	29450	29680	31315	34283	36254
增长速度(%) Increase Rate (%)							
2017	10.3	10.2	10.2	10.2	10.2	10.4	10.3
2018	10.6	9.5	9.8	10.1	9.7	9.7	9.8

7-23 分地市城镇居民人均消费支出 PER CAPITA CONSUMPTION EXPENDITURE OF URBAN HOUSEHOLDS BY REGION

年 份 Year / 地 区 Region	拉萨市 Lhasa	日喀则市 Xigazê	昌都市 Qamdo	林芝市 Nyingchi	山南市 Lhoka	那曲市 Nagqu	阿里地区 Ngari
绝对数(元) Value (yuan)							
2017	23756	19283	18273	16837	21504	16948	18003
2018	26216	22068	20027	18369	23440	19000	19821
增长速度(%) Increase Rate (%)							
2017	11.0	0.8	10.0	6.9	5.9	9.7	6.0
2018	10.4	14.4	9.6	9.1	9.0	12.1	10.1

7-24 分地市城镇居民人均可支配收入和消费支出(2018年) PER CAPITA DISPOSABLE INCOME AND CONSUMPTION EXPENDITURE OF URBAN HOUSEHOLDS BY REGION (2018)

单位：元 (yuan)

指　标 Item	地　区 Region	拉萨市 Lhasa	日喀则市 Xigazê	昌都市 Qamdo	林芝市 Nyingchi	山南市 Lhoka	那曲市 Nagqu	阿里地区 Ngari
人均可支配收入	**Per Capita Disposable Income**	**35842**	**32989**	**29450**	**29680**	**31315**	**34283**	**36254**
工资性收入	Income of Wages and Salaries	22553	27865	21069	26246	25352	28558	34251
经营净收入	Net Business Income	875	700	1157	1982	2437	994	631
转移净收入	Net Income from Property	7774	2961	6070	553	1542	3565	798
财产净收入	Net Income from Transfer	4640	1463	1154	899	1984	1166	574
消费支出	**Consumption Expenditure**	**26216**	**22068**	**20027**	**18369**	**23440**	**19000**	**19821**
食品烟酒	Food, Tobacco and Liquor	9093	11105	8132	6943	8425	9690	9640
衣　着	Clothing	2378	2535	1447	1341	3572	1330	2852
居　住	Residence	6726	2791	4330	3488	2916	3800	2422
生活用品及服务	Household Facilities, Articles and Services	1785	852	1028	804	1749	266	900
交通通信	Transport and Communications	3321	2215	2193	3874	4319	2090	2250
教育文化娱乐	Education, Culture and Recreation	1454	893	1294	924	1134	760	1222
医疗保健	Health Care and Medical Services	817	1154	943	696	530	570	388
其他用品及服务	Miscellaneous Goods and Services	642	523	660	299	795	494	147

7-25 分地区城镇居民平均每百户年末耐用消费品拥有量(2018年) MAIN DURABLE GOODS OWNED PER 100 URBAN HOUSEHOLDS BY REGION (2018)

项　　目		Item		拉萨市 Lhasa	日喀则市 Xigazê	昌都市 Qamdo	林芝市 Nyingchi	山南市 Lhoka	那曲市 Nagqu	阿里地区 Ngari
摩托车	(辆)	Motorcycle	(unit)	7.8	27.1	16.0	11.5	43.9	16.4	3.0
电动助力车	(辆)	Electric Bicycle	(unit)	28.6	35.3	0.8	16.1	23.3	3.8	16.5
洗衣机	(台)	Washing Machine	(unit)	99.6	100.2	96.8	100.2	98.3	97.7	109.0
电冰箱	(台)	Refrigerator	(unit)	105.8	146.3	98.3	90.2	105.4	87.7	85.8
微波炉	(台)	Microwave Oven	(unit)	65.3	38.2	43.8	32.4	36.1	19.7	36.5
彩色电视机	(台)	Color TV Set	(unit)	128.1	174.4	101.4	104.7	128.9	95.1	99.9
空　调	(台)	Air Conditioner	(unit)	22.8	13.6	20.3	2.4	3.2	5.4	9.1
热水器	(台)	Water Heater	(unit)	57.5	42.8	23.2	88.9	62.5	9.5	16.8
排油烟机	(台)	Exhaust Fan	(unit)	2.4	1.0		0.8	1.8	0.9	17.0
洗碗机	(台)	Dish-washer	(unit)	67.8	34.1	25.0	60.9	37.6	6.3	17.5
健身器材	(套)	Healthy Equipment	(set)	15.5	20.8	45.3	31.3	7.3	24.6	24.6
固定电话	(部)	Fixed Telephone	(unit)	224.5	277.7	213.2	166.4	216.0	153.0	213.4
移动电话	(部)	Mobile Phone	(unit)	31.6	53.7	44.0	84.8	45.4	36.1	52.2
计算机	(台)	Computer	(unit)	16.4	16.7		23.2	9.8	7.7	11.8
照相机	(架)	Camera	(unit)	3.4	7.5	1.4	8.9	5.5	5.4	5.6

7-26 分地市农村居民人均可支配收入
PER CAPITA DISPOSABLE INCOME OF RURAL HOUSEHOLDS BY REGION

年 份 Year	地 区 Region	拉萨市 Lhasa	日喀则市 Xigazê	昌都市 Qamdo	林芝市 Nyingchi	山南市 Lhoka	那曲市 Nagqu	阿里地区 Ngari
绝对数(元)	**Value (yuan)**							
2017		12994	9225	9148	13407	11265	9782	9843
2018		14369	10216	10184	14820	12497	10804	10868
增长速度(%)	**Increase Rate (%)**							
2017		13.5	13.4	13.8	13.5	13.7	13.2	13.2
2018		10.6	10.7	11.3	10.5	10.9	10.4	10.4

7-27 分地市农村居民人均消费支出
PER CAPITA CONSUMPTION EXPENDITURE OF RURAL HOUSEHOLDS BY REGION

年 份 Year	地 区 Region	拉萨市 Lhasa	日喀则市 Xigazê	昌都市 Qamdo	林芝市 Nyingchi	山南市 Lhoka	那曲市 Nagqu	阿里地区 Ngari
绝对数(元)	**Value (yuan)**							
2017		7728	6632	6542	9813	5813	6211	8632
2018		8447	7462	6940	10485	6491	6830	9633
增长速度(%)	**Increase Rate (%)**							
2017		12.4	19.9	12.8	9.3	21.3	20.5	36.0
2018		9.3	12.5	6.1	6.8	11.7	10.0	11.6

7-28 分地市农村居民人均可支配收入和消费支出(2018年)
PER CAPITA DISPOSABLE INCOME AND CONSUMPTION EXPENDITURE OF RURAL HOUSEHOLDS BY REGION (2018)

单位：元 (yuan)

指 标 Item	地 区 Region	拉萨市 Lhasa	日喀则市 Xigazê	昌都市 Qamdo	林芝市 Nyingchi	山南市 Lhoka	那曲市 Nagqu	阿里地区 Ngari
人均可支配收入	**Per Capita Disposable Income**	**14369**	**10216**	**10184**	**14820**	**12497**	**10804**	**10868**
工资性收入	Income of Wages and Salaries	4276	2938	2473	1690	3687	916	1193
经营净收入	Net Business Income	7526	5060	6085	10062	5333	8210	6996
转移净收入	Net Income from Property	2027	2057	1495	792	3301	1568	2614
财产净收入	Net Income from Transfer	540	161	131	2276	176	110	65
消费支出	**Consumption Expenditure**	**8447**	**7462**	**6940**	**10485**	**6491**	**6830**	**9633**
食品烟酒	Food, Tobacco and Liquor	3169	4069	3332	3350	2744	3860	2949
衣 着	Clothing	1139	760	623	917	952	300	1298
居 住	Residence	1277	729	835	1752	1016	315	897
生活用品及服务	Household Facilities, Articles and Services	312	427	668	393	436	280	520
交通通信	Transport and Communications	1321	880	672	2353	618	678	2543
教育文化娱乐	Education, Culture and Recreation	975	309	304	785	370	320	1013
医疗保健	Health Care and Medical Services	240	90	289	639	215	450	315
其他用品及服务	Miscellaneous Goods and Services	14	198	217	296	140	627	98

7-29 分地市农村居民平均每百户年末主要耐用物品拥有量(2018年) MAIN DURABLE GOODS OWNED PER 100 RURAL HOUSEHOLDS BY REGION (2018)

项 目	Item	拉萨市 Lhasa	日喀则市 Xigazê	昌都市 Qamdo	林芝市 Nyingchi	山南市 Lhoka	那曲市 Nagqu	阿里地区 Ngari
家用汽车 （辆）	Household Automobile (unit)	26.5	18.0	26.3	41.3	21.3	31.1	30.2
摩托车 （辆）	Motorcycle (unit)	67.4	89.6	108.6	112.6	85.6	98.3	56.9
电动助力车（辆）	Electric Bicycle (unit)	56.7	7.1	15.8	8.1	25.8	1.7	27.4
洗衣机 （台）	Washing Machine (set)	89.0	67.7	67.1	101.6	89.6	63.8	87.9
电冰箱 （台）	Refrigerator (set)	96.7	66.1	37.6	113.8	92.6	60.6	69.3
微波炉 （台）	Microwave Oven (set)	7.4	2.0	1.1	5.7	1.4	1.4	2.0
彩色电视机（台）	Color TV Set (set)	119.6	98.6	96.8	138.0	108.4	87.2	107.5
热水器 （台）	Water Heater (set)	2.9	1.8	1.6	64.4	11.4	4.6	2.0
固定电话 （部）	Fixed Telephone (set)	1.1	21.5	15.3	3.7	4.4	17.9	100.4
移动电话 （部）	Mobile Telephone (set)	282.5	279.1	190.0	266.6	263.5	217.4	272.2
计算机 （台）	Computer (set)	1.2	4.5	3.0	9.8	7.2	0.5	5.9
照相机 （台）	Camera (set)	4.1	0.9	1.5	7.2	2.4	0.4	

第八篇

农　业

CHAPTER 8

AGRICULTURE

8-1 农村和农业基本情况
BASIC CONDITIONS OF RURAL AND AGRICULTURE

项 目	Item	2000	2017	2018
乡村户数(万户)	Number of Rural Households (10000 units)	37.83	56.93	57.11
乡村从业人员(万人)	Number of Rural Employed Persons (10000 persons)	100.83	141.18	141.86
男	Male	50.80	74.09	74.43
女	Female	50.03	67.09	67.43
按行业分乡村劳动力(万人)	Number of Rural Laborers by Sector (10000 persons)	100.83	141.18	141.86
农林牧渔业	Agriculture, Forestry, Animal Husbandry and Fishery	90.12	97.55	93.79
工业	Industry	1.57	3.02	3.56
建筑业	Construction	2.33	16.74	15.93
交通运输、仓储和邮政业	Transport, Storage and Post	1.89	5.52	6.28
批发和零售业	Wholesale and Retail Trades		4.26	4.30
住宿和餐饮业	Hotels and Catering Services		3.06	3.81
其他非农行业	Other Non-agricultural Sectors	2.93	11.02	14.20
年末实有耕地面积(千公顷)	Cultivated Areas (Year-end) (1000 hectares)	230.83	242.75	245.92
水田	Paddy Fields	1.07	1.14	0.99
旱地	Dry Fields	229.76	241.61	244.93
当年增加耕地面积(千公顷)	Increase of Cultivated Area in This Year (1000 hectares)	0.06	5.47	3.69
当年减少耕地面积(千公顷)	Decrease of Cultivated Area in This Year (1000 hectares)	0.39	0.85	1.87
农业机械总动力(千瓦)	Total Agricultural Machinery Power (kW)	1145276	9029875	10804085
# 大中型拖拉机(台)	Number of Large & Medium-sized Agricultural Tractors (unit)	2025	76465	85666
大中型拖拉机(千瓦)	Capacity of Large & Medium-sized Agricultural Tractors (kW)	126960	2038429	2270869
小型拖拉机(台)	Number of Small Tractors (unit)	30999	174179	184862
小型拖拉机(千瓦)	Capacity of Small Tractors (kW)	332177	2608017	2866323
化肥施用量(吨)	Consumption of Chemical Fertilizers (ton)	24955	55464	51892
农林牧渔业总产值(万元)	Gross Output of Agriculture, Forestry, Animal Husbandry and Fishery (10000 yuan)	512185	1781603	1954681
# 农业	Farming	263649	784369	880846
牧业	Animal Husbandry	235282	921680	983579
农作物总播种面积(千公顷)	Total Sown Area (1000 hectares)	231.05	261.44	268.93
# 粮食	Grain Crops	201.44	186.81	184.68
油料	Oil-bearing Crops	16.11	22.07	22.57
蔬菜	Vegetables		23.27	24.00
粮食总产量(万吨)	Output of Grain Crops (10000 tons)	96.22	104.55	104.40
# 小麦	Wheat	30.73	21.94	19.46
年末牲畜总头数(万头)	Number of Livestock (Year-end) (10000 heads)	2266.31	1775.84	1726.46
猪牛羊肉产量(万吨)	Output of Pork, Beef and Mutton (10000 tons)	14.93	30.03	27.80

8-2 农村基本情况
BASIC CONDITIONS OF RURAL

年 份 Year	地 区 Region	乡村户数(万户) Number of Rural Households (10000 households)	乡村从业人员(万人) Number of Rural Employed Persons (10000 persons)	男 Male	女 Female
1965		23.14	67.94		
1978		30.84	80.86		
1985		31.81	87.83	43.69	44.14
1990		33.49	90.85	45.00	45.85
1991		33.89	91.19	45.35	45.84
1992		34.21	91.55	46.03	45.52
1993		35.04	92.81	46.20	46.61
1994		35.79	94.35	47.21	47.33
1995		35.44	94.71	47.57	47.14
1996		34.87	95.34	47.71	47.63
1997		36.28	97.77	49.03	48.72
1998		36.75	97.52	50.14	47.38
1999		37.11	100.91	51.05	49.86
2000		37.83	100.83	50.80	50.03
2001		38.34	100.67	51.08	49.60
2002		38.87	103.50	52.64	50.86
2003		39.02	103.61	52.66	50.95
2004		39.26	105.69	53.52	52.17
2005		40.35	108.83	55.31	53.52
2006		40.75	109.92	55.86	54.06
2007		42.78	112.42	57.72	54.70
2008		44.09	115.07	59.40	55.67
2009		46.03	119.36	61.77	57.59
2010		47.78	121.94	63.78	58.16
2011		50.34	126.08	65.43	60.65
2012		52.36	127.92	66.84	61.07
2013		53.98	129.98	68.61	61.37
2014		55.28	133.77	70.14	63.63
2015		57.02	136.26	71.73	64.53
2016		56.94	137.97	73.29	64.68
2017		56.93	141.18	74.09	67.09
2018		57.11	141.86	74.43	67.43
拉萨市	Lhasa	7.46	15.80	8.09	7.71
日喀则市	Xigazê	14.19	37.52	20.10	17.42
昌都市	Qamdo	12.02	38.45	20.26	18.19
林芝市	Nyingchi	3.32	7.01	3.78	3.23
山南市	Lhoka	7.90	15.12	7.64	7.47
那曲市	Nagqu	9.97	23.29	12.03	11.27
阿里地区	Ngari	2.25	4.67	2.53	2.14

8-3　乡村从业人员

RURAL EMPLOYED PERSONS BY SECTOR

单位：万人　　(10000 persons)

年份 Year	地区 Region	合计 Total	农林牧渔业 Agriculture, Forestry, Animal Husbandry and Fishery	工业 Industry	建筑业 Construction	交通运输、仓储和邮政业 Transport, Storage and Post	批发和零售业 Wholesale and Retail Trades	其他非农行业 Other Non-agricultural Sectors
1978		80.86	79.65	0.30				0.91
1990		90.85	86.01	0.40	0.48	0.79	0.67	2.50
1991		91.19	86.05	0.52	0.41	0.91	0.73	2.57
1992		91.55	85.86	0.63	0.47	0.92	0.76	2.91
1993		92.81	87.15	1.07	0.69	0.95	0.84	2.11
1994		94.35	88.92	1.02	0.87	1.01	0.93	1.60
1995		94.72	88.48	1.23	0.79	1.17	1.12	1.93
1996		95.34	88.68	1.29	1.03	1.42	1.18	1.74
1997		97.77	90.34	1.40	1.32	1.37	1.23	2.11
1998		97.52	88.79	1.56	1.63	1.63	1.39	2.52
1999		100.91	91.75	1.33	1.56	1.68	1.43	3.16
2000		100.83	90.12	1.57	2.33	1.89	1.99	2.93
2001		100.68	88.84	1.86	2.72	2.04	1.74	3.48
2002		103.50	88.80	1.66	2.97	2.39	2.11	5.57
2003		103.61	84.39	1.95	5.75	2.28	2.21	7.03
2004		105.69	85.19	2.03	5.96	2.52	2.57	7.42
2005		108.83	85.53	2.62	5.63	2.98	2.81	9.26
2006		109.92	86.38	2.65	5.68	3.01	2.84	9.36
2007		112.42	87.67	2.34	7.71	3.59	2.64	8.47
2008		115.07	88.28	2.39	7.59	3.50	2.94	10.37
2009		119.36	91.19	2.44	8.41	3.45	2.80	11.07
2010		121.94	91.55	2.97	8.77	3.69	3.19	11.77
2011		126.08	91.88	2.75	11.62	3.89	3.34	12.60
2012		127.92	92.07	3.14	12.33	4.25	3.77	12.36
2013		129.98	91.48	3.12	13.29	4.57	4.31	13.21
2014		133.77	91.76	2.54	15.33	5.17	4.51	14.46
2015		136.26	94.67	2.50	15.60	5.56	4.63	13.30
2016		137.97	94.67	2.92	17.11	5.34	4.19	13.74
2017		141.18	97.55	3.02	16.74	5.52	4.26	14.08
2018		141.86	93.79	3.56	15.93	6.28	4.30	18.00
拉萨市	Lhasa	15.80	9.00	0.56	1.40	1.12	0.67	3.05
日喀则市	Xigazê	37.52	24.23	1.34	4.93	1.46	0.98	4.58
昌都市	Qamdo	38.45	27.34	0.91	2.78	1.28	0.93	5.21
林芝市	Nyingchi	7.01	5.70	0.04	0.34	0.33	0.12	0.47
山南市	Lhoka	15.12	6.88	0.47	4.72	1.04	0.54	1.47
那曲市	Nagqu	23.29	16.96	0.17	1.34	0.91	0.89	3.02
阿里地区	Ngari	4.67	3.67	0.07	0.43	0.15	0.16	0.19

注：2002年以前交通运输、仓储和邮政业为交通运输、仓储和邮电通讯业资料，批发和零售业为批发零售贸易餐饮业资料。

Note: Before 2002, the data of transport, storage and post included telecommunications, the data of wholesale and retail sale included Catering.

8-4 农林牧渔业总产值
GROSS OUTPUT VALUE OF AGRICULTURE, FORESTRY, ANIMAL HUSBANDRY AND FISHERY

单位：万元 (10000 yuan)

年份 Year	地区 Region	农林牧渔业总产值 Gross Output Value	农业 Farming	林业 Forestry	牧业 Animal Husbandry	渔业 Fishery	农林牧渔服务业 FFAF Services
1959		14417	4704		9713		
1965		26420	8520	20	17880		
1978		39228	14657	167	24386	18	
1980		53215	24846	765	27597	7	
1985		108875	50999	2274	55562	40	
1990		195023	98138	3250	93573	62	
1991		210063	95755	2949	111278	81	
1992		224530	101092	3485	119863	90	
1993		229860	100451	5659	123661	89	
1994		268249	131327	6487	130335	100	
1995		358961	177927	7151	173782	101	
1996		385282	192157	8773	184083	269	
1997		414546	218195	8577	187624	150	
1998		423770	224346	8821	190350	253	
1999		482155	260667	9224	212062	202	
2000		512185	263649	13130	235282	124	
2001		527791	276113	12849	238695	134	
2002		558874	290759	12221	255772	122	
2003		586339	252779	53084	270867	78	9531
2004		627373	265638	57186	291197	87	13265
2005		677408	298887	56997	300498	136	20890
2006		704765	304974	60191	316975	1762	20863
2007		798309	359382	63078	349108	1073	25668
2008		884518	396962	67971	389629	2804	27152
2009		933807	390576	71155	442880	2049	27147
2010		1007685	462822	24602	488612	2268	29381
2011		1093675	496152	23929	541123	2181	30290
2012		1183267	533863	25577	590193	2220	31415
2013		1279967	579235	26534	641557	1762	30879
2014		1387236	632559	26371	693386	1676	33244
2015		1494633	680481	21087	752956	1774	38334
2016		1624618	728270	23926	827290	2449	42683
2017		1781603	784369	29475	921680	3271	42808
2018		1954681	880846	31975	983579	3471	54810
拉萨市	Lhasa	327970	128002	4238	190557	298	4875
日喀则市	Xigazê	539416	317010	8019	190370	1932	22085
昌都市	Qamdo	448331	188372	13807	236274	43	9835
林芝市	Nyingchi	152635	72557	3086	71558	143	5291
山南市	Lhoka	125992	57694	2638	61477	190	3993
那曲市	Nagqu	274172	112443	35	156090	865	4739
阿里地区	Ngari	86165	4768	152	77253		3992

注：1.本表按当年价格计算。
2.2002年以前农林牧渔业总产值不含农林牧渔服务业产值。

Note: 1.Data are calculated at current prices.
2.Data of gross output value didn't include FFAF services before 2002.

8-5 农林牧渔业总产值指数

INDICES OF GROSS OUTPUT VALUE OF AGRICULTURE, FORESTRY, ANIMALS HUSBANDRY AND FISHERY

上年=100 (preceding year=100)

年 份 Year	农林牧渔业总产值 Gross Output Value	农 业 Farming	林 业 Forestry	牧 业 Animal	渔 业 Fishery	农林牧渔服务业 FFAF Services
1959	92.1	109.8		85.0		
1965	111.3	107.3	105.0	113.6		
1978	103.9	103.2	130.7	103.9	293.7	
1980	111.0	130.0	89.4	102.0	80.2	
1985	112.3	106.6	119.4	111.4	79.9	
1986	104.8	85.7	77.1	107.4	76.3	
1987	104.4	104.4	103.8	105.6	105.4	
1988	102.6	107.9	112.5	96.7	103.9	
1989	101.4	102.2	86.3	99.0	131.4	
1990	106.4	116.2	132.6	98.8	64.5	
1991	104.5	91.1	89.5	103.1	106.6	
1992	103.4	100.4	96.0	104.4	119.1	
1993	100.3	123.4	111.7	98.7	89.0	
1994	104.5	102.3	119.8	104.8	109.3	
1995	104.4	108.9	119.4	100.7	102.1	
1996	103.4	107.4	107.3	100.2	153.1	
1997	103.4	104.2	85.4	104.5	94.6	
1998	102.4	104.5	103.1	100.9	135.4	
1999	107.5	110.8	97.5	105.9	100.0	
2000	101.9	102.2	104.0	101.6	45.2	
2001	105.4	108.5	84.7	104.5	91.8	
2002	103.8	103.0	119.8	103.6	70.3	
2003	103.2	84.9	218.7	102.2	41.9	
2004	104.1	102.0	102.7	104.2	156.4	152.0
2005	105.1	109.6	97.0	92.5	152.2	155.2
2006	100.8	98.8	102.3	102.8	1254.7	97.9
2007	107.9	112.8	100.3	104.3	58.3	119.0
2008	106.5	106.1	103.5	100.2	251.1	100.0
2009	102.3	96.6	102.8	104.8	71.8	98.6
2010	103.5	112.3	32.8	107.1	104.9	105.9
2011	103.5	104.0	94.4	103.9	93.3	98.0
2012	103.6	103.0	102.4	104.5	97.5	99.3
2013	104.0	104.3	99.7	104.5	76.3	94.5
2014	104.2	105.0	95.6	103.9	91.5	103.5
2015	104.5	104.4	77.6	105.3	102.7	111.9
2016	105.8	104.1	110.4	106.9	134.4	108.3
2017	105.5	103.6	118.5	107.2	128.5	96.5
2018	105.5	108.0	104.3	102.7	102.1	123.2

注：本表按可比价格计算。

Note: Indices in this table are calculated at comparable prices.

8-6 农林牧渔业总产值指数
INDICES OF GROSS OUTPUT VALUE OF AGRICULTURE, FORESTRY, ANIMALS HUSBANDRY AND FISHERY

1951年=100 (year of 1951=100)

年 份 Year	农林牧渔业总产值 Gross Output Value	农 业 Farming	林 业 Forestry	牧 业 Animal	渔 业 Fishery	农林牧渔服务业 FFAF Services
1959	102.1	113.2		108.2		
1965	187.1	205.1	145.3	190.3	100.0	
1978	277.9	344.4	1239.8	263.0	1010.9	
1980	320.8	390.0	2653.5	282.2	671.3	
1985	396.5	419.0	8122.4	341.7	1317.8	
1986	415.5	359.1	6262.4	367.0	1005.5	
1987	433.8	374.9	6500.4	387.6	1059.8	
1988	445.1	404.5	7313.0	374.8	1101.1	
1989	451.3	413.4	6311.1	371.1	1446.8	
1990	480.2	480.4	8368.5	366.6	933.2	
1991	501.9	437.6	7489.8	378.0	994.8	
1992	519.0	439.4	7190.2	394.6	1184.8	
1993	520.6	542.2	8031.5	389.5	1054.5	
1994	544.0	554.7	9621.7	408.2	1152.6	
1995	565.8	604.1	11488.3	411.1	1176.8	
1996	583.9	648.8	12326.9	411.9	1801.7	
1997	603.8	676.0	10527.2	430.4	1704.4	
1998	618.3	706.4	10853.5	434.3	2307.8	
1999	664.7	782.7	10582.2	459.9	2307.8	
2000	677.3	799.9	11005.5	467.3	1043.1	
2001	713.9	867.9	9321.7	488.3	957.6	
2002	741.0	893.9	11167.3	505.9	673.2	
2003	764.7	758.9	24423.0	517.0	282.1	100.0
2004	796.1	774.1	25082.4	538.8	441.1	152.0
2005	836.7	848.4	24329.9	498.9	671.4	236.5
2006	843.4	838.2	24889.5	512.9	8424.6	231.5
2007	910.0	945.5	24964.2	534.9	4911.5	275.5
2008	969.2	1003.2	25838.0	535.9	12332.8	275.5
2009	991.5	969.1	26561.5	561.6	8855.0	271.6
2010	1026.2	1088.3	8712.2	601.5	9288.8	287.6
2011	1062.1	1131.8	8224.3	625.0	8666.5	281.9
2012	1100.3	1165.8	8421.7	653.1	8449.8	279.9
2013	1143.8	1215.6	8395.6	682.2	6444.7	264.4
2014	1192.2	1276.7	8024.5	709.1	5893.8	273.7
2015	1246.0	1332.3	6224.3	746.9	6052.0	306.1
2016	1318.3	1386.9	6871.6	798.4	8133.9	331.5
2017	1390.8	1436.8	8142.8	855.9	10452.1	319.9
2018	1467.3	1551.7	8492.9	879.0	10671.6	394.1

注：本表按可比价格计算。
Note: Indices in this table are calculated at comparable prices.

8-7 分地市农林牧渔业总产值
GROSS OUTPUT VALUE OF AGRICULTURE, FORESTRY, ANIMAL HUSBANDRY AND FISHERY BY REGION

单位：万元 (10000 yuan)

年 份 Year	合 计 Total	拉 萨 Lhasa	日喀则 Xigazê	昌 都 Qamdo	林 芝 Nyingchi	山 南 Lhoka	那 曲 Nagqu	阿 里 Ngari	其 他 Others
2000	512185	85059	132220	124269	34151	53416	56272	22473	4325
2001	527791	73916	146264	126207	36017	53969	67220	21003	3195
2002	558874	84212	148314	131970	40417	54160	75969	23832	
2003	586339	86548	144143	149635	46273	50852	79603	26760	2525
2004	627373	93403	161838	150532	53159	56521	80070	30619	1231
2005	677408	100255	179421	163423	57975	55463	89761	30463	647
2006	704765	105644	187627	168553	59966	55887	95261	31208	619
2007	798309	116473	222011	186534	66002	59992	109835	37155	307
2008	884518	128401	246360	207577	72417	65884	122109	41074	696
2009	933807	135551	259657	219636	76738	69105	128430	44188	502
2010	1007685	149944	280526	236928	81806	72238	138153	48091	
2011	1093675	163173	304989	256777	88781	78298	149627	52030	
2012	1183267	177096	329968	277329	96452	84261	161468	56693	
2013	1279967	192488	356154	299782	104903	90466	174509	61666	
2014	1387236	212650	383739	323770	114031	97258	188942	66845	
2015	1494633	233843	410905	349073	123134	104420	201384	71875	
2016	1624618	257228	451322	371193	131511	110674	225149	77541	
2017	1781603	283932	495299	406079	141284	116657	256523	81828	
2018	1954681	327970	539416	448331	152635	125992	274172	86165	

注：本表按当年价格计算。
Note: The indices in this table are calculated at current prices.

8-8 分地市农林牧渔业总产值指数
INDICES OF GROSS OUTPUT VALUE OF AGRICULTURE, FORESTRY, ANIMAL HUSBANDRY AND FISHERY BY REGION

上年=100 (preceding year=100)

年 份 Year	合 计 Total	拉 萨 Lhasa	日喀则 Xigazê	昌 都 Qamdo	林 芝 Nyingchi	山 南 Lhoka	那 曲 Nagqu	阿 里 Ngari	其 他 Others
2000	101.9	105.7	101.0	106.3	99.8	100.5	97.4	100.7	90.1
2001	105.4	101.0	114.2	98.2	99.7	99.7	111.5	107.9	
2002	103.8	111.3	101.2	103.3	102.9	102.1	104.4	101.9	
2003	103.2	100.4	94.6	111.3	115.5	89.9	100.4	108.2	
2004	104.1	103.6	105.2	101.5	101.3	103.7	106.6	108.9	82.0
2005	105.1	104.5	107.9	105.7	106.2	95.5	109.2	96.9	51.2
2006	100.8	102.0	101.3	99.9	100.2	97.6	102.8	99.2	92.7
2007	107.9	105.7	113.5	106.1	105.6	102.9	110.6	114.2	47.6
2008	106.5	106.0	106.7	107.0	105.5	105.6	106.9	106.3	217.9
2009	102.3	102.3	102.1	102.5	102.7	101.6	101.9	104.2	69.9
2010	103.5	106.2	103.7	103.5	102.3	100.3	103.2	104.4	
2011	103.5	103.8	103.7	103.4	103.5	103.4	103.3	103.2	
2012	103.6	103.9	103.6	103.4	104.0	103.1	103.3	104.3	
2013	104.0	104.5	103.7	103.9	104.5	103.2	103.9	104.5	
2014	104.2	106.3	103.6	103.9	104.5	103.4	104.1	104.2	
2015	104.5	106.7	103.9	104.6	104.7	104.1	103.4	104.3	
2016	105.8	107.0	106.9	103.5	103.9	103.1	108.8	105.0	
2017	105.5	106.2	105.5	105.2	103.3	101.4	109.6	101.5	
2018	105.5	111.1	104.8	106.2	103.9	103.9	102.8	101.3	

注：本表按可比价格计算。
Note: The indices in this table are calculated at comparable prices .

8-9 农林牧渔业分项产值
GROSS OUTPUT VALUE OF AGRICULTURE, FORESTRY, ANIMAL HUSBANDRY AND FISHERY BY BRANCH

指 标	Item	绝对数(万元) Value (10000 yuan)						2018年比2017年增长(%) Growth Rate in 2018(%)
		2000	2003	2007	2010	2017	2018	
农林牧渔业总产值	**Gross Output Value**	**512185**	**586339**	**798309**	**1007685**	**1781603**	**1954681**	**5.5**
农业产值	**Farming**	**263649**	**252779**	**359382**	**462910**	**784369**	**880846**	**8.0**
谷物及其他作物	Cereal and Other Crops	190664	183092	210819	223833	371734	399338	3.3
#粮食作物	Grain Grops	178246	168417	182447	195058	292383	327417	7.7
#谷物	Cereal	172777	162398	175515	188369	321345	340693	2.0
#小麦	Wheat		38157	43464	43494	51854	51963	-3.6
玉米	Corn		2253	3066	5979	7750	7932	-1.6
薯类	Tubers		417	978	973	1973	2015	-1.8
油料	Oil-bearing Crops		13810	20988	23624	31965	33382	0.5
#油菜籽	Rapeseeds		12252	20907	23484	31818	33190	0.3
林业产值	**Forestry**	**13130**	**53085**	**63078**	**24602**	**29475**	**31975**	**4.3**
林木培育和种植	Tree Cultivating and Planting	2668	6591	8201	10438	20591	23089	7.9
林产品	Forest Products	4898	30909	38368	2177	326	700	106.4
村及村以下竹木采伐	Lumbering in Village and Below	5564	9584	8445	11987	8558	8186	-8.0
牧业产值	**Animal Husbandry**	**235282**	**270867**	**349108**	**488524**	**921680**	**983579**	**2.7**
#牲畜	Livestock	152357	258429	330978	456985	880874	939854	2.6
#牛	Cattles	78157	97436	130343	240656	547932	572414	0.5
猪	Hogs	10614	6606	14212	26416	17472	31121	71.3
羊	Sheep and Goats	63586	65259	84677	110595	165949	168515	-2.3
家禽饲养	Poultry Raising	1161	2749	3858	5403	9724	12505	23.7
捕猎	Hunting	136	634	6	…			
渔业产值	**Fishery**	**124**	**78**	**1073**	**2268**	**3271**	**3471**	**2.1**
农林牧渔服务业产值	**FFAF Services**		**9530**	**25668**	**29381**	**42808**	**54810**	**23.2**

注：本表绝对数按当年价计算，指数按可比价计算。
Note: Data of value in this table are calculated at current prices, while the related indices are calculated at comparable prices.

8-10 农林牧渔业分项产值构成
COMPOSITION OF GROSS OUTPUT VALUE OF AGRICULTURE, FORESTRY, ANIMAL HUSBANDRY AND FISHERY

指 标	Item	构 成 Composition (%)					
		2000	2003	2007	2010	2017	2018
农林牧渔业总产值	**Gross Output Value**	**100.0**	**100.0**	**100.0**	**100.0**	**100.0**	**100.0**
农业产值	**Farming**	**51.5**	**43.1**	**45.0**	**45.9**	**44.0**	**45.1**
谷物及其他作物	Cereal and Other Crops	37.2	31.2	26.4	22.2	20.9	20.4
#粮食作物	Grain Crops	34.8	28.7	22.9	19.3		
#谷物	Cereal	33.7	27.7	21.9	18.7	18.0	17.4
#小麦	Wheat		6.5	5.4	4.3	2.9	2.7
玉米	Corn		0.4	0.4	0.6	0.4	0.4
薯类	Tubers		0.1	0.1	0.1	0.1	0.1
油料	Oil-bearing Crops		2.4	2.6	2.3	1.8	1.7
#油菜籽	Rapeseeds		2.1	2.6	2.3	1.8	1.7
林业产值	**Forestry**	**2.6**	**9.1**	**7.9**	**2.4**	**1.7**	**1.6**
林木培育和种植	Tree Cultivating and Planting	0.5	1.1	0.8	1.0	1.2	1.2
林产品	Forest Products	1.0	5.3	4.8	0.2		0.0
村及村以下竹木采伐	Lumbering in Village and Below	1.1	1.6	1.1	1.2	0.5	0.4
牧业产值	**Animal Husbandry**	**45.9**	**46.2**	**43.7**	**48.5**	**51.7**	**50.3**
#牲畜	Livestock	29.7	44.1	41.5	45.3	49.4	48.1
#牛	Cattles	15.3	16.6	16.3	23.9	30.8	29.3
猪	Hogs	2.1	1.1	1.8	2.6	1.0	1.6
羊	Sheep and Goats	12.4	11.1	10.6	11.0	9.3	8.6
家禽饲养	Poultry Raising	0.2	0.5	0.4	0.5	0.5	0.6
捕猎	Hunting	…	0.1	…	…		
渔业产值	**Fishery**	**…**	**…**	**0.2**	**0.2**	**0.2**	**0.2**
农林牧渔服务业产值	**FFAF Services**	**…**	**1.6**	**3.2**	**2.9**	**2.4**	**2.8**

注：本表按当年价计算。
Note: The data in this table are calculated at current prices.

8-11 全区农村社会总产值
RURAL SOCIAL GROSS OUTPUT VALUE

单位：万元 (10000 yuan)

年 份 Year	地 区 Region	农村社会总产值 Rural Social Gross Output Value	农林牧渔业总产值 Gross Output Value of Agriculture, Forestry, Animal Husbandry and Fishery	农村工业总产值 Gross Output Value of Rural Industry	农村建筑业总产值 Gross Output Value of Rural Construction	农村运输业总产值 Gross Output Value of Rural Transport	农村商业总产值 Gross Output Value of Rural Commerce
1990		182283	170347	2055	2712	3433	3736
1991		221175	208923	1551	2550	4458	3693
1992		236362	223249	1942	2910	5009	3252
1993		242776	229860	2381	2336	4632	3567
1994		282293	268113	2628	2532	5206	3814
1995		389605	358961	5857	5447	8957	10383
1996		416824	382553	6711	5279	10992	11289
1997		455711	414546	8901	8459	13454	10350
1998		470337	423770	14076	8888	11820	11783
1999		536358	482155	14588	10624	14570	14421
2000		570808	512185	13307	14546	17086	13684
2001		577709	527791	14244	12407	13274	9993
2002		618802	558874	11707	14788	20832	12601
2003		675593	586339	20033	23995	26120	19106
2004		757243	627373	26536	40567	41556	21211
2005		823658	677408	27207	43925	45077	30041
2006		877722	704765	27802	64743	47445	32967
2007		1021216	798309	29411	103807	53065	36624
2008		1150468	884519	30385	126476	59854	49234
2009		1236703	933807	28520	150398	67243	56733
2010		1351837	1007685	35194	154366	82109	72483
2011		1469501	1093675	40599	151534	95565	88128
2012		1650604	1183267	58446	185357	113415	110119
2013		1790707	1279967	61561	208761	130753	109666
2014		1954588	1387236	63863	252978	139092	111420
2015		2174131	1494633	73311	299370	178962	127854
2016		2452721	1624618	83641	360313	218794	165355
2017		3048952	1781602	91999	488440	269407	417503
2018		3211849	1954681	100846	446369	321026	388927
拉萨市	Lhasa	475525	327970	20280	40588	71191	15496
日喀则市	Xigazê	793008	539416	34820	113671	70299	34802
昌都市	Qamdo	662201	448331	8019	108744	22803	74305
林芝市	Nyingchi	203374	152635	3142	5788	25253	16555
山南市	Lhoka	378804	125992	28747	108921	77454	37690
那曲市	Nagqu	571370	274172	5737	52983	48755	189723
阿里地区	Ngari	127568	86165	101	15674	5272	20355

注：本表按当年价计算，全区农林牧渔业总产值中含有区直产值。

Note: Data in this table are calculated at current prices. Straight output value is contained in the gross output value of the agriculture, forestry, animal husbandry and fishery.

8-12 农村社会总产值构成
COMPOSITION OF RURAL SOCIAL GROSS OUTPUT

单位：% (%)

年 份 Year	地 区 Region	农村社会总产值 Rural Social Gross Output Value	农林牧渔业总产值 Gross Output Value of Agriculture, Forestry, Animal Husbandry and Fishery	农村工业总产值 Gross Output Value of Rural Industry	农村建筑业总产值 Gross Output Value of Rural Construction	农村运输业总产值 Gross Output Value of Rural Transport	农村商业总产值 Gross Output Value of Rural Commerce
1985		100.0	90.8	1.0	2.9	2.7	2.6
1990		100.0	93.4	1.1	1.5	1.9	2.1
1991		100.0	94.4	0.7	1.2	2.0	1.7
1992		100.0	94.5	0.8	1.2	2.1	1.4
1993		100.0	94.6	1.0	1.0	1.9	1.5
1994		100.0	95.0	0.9	0.9	1.8	1.4
1995		100.0	92.1	1.5	1.4	2.3	2.7
1996		100.0	91.8	1.6	1.3	2.6	2.7
1997		100.0	91.0	2.0	1.9	3.0	2.3
1998		100.0	90.1	3.0	1.9	2.5	2.5
1999		100.0	89.9	2.7	2.0	2.7	2.7
2000		100.0	89.7	2.4	2.5	3.0	2.4
2001		100.0	91.4	2.5	2.1	2.3	1.7
2002		100.0	90.3	1.9	2.4	3.4	2.0
2003		100.0	86.7	3.0	3.6	3.9	2.8
2004		100.0	82.8	3.5	5.4	5.5	2.8
2005		100.0	82.2	3.3	5.4	5.5	3.6
2006		100.0	80.3	3.2	7.4	5.4	3.7
2007		100.0	78.2	2.9	10.1	5.2	3.6
2008		100.0	76.9	2.6	11.0	5.2	4.3
2009		100.0	75.5	2.3	12.2	5.4	4.6
2010		100.0	74.5	2.6	11.4	6.1	5.4
2011		100.0	74.4	2.8	10.3	6.5	6.0
2012		100.0	71.7	3.5	11.2	6.9	6.7
2013		100.0	71.5	3.4	11.7	7.3	6.1
2014		100.0	71.0	3.3	12.9	7.1	5.7
2015		100.0	68.7	3.4	13.8	8.2	5.9
2016		100.0	66.2	3.4	14.7	8.9	6.7
2017		100.0	58.4	3.0	16.0	8.8	13.7
2018		100.0	60.9	3.1	13.9	10.0	12.1
拉萨市	Lhasa	100.0	69.0	4.3	8.5	15.0	3.3
日喀则市	Xigazê	100.0	68.0	4.4	14.3	8.9	4.4
昌都市	Qamdo	100.0	67.7	1.2	16.4	3.4	11.2
林芝市	Nyingchi	100.0	75.1	1.5	2.8	12.4	8.1
山南市	Lhoka	100.0	33.3	7.6	28.8	20.4	9.9
那曲市	Nagqu	100.0	48.0	1.0	9.3	8.5	33.2
阿里地区	Ngari	100.0	67.5	0.1	12.3	4.1	16.0

注：本表按当年价格计算。
Note: Data in this table are calculated at current prices.

8-13 农业商品产值
GROSS OUTPUT VALUE OF AGRICULTURAL COMMODITY

单位：万元 (10000 yuan)

年份 Year	地区 Region	合计 Total	农业 Farming	林业 Forestry	牧业 Animal Husbandry	渔业 Fishery
1991		45911	14059	1187	22861	15
1992		52423	13619	1024	27893	24
1993		55278	21169	1003	33086	20
1994		75214	32384	2163	40640	27
1995		108615	40283	5084	63215	33
1996		111774	47668	3984	60032	90
1997		122948	53337	4170	65398	43
1998		123332	48887	3242	71055	148
1999		153485	71350	3500	78485	150
2000		166980	73846	4220	88829	85
2001		184887	84725	4955	95084	122
2002		204237	95700	5235	103194	108
2003		235559	104097	9192	122177	93
2004		300929	136705	8126	156000	98
2005		327154	153080	8494	165477	103
2006		379614	177401	10307	191800	106
2007		425378	199780	9488	215995	115
2008		485152	228141	11441	245455	115
2009		560052	292188	11873	254372	1619
2010		596053	288973	11521	293962	1595
2011		617494	285682	11204	318851	1758
2012		668265	287462	14517	364476	1811
2013		708638	331240	14645	361599	1155
2014		744880	357112	15662	370786	1320
2015		786492	358184	15322	411480	1506
2016		826407	365832	15318	442377	2880
2017		915202	402299	14677	493858	4368
2018		996599	443180	13272	537814	2333
拉萨市	Lhasa	152956	55160	1509	96157	130
日喀则市	Xigazê	199376	92762	660	105834	120
昌都市	Qamdo	266503	135924	6457	124121	
林芝市	Nyingchi	78236	41962	4261	31896	118
山南市	Lhoka	45556	25426	355	19585	190
那曲市	Nagqu	189723	89164	30	98755	1775
阿里地区	Ngari	64248	2782		61466	

注：本表按当年价格计算。
Note: Data in this table are calculated at current prices.

8-14 耕地面积
AREA OF CULTIVATED LAND

年份 Year / 地区 Region	年末实有耕地面积(千公顷) Cultivated Area (1000 hectares)	旱地 Dry Fields	水田 Paddy Fields	当年减少(千公顷) Decrease in This Year (1000 hectares)	#国家基建占地 Capital Construction	当年增加(千公顷) Increase in This Year (1000 hectares)
1959	167.63					
1965	202.77					
1978	227.60					
1980	228.67					
1986	222.33	221.74	0.59	1.99	0.06	0.34
1987	221.40	220.84	0.56	1.97	1.60	1.04
1988	221.50	220.85	0.65	0.96	0.06	2.61
1989	222.35	221.47	0.88	0.45	0.21	1.35
1990	222.50	221.86	0.64	1.31	0.10	1.20
1991	222.90	222.30	0.60	1.33	0.04	1.73
1992	223.79	222.97	0.83	0.73	0.02	1.60
1993	222.62	221.83	0.79	0.52	0.07	0.75
1994	222.84	222.07	0.77	0.35	0.09	0.57
1995	224.47	221.68	0.79	0.31	0.08	2.17
1996	224.80	223.99	0.81	3.37	0.34	3.72
1997	228.76	227.91	0.85	0.61	0.20	3.94
1998	230.32	229.44	0.88	0.98	0.17	2.31
1999	231.16	230.23	0.93	1.33	0.09	2.15
2000	230.83	229.76	1.07	0.39	…	0.06
2001	230.20	229.15	1.05	1.40	0.25	0.77
2002	229.89	228.90	1.00	2.45	0.66	2.15
2003	225.34	224.38	0.96	6.22	0.79	2.77
2004	222.74	221.77	0.97	4.03	0.35	1.46
2005	223.01	222.03	0.98	1.55	0.37	1.83
2006	223.01	222.03	0.98	1.55	0.37	1.83
2007	228.23	227.26	0.97	1.27	0.68	1.95
2008	225.92	224.95	0.97	0.44	0.09	1.58
2009	229.57	228.49	1.08	0.83	0.04	5.06
2010	229.53	228.43	1.10	1.53	0.09	1.49
2011	231.57	230.44	1.13	0.71	0.14	2.04
2012	232.57	231.34	1.23	0.75	0.19	1.74
2013	233.05	231.81	1.24	0.72	0.43	1.21
2014	233.43	232.21	1.22	0.97	0.67	1.34
2015	236.80	235.58	1.22	0.65	0.50	4.03
2016	238.13	237.00	1.13	1.53	1.49	2.86
2017	242.75	241.61	1.14	0.85	0.40	5.47
2018	245.92	244.93	0.99	1.87	0.55	3.69
拉萨市 Lhasa	38.02	38.02		1.36	0.52	0.46
日喀则市 Xigazê	97.35	97.35		0.03		0.49
昌都市 Qamdo	49.32	49.32		0.04		0.08
林芝市 Nyingchi	21.01	20.02	0.99	0.23		1.21
山南市 Lhoka	31.90	31.90		0.05	0.04	0.26
那曲市 Nagqu	5.93	5.93		0.13		1.19
阿里地区 Ngari	2.39	2.39		0.03		

8-15 主要农业机械年末拥有量(年底数)

指 标		Item		2003	2007	2010	2012
农业机械总动力	**（千瓦）**	**Total Power of Agricultural Machinery**	**(kW)**	**1812121**	**3294227**	**4119871**	**4994835**
耕作机械		**Cultivation Machinery**					
农用大中型拖拉机	（台）	Large and Medium-sized Tractors	(unit)	5302	9973	22946	36074
	（千瓦）		(kW)	158915	307370	531847	782093
小型拖拉机及手扶拖拉机	（台）	Small and Walking Tractors	(unit)	60524	88321	119621	141512
	（千瓦）		(kW)	662170	1457540	1547424	1952234
大中型拖拉机配套农具	（部）	Towing Farm Machinery for Large and Medium-sized Tractors	(unit)	2507	3486	8484	9233
小型拖拉机配套农具	（部）	Towing Farm Machinery for Small Tractors	(unit)	15252	21294	37260	52221
农用排灌动力机械		Irrigating Machinery					
柴油机	（台）	Diesel Engines	(unit)	4675	2529	4313	4168
	（千瓦）		(kW)	43134	21929	47257	51980
电动机	（台）	Electromotors	(unit)	2420	1036	2908	1861
	（千瓦）		(kW)	17091	13625	36940	28719
农用水泵	（台）	Pumps	(unit)	786	1015	395	508
收获机械		**Harvest Machinery**					
联合收割机	（台）	Combine Harvesters	(unit)	2176	2261	4138	3536
	（千瓦）		(kW)	35938	39053	74164	72640
机动脱粒机	（台）	Thresher Machines	(unit)	13032	21574	27968	40310
运输机械		**Transport Machinery**					
农用运输车	（辆）	Transport Vehicles for Agricultural Use	(unit)	11044	15382	20496	24938
	（千瓦）		(kW)	777161	1001836	1453403	1879611

MAJOR AGRICULTURE MACHINERY OWNED AT YEAR END

2013	2014	2015	2016	2017	2018	拉 萨 Lhasa	日喀则 Xigazê	昌 都 Qamdo	林 芝 Nyingchi	山 南 Lhoka	那 曲 Nagqu	阿 里 Ngari
5783259	**6605589**	**7222386**	**8220062**	**9029875**	**10804085**	**1396930**	**5025174**	**1171557**	**1010025**	**1401084**	**568310**	**231005**
43068	51619	61720	69348	76465	85666	12829	41891	3051	5598	19286	1472	1539
942540	1240757	1367606	1604055	2038429	2270869	405492	1142838	92419	188909	370711	61716	8785
156020	167277	181716	178466	174179	184862	23149	73747	18748	14272	32496	12870	9580
2140591	2286737	2420002	2503773	2608017	2866323	306538	1364800	497654	226865	326701	68181	75584
11033	12018	15534	27923	30149	32347	8909	13030		3067	7082	230	29
79702	97866	90114	98972	92415	89733	18036	38892		13550	17837	653	765
4259	3983	4070	3751	5241	2964	32	462	535	1935			
53794	49501	49522	51685	58606	62524	318	29322	6641	26243			
1421	1462	1719	2154	3501	2660	1221	200	133	1106			
27187	28410	33972	43217	52869	52749	9157	21947	1732	19913			
436	482	500	787	519	581	80	81	2	28	390		
4012	5109	6433	8922	7190	7264	823	3077	349	446	2534	35	
90965	123600	148323	303017	290208	291261	44888	163506	1201	27077	51502	3087	
45696	54820	56917	64524	65411	75366	7431	32663	7835	5431	21891		115
33670	37918	41165	45535	50079	107005	9180	16831	59513	6563	6554	5360	3004
2242338	2495216	2749714	3001049	3155302	3513019	533430	1379758	46837	489777	482640	435217	145360

8-16 农业电气化、化学化及水利情况

指　　标		Item		2001	2002
农村电气化情况		**Electrification in Rural Areas**			
农村小型水电站个数	(个)	Number of Small Hydropower Station in Rural Areas	(unit)	235	237
农村用电量	(万千瓦时)	Electricity Consumed in Rural Area	(10000 kWh)	3117	3586
发电量	(万千瓦时)	Generating Capacity	(10000 kWh)	1540	5173
农业化学化情况		**Chemicalization in Rural Areas**			
化肥施用量	(吨)	Consumption of Chemical Fertilizer	(ton)	30164	30361
氮肥		Nitrogenous Fertilizer		15730	14081
磷肥		Phosphate Fertilizer		4719	6165
钾肥		Potash Fertilizer		1312	1597
复合肥		Compound Fertilizer		8404	8518
每公顷耕地平均化肥施用量	(公斤)	Chemical Fertilizer per Hectare	(kg)	131	132
农用塑料薄膜使用量	(吨)	Plastic Film for Agricultural Use	(ton)	294	521
农药使用量	(吨)	Consumption of Pesticide	(ton)	583	1611
每公顷播种面积用农药	(公斤)	Chemical Pesticide per Hectare	(kg)	3	7
农业水利化情况		**Irrigated in Rural Areas**			
农田有效灌溉面积	(千公顷)	Effective Irrigated Areas	(1000 hectares)	154.37	159.73
#机电灌溉面积	(千公顷)	Electromechanical Irrigated Areas	(1000 hectares)	5.81	6.82
有效灌溉面积占耕地面积比重	(%)	Effective Irrigated Areas as Proportion of Cultivated Areas	(%)	67.10	69.48
有效灌溉面积占播种面积比重	(%)	Effective Irrigated Areas as Proportion of Sown Areas	(%)	66.90	68.58
机电灌溉面积占有效灌溉面积比重	(%)	Electromechanical Irrigated Areas as Proportion of Effective Irrigated Land	(%)	3.80	4.26
旱涝保收面积	(千公顷)	Areas of Ensure Stable Yields Despite Drought or Excessive Rain	(1000 hectares)	82.99	94.2
旱涝保收面积占播种面积比重	(%)	Areas of Ensure Stable Yields Despite Drought or Excessive Rain as Proportion of Sown Areas	(%)	36.00	40.44
草场灌溉面积	(千公顷)	Irrigated Area of Grass	(1000 hectares)	16.41	208.44

ELECTRIFICATION, CHEMICALIZATION AND IRRIGATION OF AGRICULTURE

2003	2007	2010	2014	2015	2016	2017	2018	拉 萨 Lhasa	日喀则 Xigazê	昌 都 Qamdo	林 芝 Nyingchi	山 南 Lhoka	那 曲 Nagqu	阿 里 Ngari
239	283	296	266	251	244	259	238	1	31	122	46	19	6	13
4305	5553	7623	11829	12753	12111	14191	16356	1404	4592	3810	3244	2751		557
4941	11779	8576	10476	10827	9143	12506	9800		1635	2622	2519	367		2658
31837	45837	47351	58208	60303	59094	55464	51892	10773	22768	9262	2123	6532	11	422
16957	18705	19185	20386	20377	19462	18106	14894	982	6819	3105	716	3158		114
5694	10560	10677	11102	11643	11959	10391	9407	1499	5565	693	451	1180	4	15
1572	1865	4423	5620	5452	4884	3377	3573	1466	1155	335	101	508		8
7614	14707	13066	21100	22831	22789	23590	24010	6826	9228	5130	855	1686		286
141	200	206		255	248	213	211	283	234	188	101	205	2	177
579	484	734	1724	1866	1784	1843	1778	1147	176	53	238	164		0
596	953	1036	1012	1074	1091	1007	979	104	534	32	97	212		0.42
3	4	9		4	5	4	4	3	5	1	5	7		0
154.95	156.37	167.04	175.74	176.94	178.11	181.08	203.21	30.44	87.57	36.68	16.67	30.16		1.70
8.99	8.04	9.55	9.71	10.02	3.72	6.98	7.25	0.65	0.32	2.81	0.33	3.14		
68.76	68.51	72.77	75.28	74.72	74.80	73.16	82.63	80.06	89.95	74.37	79.34	94.54		71.01
66.31	67.13	69.59	70.05	69.98	69.06	67.84	75.08	61.61	94.08	66.23	69.30	89.36		17.44
5.80	5.14	5.71	5.53	5.66	2.09	3.98	0.04	2.14	0.37	7.70	1.96	10.40		
90.36	82.63	78.83	91.30	91.96	73.60	82.10	66.67	10.30	30.69	2.81	5.41	16.82		0.64
38.67	35.47	32.84	36.39	36.37	28.54	31.73	24.61	20.85	32.97	5.07	22.49	49.84		6.38
514.54	1314.4	550.56	552.99	635.23	684.89	764.89	684.25	22.64	582.30	1.80		75.84	1.67	

8-17　主要农作物播种面积

单位：千公顷

年 份 Year	地 区 Region	总 计 Total	粮食作物 Grain Crops	#青 稞 Highland Barley	#小 麦 Wheat	冬小麦 Winter Wheat
1951		134.15	128.74			
1959		140.23	133.47			
1965		184.68	176.87			
1978		219.83	205.00	106.68	65.65	47.90
1985		209.97	194.03	121.78	38.71	23.15
1990		213.71	191.95	120.17	41.80	27.43
1991		215.72	191.91	121.36	43.31	29.51
1992		214.99	192.29	122.26	43.57	31.12
1993		215.57	192.55	120.32	46.75	35.82
1994		216.46	187.28	116.67	48.12	34.06
1995		220.17	189.14	109.38	52.04	33.75
1996		225.02	191.86	119.90	52.51	35.37
1997		229.15	197.94	123.09	53.91	38.81
1998		229.40	200.41	126.31	55.04	38.86
1999		230.44	200.76	127.10	54.73	39.71
2000		231.04	201.44	131.56	51.91	38.41
2001		230.86	199.12	134.62	46.99	33.70
2002		232.90	195.01	129.60	44.77	28.72
2003		234.35	186.12	125.71	42.38	28.13
2004		231.23	179.79	120.11	40.64	25.03
2005		234.95	177.68	120.27	42.00	27.95
2006		233.02	171.66	116.28	41.49	29.98
2007		232.94	171.78	117.99	40.29	28.66
2008		235.29	170.63	117.85	37.34	28.41
2009		235.07	169.43	117.83	36.77	26.85
2010		240.02	170.15	117.83	37.06	28.04
2011		241.43	170.15	118.42	37.60	27.91
2012		243.95	170.86	118.26	37.73	28.28
2013		248.57	175.87	123.85	37.81	28.04
2014		250.87	176.41	125.19	36.92	27.52
2015		252.84	178.94	129.31	36.34	26.54
2016		264.15	189.95	133.04	42.61	32.13
2017		261.44	186.81	134.02	39.35	25.76
2018		268.93	184.68	139.58	31.73	23.35
拉萨市	Lhasa	48.70	26.35	19.19	6.62	4.52
日喀则市	Xigazê	93.08	64.39	58.92	3.53	1.43
昌都市	Qamdo	54.34	45.74	36.47	5.70	3.15
林芝市	Nyingchi	23.86	18.71	4.84	8.42	7.14
山南市	Lhoka	33.76	24.99	16.72	7.34	7.02
那曲市	Nagqu	5.24	3.16	2.19	0.12	0.08
阿里地区	Ngari	9.96	1.35	1.24	0.00	0.00

注：2016-2017年粮食面积数据根据第三次全国农业普查结果进行了修正。

Note: The data of sown areas of grain crops from 2016 to 2017 has been adjusted in accordance with the 3rd agricultural census.

SOWN AREAS OF MAJOR FARM CROPS

(1000 hectares)

		油 料 Oil-bearing Crops			其 他 Others		
#豆 类 Beans	#薯 类 Tubers		油菜籽 Rapeseeds	花 生 Peanuts		#蔬 菜 Vegetables	#青饲料 Green Feed
		4.73	4.73		0.68		
		5.03	5.03		1.73		
		5.87	5.87		1.95		
21.43		10.54	10.54		4.29		
25.79	1.72	10.38	9.99	0.39	5.56	3.38	2.01
21.83	1.23	10.74	10.73	0.01	11.02	8.11	2.87
19.58	1.11	11.65	11.63	0.01	12.16	8.28	3.86
18.53	1.21	11.53	11.51	0.02	11.17	6.61	4.11
18.54	3.27	12.13	12.08	0.01	10.89	6.14	4.52
17.31	1.57	16.21	16.20	0.01	12.97	7.80	4.14
16.71	1.28	18.52	18.50	0.02	12.51	7.24	4.77
14.52	0.87	18.33	18.30	0.03	14.83	9.29	4.85
13.92	0.05	17.34	17.33	0.01	13.87	9.01	3.49
12.47	0.11	16.98	16.95	0.02	12.10	7.35	4.44
11.78	0.15	17.12	17.06	0.05	12.56	7.36	4.65
10.53	0.22	16.11	16.08	0.03	13.48	7.47	5.74
10.60	0.28	16.82	16.77	0.03	13.82	8.71	5.11
11.08	0.56	20.39	18.74	0.03	16.23	9.74	6.50
9.93	0.42	21.64	21.61	0.02	26.59	14.11	10.00
9.00	1.87	24.35	24.32	0.03	27.02	15.15	10.50
8.97	0.55	26.11	26.05	0.06	31.15	18.04	12.14
8.05	0.61	24.12	24.05	0.07	37.24	18.99	17.37
7.79	0.62	23.13	23.06	0.07	38.03	19.66	17.59
7.08	0.53	24.73	24.65	0.07	39.93	20.14	18.90
6.66	0.53	24.49	24.42	0.07	41.15	20.44	19.83
6.62	0.54	24.02	23.92	0.10	45.85	21.16	19.21
6.46	0.62	24.02	23.92	0.10	47.26	22.40	23.86
6.31	0.79	24.02	23.89	0.13	49.07	23.72	24.67
5.84	0.82	24.55	24.33	0.21	48.15	23.85	24.14
5.71	1.01	24.48	24.36	0.12	49.98	23.76	25.55
5.06	1.04	23.81	23.69	0.12	50.10	23.11	26.77
5.67	1.02	22.60	22.48	0.12	51.60	23.02	28.58
4.67	0.97	22.07	21.99	0.08	52.57	23.27	27.46
4.55	0.94	22.57	22.46	0.11	61.68	24.00	36.78
0.42		5.01	5.01		17.34	4.80	12.30
1.76		9.02	9.02		19.67	11.34	8.28
0.64	0.57	2.89	2.89		5.71	3.18	2.52
0.32	0.30	2.23	2.12	0.11	2.91	1.50	1.34
0.61		3.19	3.19		5.58	2.23	3.34
0.72	0.04	0.18	0.18		1.90	0.72	0.66
0.07	0.03	0.05	0.05		8.57	0.23	8.34

8-18　主要农作物产品产量

单位：吨

年份 Year	地区 Region	粮食 Grain	稻谷 Rice	小麦 Wheat	冬小麦 Winter Wheat	青稞 Highland Barley
1951		153200				
1959		182905				
1965		290725				
1978		513449	2631	192959	153223	245233
1985		530669	2488	118519	72621	333736
1990		608280	3264	164271	115911	369294
1991		644186	2717	183088	133874	392309
1992		657121	3905	196282	150679	393429
1993		672185	3889	212417	170673	386806
1994		664480	4108	223177	181120	379059
1995		719605	4731	249366	187865	380922
1996		777249	4897	261422	193082	448663
1997		791904	5239	283052	212053	446564
1998		849793	4937	290773	210880	498482
1999		922138	5550	312117	237536	547530
2000		962234	5517	307288	245319	597094
2001		982508	6024	284453	220672	628400
2002		983970	5831	278250	208505	635978
2003		966001	5564	272308	211484	619137
2004		959950	5533	257279	192324	612273
2005		933918	5452	255506	171172	613548
2006		923688	5884	265315	209286	592000
2007		938634	5460	264859	206941	610845
2008		950343	5140	257556	193002	618196
2009		905330	5172	245617	194763	595192
2010		912289	5932	242373	197811	602570
2011		937290	5960	249064	191653	621886
2012		948963	5446	245716	184297	637102
2013		961506	5480	240735	187660	656577
2014		979736	4663	237252	185669	680542
2015		1006336	4522	233895	167540	708451
2016		1039892	6027	268765	212799	705531
2017		1045546	5025	219408	155845	760356
2018		1043980	5276	194626	143896	777200
拉萨市	Lhasa	160128		45911	31044	112478
日喀则市	Xigazê	429891	41	35136	15532	383765
昌都市	Qamdo	183448		20422	11025	146989
林芝市	Nyingchi	91058	5235	36236	31512	19721
山南市	Lhoka	164105		56632	54532	103085
那曲市	Nagqu	10499		277	240	6764
阿里地区	Ngari	4850		11	11	4399

注：2016-2017年粮食产量数据根据第三次全国农业普查结果进行了修正。

Note: The data of output of grain crops from 2016 to 2017 has been adjusted in accordance with the 3rd agricultural census.

OUTPUT OF MAJOR FARM PRODUCTS

(ton)

豆 类 Bean	其 他 Others	油菜籽 Repeseed	花 生 Peanut	蔬 菜 Vegetable	青饲料 Green Feed
		1750			
		2610			
		5264			
49266	23360	7914			
57296	18630	14455		60244	
52439	19012	17140	11	84545	27898
48090	17982	18457	37	98394	26265
44975	18530	17862	35	51364	24026
49023	20050	26040		51610	46081
44362	13774	29373	34	96773	37356
45962	38624	33689	29	93400	59342
40816	21451	35104	33	123300	36383
33402	23647	33682	30	141478	38429
33758	21843	34009	34	137920	45515
33295	23646	41091	121	170734	49553
29467	22867	39610	46	173727	54820
31813	31818	43469	74	202654	216598
34435	29476	45157	94	234506	84109
33541	35453	49378	100	281979	121088
30780	53937	53944	50	299858	149247
32371	27041	61164	154	429225	152852
31550	28939	54490	108	449309	213352
31882	25588	52125	137	450650	213923
26527	45118	57729	126	551060	271249
24333	42924	60145	161	481408	276243
23503	37911	57986		581208	317757
23467	36913	63276	239	600705	296288
22806	37894	63047	262	655905	316085
21843	36870	63367	404	669918	326912
22107	35173	63433	338	682132	355752
20112	39356	63722	324	696310	379969
19919	39650	61750	383	706886	390627
20000	40756	59107	242	729330	386631
22426	44453	58212	329	725696	411012
1343	397	9191		256711	63336
10234	715	29840		346841	202727
1930	14108	5274		51679	28217
2728	27138	4170	329	15176	19349
2852	1536	9457		49337	68010
3196	261	203		2356	5044
142	299	77		3597	24328

8-19 主要农产品单位面积产量
OUTPUT OF MAJOR FARM PRODUCTS PER HECTARE (BY SOWN AREAS)

单位：公斤/公顷 (kg / hectare)

年 份 Year	粮食作物 Grain Crops	#小 麦 Wheat	#冬小麦 Winter Wheat	#青 稞 Highland Barley	#豆 类 Beans	油菜籽 Rapeseed
1959	1370					519
1965	1644					896
1978	2505	2940	3025	2300	2300	750
1980	2543	3090	3480	2235	2813	953
1985	2738	3060	3135	2738	2220	1448
1990	3170	3930	3365	3074	2403	1598
1991	3357	4227	3365	3233	2456	1587
1992	3417	4499	4842	3218	2427	1551
1993	3491	4544	3888	3215	2642	2147
1994	3548	4638	5318	3255	2564	1814
1995	3804	4793	4804	3483	2751	1821
1996	4051	4779	5459	3928	2811	1919
1997	4017	5250	5463	3628	2399	1944
1998	4240	5283	5427	3946	2705	2006
1999	4593	5703	5982	4095	2827	2408
2000	4777	5920	6387	4539	2798	2456
2001	4934	6053	6546	4667	3000	2592
2002	5045	6215	7260	4907	3106	2409
2003	5195	6451	7516	4926	3377	2285
2004	5339	6330	7684	5098	3420	2220
2005	5256	6083	6124	5101	3609	2348
2006	5381	6395	6981	5091	3917	2266
2007	5464	6574	7221	5177	4092	2260
2008	5570	6897	6793	5245	3745	2432
2009	5343	6679	7254	5051	3653	2824
2010	5361	6540	7054	5114	3553	2424
2011	5509	6624	6866	5252	3634	2645
2012	5554	6512	6517	5387	3614	2639
2013	5467	6367	6692	5301	3740	2581
2014	5554	6426	6748	5436	3872	2604
2015	5624	6437	6312	5479	3975	2690
2016	5475	6307	6622	5303	3510	2746
2017	5597	5576	6051	5673	4286	2688
2018	5653	6133	6164	5568	4930	2595

8-20 农作物播种面积及产量
SOWN AREAS AND OUTPUT OF FARM CROPS

指 标	Item	播种面积(千公顷) Sown Area (1000 hectares)				产 量(吨) Output (ton)			
		2000	2017	2018	2018年比上年增长(%) Growth Rate in 2018 over 2017 (%)	2000	2017	2018	2018年比上年增长(%) Growth Rate in 2018 over 2017 (%)
农作物总播种面积	**Total Sown Area**	**231.04**	**261.44**	**268.93**	**2.86**				
粮食作物	**Grain Crops**	**201.44**	**186.81**	**184.68**	**-1.14**	**962234**	**1045546**	**1043980**	**-0.15**
谷物	Cereal	190.68	181.17	179.19	-1.09	931829	1020107	1015264	-0.47
稻谷	Rice	1.01	0.94	0.94	0.40	5518	5025	5276	4.98
小麦	Wheat	51.91	39.35	31.73	-19.35	307288	219408	194626	-11.30
#冬小麦	Winter Wheat	38.41	25.76	23.35	-9.36	245319	155845	143896	-7.67
玉米	Corn	3.15	4.88	5.16	5.71	14131	30010	33601	11.96
青稞	Highland Barley	131.56	134.02	139.58	4.15	597094	760356	777200	2.22
其他谷物	Other Cereal	3.06	1.99	1.78	-10.16	7798	5308	4562	-14.06
豆类	Beans	10.53	4.67	4.55	-2.52	29467	20000	22426	12.13
#大豆	Soybeans	0.31	0.04	0.09	136.25	554	200	306	52.78
豌豆	Peas		4.63	4.27	-7.72		19800	21522	8.70
薯类(按折粮计算)	Tubers	0.23	0.97	0.94	-3.51	938	5439	6291	15.67
油 料	**Oil-bearing Crops**	**16.11**	**22.07**	**22.57**	**2.27**	**39610**	**59350**	**58541**	**-1.36**
花生	Peanuts	0.03	0.08	0.11	41.95	46	242	329	35.72
油菜籽	Rapeseeds	16.08	21.99	22.46	2.13	39564	59107	58212	-1.52
蔬菜、瓜类	**Vegetables and Melon**	**7.47**	**23.42**	**24.37**	**4.06**	**176728**	**730887**	**728902**	**-0.27**
蔬菜	Vegetables	7.47	23.27	24.00	3.12	176695	729330	725696	-0.50
瓜类	Melon	…	0.15	0.37	151.46	33	1557	3205	105.93
其他作物	**Other Crops**	**6.01**	**28.03**	**37.31**	**33.10**	**57622**	**387649**	**432506**	**11.57**
#青饲料	Green Feed	5.74	27.46	36.78	33.95	54820	386631	411012	6.31

8-21 茶园、果园面积和茶叶、水果产量
AREA OF TEA PLANTATIONS, ORCHARDS AND OUTPUT OF TEA AND FRUITS

指 标	Item	1990	1995	2000	2010	2017	2018
面积 (公顷)	**Area (hectare)**						
茶园	Tea Plantations	149	146	48	224	790	1792
果园	Orchards	629	1277	1235	1860	5421	4928
#苹果园	Apple Plantations	508	1145	1051	1375	2876	2654
梨园	Pear Plantations	41	58	112	81	432	341
产量 (吨)	**Output (ton)**						
茶叶	Tea	66	130	1	8	91	92
水果	Fruits	5445	6242	7418	9484	18915	17807
#苹果	Apple	3696	3615	5299	5124	11044	9093
梨	Pear	319	705	803	1228	1309	1454

8-22 各地市造林面积情况(2018年) AFFORESTATION AREA BY REGION (2018)

单位：公顷 (hectare)

地区	Region	当年造林面积 Afforested Areas in Current Year	#用材林 Commercial Forest	#经济林 Economic Forest	育苗面积 Seeding Raising Area	幼林抚育面积 Young Growth Tending Area	成林抚育面积 Forest Tending Area	迹地更新面积 Regeneration Area
全区合计	**Total**	**39883**	**139**	**5669**	**4320**	**3537**	**22660**	**267**
拉萨市	Lhasa	4611		188	387	10	1200	
日喀则市	Xigazê	10005		1767	682		2833	
昌都市	Qamdo	14014		1767	593	2994	11200	130
林芝市	Nyingchi	1706	139	863	1551	533	3333	137
山南市	Lhoka	7092			1065		3427	
那曲市	Nagqu	1084		1084	35			
阿里地区	Ngari	1371					667	

8-23 林业生产情况 OUTPUT OF FOREST PRODUCTS

指标		Item		1990	1995	2000	2007	2017	2018
营林情况		**Tree Planting and Forestation**							
当年造林面积	(公顷)	Afforested Areas in Current Year	(hectare)	5977	12966	14101	22264	45041	39883
用材林		Commercial Forest		193	478	2293	2813	370	139
经济林		Economic Forest		15	179	398	1593	4613	5669
防护林		Shelter Forest		440	3306	2721	13132	39919	34075
薪炭林		Firewood Forest		18	2	299	1239		
其他林		Other Forest		201	48	80	291	118	
迹地更新面积	(公顷)	Regeneration Area	(hectare)	469	684	1684	129	462	267
零星植树	(万株)	Sporadic Tree Planting	(10000 units)	28	1893	840	1155	1088	505
育苗面积	(公顷)	Seeding Raising Area	(hectare)	486	92	165	190	1637	4320
幼林抚育作业面积	(公顷)	Young Growth Tending Area	(hectare)	989	1893	2626	2346	4540	3537
成林抚育面积	(公顷)	Forest Tending Area	(hectare)	2660	3269	6150	16040	29643	22660
主要林产品产量		**Output of Major Forest Products**							
松茸	(吨)	Tricholoma Matsutake	(ton)	8	155		756	93	55
香菇	(吨)	Shiitake Mushroom	(ton)				11	836	
核桃	(吨)	Walnuts	(ton)	98	1386	1829	2247	3559	1873
花椒	(吨)	Chinese Prickly Ash	(ton)	1		35	67	130	76
农村竹木采伐		**Cut Bamboo and Timber in Rural Areas**							
木材	(万立方米)	Timber	(10000 m^3)	13.13	14.09	13.39	35.68	9.33	8.46
竹材	(万根)	Bamboo Wood	(10000 units)	45.68	118.98	170.31	52.75	151.32	119.08

8-24 年末牲畜存栏情况
NUMBER OF LIVESTOCK (YEAR-END)

单位: 万头(只、匹) (10000 heads)

年 份 Year	地 区 Region	牲畜总头数 Number of Livestock	大牲畜 Large Animal	#牛 Cattle and Buffaloes	羊 Sheep and Goats	#绵羊 Sheep	猪 Hogs
1951		955	242	221	710	463	3
1959		956	243	222	707	474	6
1965		1701	459	427	1229	799	13
1978		2349	509	474	1815	1236	25
1980		2351	502	465	1825		24
1985		2179	539	499	1627	1086	13
1990		2251	554	506	1681	1113	16
1991		2317	575	526	1724	1146	18
1992		2395	598	547	1779	1188	19
1993		2320	588	537	1713	1145	20
1994		2297	582	531	1695	1126	20
1995		2379	590	539	1767	1168	22
1996		2276	560	511	1693	1109	23
1997		2310	574	524	1715	1126	21
1998		2252	559	509	1671	1096	21
1999		2290	579	528	1689	1104	22
2000		2266	579	526	1664	1074	23
2001		2360	607	553	1729	1111	24
2002		2439	633	577	1782	1139	24
2003		2451	647	591	1779	1134	25
2004		2509	668	613	1816	1151	26
2005		2415	686	632	1698	1072	30
2006		2438	703	651	1703	1066	32
2007		2407	674	622	1707	1060	26
2008		2405	696	645	1678	1032	31
2009		2324	705	653	1584	968	35
2010		2321	706	654	1579	977	36
2011		2185	690	645	1459	900	36
2012		2056	668	625	1352	841	36
2013		1948	640	599	1272	795	36
2014		1861	634	594	1190	749	38
2015		1833	637	599	1156	736	40
2016		1803.48	630.98	594.33	1130.36	742.40	42.14
2017		1775.84	628.30	592.62	1105.25	717.63	42.29
2018		1726.46	640.46	606.73	1046.07	679.80	39.93
拉萨市	Lhasa	124.78	85.44	84.09	37.08	24.50	2.26
日喀则市	Xigazê	456.76	89.13	84.49	366.37	245.23	1.25
昌都市	Qamdo	231.83	166.77	148.70	59.45	33.59	5.61
林芝市	Nyingchi	73.52	41.23	37.83	3.69	1.54	28.60
山南市	Lhoka	131.22	47.01	45.44	82.26	67.59	1.95
那曲市	Nagqu	509.53	194.39	190.62	314.88	231.04	0.26
阿里地区	Ngari	198.83	16.49	15.56	182.33	76.30	

注：2016-2017年牲畜存栏数据根据第三次全国农业普查结果进行了修正。
Note: The data of number of livestock from 2016 to 2017 has been adjusted in accordance with the 3rd agricultural census.

8-25 牛、猪、羊出栏情况
SLAUGHTERED OF CATTLE AND BUFFALOES, HOGS, SHEEP AND GOATS

单位：万头(只) (10000 heads)

年份 Year	地区 Region	牛 Cattle and Buffaloes 出栏数 Number of Slaughtered	出栏率(%) Crop Rate (%)	猪 Hogs 出栏数 Number of Slaughtered	出栏率(%) Crop Rate (%)	羊 Sheep and Goats 出栏数 Number of Slaughtered	出栏率(%) Crop Rate (%)
1978		22.87	4.8	4.96	22.8	213.72	12.3
1985		34.30	7.0	5.65	45.2	283.32	17.4
1990		43.74	7.6	7.10	43.4	317.49	18.6
1991		43.32	7.8	8.81	53.9	333.74	19.9
1992		47.16	8.2	9.02	50.6	357.04	20.7
1993		53.73	9.0	9.66	52.0	352.94	19.9
1994		58.08	9.9	9.86	49.9	365.13	21.5
1995		68.17	11.7	9.46	52.7	388.66	22.9
1996		62.49	11.6	12.23	55.6	328.82	18.6
1997		66.59	13.0	13.24	57.6	403.28	23.8
1998		69.63	12.1	12.64	60.2	411.33	24.0
1999		77.49	15.2	12.95	60.9	439.16	26.3
2000		80.13	15.2	13.64	62.0	437.52	25.9
2001		85.31	16.2	12.73	55.3	467.74	28.1
2002		89.47	16.2	14.38	59.9	530.38	30.7
2003		96.28	16.3	13.93	55.7	516.19	29.0
2004		105.10	17.1	15.26	61.0	475.92	26.8
2005		106.07	16.8	18.84	62.8	483.07	28.4
2006		107.96	16.6	18.31	57.2	508.52	29.9
2007		116.59	17.9	15.58	48.6	526.90	30.9
2008		123.35	18.9	15.60	60.0	520.08	30.5
2009		126.58	19.6	19.67	63.5	529.84	31.6
2010		136.89	21.0	20.45	58.7	525.11	33.1
2011		147.89	22.6	19.85	55.3	547.81	34.7
2012		162.02	25.1	19.32	53.8	540.59	37.1
2013		160.08	25.6	17.86	49.4	484.03	35.8
2014		149.52	25.0	17.26	48.5	408.63	32.1
2015		159.94	26.9	17.42	45.4	406.62	34.2
2016		157.28	26.3	17.81	44.1	380.59	32.9
2017		163.32	27.5	19.06	45.2	397.19	35.1
2018		145.40	24.5	16.50	39.0	342.11	31.5
拉萨市	Lhasa	18.93	23.4	2.17	55.7	17.49	38.4
日喀则市	Xigazê	16.06	19.2	0.70	46.5	115.67	30.7
昌都市	Qamdo	45.01	31.4	2.67	37.0	20.60	28.3
林芝市	Nyingchi	4.11	10.4	9.33	34.0	1.07	22.5
山南市	Lhoka	13.80	31.6	1.49	77.9	33.62	37.6
那曲市	Nagqu	45.41	24.2	0.13	46.2	104.40	32.7
阿里地区	Ngari	2.07	15.5			49.27	27.6

8-26 畜产品产量
OUTPUT OF LIVESTOCK PRODUCTS

年份 Year	地区 Region	猪牛羊肉(万吨) Output of Pork, Beef and Mutton (10000 tons)	猪肉 Pork	牛肉 Beef	羊肉 Mutton	奶类(万吨) Milk (10000 tons)	#牛奶 Cow Milk
1978		4.71	0.19	2.09	2.43	9.34	6.01
1985		7.07	0.28	3.38	3.41	10.28	8.79
1990		8.78	0.50	4.35	3.93	15.75	12.55
1991		9.10	0.47	4.42	4.21	17.71	14.03
1992		9.74	0.51	4.85	4.38	18.60	14.82
1993		10.25	0.53	5.31	4.41	16.56	13.20
1994		10.39	0.47	5.60	4.33	16.16	13.08
1995		11.21	0.56	6.13	4.52	17.61	14.10
1996		11.54	0.66	6.24	4.64	16.62	13.51
1997		12.15	0.69	6.67	4.79	18.60	14.90
1998		12.91	0.67	7.33	4.91	19.56	15.58
1999		14.69	0.73	8.29	5.67	20.88	16.72
2000		14.93	0.79	8.48	5.66	20.40	16.20
2001		16.01	0.83	8.94	6.23	23.05	18.14
2002		17.21	0.92	9.40	6.89	24.30	19.00
2003		18.98	0.86	10.76	7.36	25.13	19.62
2004		20.82	1.04	12.19	7.59	26.20	20.29
2005		21.46	1.22	12.76	7.47	26.98	21.21
2006		22.70	1.19	13.46	8.05	27.61	21.57
2007		23.48	1.08	14.20	8.20	28.94	22.98
2008		24.46	1.11	15.07	8.28	29.46	23.32
2009		25.52	1.25	16.31	7.96	29.43	23.69
2010		26.31	1.26	16.91	8.14	30.25	24.15
2011		27.67	1.17	17.89	8.61	31.35	25.34
2012		28.95	1.13	19.76	8.06	31.69	25.64
2013		29.21	1.01	20.71	7.49	32.52	26.51
2014		28.62	1.04	20.69	6.89	34.06	28.73
2015		29.28	1.07	21.63	6.59	35.44	30.47
2016		29.09	1.07	21.64	6.38	38.36	33.39
2017		30.03	1.14	22.54	6.35	42.03	37.06
2018		27.80	1.07	20.87	5.86	40.87	36.52
拉萨市	Lhasa	3.25	0.16	2.82	0.27	7.93	7.78
日喀则市	Xigazê	3.00	0.05	1.48	1.47	9.47	7.91
昌都市	Qamdo	7.44	0.19	6.56	0.68	7.41	6.80
林芝市	Nyingchi	1.25	0.58	0.64	0.02	2.49	2.45
山南市	Lhoka	2.29	0.08	1.77	0.44	5.11	4.91
那曲市	Nagqu	9.53	0.01	7.33	2.19	7.63	6.36
阿里地区	Ngari	1.05		0.27	0.79	0.85	0.31

注：2016-2017年畜产品产量数据根据第三次全国农业普查结果进行了修正。
Note: The data of output of livestock products from 2016 to 2017 has been adjusted in accordance with the 3rd agricultural census.

第九篇

工　业

CHAPTER 9

INDUSTRY

9-1 全部工业企业单位数
NUMBER OF ALL INDUSTRIAL ENTERPRISES

单位：个 (unit)

分 类	Item	2000	2007	2010	2013	2017	2018
总 计	**Total**	**482**	**443**	**479**	**547**	**1249**	**1521**
按登记注册类型分	**Grouped by Ownership**						
国有经济	State-owned	288	214	138	120	186	175
集体经济	Collective-Owned	105	81	66	84	111	168
其他经济	Others	89	148	275	343	952	1178
按轻重工业分	**Grouped by Light and Heavy Industry**						
轻工业	Light Industry	202	168	167	282	676	789
重工业	Heavy Industry	280	275	312	265	573	732
按企业规模分	**Grouped by Size of Enterprises**						
大型企业	Large Enterprises			1	2	2	2
中型企业	Medium-sized Enterprises	4	10	13	13	13	13
小型企业	Small Enterprises	478	433	465	186	249	255
微型企业	Micro-sized Enterprises				346	985	1251
按国民经济行业分	**Grouped by Sectors**						
煤炭开采和洗选业	Mining and Washing of Coal	2	2	2	2	3	2
黑色金属矿采选业	Mining and Processing of Ferrous Metal Ores	10	14	16	17	15	15
有色金属矿采选业	Mining and Processing of Non-ferrous Metal Ores	19	42	52	44	68	70
非金属矿采选业	Mining and Processing of Non-metal Ores	17	24	29	30	79	104
开采辅助活动	Support Activities for Mining					3	3
其他采矿业	Mining of Other Ores	1	1			6	6
农副食品加工业	Processing of Food from Agricultural Products	38	25	44	66	153	189
食品制造业	Manufacture of Foods	10	11	12	14	46	60
酒、饮料和精制茶制造业	Manufacture of Liquor, Beverages and Refined Tea	16	21	25	33	80	81
烟草制品业	Manufacture of Tobacco	1					1
纺织业	Manufacture of Textile	18	10	11	13	54	66
纺织服装、服饰业	Manufacture of Textile, Wearing Apparel and Accessories	22	12	11	12	40	47

注：1.2002年以前总计中含“木材及竹材采运业”。
2.2014年及以后国有经济包含纯国有和国有控股企业(以下相关表同)。

Note: 1.Before 2002, total included loffing and transport of timber and bamboo.
2.Since 2014, state-owned includes the state-owned and state-holding enterprises. The same applies to the relevant tables following.

9-1 续表 continued

单位：个 (unit)

分类	Item	2000	2007	2010	2013	2017	2018
皮革、毛皮、羽毛及其制品和制鞋业	Manufacture of Leather, Fur, Feather and Related Products and Footwear	1	1	3	4	12	14
木材加工和木、竹、藤、棕、草制品业	Processing of Timber, Manufacture of Wood, Bamboo, Rattan, Palm and Straw Products	25	15	13	14	25	40
家具制造业	Manufacture of Furniture	9	7	7	14	43	67
造纸及纸制品业	Manufacture of Paper and Paper Products	1		2	3	10	15
印刷和记录媒介复制业	Printing and Reproduction of Recording Media	16	14	14	13	24	22
文教、工美、体育和娱乐用品制造业	Manufacture of Articles for Culture, Education, Arts and Crafts, Sport and Entertainment Activities	5			50	86	101
石油加工、炼焦和核燃料加工业	Processing of Petroleum, Coking and Processing of Nuclear Fuel					1	1
化学原料及化学制品制造业	Manufacture of Raw Chemical Materials and Chemical Products	9	10	15	19	56	65
医药制造业	Manufacture of Medicines	16	20	23	27	40	45
橡胶和塑料制品业	Manufacture of Rubber and Plastics Products	3	1	4	4	10	12
非金属矿物制品业	Manufacture of Non-metallic Mineral Products	45	34	55	60	157	226
黑色金属矿冶炼及压延加工业	Smelting and Pressing of Ferrous Metals	2			1	1	
有色金属矿冶炼及压延加工业	Smelting and Pressing of Non-ferrous Metals		1	1	1	1	1
金属制品业	Manufacture of Metal Products	6	3	8	13	33	42
通用设备制造业	Manufacture of General Purpose Machinery	2	1			1	2
专用设备制造业	Manufacture of Special Purpose Machinery	9	2	2	4	2	1
汽车制造业	Manufacture of Automobiles	33	22	18			
电气机械及器材制造业	Manufacture of Electrical Machinery and Apparatus		3	3	3	7	6
计算机、通信和其他电子设备制造业	Manufacture of Computers, Communication and other Electronic Equipment					1	1
其他制造业	Other Manufacture				2	9	12
废弃资源综合利用业	Utilization of Waste Resources					5	5
金属制品、机械和设备修理业	Repair Service of Metal Products, Machinery and Equipment					11	12
电力、热力生产和供应业	Production and Supply of Electric Power and Heat Power	102	105	60	70	143	160
燃气生产和供应业	Production and Supply of Gas					2	2
水的生产和供应业	Production and Supply of Water	7	11	14	14	22	25

9-2 工业总产值
GROSS OUTPUT VALUE OF INDUSTRY

单位：万元　　　　(10000 yuan)

年 份 Year	合 计 Total	按登记注册类型分 Grouped by Ownership			按轻重工业分 Grouped by Light and Heavy Industry		按企业规模分 Grouped by Size of Enterprises	
		国有经济 State-owned	集体经济 Collective-owned	其他经济 Others	轻工业 Light Industry	重工业 Heavy Industry	大中型企业 Large and Medium-sized	小微型企业 Small and Micro-sized
1956	140	140				140		140
1959	4344	4243	101		164	4180		4344
1965	2349	1797	522		892	1457		2349
1978	14934	11438	3496		5691	9243		14934
1980	14894	13818	1076		4600	10294	477	14417
1986	20200	13085	2022	5093	7734	12466	1343	18857
1987	21608	15353	2255	4000	9500	12108	2173	19435
1988	26496	19615	2881	4000	11088	15408	1628	24868
1989	33300	24119	3406	5775	12900	20400	1578	31722
1990	37200	25395	4230	7575	14518	22682	2102	35098
1991	44214	28709	3805	11700	20307	23907	1815	42399
1992	49696	31502	4871	13323	23053	26643	3559	46137
1993	59873	39637	5475	14761	23531	36342	4263	55610
1994	76200	48895	6139	21166	35964	40236	3997	72203
1995	90816	65679	13909	11228	28479	62337	12774	78042
1996	103617	69561	20642	13414	28137	75480	11507	92110
1997	117586	78033	17648	21905	40981	76605	21905	40981
1998	144313	94543	22381	27389	47554	96759	13842	130471
1999	166010	94686	14090	57234	65626	100384	11804	154206
2000	183036	94970	44529	43537	68814	114222	26749	156287
2001	199769	85086	44612	70071	79495	120274	50337	149432
2002	216337	96244	44899	75194	87977	128360	51343	164994
2003	239635	105503	40209	93923	89753	149882	98005	141630
2004	284243	116453	43073	124717	119924	164319	104399	179844
2005	336462	133805	44358	158299	136300	200162	111569	224893
2006	401641	135733	53667	212241	158267	243374	123194	278447
2007	504375	166871	28471	309033	187171	317204	203869	300506
2008	597153	184919	27994	384240	227571	369582	183802	413351
2009	657970	191361	20251	446358	271729	386241	254967	403003
2010	756144	225250	18063	512831	276447	479697	325047	431097
2011	950805	298104	25378	627323	369933	580872	417738	533067
2012	1059120	369199	30444	659477	406740	652380	454272	604848
2013	1258348	397547	30403	830398	481087	777260	573533	684815
2014	1516709	526160	31481	959068	664133	852576	628491	888218
2015	1791452	667985	15242	1108225	799598	991854	680004	1111448
2016	2101544	797146	15945	1288453	850245	1251299	804374	1297170
2017	2459934	1114865	8386	1336683	846715	1613219	1007668	1452266
2018	2707541	1264948	11716	1430876	619667	2087874	1244561	1462980

9-3 工业总产值指数
INDICES OF GROSS OUTPUT VALUE OF INDUSTRY

(上年=100) (preceding year=100)

年 份 Year	合 计 Total	按登记注册类型分 Grouped by Ownership			按轻重工业分 Grouped by Light and Heavy Industry		按企业规模分 Grouped by Size of Enterprises	
		国有经济 State-owned	集体经济 Collective-owned	其他经济 Other	轻工业 Light Industry	重工业 Heavy Industry	大中型企业 Large and Medium-sized	小微型企业 Small and Micro-sized
1957	252.7	252.7				252.7		252.7
1959	96.5	95.8	138.3		137.0	95.4		96.5
1965	119.2	102.6	251.3		251.2	90.2		119.2
1978	113.5	113.5	113.5		107.1	117.8		113.5
1980	91.9	111.7	27.4		95.1	90.4	87.0	92.1
1986	92.7	89.2	117.7	92.9	68.3	120.4	98.1	92.4
1987	113.7	119.7	113.7	98.7	129.5	103.5	111.9	113.7
1988	110.3	99.4	118.0	139.3	119.4	103.0	111.6	110.2
1989	109.5	108.7	108.2	112.0	109.1	109.9	112.8	109.3
1990	106.3	101.2	117.3	135.8	110.4	102.6	92.1	107.2
1991	107.2	97.9	99.0	160.0	135.0	89.7	84.7	108.7
1992	108.2	105.0	110.5	113.8	112.6	103.9	169.5	105.0
1993	108.5	109.5	97.4	110.6	102.1	115.1	135.2	106.3
1994	113.1	104.0	116.9	129.0	111.8	114.2	86.0	116.0
1995	114.7	132.9	202.0	51.0	108.5	117.8	300.7	99.2
1996	110.4	113.3	104.9	103.7	97.1	117.8	91.2	120.7
1997	112.2	102.1	116.2	175.2	133.0	123.2	29.8	129.3
1998	113.5	106.7	124.6	123.7	111.4	114.8	125.7	105.3
1999	108.7	111.2	104.0	103.8	121.2	101.7	100.8	109.2
2000	108.1	103.7	115.2	109.4	114.0	107.5	103.2	105.4
2001	108.0	98.4	96.8	137.2	108.1	106.3	110.7	102.9
2002	108.0	107.5	103.3	112.0	113.1	103.2	113.5	107.2
2003	109.6	113.4	92.2	118.6	106.8	111.9	112.1	108.6
2004	114.6	111.0	118.7	126.9	116.4	113.1	104.5	118.4
2005	116.5	104.7	109.7	114.7	120.4	113.0	112.7	117.5
2006	117.0	110.5	115.4	129.2	100.9	135.6	111.5	118.3
2007	117.4	113.6	90.7	141.9	110.4	122.2	101.8	120.2
2008	112.1	117.6	93.2	111.0	115.9	109.9	85.4	130.3
2009	112.9	104.9	89.3	118.8	120.5	108.7	112.2	113.5
2010	113.2	118.2	108.0	108.6	98.8	122.1	101.4	120.9
2011	120.6	126.9	134.7	118.4	128.3	116.1	149.4	104.3
2012	111.7	124.2	120.3	105.4	110.3	112.6	109.1	113.8
2013	115.7	107.6	106.5	126.2	112.0	118.1	126.5	113.4
2014	120.8	132.7	103.9	115.8	138.5	110.0	109.9	130.1
2015	118.6	127.7	47.0	114.9	121.0	116.8	108.4	125.8
2016	103.7	105.5	92.5	102.8	94.0	111.5	104.6	103.2
2017	103.1	123.2	46.3	91.4	87.7	113.6	110.4	98.6
2018	117.7	132.0	139.7	116.5	84.1	127.2	112.9	120.9

注：本表按可比价格计算。

Note: Data in this table are calculated at comparable prices.

9-4 工业总产值指数
INDICES OF GROSS OUTPUT VALUE OF INDUSTRY

(1956年=100) (year of 1956=100)

年 份 Year	合 计 Total	按登记注册类型分 Grouped by Ownership			按轻重工业分 Grouped by Light and Heavy Industry		按企业规模分 Grouped by Size of Enterprises	
		国有经济 State-owned	集体经济 Collective-owned	其他经济 Others	轻工业 Light Industry	重工业 Heavy Industry	大中型企业 Large and Medium-sized	小微型企业 Small and Micro-sized
1957	252.7	252.7				252.7		252.7
1959	3095.7	3501.0	213.2		137.0	3060.4		3095.7
1965	1673.9	1485.2	1148.9		746.1	1065.6		1673.9
1978	9459.1	8356.1	6490.7		3977.8	6243.4		9459.1
1980	9710.0	10425.9	1986.5		3468.9	2998.6	87.0	9408.8
1986	9368.2	6886.6	3197.8	109.9	4044.6	6084.1	148.0	8849.6
1987	10651.6	8243.3	3635.9	108.5	5237.8	6297.0	165.7	10062.0
1988	11748.7	8193.8	4290.4	151.1	6253.9	6485.9	185.0	11088.3
1989	12864.8	8906.7	4642.2	169.1	6823.0	7128.0	208.7	12119.5
1990	13675.3	9013.6	5445.3	198.4	7532.6	7313.3	192.3	12992.1
1991	14659.9	8824.3	5390.8	198.3	10169.0	6560.0	206.6	14122.4
1992	15862.0	9265.5	5956.8	225.8	11450.3	6815.8	350.3	14828.5
1993	17210.3	10145.7	5801.9	249.7	11690.8	7845.0	473.6	15762.7
1994	19464.8	10551.5	6782.4	322.1	13070.3	8959.0	407.3	18284.7
1995	22534.9	14022.9	13700.4	164.3	14181.3	10553.7	1224.8	18436.0
1996	24878.0	15887.9	14371.7	170.4	13770.0	12432.3	1117.0	22252.3
1997	27913.7	16221.5	16699.9	298.5	18314.1	15316.6	332.9	28772.2
1998	31682.0	17308.3	20808.1	369.2	20401.9	17583.5	418.5	30297.1
1999	34438.3	19246.8	21640.4	383.2	24727.1	17882.4	421.8	33084.4
2000	37227.8	19958.9	24929.7	419.2	28188.9	19223.6	435.3	34871.0
2001	40206.0	19639.6	24131.9	575.1	30472.2	20434.7	481.9	35882.3
2002	43422.5	21112.6	24928.3	644.1	34464.1	21088.6	546.9	38465.8
2003	47591.1	23941.7	22983.9	763.9	36807.7	23598.1	613.1	41773.9
2004	54539.4	26575.3	27281.9	969.4	42844.2	26689.5	640.7	49460.3
2005	63538.4	27824.3	29928.2	1111.9	51584.4	30159.1	722.1	58115.9
2006	74339.9	30745.9	34537.1	1582.7	52048.7	40895.7	805.1	68751.1
2007	87275.0	34927.3	31325.1	2245.9	57461.8	49974.5	819.6	82638.8
2008	97835.3	41074.5	29195.0	2492.9	66598.2	54921.9	699.9	107678.4
2009	110456.1	43087.2	26071.1	2961.6	80250.8	59700.1	785.3	122215.0
2010	125036.3	50929.1	28156.8	3216.3	79287.8	72893.8	796.3	147757.9
2011	150793.8	64629.0	37927.2	3808.9	101726.2	84629.7	1189.7	154111.5
2012	168436.7	80269.2	45626.4	4014.6	112204.0	95293.0	1298.0	175378.9
2013	194881.3	86369.7	48592.1	5066.4	125668.5	112541.0	1642.0	198879.7
2014	235416.6	114612.6	50487.2	5866.9	174050.9	123795.1	1804.6	258742.5
2015	279204.1	146360.3	23729.0	6741.1	210531.9	144567.9	1956.5	325549.8
2016	289595.9	154430.1	21948.2	6929.6	197937.2	161258.6	2046.3	335940.7
2017	298663.1	190291.9	10170.3	6333.9	173670.1	183171.9	2258.5	331372.2
2018	351526.4	251185.3	14207.9	7378.9	146056.6	232994.7	2549.8	400628.9

注：本表按可比价格计算。
Note: Data in this table are calculated at comparable prices.

9-5 全部工业企业分行业工业总产值
GROSS OUTPUT VALUE OF ALL INDUSTRIAL ENTERPRISES BY SECTOR

单位：万元 (10000 yuan)

分 类	Item	2010	2017	2018
总 计	**Total**	**704849**	**2388110**	**2707541**
按登记注册类型分	**Grouped by Ownership**			
国有企业	State-owned Enterprises	225250	101496	144676
集体企业	Collective-owned Enterprises	18063	8386	11716
股份合作企业	Cooperative Enterprises	3881	6437	12345
有限责任企业	Limited Liability Companies		1133304	1049603
股份制企业	Share Holding Enterprises	333501	651832	812539
私营企业	Private Enterprises		383546	328675
外商及港澳台商投资企业	Foreign Funded Enterprises and Enterprises with Funds from Hong Kong, Macao and Taiwan	54891	98212	332722
其他经济企业	Other Enterprises	69263	4896	15264
按国民经济行业分	**Grouped by Sectors**			
煤炭开采和洗选业	Mining and Washing of Coal			
黑色金属矿采选业	Mining and Processing of Ferrous Metal Ores	39589	19403	14735
有色金属矿采选业	Mining and Processing of Non-Ferrous Metal Ores	103550	554201	685574
非金属矿采选业	Mining and Processing of Non-metal Ores	13796	16500	39108
其他采矿业	Mining of Other Ores			
农副食品加工业	Processing of Food from Agricultural Products	25954	60498	50449
食品制造业	Manufacture of Foods	11291	83499	74112
酒、饮料和精制茶制造业	Manufacture of Liquor, Beverages and Refined Tea	106958	333444	243412
烟草制品业	Manufacture of Tobacco			1038
纺织业	Manufacture of Textile	8549	14175	12935
纺织服装、服饰业	Manufacture of Textile, Wearing Apparel and Accessories	880	8748	8385
皮革、毛皮、羽毛及其制品和制鞋业	Manufacture of Leather, Fur, Feather and Related Products and Footwear	1176	1489	2236
木材加工和木、竹、藤、棕、草制品业	Processing of Timber, Manufacture of Wood, Bamboo, Rattan, Palm and Straw Products	10822	1500	4099
家具制造业	Manufacture of Furniture	721	3949	5023
造纸及纸制品业	Papermaking and Paper Products	8651	14246	11000
印刷和记录媒介复制业	Printing and Reproduction of Recording Media	8188	31390	16255
文教、工美、体育和娱乐用品制造业	Manufacture of Articles for Culture, Education, Arts and Crafts, Sport and Entertainment Activities	5873	26504	21051
化学原料及化学制品制造业	Manufacture of Raw Chemical Materials and Chemical Products	9317	62954	91080
医药制造业	Manufacture of Medicines	65027	145810	128798
橡胶和塑料制品业	Manufacture of Rubber and Plastics Products	632	6573	7801
非金属矿物制品业	Manufacture of Non-metallic Mineral Products	147662	540180	784872
黑色金属矿冶炼及压延加工业	Smelting and Pressing of Ferrous Metals		280	
有色金属矿冶炼及压延加工业	Smelting and Pressing of Nonferrous Metals			
金属制品业	Metal Products	343	8674	10383
通用设备制造业	Manufacture of General Purpose Machinery		373	697
专用设备制造业	Manufacture of Special Purposes Machinery	42	2175	30
汽车制造业	Manufacture of Automobiles	10791		
电气机械及器材制造业	Manufacture of Electrical Machinery and Apparatus	1481	1885	554
其他制造业	Other Manufacture		1019	444
废弃资源综合利用业	Utilization of Waste Resources		22	10
金属制品、机械和设备修理业	Repair of Metal Products and Mechanical Equipment		101	107
电力、热力生产和供应业	Production and Supply of Electric Power and Heat Power	110616	411307	448176
燃气生产和供应业	Production and Supply of Gas		8064	11164
水的生产和供应业	Production and Supply of Water	12940	29145	34015

9-6 规模以上工业企业主要经济指标
MAIN ECONOMIC INDICATORS OF INDUSTRIAL ENTERPRISES ABOVE DESIGNATED SIZE

单位：万元 (10000 yuan)

指 标	Item	2000	2007	2010	2014	2017	2018
企业单位数(个)	Number of Industrial Enterprises (unit)	219	100	97	97	116	123
#亏损企业	Number of Loss-Making Enterprises	45	14	24	27	31	37
工业总产值(当年价)	Gross Output Value of Industry(at current price)	152376	413637	622246	1154723	2119213	2382232
工业增加值(当年价)	Added Value of Industry (at current price)	86419	234621	292500	488749	969742	1034213
工业销售产值(当年价)	Sales Value of Industry (at current price)	141582	387163	600627	1092714	2028395	2413449
#出口交货值	Delivery Value of Export	1094	90	254	4109	247	134
流动资产合计	Total Current Assets	223916	573217	907575	1771808	3436339	4282606
固定资产原价	Original Value of Fixed Assets	562109	1204026	1898472	3805237	8440587	10596859
固定资产净值	Net Value of Fixed Assets				2773810	6593279	8389267
资产总计	Total Assets	752352	1721826	3152355	6685218	13937517	15862237
流动负债合计	Current Liabilities	137495	290843	583755	1479215	4393550	4597872
非流动负债合计	Non-current Liabilities	46655	102952	300521	1165445	2742249	3865238
所有者权益合计	Total Owners' Equities	566057	1328031	2232227	4010101	6153017	7397770
实收资本	Paid-in Capitals	437438	554520	898243	1395656	1991166	2122130
营业收入	Business Revenue				1212026	2187662	2660672
#主营业务收入	Revenue from Principal Business	144227	367308	597092	1171413	2149774	2630972
营业成本	Business Cost				921117	1607187	2051258
#主营业务成本	Costs of Principal Business	81691	228165	483103	884773	1592954	2034614
税金及附加	Tax and Other Charges				16968	32449	42548
#主营业务税金及附加	Taxes and Other Charges on Principal Business	4053	5649	8409	16666	31042	41149
销售费用	Selling Expenses				88422	83598	92255
管理费用	Administrative Expenses				103452	155897	205968
财务费用	Financial Expenses				19109	59307	82093
#利息收入	Interest Revenue				10445	3636	8016
利息支出	Interest Expenses				29130	60346	80590
营业利润	Business Profits	14012	65895	29001	62243	261040	192503
投资收益	Profit from Investment				1985	34917	9971
其他收益	Other Profits				49316	4720	9612
营业外收入	Non-business Revenue				70733	17229	13032
营业外支出	Non-business Expenditure				7388	12239	15997
利润总额	Total Profits	26848	71465	108200	125588	266030	189540
#亏损企业亏损总额	Total Loss of Loss-Making Enterprises	2773	14300	31301	123502	181265	237962
所得税费用	Income Tax Expenses	1504	5649	14642	34744	34082	41132
利税总额	Total Pre-tax Profits				219623	279419	307689
应交税金及附加	Tax and Other Charges Payable				129684	47471	159281
本年应交增值税	Value-added Tax Payable This Year	11216	43772	50084	77067	-19060	75602
本年应付职工薪酬	Wages Payable This Year	27462	52277	85435	188262	261046	317578
本年应付福利费总额	Welfare Payable This Year	2224	4097	2908			
全部从业人员年平均人数(人)	Annual Average Employees (person)	22934	20170	19144	19829	19998	21484

注：1.规模以上工业企业统计范围2006年及以前为全部国有及年主营业务收入在500万元以上非国有工业企业，2007–2010年为年主营业务收入在500万元以上工业企业，2011年及以后为年主营业务收入2000万元以上工业企业(以下相关表同)。
2.2016年及以前"其他收益"数据为"政府补助"，"税金及附加"数据为"营业税金及附加"。
3.2014年及以前"所得税费用"数据为"应交所得税"。

Note:1.Industrial enterprises above designated size are all state-owned enterprises and non-state-owned industrial enterprises with annual revenue from principal business over 5 million yuan in and before 2006, and are industrial enterprises with annual revenue from principal business over 5 million yuan from 2007 to 2010, and are industrial enterprises with annual revenue from principal business over 20 million yuan since 2011. The same applies to the relevant tables following.
2.In 2016 and before, other profit refers to government grants, tax and other charges refers to operating tax and other charges.
3.In 2014 and before, income tax expense refers to income tax payable.

9-7 规模以上工业企业分类型主要经济指标(2018年)

单位：万元

指 标	Item	企 业 单位数 (个) Number of Enterprises (unit)	#亏损企业 Number of Loss-Making Enterprises	工业总产值 (当年价) Gross Output Value of Industry (At current price)
总 计	**Total**	**123**	**37**	**2382232**
按登记注册类型分	**By Ownership**			
国有企业	State-owned Enterprises	5	2	33587
集体企业	Collective-owned Enterprises			
股份合作企业	Cooperative Enterprises			
有限责任公司	Limited Liability Companies	58	19	986704
股份制企业	Share Holding Enterprises	24	5	799663
私营企业	Private Enterprises	31	10	229556
外商及港澳台商投资企业	Foreign Funded Enterprises and Enterprises with Funds from Hong Kong, Macao and Taiwan	5	1	332722
按轻重工业分	**By Light Industry and Heavy Industry**			
轻工业	Light Industry	51	15	507596
重工业	Heavy Industry	72	22	1874636
按企业规模分	**By Size of Enterprises**			
大型企业	Large Enterprises	2	1	485873
中型企业	Medium-sized Enterprises	13		758689
小型企业	Small Enterprises	92	27	1079582
微型企业	Micro-sized Enterprises	16	9	58088
总计中:	**Of the Total:**			
国有控股企业	State-holding Enterprises	37	10	1031095

9-7 续表1

单位：万元

指 标	Item	流动负债合 计 Current Liabilities	非流动负债合 计 Non-current Liabilities
总 计	**Total**	**4597872**	**3865238**
按登记注册类型分	**Grouped by Ownership**		
国有企业	State-owned Enterprises	22885	50494
集体企业	Collective-owned Enterprises		
股份合作企业	Cooperative Enterprises		
有限责任公司	Limited Liability Companies	3196152	2927185
股份制企业	Share Holding Enterprises	663173	384990
私营企业	Private Enterprises	294856	60074
外商及港澳台商投资企业	Foreign Funded Enterprises and Enterprises with Funds from Hong Kong, Macao and Taiwan	420807	442495
按轻重工业分	**By Light Industry and Heavy Industry**		
轻工业	Light Industry	642166	126783
重工业	Heavy Industry	3955706	3738455
按企业规模分	**By Size of Enterprises**		
大型企业	Large Enterprises	1394408	1587599
中型企业	Medium-sized Enterprises	599192	349777
小型企业	Small Enterprises	2275274	1227683
微型企业	Micro-sized Enterprises	328998	700179
总计中:	**Of the Total:**		
国有控股企业	State-holding Enterprises	2757773	2486109

MAIN ECONOMIC INDICATORS OF INDUSTRIAL ENTERPRISES ABOVE DESIGNATED SIZE BY GROUP (2018)

(10000 yuan)

工业销售产值(当年价) Sales Revenue of Industry (At Current Prices)	出口交货值 Delivery Value of Export	资产总计 Total Assets	流动资产合计 Total Current Assets	固定资产原价 Original Value of Fixed Assets	固定资产净值 Net Value of Fixed Assets
2413449	**134**	**15862237**	**4282606**	**10596859**	**8389267**
33312		127402	44474	114379	84151
944272		11132276	2723451	8387875	6625098
912933	134	2748538	964232	1004500	792356
205677		546144	271464	202489	146750
317255		1307878	278985	887615	740912
484351	134	1622294	857457	480484	325660
1929099		14239943	3425149	10116375	8063607
467991		7290238	1520777	6432519	5023053
882527	134	2338086	702008	1071344	848778
1017815		4876133	1730098	2801163	2277421
45117		1357781	329723	291833	240015
1157838		10567801	2560405	8538202	6815382

continued

(10000 yuan)

所有者权益合计 Total Owners' Equities	实收资本 Paid-in Capital	营业收入 Business Revenue	主营业务收入 Revenue from Principal Business	营业成本 Business Cost	主营业务成本 Cost of Principal Business
7397770	**2122130**	**2660672**	**2630972**	**2051258**	**2034614**
54023	27425	32061	28825	23161	19925
5008938	1084031	1133647	1120212	1075984	1067725
1700375	725670	970403	959805	600294	596434
189858	67959	196901	195855	144504	144497
444576	217046	327660	326274	207315	206033
851988	285611	484943	482307	299472	297636
6545782	1836519	2175729	2148665	1751786	1736978
4308231	476000	666848	660257	749766	745327
1389116	589939	925345	921266	588453	584034
1371820	696338	1034320	1017036	687407	680865
328603	359853	34159	32413	25632	24387
5323919	1070411	1376764	1360389	1246679	1233514

9-7　续表2

单位：万元

指　　标	Item	税金及附加 Tax and Other Charges	主营业务税金及附加 Tax and Other Charges on Principal Business
总　计	**Total**	**42548**	**41149**
按登记注册类型分	**Grouped by Ownership**		
国有企业	State-owned Enterprises	63	62
集体企业	Collective-owned Enterprises		
股份合作企业	Cooperative Enterprises		
有限责任公司	Limited Liability Companies	10629	9693
股份制企业	Share Holding Enterprises	15873	15419
私营企业	Private Enterprises	2645	2645
外商及港澳台商投资企业	Foreign Funded Enterprises and Enterprises with Funds from Hong Kong, Macao and Taiwan	13338	13330
按轻重工业分	**By Light Industry and Heavy Industry**		
轻工业	Light Industry	4616	4615
重工业	Heavy Industry	37932	36534
按企业规模分	**By Size of Enterprises**		
大型企业	Large Enterprises	13518	12797
中型企业	Medium-sized Enterprises	16133	15780
小型企业	Small Enterprises	12613	12297
微型企业	Micro-sized Enterprises	284	276
总计中:	**Of the Total:**		
国有控股企业	State-holding Enterprises	13369	12257

9-7　续表3

单位：万元

指　　标	Item	投资收益 Profits from Investment	其他收益 Other Profits
总　计	**Total**	**9971**	**9612**
按登记注册类型分	**Grouped by Ownership**		
国有企业	State-owned Enterprises	5	3962
集体企业	Collective-owned Enterprises		
股份合作企业	Cooperative Enterprises		
有限责任公司	Limited Liability Companies	635	3360
股份制企业	Share Holding Enterprises	7663.8	2242.1
私营企业	Private Enterprises	362	35
外商及港澳台商投资企业	Foreign Funded Enterprises and Enterprises with Funds from Hong Kong, Macao and Taiwan	1306	12
按轻重工业分	**By Light Industry and Heavy Industry**		
轻工业	Light Industry	3775	5577
重工业	Heavy Industry	6196	4035
按企业规模分	**By Size of Enterprises**		
大型企业	Large Enterprises	214	1495
中型企业	Medium-sized Enterprises	7811	2375
小型企业	Small Enterprises	1300	5742
微型企业	Micro-sized Enterprises	646	
总计中:	**Of the Total:**		
国有控股企业	State-holding Enterprises	5805	8304

continued

(10000 yuan)

销售费用 Selling Expenses	管理费用 Administrative Expenses	财务费用 Financial Expenses	#利息收入 Interest Revenue	#利息支出 Interest Expenses	营业利润 Business Profits
92255	**205968**	**82093**	**8016**	**80590**	**192503**
2544	3644	1471	874	620	3680
39244	47131	45910	3791	46121	-92175
34348.7	98251.1	12228.2	2676	10777	218265
10753	18981	4444	106	3552	15936
5365	37961	18040	568	19520	46798
63117	46726	3226	-1043	4259	77314
29138	159241	78867	9059	76331	115189
1371	34171	28777	4532	32381	-164810
30051	79550	11368	1968	9627	209072
59117	86585	38046	250	36283	151375
1715	5662	3902	1266	2300	-3133
21714	79227	43075	4723	47326	-21127

continued

(10000 yuan)

营业外收入 Non-business Revenue	营业外支出 Non-business Expenditure	利润总额 Total Profits	所得税费用 Income Tax Expenses	亏损企业亏损总额 Total Loss of Loss-making Enterprises
13032	**15997**	**189540**	**41132**	**237962**
602	1774	2508	462	3060
6678	7740	-93237	10314	215069
2566	4855	215977	24896	7363
764	1273	15427	2683	12437
2423	355	48866	2777	33
7020	802	83532	8093	12079
6012	15195	106008	33040	225883
2037	1114	-163887	473	188500
2566	3454	208185	21742	
8375	10004	149746	18745	41505
54	1425	-4504	172	7956
2993	5869	-24003	20472	208785

9-7 续表4

单位：万元

指 标	Item	利税总额 Total Pre-tax Profits
总 计	**Total**	**307689**
按登记注册类型分	**Grouped by Ownership**	
国有企业	State-owned Enterprises	3135
集体企业	Collective-owned Enterprises	
股份合作企业	Cooperative Enterprises	
有限责任公司	Limited Liability Companies	-112097
股份制企业	Share Holding Enterprises	301698
私营企业	Private Enterprises	26904
外商及港澳台商投资企业	Foreign Funded Enterprises and Enterprises with Funds from Hong Kong, Macao and Taiwan	88050
按轻重工业分	**By Light Industry and Heavy Industry**	
轻工业	Light Industry	119092
重工业	Heavy Industry	188597
按企业规模分	**By Size of Enterprises**	
大型企业	Large Enterprises	-181581
中型企业	Medium-sized Enterprises	292741
小型企业	Small Enterprises	215898
微型企业	Micro-sized Enterprises	-19369
总计中:	**Of the Total:**	
国有控股企业	State-holding Enterprises	-2344

continued

(10000 yuan)

应交税金及附加 Tax and Other Charges Payable	本年应付职工薪酬 Wages Payable This Year	本年应交增值税 Value-added Tax Payable This Year	全部从业人员年平均人数（人） Annual Average Employees (person)
159281	**317578**	**75602**	**21484**
1090	6325	564	661
-8546	184109	-29489	10718
110616	80089	69848	5744
14159	17084	8831	2479
41961	29972	25847	1882
43653	52735	30944	5681
115629	264843	44657	15803
-17221	135305	-31211	6067
106298	86162	68423	5664
84897	85362	53539	8784
-14693	10749	-15149	969
42131	202481	8290	11007

9-8 规模以上工业企业分行业主要经济指标(2018年)

单位：万元

指 标	Item	企 业 单位数 (个) Number of Enterprises (unit)	#亏损企业 Number of Loss-Making Enterprises
总 计	**Total**	**123**	**37**
按国民经济行业分	**Grouped by Sector**		
黑色金属矿采选业	Mining and Processing of Ferrous Metal Ores	2	1
有色金属矿采选业	Mining and Processing of Non-Ferrous Metal Ores	12	3
非金属矿采选业	Mining and Processing of Non-metal Ores	4	1
农副食品加工业	Processing of Food from Agricultural Products	10	3
食品制造业	Manufacture of Foods	2	
酒、饮料和精制茶制造业	Manufacture of Liquor, Beverages and Refined Tea	14	4
纺织业	Manufacture of Textile	2	1
纺织服装、服饰业	Manufacture of Textile, Wearing Apparel and Accessories	1	
木材加工和木、竹、藤、棕、草制品业	Processing of Timber, Manufacture of Wood, Bamboo, Rattan, Palm and Straw Products		
造纸及纸制品业	Manufacture of Paper and Paper Products	4	3
印刷和记录媒介复制业	Printing and Reproduction of Recording Media	1	
文教、工美、体育和娱乐用品制造业	Manufacture of Articles for Culture, Education, Arts and Crafts, Sport and Entertainment Activities	4	
化学原料及化学制品制造业	Manufacture of Raw Chemical Materials and Chemical Products	7	2
医药制造业	Manufacture of Medicines	8	3
橡胶和塑料制品业	Manufacture of Rubber and Plastics Products	2	1
非金属矿物制品业	Manufacture of Non-metallic Mineral Products	26	3
黑色金属矿冶炼及压延加工业	Smelting and Pressing of Ferrous Metals		
金属制品业	Mineral Products	1	
专用设备制造业	Manufacture of Special Purposes Machinery		
电气机械及器材制造业	Manufacture of Electrical Machinery and Apparatus	1	1
电力、热力生产和供应业	Production and Supply of Electricity and Thermal Power	19	11
燃气生产和供应业	Production and Supply of Gas	1	
水的生产和供应业	Production and Supply of Water	2	

MAIN ECONOMIC INDICATORS OF INDUSTRIAL ENTERPRISES ABOVE DESIGNATED SIZE BY SECTOR (2018)

(10000 yuan)

工业总产值（当年价）Gross Output Value of Industry (At Current Price)	工业销售产值（当年价）Sales Revenue of Industry (At Current Prices)	出口交货值 Delivery Value of Export	资产总计 Total Assets	流动资产合计 Total Current Assets	固定资产原价 Original Value of Fixed Assets	固定资产净值 Net Value of Fixed Assets
2382232	**2413449**	**134**	**15862237**	**4282606**	**10596859**	**8389267**
13498	9501		303997	58554	31185	8713
680778	608263		3709134	705666	1572526	1264920
25752	25581		51705	24828	14603	12777
29053	28184		78209	47119	24041	15958
66191	65531		118744	52597	51023	47342
235283	223974		900763	453545	281117	177752
1360	1527		18791	14309	5476	4316
2741	2644		2248	614	1384	1021
10313	10440		29876	22035	13596	7170
5572	5572		11681	4989	9584	5736
12802	10375		42954	24825	10926	8964
68367	63654		174383	77379	78861	65271
113155	105155	134	363710	212959	65798	42281
5345	4812		18182	13623	4329	3317
708491	843661		1095143	512535	629479	527076
5615	5528		27226	26869	490	348
554	554		10445	8064	990	721
362434	362434		8439179	1585884	7754626	6171053
11164	12294		418952	414835	3640	1995
23766	23766		46915	21377	43186	22537

9-8 续表1

单位: 万元

指标	Item	流动负债合计 Current Liabilities	非流动负债合计 Non-current Liabilities
总计	**Total**	**4597872**	**3865238**
按国民经济行业分	**Grouped by Sector**		
黑色金属矿采选业	Mining and Processing of Ferrous Metal Ores	39388	3867
有色金属矿采选业	Mining and Processing of Non-Ferrous Metal Ores	1159879	1303109
非金属矿采选业	Mining and Processing of Non-metal Ores	20212	2840
农副食品加工业	Processing of Food from Agricultural Products	25945	5015
食品制造业	Manufacture of Foods	4567	15098
酒、饮料和精制茶制造业	Manufacture of Liquor, Beverages and Refined Tea	482390	49200
纺织业	Manufacture of Textile	3781	8090
纺织服装、服饰业	Manufacture of Textile, Wearing Apparel and Accessories	766	228
木材加工和木、竹、藤、棕、草制品业	Processing of Timber, Manufacture of Wood, Bamboo, Rattan, Palm and Straw Products		
造纸及纸制品业	Manufacture of Paper and Paper Products	17518	56
印刷和记录媒介复制业	Printing and Reproduction of Recording Media	3242	3713
文教、工美、体育和娱乐用品制造业	Manufacture of Articles for Culture, Education, Arts and Crafts, Sport and Entertainment Activities	6846	4666
化学原料及化学制品制造业	Manufacture of Raw Chemical Materials and Chemical Products	66715	3072
医药制造业	Manufacture of Medicines	68405	34800
橡胶和塑料制品业	Manufacture of Rubber and Plastics Products	8240	5000
非金属矿物制品业	Manufacture of Non-metallic Mineral Products	437171	116428
黑色金属矿冶炼及压延加工业	Smelting and Pressing of Ferrous Metals		
金属制品业	Mineral Products	21846	
专用设备制造业	Manufacture of Special Purposes Machinery		
电气机械及器材制造业	Manufacture of Electrical Machinery and Apparatus	1416	5000
电力、热力生产和供应业	Production and Supply of Electricity and Thermal Power	2198251	1918024
燃气生产和供应业	Production and Supply of Gas	26248	387034
水的生产和供应业	Production and Supply of Water	5047	

continued

(10000 yuan)

所有者权益合计 Total Owners' Equities	实收资本 Paid-in Capital	营业收入 Business Revenue	主营业务收入 Revenue from Principal Business	营业成本 Business Cost	主营业务成本 Cost of Principal Business
7397770	**2122130**	**2660672**	**2630972**	**2051258**	**2034614**
260741	72082	9867	8699	4357	3737
1246146	856546	635490	624927	355768	352459
28654	1979	28925	26782	14367	12945
45893	26719	29200	28669	21771	21446
99079	17307	65742	65742	52827	52827
369173	127987	221000	219254	142800	141511
6920	1050	2831	2831	2220	2220
1255	460	2504	2504	2129	2129
12302	8296	6964	6959	5831	5830
4727	2284	5572	5572	4741	4741
31443	5550	13142	13142	8798	8798
104596	59659	70329	69998	56037	55626
260505	82749	106377	106024	32545	32325
4942	4217	4868	4868	3894	3894
541544	207192	851462	850924	613987	613926
5381	6050	6022	6022	4478	4478
4029	4405	596	596	761	761
4322903	619287	562857	550568	698017	689032
5670	5000	19495	19495	16794	16794
41868	13310	17430	17396	9138	9138

9-8 续表2

单位：万元

指　　标	Item	税金及附加 Tax and Other Charges	主营业务税金及附加 Tax and Other Charges on Principal Business
总　　计	**Total**	**42548**	**41149**
按国民经济行业分	**Grouped by Sector**		
黑色金属矿采选业	Mining and Processing of Ferrous Metal Ores	540	540
有色金属矿采选业	Mining and Processing of Non-Ferrous Metal Ores	28727	28632
非金属矿采选业	Mining and Processing of Non-metal Ores	759	479
农副食品加工业	Processing of Food from Agricultural Products	74	74
食品制造业	Manufacture of Foods	383	381
酒、饮料和精制茶制造业	Manufacture of Liquor, Beverages and Refined Tea	2158	2158
纺织业	Manufacture of Textile		
纺织服装、服饰业	Manufacture of Textile, Wearing Apparel and Accessories		
木材加工和木、竹、藤、棕、草制品业	Processing of Timber, Manufacture of Wood, Bamboo, Rattan, Palm and Straw Products		
造纸及纸制品业	Manufacture of Paper and Paper Products	38	38
印刷业和记录媒介的复制业	Printing and Reproduction of Recording Media	0	0
文教、工美、体育和娱乐用品制造业	Manufacture of Articles for Culture, Education, Arts and Crafts, Sport and Entertainment Activities	52	52
化学原料及化学制品制造业	Manufacture of Raw Chemical Materials and Chemical Products	380	336
医药制造业	Manufacture of Medicines	1717	1717
橡胶和塑料制品业	Manufacture of Rubber and Plastics Products	6	6
非金属矿物制品业	Manufacture of Non-metallic Mineral Products	6161	5911
黑色金属矿冶炼及压延加工业	Smelting and Pressing of Ferrous Metals		
金属制品业	Mineral Products	2	2
专用设备制造业	Manufacture of Special Purposes Machinery		
电气机械及器材制造业	Manufacture of Electrical Machinery and Apparatus	0	0
电力、热力的生产和供应业	Production and Supply of Electricity and Thermal Power	1458	729
燃气生产和供应业	Production and Supply of Gas	23	23
水的生产和供应业	Production and Supply of Water	69	69

continued

(10000 yuan)

销售费用 Selling Expenses	管理费用 Administrative Expenses	财务费用 Financial Expenses	#利息收入 Interest Revenue	#利息支出 Interest Expenses	营业利润 Business profits
92255	**205968**	**82093**	**8016**	**80590**	**192503**
235	7397	260	399	517	-3101
3645	75343	33282	3706	27132	133013
2316	2243	3	13	21	9328
1752	3683	606	4	555	1294
6878	3324	330	29	367	5347
31720	16539	1073	-1113	2308	27782
86	418	39	1	40	68
	141	5	0	5	229
257	1210	199	-1	180	-536
	964	-4	4		-124
508	850	182		64	2753
4033	9005	479	-37	538	1149
21549	18070	537	16	601	37049
139	488	129	7	16	211
16632	54348	4808	-256	5054	161529
58	577	1		1	906
83	243	32		32	-524
184	6880	40225	5270	43160	-189688
1152	1487	-37	-42		709
1026	2756	-55	16		5110

9-8 续表3

单位：万元

指　　标	Item	投资收益 Profits from Investment	其他收益 Other Profits
总　　计	**Total**	**9971**	**9612**
按国民经济行业分	**Grouped by Sectors**		
黑色金属矿采选业	Mining and Processing of Ferrous Metal Ores	-112	79
有色金属矿采选业	Mining and Processing of Non-Ferrous Metal Ores	-383	80
非金属矿采选业	Mining and Processing of Non-metal Ores	94	
农副食品加工业	Processing of Food from Agricultural Products		
食品制造业	Manufacture of Foods		3347
酒、饮料和精制茶制造业	Manufacture of Liquor, Beverages and Refined Tea	867	12
纺织业	Manufacture of Textile		
纺织服装、服饰业	Manufacture of Textile, Wearing Apparel and Accessories		
木材加工和木、竹、藤、棕、草制品业	Processing of Timber, Manufacture of Wood, Bamboo, Rattan, Palm and Straw Products		
造纸及纸制品业	Manufacture of Paper and Paper Products		35
印刷和记录媒介复制业	Printing and Reproduction of Recording Media	5	
文教、工美、体育和娱乐用品制造业	Manufacture of Articles for Culture, Education, Arts and Crafts, Sport and Entertainment Activities		
化学原料及化学制品制造业	Manufacture of Raw Chemical Materials and Chemical Products	788	55
医药制造业	Manufacture of Medicines	2903	2183
橡胶和塑料制品业	Manufacture of Rubber and Plastics Products		
非金属矿物制品业	Manufacture of Non-metallic Mineral Products	5722	5
黑色金属矿冶炼及压延加工业	Smelting and Pressing of Ferrous Metals		
金属制品业	Mineral Products		
专用设备制造业	Manufacture of Special Purposes Machinery		
电气机械及器材制造业	Manufacture of Electrical Machinery and Apparatus		
电力、热力生产和供应业	Production and Supply of Electricity and Thermal Power	-646	3201
燃气生产和供应业	Production and Supply of Gas	731	
水的生产和供应业	Production and Supply of Water		615

continued

(10000 yuan)

营业外收入 Non-business Revenue	营业外支出 Non-business Expenditure	利润总额 Total Profits	所得税费用 Income Tax Expenses	亏损企业亏损总额 Total Loss of Loss-making Enterprises
13032	**15997**	**189540**	**41132**	**237962**
222	328	-3207	2086	3999
2524	9914	125623	15708	12654
	491	8837	333	284
130	58	1366	59	837
92	15	5425	459	
4066	290	31559	3848	9807
1817	60	1824		53
		229	21	
101	4	-440	12	448
590	5	462	42	
		2753	55	
504	323	1330	140	2732
204	300	36954	3570	908
	7	203	15	26
962	976	161516	14279	598
2	1	907		
83	0	-441	1	441
1696	2988	-190980	4	205175
38	223	525	66	
0	14	5096	435	

9-8 续表4

单位：万元

指　　标	Item	利税总额 Total Pre-tax Profits
总　计	**Total**	**307689**
按国民经济行业分	**Grouped by Sectors**	
黑色金属矿采选业	Mining and Processing of Ferrous Metal Ores	-1377
有色金属矿采选业	Mining and Processing of Non-Ferrous Metal Ores	196666
非金属矿采选业	Mining and Processing of Non-metal Ores	12903
农副食品加工业	Processing of Food from Agricultural Products	2075
食品制造业	Manufacture of Foods	8983
酒、饮料和精制茶制造业	Manufacture of Liquor, Beverages and Refined Tea	47770
纺织业	Manufacture of Textile	1747
纺织服装、服饰业	Manufacture of Textile, Wearing Apparel and Accessories	304
木材加工和木、竹、藤、棕、草制品业	Processing of Timber, Manufacture of Wood, Bamboo, Rattan, Palm and Straw Products	
造纸及纸制品业	Manufacture of Paper and Paper Products	-260
印刷业和记录媒介的复制业	Printing and Reproduction of Recording Media	567
文教、工美、体育和娱乐用品制造业	Manufacture of Articles for Culture, Education, Arts and Crafts, Sport and Entertainment Activities	2891
化学原料及化学制品制造业	Manufacture of Raw Chemical Materials and Chemical Products	2707
医药制造业	Manufacture of Medicines	51393
橡胶和塑料制品业	Manufacture of Rubber and Plastics Products	224
非金属矿物制品业	Manufacture of Non-metallic Mineral Products	217910
黑色金属矿冶炼及压延加工业	Smelting and Pressing of Ferrous Metals	
金属制品业	Mineral Products	984
专用设备制造业	Manufacture of Special Purposes Machinery	
电气机械及器材制造业	Manufacture of Electrical Machinery and Apparatus	-441
电力、热力的生产和供应业	Production and Supply of Electricity and Thermal Power	-243616
燃气生产和供应业	Production and Supply of Gas	548
水的生产和供应业	Production and Supply of Water	5711

continued

(10000 yuan)

应交税金及附加 Tax and Other Charges Payable	本年应付职工薪酬 Wages Payable This Year	本年应交增值税 Value-added Tax Payable This Year	全部从业人员年平均人数（人） Annual Average Employees (person)
159281	**317578**	**75602**	**21484**
3916	6893	1290	677
86750	68386	42315	4559
4400	1765	3308	222
769	3953	636	608
4017	4473	3176	645
20059	18195	14053	1777
-77	217	-77	49
96	416	75	183
192	1025	141	242
147	2187	105	233
194	1499	87	309
1516	9378	997	1044
18010	19780	12723	1372
36	422	15	71
70674	45656	50233	3261
77	693	75	128
1	348		54
-52632	128359	-54094	5509
88	91		196
1050	3840	545	345

9-9　分地市规模以上工业企业主要经济指标(2018年)

单位：万元

指　　标	Item	合　计 Total	拉　萨 Lhasa
企业单位数(个)	Number of Industrial Enterprises (unit)	123	79
#亏损企业	Number of Loss-Making Enterprises	37	23
工业总产值(当年价)	Gross Output Value of Industry (at current price)	2382232	1587754
工业销售产值(当年价)	Sales Value of Industry (at current price)	2413449	1635519
#出口交货值	Delivery Value of Export	134	
流动资产合计	Current Assets	4282606	3478727
固定资产原价	Original Value of Fixed Assets	10596859	7701283
固定资产净值	Net Value of Fixed Assets	8389267	6005021
资产总计	Total Assets	15862237	11486972
流动负债合计	Current Liabilities	4597872	2767691
非流动负债合计	Non-current Liabilities	3865238	2875825
所有者权益合计	Total Owners' Equities	7397770	5842100
实收资本	Paid-in Capital	2122130	1367233
营业收入	Business Revenue	2660672	1828542
#主营业务收入	Revenue from Principal Business	2630972	1812279
营业成本	Business Cost	2051258	1555461
#主营业务成本	Cost of Principal Business	2034614	1549566
税金及附加	Tax and Other Charges	42548	23283
#主营业务税金及附加	Taxes and Other Charges on Principal Business	41149	22237
销售费用	Selling Expenses	92255	67608
管理费用	Administrative Expenses	205968	138039
财务费用	Financial Expenses	82093	42797
#利息收入	Interest Revenue	8016	3257
利息支出	Interest Expenses	80590	47939
营业利润	Business Profits	192503	7885
投资收益	Profit from Investment	9971	8335
其他收益	Other Profits	9612	6463
营业外收入	Non-business Revenue	13032	10112
营业外支出	Non-business Expenditure	15997	6493
利润总额	Total Profits	189540	11504
#亏损企业亏损总额	Total Loss of Loss-Making Enterprises	237962	208687
所得税费用	Income Tax Expense	41132	16306
利税总额	Total Pre-tax Profits	307689	45085
应交税金及附加	Tax and Other Charges Payable	159281	49888
本年应交增值税	Value-added Tax Payable This Year	75602	10299
本年应付职工薪酬	Wages Payable This Year	317578	231407
全部从业人员年平均人数(人)	Annual Average Employees (person)	21484	15501

MAIN ECONOMIC INDICATORS OF INDUSTRIAL ENTERPRISES ABOVE DESIGNATED SIZE BY REGION (2018)

(10000 yuan)

日喀则 Xigazê	昌 都 Qamdo	林 芝 Nyingchi	山 南 Lhoka	那 曲 Nagqu	阿 里 Ngari
19	5	3	13	3	1
4	2		7		1
146414	204874	78035	288014	68976	8166
142048	205545	72949	284477	64747	8166
		134			
259777	130051	144189	218268	24833	26761
261455	788839	302406	1333185	52072	157619
192987	689112	272562	1081766	29088	118732
553970	1188490	510468	1827074	99860	195403
136869	300286	61493	1193973	93772	43787
80963	513017	79287	206961	198	108986
336139	375186	369687	426140	5889	42629
155874	310945	98318	181360	8400	
162354	209619	73920	312857	65288	8092
158970	207108	72949	306523	65158	7985
94503	124532	29570	197521	35011	14659
93020	120837	29285	192359	34888	14659
3149	6930	1018	5131	3009	30
2899	6834	1018	5123	3009	30
7353	2220	4418	9594	1061	
13568	11604	8760	31556	2441	
2463	12371	427	23994	53	-12
-249	-432	63	5378	2	
2524	12839	2796	14437	55	
41709	50261	33701	40581	23714	-5347
420	-1350	2801	-236		
101	41	1170	150		1688
477	104	51	2257	22	8
887	1567	283	2903	3864	
41301	48799	33469	39935	19871	-5338
7613	2741		13583		5338
4525	7369	2975	7415	2541	
58168	73071	41519	64705	30450	-5309
21393	31642	11024	32186	13120	30
13719	17343	7032	19640	7570	
19028	20104	9769	31667	2992	2610
1845	1266	436	1944	316	176

9-10 工业主要产品产量

年 份 Year	铬矿石 (吨) Chromium Ore (ton)	发电量 (万千瓦时) Electricity (10000 kWh)	#水 电 Hydropower	水 泥 (吨) Cement (ton)	啤 酒 (吨) Beer (ton)	包装饮用水 (吨) Packaged Drinking Water (ton)
1956		3	3			
1959		88	88			
1965		2782	2782	10600		
1978	12500	13398	13398	62000		
1980	50300	17459	17459	52200		
1986	42118	26266	18193	29822		
1987	64193	25665	20295	44516		
1988	72091	26860	19414	94869		
1989	87047	27492	21969	119815		
1990	93120	31582	24798	132345		
1991	75513	34491	24991	136637	1635	
1992	84175	35602	26095	140911	2659	
1993	71277	39288	37998	130893	1858	
1994	74000	44584	28252	150188	2029	
1995	109882	48343	30361	219952	1211	
1996	111979	51511	38119	231100	4527	
1997	122138	57766	45133	322300	16571	
1998	213719	62162	49644	370000	13440	
1999	183661	63323	52204	390378	24080	
2000		66075	55350	493200	25017	2167
2001	159446	69690	58958	495900	27525	3894
2002	124222	79650	68796	590800	29105	5225
2003	155796	101600	92083	889100	32942	3716
2004	142251	116469	104628	959800	38860	3961
2005	116679	133389	120970	1372800	48917	3983
2006	121758	151514	137901	1666659	63280	8114
2007	128637	169072	156164	1596600	83500	15588
2008	101690	184537	168707	1684952	90429	41255
2009	124461	220275	192960	1898671	113039	71719
2010	201000	241593	189631	2191200	133300	85173
2011	120500	271357	206730	2349100	181700	96475
2012	123544	262150	189878	2866712	175279	97860
2013	132900	291400	197100	2960000	172900	95720
2014	91052	322255	255082	3422480	158483	152727
2015	91731	447693	395023	4679049	158075	425632
2016	67941	512000	457000	6232910	165507	588676
2017	60608	585714	486485	6464722	180021	731959
2018	65871	664800	572764	9130327	133800	617419

OUTPUT OF MAIN INDUSTRIAL PRODUCTS

中成药 (吨) Traditional Chinese Medicine (ton)	面 粉 (吨) Flour (ton)	食用植物油 (吨) Edible Vegetable Oil (ton)	毛 线 (吨) Knitting Wool (ton)	地 毯 (平方米) Carpet (sq.m)	服 装 (件) Garments (unit)
	10				
	3252	856			
71	17486	1908	410	6762	
101	14407	1841	371	6182	
45	14801	3637	69	1908	24900
44	5279	1962	186	9034	37221
48	6501	1465	211	37861	45140
47	10014	1638	167	13889	38078
55	9319	1917	72	16799	25576
61	9048	1593	27	30659	42450
76	11128	2150	25	15709	67324
48	14663	4496	34	69489	41410
47	10423	2447	26	80000	40000
222	8337	1562	89	21841	100900
271	3319	747	39	16001	126518
85	10699	1330	55	17516	351700
652		1278	84	18807	128898
538	8661	1502	38	22660	50728
591	9210	1020	30	22880	441900
697	34700	342	28	20426	63600
995	18600	352	17	20933	36400
889	5500	192	7	25984	17900
1090	7900	1126	10	34042	15500
1210	8300	1121	2	37118	20900
1296	2422	1231	38	31373	1600
1176	2689	1156	39	35286	17300
1465	3092	1482	9	60135	19230
1366	2923	1354		33878	10800
1249	12977	1202	6	31563	12056
1589	14441	1236	6	22786	12695
1657	13893	1344	5	32096	13689
2102	22273	1526	6	40242	13986
1987	25689	1786	7	52553	14923
2459	30650	2503	8	62303	15632
2162	17589	5942	7	36267	11616
2520	10094	936	2	29740	53377
2512	1568	845		21197	104677

第十篇

建　筑　业

CHAPTER 10

CONSTRUCTION

10-1 建筑业企业生产情况
CONDITIONS OF CONSTRUCTION ENTERPRISES

指　　标		Item		2017	2018
建筑业合同情况	**（万元）**	**Contracts**	**(10000 yuan)**		
合同总额		Value of Contracts		2421568	3626280
上年结转合同额		Value from Contracts Signed in Last Year		893608	1083278
本年新签合同额		Value from New Contracts Signed in This Year		1527959	2543002
承包工程完成情况	**（万元）**	**Contracted Projects**	**(10000 yuan)**		
直接从建设单位承揽工程完成的产值		Completed Output Value of Projects Contracted Directly from Investors		1646749	1752510
自行完成施工产值		Own-completed Output Value		1472759	1704773
分包出去工程的产值		Output Value of Out-sourced Projects		173990	47737
从建设单位以外承揽工程完成的产值		Completed Output Value of Projects Contracted from Non-investors		6420	23474
建筑业总产值	**（万元）**	**Total Output Value of Construction**	**(10000 yuan)**	**1479179**	**1728246**
#装修装饰产值		Output Value of Architectural Decoration		43188	68105
#在外省完成的产值		Output Value from Other Provinces		9187	41896
建筑工程产值		Output Value of Construction		1329229	1594340
安装工程产值		Output Value of Installation		136215	89230
其他产值		Others		13735	44676
竣工产值	**（万元）**	**Output Value of Buildings Completed**	**(10000 yuan)**	**805668**	**901711**
房屋施工面积	**（平方米）**	**Floor Space of Buildings under Construction**	**(sq.m)**	**3527395**	**5184677**
#本年新开工面积		Started This Year		1843118	2963370
年末自有施工机械设备		**Machinery and Equipment Owned at Year-end**			
净值	（万元）	Net Value	(10000 yuan)	62534	59998
总台数	（台）	Total Number	(unit)	6041	4390
总功率	（千瓦）	Total Power	(kW)	207123	274033
主要建筑材料消耗量		**Building Materials**			
钢材	（吨）	Rolled Steel	(ton)	312860	524475
木材	（立方米）	Timber	(cubic metre)	273874	370395
水泥	（吨）	Cement	(ton)	1083805	1516296
平板玻璃	（重量箱）	Plate Glass	(weight case)	48321	32492
	（平方米）		(sq.m)	211339	260530
铝材	（吨）	Rolled Aluminum	(ton)	57451	65140
企业总产值	**（万元）**	**Total Output Value**	**(10000 yuan)**	**1940226**	**1984480**

10-2 建筑业企业财务状况
FINANCIAL INDICATORS OF CONSTRUCTION ENTERPRISES

单位：万元 (10000 yuan)

指　　标	Item	2017	2018
年初存货	**Inventory in the Beginning of the Year**	**141541**	**188423**
期末资产负债	**Assets-Liability**		
流动资产合计	Total Circulating Funds	2177103	2893710
#应收工程款	Project Progressive Payment	666715	881596
存　货	Inventories	268016	276802
固定资产减值准备	Fixed Assets Depreciation Reserves	30518	1382
固定资产原价	Original Value of Fixed Assets	362772	390655
累计折旧	Total Depreciation	99693	134375
#本年折旧	Depreciation This Year	13506	17294
在建工程	Under Construction	37645	44800
资产总计	Total Assets	3112574	3949513
流动负债合计	Liquid Liabilities	1439667	1729052
其中：应付账款	Accounts Payable	460899	536555
非流动负债合计	Non-current Liabilities	246265	411867
负债合计	Total Liabilities	1814274	2256237
所有者权益合计	Total Owners' Equities	1298300	1705812
#实收资本	Paid-in Capital	616892	791514
国家资本	National Capital	114240	193742
集体资本	Collective Capital	53147	26294
法人资本	Legal Person's Capital	172814	267538
个人资本	Personal Capital	265603	299194
港澳台资本	Hong Kong, Macao and Taiwan's Capital	6052	200
外商资本	Foreign Capital	5036	100

10-2 续表 continued

单位：万元 (10000 yuan)

指　　标	Item	2017	2018
损益及分配	**Profits and Losses, Distribution**		
营业收入	Business Revenue	2204738	2800351
#主营业务收入	Revenue from Principal Business	2157391	2754460
营业成本	Business Cost	1847483	2479056
#主营业务成本	Cost of Principal Business	1822576	2460528
营业税金及附加	Business Taxes and Other Charges	36854	26263
#主营业务税金及附加	Taxes and Other Charges on Principal Business	25523	23731
其他业务利润	Profits from Other Businesses	424	882
销售费用	Selling Expenses	14388	8431
管理费用	Administrative Expenses	86302	104832
财务费用	Financial Expenses	9850	11871
#利息收入	Interest Revenue	2910	8196
利息支出	Interest Expenses	8050	11859
资产减值损失	Assets Devaluation	2281	2127
公允价值变动收益	Profit from Fair Value Changes	29	3
投资收益	Investment Income	29098	51536
营业利润	Operating Profit	201252	221811
营业外收入	Non-business Income	4325	1540
营业外支出	Non-business Expenditure	5570	9547
利润总额	Total Profits	200551	215202
应交所得税	Income Tax Payable	15509	21923
人工成本及增值税	**Labor Cost and VAT**		
应付职工薪酬	Wages Payable	155362	198452
应交增值税	VAT Payable	35384	75544
其他资料	**Others**		
建筑业企业在境外完成的营业收入	Business Revenue Overseas	32466	595

10-3 建筑业企业房屋建筑完成情况
COMPLETION OF BUILDINGS CONSTRUCTED BY CONSTRUCTION ENTERPRISES

指　　标	Item	2017	2018
房屋竣工面积(平方米)	**Floor Space of Buildings Completed (sq.m)**	**1729676**	**1621997**
住宅房屋	Residential Buildings	771471	871400
商业及服务用房屋	Houses for Business and Services	276598	88581
商厦房屋(批发和零售用房)	Wholesale and Retail Trades	140815	16026
宾馆用房屋(住宿用房)	Hotels	17454	32565
餐饮用房屋(餐饮用房)	Catering Services	2363	4405
商务会展用房屋	Business	6083	5971
其他商业及服务用房屋(居民服务业用房)	Others	109883	29614
办公用房屋	Office Buildings	201748	202077
科研、教育、医疗用房屋	Houses for Scientific Research, Education and Public Health	129890	89919
科学研究用房屋	Scientific Research	5	7424
教育用房屋	Education	107015	51890
医疗用房屋(卫生医疗用房)	Public Health	22870	30605
文化、体育、娱乐用房屋	Houses for Culture, Sports and Entertainment	22860	41022
厂房及建筑物	Factory Building	168035	158061
仓库	Storage Buildings	41620	9360
其他未列明的房屋建筑物	Others	117454	161577
竣工房屋价值(万元)	**Value of Buildings Completed (10000 yuan)**	**391668**	**371939**
住宅房屋	Residential Buildings	178674	206134
商业及服务用房屋	Houses for Business and Services	75442	31344
商厦房屋(批发和零售用房)	Wholesale and Retail Trades	39504	12110
宾馆用房屋(住宿用房)	Hotels	3012	9625
餐饮用房屋(餐饮用房)	Catering Services	269	567
商务会展用房屋	Business	3232	1348
其他商业及服务用房屋(居民服务业用房)	Others	29425	7694
办公用房屋	Office Buildings	38884	52581
科研、教育、医疗用房屋	Houses for Scientific Research, Education and Public Health	37628	16830
科学研究用房屋	Scientific Research	10	2099
教育用房屋	Education	32253	11554
医疗用房屋(卫生医疗用房)	Public Health	5365	3177
文化、体育、娱乐用房屋	Houses for Culture, Sports and Entertainment	4208	7655
厂房及建筑物	Factory Building	20467	13761
仓库	Storage Buildings	4807	1315
其他未列明的房屋建筑物	Others	31557	42319

10-4 分地市建筑业企业生产情况(2018年)

指 标		Item		总 计 Total
企业个数	(个)	Number of Enterprises	(unit)	322
建筑业总产值	(万元)	Gross Output Value of Construction	(10000 yuan)	1728246
建筑工程		Construction		1594340
安装工程		Installation		89230
其他		Others		44676
竣工产值	(万元)	Value of Building Completed	(10000 yuan)	901711
房屋施工面积	(万平方米)	Floor Space of Building under Construction	(10000 sq.m)	518.47
房屋竣工面积	(万平方米)	Floor Space of Building Completed	(10000 sq.m)	162.2
#住宅面积		Floor Space of Residential Buildings		87.14
自有施工机械设备年末总台数	(台)	Number of Machinery and Equipment Owned	(unit)	4390
自有施工机械设备总功率	(万千瓦)	Total Power of Machinery and Equipment Owned	(10000 kW)	27.40
自有施工机械设备净值	(万元)	Net Value of Machinery and Equipment Owned	(10000 yuan)	59998
全部职工平均人数	(人)	Staff and Workers of Annual Average	(person)	58404
劳动生产率	(元/人)	Overall Labor Productivity	(yuan/person)	295912

CONDITIONS OF CONSTRUCTION ENTERPRISES BY REGION (2018)

拉萨市 Lhasa	日喀则市 Xigazê	昌都市 Qamdo	林芝市 Nyingchi	山南市 Lhoka	那曲市 Nagqu	阿里地区 Ngari
91	40	38	27	107	5	14
1048669	185095	184709	76871	139872	20811	72220
975699	184666	162361	73137	123846	11811	62821
55371	289	18346	3114	7792		4318
17600	140	4002	620	8233	9000	5081
381229	80304	234182	69514	68702	11811	55970
207.97	146.66	85.01	15.67	39.65	4.99	18.52
82.04	6.13	27.57	14.6	11.33	3.98	16.55
47.47	1.78	20.46	2.88	6.87	3.98	3.7
990	1981	385	327	503	3	201
2.92	15.68	5.12	0.94	2.26	…	0.49
13436	25660	8204	4408	5601	6	2683
24185	6388	13239	3500	7670	1111	2311
433603	289754	139519	219631	182362	187318	312505

第十一篇

运输和邮电业

CHAPTER 11

TRANSPORT, POSTAL AND TELECOMMUNICATION SERVICES

第十一章

[illegible]

11-1 运输线路长度
LENGTH OF TRANSPORT ROUTES

单位：公里 (km)

年 份 Year	铁路营业里程 Length of Railways in Operation	公路里程 Total Length of Highways	等级公路 Expressway and Class I to IV Highways	#高 速 Express Way	#一 级 First Class	#二 级 Second Class	等外公路 Highways Below Class IV
1978		15852					
1980		21511					
1985		21660					
1990		21842					
1995		22391					
1996		22391	10461			566	11930
1997		22455	10525			568	11930
1998		22455	10525			568	11930
1999		22475	10582			568	11893
2000		22503	10647			568	11856
2001		35537	7196			620	28341
2002		39760	8357			611	31403
2003		41302	9109			611	32193
2004		42203	10131			626	32072
2005		43716	10904			806	32812
2006	531	44813	15907			953	28906
2007	531	48611	19510			953	29101
2008	531	51314	22728			953	28586
2009	531	53845	26063			953	27782
2010	531	60810	36229			956	24581
2011	531	63108	38911			958	24197
2012	531	65198	44327		38	905	20871
2013	531	70591	48679		38	1033	21912
2014	786	75470	54444	38		1033	21026
2015	786	78348	58416	38		1033	19932
2016	786	82096	71356	38	266	1036	10740
2017	786	89343	77911	38	578	1038	11432
2018	786	97784	85472	38	578	1055	12312

11-2 客运量和货运量
PASSENGER TRAFFIC AND FREIGHT TRAFFIC

年 份 Year	客运量总计 (万人次) Total (10000 person-times)	铁 路 Railways	公 路 Highways	民 航 Civil Aviation	货运量总计 (万吨) Total (10000 tons)	铁 路 Railways	公 路 Highways	民 航 Civil Aviation	管 道 Petroleum and Gas Pipelines
1978	6.00		6.00						
1980	7.50		7.50		49.00		49.00		
1985	43.48		35.48	8.00	53.51		45.50	0.01	8.00
1990	202.65		192.84	9.81	162.74		153.55	0.16	9.03
1991	131.59		121.56	10.03	131.37		121.70	0.16	9.51
1992	180.28		169.28	11.00	144.85		137.14	0.15	7.56
1993	218.70		207.42	11.28	153.62		144.68	0.14	8.80
1994	231.88		218.97	12.91	160.95		151.85	0.17	8.93
1995	237.21		222.97	14.24	178.12		168.02	0.17	9.93
1996	259.74		243.75	15.99	198.43		187.37	0.22	10.84
1997	266.07		250.00	16.07	200.21		192.00	0.21	8.00
1998	270.01		251.91	18.10	198.59		193.00	0.20	5.39
1999	297.88		255.00	42.88	184.69		174.41	0.28	10.00
2000	310.08		257.00	53.08	209.30		196.00	1.30	12.00
2001	319.32		259.00	60.32	212.00		200.70	1.30	10.00
2002	332.65		262.00	70.65	219.20		207.70	1.50	10.00
2003	325.17		255.21	69.96	279.44		266.00	1.44	12.00
2004	338.69		255.95	82.74	287.52		273.98	1.54	12.00
2005	479.47		385.00	94.47	369.61		356.00	1.61	12.00
2006	605.60	37.89	444.80	122.91	360.58	2.10	346.00	1.08	11.40
2007	680.00	88.85	460.00	131.15	384.82	12.41	360.00	1.18	11.23
2008	2208.55	62.20	2064.45	81.90	749.63	25.60	711.00	1.03	12.00
2009	2566.26	74.00	2360.46	131.80	959.26	22.80	920.00	1.36	15.10
2010	2696.10	88.20	2453.86	154.04	996.37	29.90	952.00	1.47	13.00
2011	1392.15	95.86	1113.15	183.14	1043.74	48.63	979.00	1.21	14.90
2012	1451.22	92.03	1137.49	221.70	1144.02	84.63	1042.00	1.65	15.74
2013	1730.11	128.42	1325.80	275.89	1866.07	70.92	1778.00	2.24	14.91
2014	1884.26	161.12	1408.00	315.14	1927.24	38.41	1871.00	2.46	15.37
2015	2073.70	220.64	1490.00	363.06	2025.86	41.89	1973.00	2.86	8.11
2016	1578.19	265.29	889.00	423.90	1973.88	55.31	1906.00	3.06	9.51
2017	1709.72	320.22	998.69	390.81	2216.58	52.87	2147.00	2.39	14.32
2018	1874.79	352.28	1047.19	475.32	2448.62	69.81	2362.70	3.26	12.85

注：2017年公路客货量统计口径发生变化，相应调整了往年数据。

Note: The relative data of highways in the chapter are calculated according to the new standard, and historical data have been adjusted accordingly.

11-3　旅客周转量和货物周转量
PASSENGER-KILOMETERS AND FREIGHT TON-KILOMETERS

年　份 Year	旅客周转量总计 (亿人公里) Total (100 million passenger-km)	铁　路 Railways	公　路 Highways	民　航 Civil Aviation	货物周转量总计 (亿吨公里) Total (100 million ton-km)	铁　路 Railways	公　路 Highways	民　航 Civil Aviation	管　道 Petroleum and Gas Pipelines
1978	0.50		0.50		3.83		3.83		
1980	0.46		0.46		4.09		4.09		
1985	0.68		0.68		5.22		5.22		
1990	2.62		2.62		8.39		7.51		0.88
1991	2.25		2.25		7.29		6.35		0.94
1992	2.59		2.59		7.22		6.48		0.74
1993	2.58		2.58		7.31		6.36		0.95
1994	2.71		2.71		7.37		6.41		0.96
1995	2.88		2.88		8.34		7.30		1.04
1996	3.06		3.06		8.55		7.74		0.81
1997	2.99		2.99		8.58		7.45		1.13
1998	3.01		3.01		8.31		7.55		0.76
1999	3.03		3.03		8.96		7.92		1.04
2000	3.21		3.21		9.16		8.09		1.07
2001	5.27		5.27		18.20		17.17		1.03
2002	5.70		5.70		23.25		22.25		1.00
2003	5.51		5.51		28.26		27.11		1.15
2004	14.78		14.78		41.86		40.71		1.15
2005	18.42		18.42		37.76		36.61		1.15
2006	22.04	3.44	18.60		40.16	1.68	37.48		1.00
2007	26.96	8.01	18.95		33.90	4.11	28.79		1.00
2008	30.38	6.24	24.14		33.25	6.70	25.40		1.15
2009	29.98	8.25	21.73		38.03	9.93	26.56		1.54
2010	32.21	9.44	22.77		40.39	11.97	27.10		1.32
2011	34.87	10.38	22.50	1.99	41.55	12.92	27.10	0.01	1.52
2012	41.33	10.25	23.20	7.88	47.83	18.30	27.87	0.04	1.62
2013	58.53	11.40	31.03	16.10	109.03	21.45	86.00	0.08	1.50
2014	65.65	12.34	32.78	20.53	110.63	22.94	86.00	0.09	1.60
2015	67.70	14.09	24.20	29.41	119.16	22.01	96.10	0.15	0.90
2016	81.16	16.04	23.74	41.38	123.91	28.36	94.50	0.25	0.80
2017	105.93	18.10	26.66	61.17	136.71	29.19	105.82	0.40	1.30
2018	125.10	18.86	27.97	78.28	151.79	33.22	116.84	0.55	1.18

11-4 民用车辆拥有量

年 份 Year	民用车辆 总 计 (辆) Total (unit)	#载客汽车 (辆) Passenger Vehicles (unit)	大 型 Large	中 型 Medium	小 型 Small	微 型 Minicar
1990	24821	7002	1008		5994	
1995	29403	9122	843		8279	
2000	44997	22979	1028		21951	
2005	106362	31078	1784	4152	22263	2879
2006	141330	56321	4426	5708	41154	5033
2007	161078	64301	2493	4515	53749	3544
2008	193000	81773	1890	4252	68104	7527
2009	198570	89174	4794	7627	67758	8995
2010	220307	101485	5610	7635	78420	9820
2011	257765	122634	8408	8222	95791	10213
2012	273779	141629	7066	9500	114705	10358
2013	312967	167456	3556	5616	153913	4371
2014	334732	183039	3878	5198	169236	4727
2015	374457	208756	44035	10063	151760	2898
2016	404589	240283	4966	3619	227831	3867
2017	446772	266012	4328	3338	254910	3436
2018	582377	343103	4326	4857	331118	2802

POSSESSION OF CIVIL VEHICLES

#载货汽车 (辆) Trucks (unit)	重 型 Heavy	中 型 Medium	轻 型 Light	微 型 Mini	#其他汽车 (辆) Others (unit)	机动车驾驶员 (人) Number of Motor Drivers (person)	#汽车驾驶员 Automobile Drivers
16966	16357	609			227		
19551	15418	4133			130		
21168					860		
39568	21744	9351	5703	2770	1815		
41856	22234	7924	8261	3437	2455		
50362	26753	8932	12042	2635	3577	147994	129169
46208	14925	13766	14711	2806	14751	170464	157578
57401	22490	12688	19824	2399	4133	207294	183514
63210	22293	13563	25204	2150	4238	181582	160403
74210	26938	14244	30951	2077	5359	208230	186533
83262	27911	15622	38268	1461	5033	225038	186294
98027	21610	19744	55369	1304	3646	244727	204596
109597	20274	20752	67510	1061	4094	256289	216413
120547	14706	26654	76665	2522	5095	273620	253013
131779	26319	19976	84571	913	5479	316133	291941
139818	26341	17750	95155	572	5230	421990	390012
163295	33873	18874	109987	561	10344	502435	477011

11-5 民用车辆拥有量(2018年)
POSSESSION OF CIVIL VEHICLES (2018)

单位：辆 (unit)

指标	Item	总计 Total	营运 Operating	非营运 Non-Operating	校车 School Bus	总计中 (In Total) 进口 Import	个人 Private	新注册 New Registration	报废 Useless
合计	**Total**	**582377**	**87694**	**494428**	**254**	**29674**	**486332**	**63670**	**6619**
汽车	**Vehicles**	**516742**	**82686**	**433802**	**254**	**29539**	**425086**	**59920**	**4480**
载客汽车	Passenger	343103	11147	331702	254	29314	279933	34999	2612
大型	Large	4626	3315	1075	236	29	341	332	220
中型	Medium	4557	1926	2613	18	95	1459	226	187
小型	Small	330164	5826	324338		29155	275000	34357	2081
微型	Mini	3756	80	3676		35	3133	84	124
载货汽车	Trucks	163295	70275	93020		211	141889	24233	1779
重型	Heavy	35573	33300	2273			29763	8024	387
中型	Medium	20274	12937	7337		1	18784	1734	330
轻型	Light	106887	23946	82941		208	92955	14473	989
微型	Mini	561	92	469		2	387	2	73
其他汽车	Others	10344	1264	9080		14	3264	688	89
摩托车	**Motorcycles**	**36876**	**116**	**36760**		**135**	**36232**	**2006**	**2113**
普通	Common	35140	77	35063		134	34500	1986	1983
轻便	Brisk	1736	39	1697		1	1732	20	130
挂车	**Trailers**	**4288**	**4188**	**100**			**2841**	**1186**	**15**
拖拉机	**Tractors**	**24347**	**704**	**23642**			**22153**	**558**	**7**
其他	**Others**	**124**		**124**			**20**		**4**

11-6 邮政业网点及邮递线路(年底数)
POSTAL SERVICES AND DELIVERY ROUTES AT YEAR-END

年 份 Year	邮政局所 (个) Number of Post Offices (unit)	邮路总长度 (公里) Length of Postal Routes (km)	农村投递路线 (公里) Rural Delivery Routes (km)	邮政主要设备汽车 (辆) Postal Trucks (unit)
1958	12	2816		15
1959	51	4839		19
1965	90	12378	10498	48
1978	112	95338	82480	183
1980	117	15865	57487	200
1986	124	17000	60252	198
1987	118	14837	59937	193
1988	117	14882	60996	168
1989	118	14676	56725	166
1990	119	14678	56725	177
1991	120	14391	55769	113
1992	123	15395	54999	175
1993	125	15175	55186	155
1994	133	17320	55367	146
1995	138	17648	55367	155
1996	139	16407	55260	173
1997	134	16435	55260	174
1998	134	16332	58368	189
1999	138	16720	42016	210
2000	142	16646	42677	286
2001	133	16357	42677	341
2002	129	16576	42677	363
2003	128	18544	42677	406
2004	126	18615	44185	415
2005	126	15357	116710	464
2006	126	15347	116975	464
2007	193	17161	117736	501
2008	193	17654	117746	537
2009	194	19246	117635	554
2010	196	16752	117612	473
2011	203	16726	117432	492
2012	207	15513	97409	491
2013	207	15552	105926	531
2014	281	19018	104314	552
2015	738	19611	103768	585
2016	758	20998	104031	670
2017	762	28088	102462	651
2018	752	58364	86384	660

11-7 邮政和电信业务量

年 份 Year	邮政业务总量 (亿元) Business Volume of Postal Services (100 million yuan)	电信业务总量 (亿元) Business Volume of Telecommunication Services (100 million yuan)	函 件 (万件) Numbers of Letters (10000 pcs)	包 裹 (万件) Package (10000 pcs)	快 递 (万件) Pieces of Express Services (10000 pcs)	快递业务收入 (亿元) Revenue from Express Service (100 million yuan)
1995	0.17	0.41	1653	16		
2000	0.32	3.52	1349	31		
2001	0.73	2.82	926	31		
2002	0.82	6.64	932	35		
2003	0.93	8.89	637	35		
2004	1.00	12.46	473	36		
2005	1.05	15.44	343	36		
2006	1.13	20.38	350	32	41.8	0.20
2007	1.33	29.56	301	37	46.8	0.23
2008	1.48	40.25	284	30	166.3	0.70
2009	1.69	50.43	536	35	180.0	0.83
2010	1.87	14.22	291	36	195.3	0.88
2011	1.65	23.86	237	41	284.3	1.18
2012	1.85	33.01	287	41	320.1	1.30
2013	2.09	39.65	368	43	378.8	1.48
2014	2.40	45.43	391	42	484.3	1.74
2015	2.59	53.80	216	22	578.2	1.68
2016	3.12	32.95	322	9	734.4	2.07
2017	3.44	46.10	203	19	567.5	2.05
2018	4.21	111.97	79	30	725.8	2.42

注：1.邮电业务总量1980年以前按1970年不变价格计算，1981年至1990年按1980年不变价格计算，1991年至2000年按1990年不变价格计算，2001年至2010年按2000年不变价格计算，2011年至2015年按2010年不变价格计算，2016年起按2015年不变价格计算。
2.2017年邮电业务总量和包裹统计口径发生变化，相应调整了往年数据。

BUSINESS VOLUME OF POSTAL AND TELECOMMUNICATION SERVICES

移动电话用户 (万户) Number of Mobile Telephone Subscribers (10000 subscribers)	#3G移动电话用户 3G Mobile Phone Subscribers	#4G移动电话用户 4G Mobile Phone Subscribers	固定电话用户 (万户) Number of Fixed Telephone Subscribers (10000 subscribers)	城市电话用户 Urban Fixed Telephone Subscribers	农村电话用户 Rural Fixed Telephone Subscribers
0.1			2.7	2.6	…
5.7			10.1	10.8	0.1
11.3			15.0	14.5	0.5
21.1			19.7	18.8	1.0
33.1			27.4	26.1	1.3
39.7			37.7	35.2	2.5
46.9			52.0	49.0	3.0
60.6	2.8		67.8	64.9	2.9
73.7	2.9		67.3	64.7	2.7
87.0	3.6		70.7	68.0	2.7
124.0	1.6		53.9	51.2	2.7
157.6	7.7		43.9	41.9	2.0
196.4	19.3		40.5	39.0	1.6
235.5	41.7		40.5	39.1	1.4
265.6	96.4		40.4	39.3	1.1
291.8	114.9		35.9	35.2	0.6
268.7	130.3	0.9	34.9	34.7	0.2
284.4	162.7	11.4	38.9	38.8	0.1
290.3	165.7	41.7	47.3	47.2	0.1
312.3	43.2	232.3	60.2		

Note: 1.The business volume of postal and telecommunication services before 1980 was calculated at 1970 constant prices, and was calculated at 1980 constant prices from 1981 to 1990, and was calculated at 1990 constant prices from 1991 to 2000, and was calculated at 2000 constant prices from 2001 to 2010, and was calculated at 2010 from 2011 to 2015, and was calculated at 2015 since 2016.

2.The relative data of the business volume of postal and telecommunication services and package in the chapter are calculated according to the new standard, and historical data have been adjusted accordingly.

11-8 电信主要通信能力(年底数) MAIN COMMUNICATION CAPACITY OF TELECOMMUNICATIONS AT YEAR-END

年 份 Year	固定长途电话交换机容量(路端) Capacity of Long-distance Telephone Exchanges (circuit)	局 用交换机容量(万门) Capacity of Office Telephone Exchanges (10000 lines)	移动电话交换机容量(万户) Capacity of Mobile Telephone Exchanges (10000 subscribers)	移动电话基站(万个) Base Stations of Mobile Telephones (10000 units)	光缆线路长度(公里) Length of Optical Cable Lines (km)	#长途光缆线路长度 Length of Long Distance Optical Cable Lines
1995	3678	4.8	0.4			
1996	5224	5.9	0.4		423	423
1997	4076	9.1	2.7		934	934
1998	7800	14.9	9.0		1406	1406
1999	20000	15.9	11.5		2533	2533
2000	28320	17.0	13.3		5318	5318
2001	52800	24.4	22.7		8006	6790
2002	41000	27.2	29.1		9675	6873
2003	51000	30.1	44.3		11024	6542
2004	51064	33.0	51.3		16536	7340
2005	54454	32.5	61.3		18251	9576
2006	54454	33.8	74.4	0.1	21028	18757
2007	58804	40.1	104.6	0.1	23186	19663
2008	58804	40.9	120.9	0.2	22542	17718
2009	57304	42.0	184.0	0.4	26633	20419
2010	34540	128.1	199.0	0.5	37504	22488
2011	34540	127.0	230.0	0.6	51334	24804
2012	34540	133.6	342.0	0.7	63145	30070
2013	16620	133.7	393.0	0.9	81115	30360
2014	14310	128.8	393.0	1.1	101580	38297
2015	12870	11.5	448.0	1.7	120440	33073
2016	12870	10.5	2423.0	2.2	135365	35713
2017		10.8	2820.0	3.1	162078	36584
2018			2820.0	3.8	194143	35418

11-9 电信通信服务水平(年底数) TELECOMMUNICATION SERVICES AVAILABLE AT YEAR-END

年 份 Year	电话普及率(包括移动电话)(部/百人) Popularization Rate of Telephone (Include Mobile Telephone) (set/100 persons)	固定电话普及率(部/百人) Popularization Rate of Fixed Line Telephone (set/100 persons)	移动电话普及率(部/百人) Popularization Rate of Mobile Telephone (set/100 persons)	开通互联网宽带业务的行政村比重(%) Percentage of Administrative Village with Access to the Internet by Broadband (%)	互联网普及率(%) Popularization Rate of Internet (%)
1978	0.2	0.2			
1980	0.3	0.3			
1985	0.4	0.4			
1990	0.7	0.7			
1995	1.5	1.5			
2000	6.8	4.6	2.2		
2005	36.1	19.0	17.1		
2006	46.4	24.5	21.9		7.0
2007	50.2	24.0	26.2		11.3
2008	55.5	24.9	30.6		13.2
2009	62.0	18.8	43.2		16.6
2010	69.5	15.1	54.4	10.0	15.1
2011	78.7	13.5	65.2	26.9	18.6
2012	91.1	13.4	77.7	23.1	24.8
2013	98.0	12.9	85.1	30.0	27.7
2014	103.2	11.3	91.9	72.0	32.1
2015	93.7	10.8	82.9	80.0	34.2
2016	97.7	11.8	85.9	83.2	54.1
2017	100.1	14.0	86.1	85.0	82.4
2018	108.3	17.5	90.8	98.0	88.6

第十二篇

国内贸易

CHAPTER 12

DOMESTIC TRADE

12-1　社会消费品零售总额
TOTAL RETAIL SALES OF CONSUMER GOODS

单位：万元　(10000 yuan)

年　份 Year	社会消费品零售总额 Total Retail Sales of Consumer Goods	按地区分 By Region	
		城　镇 Urban	乡　村 Rural
1978	24479	13139	11340
1981	33151	19660	13491
1982	37051	19862	17189
1983	39386	21151	18235
1984	92422	49630	42792
1985	94983	51650	43333
1986	91009	57951	33058
1987	98571	59141	39430
1988	106239	61812	44427
1989	128783	84802	43981
1990	128700	87141	41559
1991	138532	107167	31365
1992	152265	114199	38066
1993	181563	145250	36313
1994	207363	166165	41198
1995	243030	188415	54615
1996	261865	205005	56860
1997	323246	265806	57440
1998	347198	295073	52125
1999	376258	325339	50919
2000	425209	368524	56685
2001	486482	428405	58077
2002	529390	462319	67071
2003	578253	506740	71513
2004	631799	551904	79895
2005	732328	639467	92861
2006	900173	796638	103535
2007	1125992	1008452	117540
2008	1299875	1160724	139151
2009	1589000	1405944	183056
2010	1924000	1702740	221260
2011	2375000	1941000	434000
2012	2779000	2311000	468000
2013	3222146	2661045	561101
2014	3645084	3030117	614967
2015	4084887	3363534	721353
2016	4594106	3836753	757353
2017	5233173	4380142	853031
2018	5975840	5013363	962477

注：1.本表2009—2012年按照三经普数据进行同口径调整；
　　2.2011年以前按地区分数据的口径分别为市(县)和县以下两类。

Note: 1.Data from 2009 to 2012 have been adjusted according to the 3rd national economic census.
　　2.Data grouped by region include city (county) and under county level before 2011.

12-2 按行业分的社会消费品零售总额
TOTAL RETAIL SALES OF CONSUMER GOODS BY SECTOR

年 份 Year	合 计 (万元) Total (10000 yuan)	批发和零售业 Wholesale and Retail Trades	住宿和餐饮业 Hotel and Catering Services	其他行业 Others
1978	24477	22679	169	1631
1981	33151	28723	221	4207
1982	37051	33728	532	2791
1983	39386	37426	187	1773
1984	92422	76086	2662	13674
1985	94983	79556	3553	11874
1986	91009	70628	3640	16741
1987	98571	79510	4020	15041
1988	106239	86370	4961	14908
1989	128783	109325	5027	14431
1990	128700	110935	4657	13108
1991	138532	103539	9277	25716
1992	152265	123382	6240	22643
1993	181563	136325	11203	34035
1994	207363	168470	15724	23169
1995	243030	170493	37624	34913
1996	261865	175803	44556	41506
1997	323246	262961	36315	23970
1998	347198	265795	52623	28780
1999	376258	293794	53051	29413
2000	425209	319695	65861	39653
2001	486482	366299	73722	46461
2002	529390	419709	77131	32550
2003	578253	462009	81027	35217
2004	631799	510970	109958	10871
2005	732328	593024	123990	15314
2006	900173	718558	147790	33825
2007	1125992	890370	188975	46647
2008	1299875	1053295	196427	50153
2009	1589000	1298188	229319	61493
2010	1924000	1635520	288480	
2011	2375000	2005000	370000	
2012	2779000	2315000	464000	
2013	3222146	2697322	524824	
2014	3645084	3076032	569052	
2015	4084887	3375344	709543	
2016	4594106	3830273	763833	
2017	5233173	4354255	878918	
2018	5975840	4975533	1000307	

12-3　分地市社会消费品零售总额
TOTAL RETAIL SALES OF CONSUMER GOODS BY REGION

单位：万元　(10000 yuan)

年　份 Year	地　区 Region	社会消费品零售总额 Total Retail Sales of Consumer Goods	城　镇 Urban	乡　村 Rural
2016		4594106	3836753	757353
2017		5233173	4380142	853031
2018		5975840	5013363	962477
拉萨市	Lhasa	2953918	2594181	359738
日喀则市	Xigazê	1112556	856129	256427
昌都市	Qamdo	560348	457033	103315
林芝市	Nyingchi	415086	282819	132268
山南市	Lhoka	558409	476561	81849
那曲市	Nagqu	245555	236051	9504
阿里地区	Ngari	129967	110590	19377

12-4　分地市、分行业社会消费品零售总额(2018年)
TOTAL RETAIL SALES OF CONSUMER GOODS BY REGION AND SECTOR (2018)

地　区	Region	合　计 (万元) Total (10000 yuan)	批发和零售业 Wholesale and Retail Trades	住宿和餐饮业 Hotel and Catering Services
拉萨市	Lhasa	2953918	2513245	440673
日喀则市	Xigazê	1112556	893038	219518
昌都市	Qamdo	560348	454528	105820
林芝市	Nyingchi	415086	307944	107142
山南市	Lhoka	558409	482783	75626
那曲市	Nagqu	245555	234394	11161
阿里地区	Ngari	129967	89600	40366

12-5 分地市限额以上批发业法人企业主要指标(2018年)

单位：万元

地 区	Region	法人企业(个) Number of Corporation Enterprises (unit)	年末从业人数(人) Engaged Persons at Year-end (person)	商 品 购进额 Total Purchases Value	商 品 销售额 Total Sales Value	期末商品库存额 Stock (Year-end)	资产总计 Total Assets
拉萨市	Lhasa	14	3196	647188.9	909584.7	116184.0	757798.2
日喀则市	Xigazê	4	397	82084.5	86825.1	16507.2	95270.2
昌都市	Qamdo	1	91	38581.5	58601.9	9407.7	26259.3
林芝市	Nyingchi	2	126	43012.3	54806.8	7874.4	17523.9
山南市	Lhoka	1	32	3820.5	4057.0	831.4	5530.2
那曲市	Nagqu	2	137	244.8	36702.0	803.8	87795.5
阿里地区	Ngari	2	92	15279.7	19911.7	2777.5	10049.9

12-6 分地市限额以上零售业法人企业主要指标(2018年)

单位：万元

地 区	Region	法人企业(个) Number of Corporation Enterprises (unit)	年末从业人数(人) Engaged Persons at Year-end (person)	商 品 购进额 Total Purchases Value	商 品 销售额 Total Sales Value	期末商品库存额 Stock (Year-end)	资产总计 Total Assets
拉萨市	Lhasa	51	3831	851652.7	919576.4	140298.8	548928.3
日喀则市	Xigazê	9	653	226946.4	265984.8	6799.4	29921.3
昌都市	Qamdo	7	325	126697.4	126897.5	6682.7	21537.7
林芝市	Nyingchi	8	304	107042.2	112413.9	2397.0	13931.7
山南市	Lhoka	8	444	160771.6	163978.4	16821.8	18027.6
那曲市	Nagqu	2	197	133426.2	119562.8	14651.0	12502.4
阿里地区	Ngari	4	117	37382.2	37630.5	1708.6	9540.2

MAIN INDICATORS OF ENTERPRISES ABOVE DESIGNATED SIZE OF WHOLESALE TRADE BY REGION (2018)

(10000 yuan)

#流动资产合计 Total Current Assets	#固定资产合计 Total Fixed Assets	负债合计 Total Liabilities	所有者权益合计 Total Owners' Equities	主营业务收入 Revenue from Principal Business	主营业务成本 Cost of Principal Business	主营业务税金及附加 Taxes and Other Charges on Principal Business	营业利润 Profits from Principal Business
613514.0	65757.0	373475.8	384322.4	789927.4	524991.0	55739.3	46747.8
21670.7	6940.0	12817.3	82452.9	85164.5	67656.1	9097.3	2033.0
10604.4		420.4	25838.9	50399.7	38488.0	6835.3	1104.0
10873.8	5361.0	1322.6	16201.3	47919.9	36640.6	5696.6	89.6
4270.4	1257.0	3283.8	2246.4	4057.0	3540.2	3.7	183.5
76321.4	1270.0	85050.7	2744.8	31798.5	26035.6	3843.9	65.7
3268.0	5583.0	6115.6	3934.3	17185.6	13056.8	1.4	-1108.5

MAIN INDICATORS OF ENTERPRISES ABOVE DESIGNATED SIZE OF RETAIL TRADE BY REGION (2018)

(10000 yuan)

#流动资产合计 Total Current Assets	#固定资产合计 Total Fixed Assets	负债合计 Total Liabilities	所有者权益合计 Total Owners' Equities	主营业务收入 Revenue from Principal Business	主营业务成本 Cost of Principal Business	主营业务税金及附加 Taxes and Other Charges on Principal Business	营业利润 Profits from Principal Business
373230.0	87084.0	327597.1	221331.2	857353.0	776334.1	2082.5	23283.0
18565.7	10902.0	15270.0	14651.3	238220.6	222959.9	535.5	5830.3
10382.4	7890.0	21738.0	-200.3	110260.0	110340.0	142.9	-5100.7
6021.6	7149.0	20539.2	1756.7	97496.4	93145.1	198.7	-75.7
9421.6	5775.0	25770.3	-7742.7	155947.7	139628.4	6047.4	129.7
2134.0	7209.0	12459.4	43.0	118685.2	115625.7	300.6	-1769.0
4010.1	2440.0	9771.3	-231.1	37351.5	40454.5	62.7	-6047.7

12-7 限额以上批发和零售业法人企业基本情况(2018年) BASIC STATISTICS OF CORPORATION ENTERPRISES ABOVE DESIGNATED SIZE OF WHOLESALE AND RETAIL TRADES BY STATUS OF REGISTRATION (2018)

指　标	Item	法人企业数(个) Number of Corporation Enterprises (unit)	年末从业人员数(人) Engaged Persons at Year-end (person)
总　计	**Total**	**115**	**9942**
批发业合计	**Wholesale Trade**	**26**	**4071**
内资企业	**Domestic Funded Enterprises**	**24**	**2960**
国有企业	State-owned Enterprises	8	763
有限责任公司	Limited Liability Corporations	9	1367
私营企业	Private Enterprises	7	830
港、澳、台商投资企业	**Enterprises with Funds from Hong Kong, Macao and Taiwan**	**2**	**1111**
零售业合计	**Retail Trade**	**89**	**5871**
内资企业	**Domestic Funded Enterprises**	**88**	**5863**
国有企业	State-owned Enterprises	6	440
有限责任公司	Limited Liability Corporations	43	2494
股份有限公司	Share-holding Corporations Ltd.	9	933
私营企业	Private Enterprises	30	1996
其他企业	Others		
港、澳、台商投资企业	**Enterprises with Funds from Hong Kong, Macao and Taiwan**		
外商投资企业	**Foreign Funded Enterprises**	**1**	**8**

12-8 按登记注册类型分限额以上批发和零售业法人企业商品购、销、存总额(2018年) TOTAL PURCHASES, SALES AND STOCK OF CORPORATION ENTERPRISES ABOVE DESIGNATED SIZE OF WHOLESALE AND RETAIL TRADES BY STATUS OF REGISTRATION (2018)

单位：万元　　(10000 yuan)

指　标	Item	购进总额 Total Purchases Value	销售总额 Total Sales Value	批　发 Wholesale Value	零　售 Retail Value	年末库存总额 Stock (year-end)
总　计	**Total**	**2474130.9**	**2916533.5**	**1447082.1**	**1469451.4**	**343745.3**
批发业合计	**Wholesale Trade**	**830212.2**	**1170489.2**	**1110945.7**	**59543.5**	**154386.0**
内资企业	**Domestic Funded Enterprises**	**697715.5**	**941430.6**	**883832.3**	**57598.3**	**149438.5**
国有企业	State-owned Enterprises	516790.1	687352.9	640957.3	46395.6	109408.8
有限责任公司	Limited Liability Corporations	103084.4	164765.2	160536.9	4228.3	24562.4
私营企业	Private Enterprises	77841.0	89312.5	82338.1	6974.4	15467.3
港、澳、台商投资企业	**Enterprises with Funds from Hong Kong, Macao and Taiwan**	**132496.7**	**229058.6**	**227113.4**	**1945.2**	**4947.5**
零售业合计	**Retail Trade**	**1643918.7**	**1746044.3**	**336136.4**	**1409907.9**	**189359.3**
内资企业	**Domestic Funded Enterprises**	**1642504.5**	**1741968.5**	**336136.4**	**1405832.1**	**189178.5**
国有企业	State-owned Enterprises	178643.7	181912.1	81516.1	100396.0	25388.2
有限责任公司	Limited Liability Corporations	667546.9	722828.1	197167.5	525660.6	100917.5
股份有限公司	Share-holding Corporations Ltd.	573680.3	592571.7	24401.2	568170.5	26036.8
私营企业	Private Enterprises	222633.6	244656.6	33051.6	211605.0	36836.0
其他企业	Others					
港、澳、台商投资企业	**Enterprises with Funds from Hong Kong, Macao and Taiwan**					
外商投资企业	**Foreign Funded Enterprises**	**1414.2**	**4075.8**		**4075.8**	**180.8**

12-9 按行业分限额以上批发和零售业法人企业商品购、销、存总额(2018年)

TOTAL PURCHASES, SALES AND STOCK OF CORPORATION ENTERPRISES ABOVE DESIGNATED SIZE OF WHOLESALE AND RETAIL TRADES BY SECTOR (2018)

单位：万元 (10000 yuan)

指　　标	Item	购进总额 Total Purchases Value	销售总额 Total Sales Value	批　发 Wholesale Value	零　售 Retail Value	年末库存总　额 Stock (year-end)
总　计	**Total**	**2474130.9**	**2916533.5**	**1447082.1**	**1469451.4**	**343745.3**
批发业合计	**Wholesale Trade**	**830212.2**	**1170489.2**	**1110945.7**	**59543.5**	**154386.0**
农、林、牧产品批发	Wholesale of Agricultural, Forestry and Livestock Products					
食品、饮料及烟草制品批发	Wholesale of Food, Beverages and Tobaccos	553720.1	745908.6	696897.5	49011.1	116479.1
文化、体育用品及器材批发	Wholesale of Culture, Sports Appliances and Equipment	15988.6	14118.8	10988.6	3130.2	4001.9
医药及医疗器材批发	Wholesale of Medicines and Medical Appliances	202739.1	358734.0	358734.0		16917.9
矿产品、建材及化工产品批发	Wholesale of Mineral Products, Building Materials and Chemical Products	24164.1	21153.5	19208.3	1945.2	4904.4
机械设备、五金产品及电子产品批发	Wholesale of Machinery, Hardware and Electronic Equipment	33578.9	30548.8	25091.8	5457.0	12082.7
贸易经纪与代理	Trade Brokerage and Agency	21.4	25.5	25.5		
其他批发业	Others					
零售业合计	**Retail Trade**	**1643918.7**	**1746044.3**	**336136.4**	**1409907.9**	**189359.3**
综合零售	Integrated Retail	58640.8	109022.3	1706.9	107315.4	45611.6
食品、饮料及烟草制品专门零售	Special Retail of Food, Beverages and Tobaccos	44072.6	57386.9	50830.2	6556.7	5423.4
纺织、服装及日用品专门零售	Special Retail of Textiles, Garments and Daily Consumer Articles	49174.2	60368.9	19885.0	40483.9	3642.5
文化、体育用品及器材专门零售	Special Retail of Culture, Sports Appliances and Equipment	8188.8	8886.0	1381.1	7504.9	678.0
医药及医疗器材专门零售	Special Retail of Medicines and Medical Appliances	5342.9	14273.5		14273.5	3489.5
汽车、摩托车、燃料及零配件专门零售	Special Retail of Motor Vehicles, Motorcycles, Fuel and Parts					
汽车、摩托车、零配件和燃料及其他动力销售	Sales of Automobiles, Motorcycles, Spare Parts and Fuel and Other Power	1435343.2	1448459.4	256655.1	1191804.3	120124.8
家用电器及电子产品专门零售	Special Retail of Household Electric Appliances and Electronic Products	42494.8	46790.3	5678.1	41112.2	6635.1
货摊、无店铺及其他零售业	Stall, Non-shop and Other Retails	661.4	857.0		857.0	3754.4

12-10 按登记注册类型分限额以上批发和零售业法人企业资产及负债(2018年)

ASSETS AND LIABILITIES OF ENTERPRISES ABOVE DESIGNATED SIZE OF WHOLESALE AND RETAIL TRADES BY STATUS OF REGISTRATION (2018)

单位：万元 (10000 yuan)

指标	Item	资产总计 Total Assets	流动资产合计 Total Current Assets	固定资产原价 Original Value of Fixed Assets	负债合计 Total Liabilities	所有者权益合计 Total Owners' Equity
总计	**Total**	**1654616.4**	**1164288.1**	**342538.4**	**915631.5**	**747349.1**
批发业合计	**Wholesale Trade**	**1000227.2**	**740522.7**	**147184.9**	**482486.2**	**517741.0**
内资企业	**Domestic Funded Enterprises**	**922074.9**	**712849.6**	**138860.0**	**420108.3**	**501966.6**
国有企业	State-owned Enterprises	425081.7	335887.8	96126.0	93489.0	331592.7
有限责任公司	Limited Liability Companies	168529.8	130422.0	24923.6	90223.9	78305.9
私营企业	Private Enterprises	328463.4	246539.8	17810.4	236395.4	92068.0
港、澳、台商投资企业	**Enterprises with Funds from Hong Kong, Macao and Taiwan**	**78152.3**	**27673.1**	**8324.9**	**62377.9**	**15774.4**
零售业合计	**Retail Trade**	**654389.2**	**423765.4**	**195353.5**	**433145.3**	**229608.1**
内资企业	**Domestic Funded Enterprises**	**653874.7**	**423285.4**	**195187.3**	**432680.8**	**229558.1**
国有企业	State-owned Enterprises	42275.1	25390.2	19572.7	32795.8	9479.3
有限责任公司	Limited Liability Corporations	352466.3	225864.0	102284.0	229396.3	123070.0
股份有限公司	Share-holding Corporations Ltd.	58497.8	19980.3	51419.4	62791.0	4071.0
私营企业	Private Enterprises	200635.5	152050.9	21911.2	107697.7	92937.8
其他企业	Others					
港、澳、台商投资企业	**Enterprises with Funds from Hong Kong, Macao and Taiwan**					
外商投资企业	**Foreign Funded Enterprises**	**514.5**	**480.0**	**166.2**	**464.5**	**50.0**

12-11　按行业分限额以上批发和零售业法人企业资产及负债(2018年)
ASSETS AND LIABILITIES OF ENTERPRISES ABOVE DESIGNATED SIZE OF WHOLESALE AND RETAIL TRADES BY SECTOR (2018)

单位：万元　　　　(10000 yuan)

指　标	Item	资产总计 Total Assets	流动资产合计 Total Current Assets	固定资产原价 Original Value of Fixed Assets	负债合计 Total Liabilities	所有者权益合计 Total Owners' Equity
总　计	**Total**	**1654616.4**	**1164288.1**	**342538.4**	**915631.5**	**747349.1**
批发业合计	**Wholesale Trade**	**1000227.2**	**740522.7**	**147184.9**	**482486.2**	**517741.0**
农、林、牧产品批发	Wholesale of Agricultural and Livestock Products					
食品、饮料及烟草制品批发	Wholesale of Food, Beverages and Tobaccos	451639.3	344649.4	104690.9	90534.3	361105.0
文化、体育用品及器材批发	Wholesale of Culture, Sports Appliances and Equipments	13419.6	11460.4	3809.2	6477.2	6942.4
医药及医疗器材批发	Wholesale of Medicines and Medical Appliances	378434.1	327567.5	9836.6	342821.7	35612.4
矿产品、建材及化工产品批发	Wholesale of Mineral Products, Building Materials and Chemical Products	59801.2	34055.3	15932.1	27418.5	32382.7
机械设备、五金产品及电子产品批发	Wholesale of Machinery, Hardware and Electronic Equipment	91827.9	22327.9	9291.4	13788.5	78039.4
贸易经纪与代理	Trade Brokerage and Agency	5105.1	462.2	3624.7	1446.0	3659.1
其他批发业	Others					
零售业合计	**Retail Trade**	**654389.2**	**423765.4**	**195353.5**	**433145.3**	**229608.1**
综合零售	Integrated Retail	75072.6	46234.2	18286.0	62557.2	12515.4
食品、饮料及烟草制品专门零售	Special Retail of Food, Beverages and Tobaccos	13264.0	7824.4	11433.2	2794.6	10469.4
纺织、服装及日用品专门零售	Special Retail of Textiles, Garments and Daily Consumer Articles	80585.9	75680.9	554.3	20887.4	59698.5
文化、体育用品及器材专门零售	Special Retail of Culture, Sports Appliances and Equipments	5523.0	4215.1	2955.1	2236.1	3286.9
医药及医疗器材专门零售	Special Retail of Medicines and Medical Appliances	12513.3	5152.3	7111.7	3047.6	9465.7
汽车、摩托车、燃料及零配件专门零售	Special Retail of Motor Vehicles, Motorcycles, Fuel and Parts					
汽车、摩托车、零配件和燃料及其他动力销售	Sales of Automobiles, Motorcycles, Spare Parts and Fuel and Other Power	434573.9	258631.5	150687.8	326416.7	116521.4
家用电器及电子产品专门零售	Special Retail of Household Electric Appliances and Electronic Products	27039.3	20286.9	4106.5	13739.2	13300.1
货摊、无店铺及其他零售业	Stall, Non-shop and Other Retails	5817.2	5740.1	218.9	1466.5	4350.7

12-12 按登记注册类型分限额以上批发和零售业法人企业主要财务指标(2018年)

MAIN FINANCIAL INDICATORS OF CORPORATION ENTERPRISES ABOVE DESIGNATED SIZE OF WHOLESALE AND RETAIL TRADES BY STATUS OF REGISTRATION (2018)

单位：万元 (10000 yuan)

指　标	Item	主营业务收入 Revenue from Principal Business	主营业务成本 Cost of Principal Business	主营业务税金及附加 Taxes and Other Charges on Principal Business	营业利润 Business Profits
总　计	**Total**	**2641767.0**	**2208896.0**	**90587.8**	**65365.0**
批发业合计	**Wholesale Trade**	**1026452.6**	**710408.3**	**81217.5**	**49115.1**
内资企业	**Domestic Funded Enterprises**	**827814.6**	**597818.2**	**81185.0**	**39033.3**
国有企业	State-owned Enterprises	596903.3	426697.5	73368.8	39999.0
有限责任公司	Limited Liability Corporations	144875.4	98706.6	7508.6	-3712.0
私营企业	Private Enterprises	86035.9	72414.1	307.6	2746.3
港、澳、台商投资企业	**Enterprises with Funds from Hong Kong, Macao and Taiwan**	**198638.0**	**112590.1**	**32.5**	**10081.8**
零售业合计	**Retail Trade**	**1615314.4**	**1498487.7**	**9370.3**	**16249.9**
内资企业	**Domestic Funded Enterprises**	**1611729.5**	**1497187.8**	**9330.4**	**14302.6**
国有企业	State-owned Enterprises	173809.8	156231.3	6041.9	375.1
有限责任公司	Limited Liability Corporations	670442.9	614005.6	1666.2	9363.1
股份有限公司	Share-holding Corporations Ltd.	535127.7	524653.8	623.7	-10008.9
私营企业	Private Enterprises	232349.1	202297.1	998.6	14573.3
其他企业	Others				
港、澳、台商投资企业	**Enterprises with Funds from Hong Kong, Macao and Taiwan**				
外商投资企业	**Foreign Funded Enterprises**	**3584.9**	**1299.9**	**39.9**	**1947.3**

12-13 按行业分限额以上批发和零售业法人单位主要财务指标(2018年)

MAIN FINANCIAL INDICATORS OF CORPORATION ENTERPRISES ABOVE DESIGNATED SIZE OF WHOLESALE AND RETAIL TRADES BY SECTOR (2018)

单位：万元 (10000 yuan)

指　　标	Item	主营业务收　入 Revenue from Principal Business	主营业务成　本 Cost of Principal Business	主营业务税金及附加 Taxes and Other Charges on Principal Business	营业利润 Business Profits
总　计	**Total**	**2641767.0**	**2208896.0**	**90587.8**	**65365.0**
批发业合计	**Wholesale Trade**	**1026452.6**	**710408.3**	**81217.5**	**49115.1**
农、林、牧产品批发	Wholesale of Agricultural, Forestry and Livestock Products				
食品、饮料及烟草制品批发	Wholesale of Food, Beverages and Tobaccos	648291.5	465207.1	80234.8	42590.4
文化、体育用品及器材批发	Wholesale of Culture, Sports Appliances and Equipment	14118.8	12060.3		401.0
医药及医疗器材批发	Wholesale of Medicines and Medical Appliances	314795.5	185176.0	847.8	12208.1
矿产品、建材及化工产品批发	Wholesale of Mineral Products, Building Materials and Chemical Products	20316.2	22830.9	35.3	-6606.2
机械设备、五金产品及电子产品批发	Wholesale of Machinery, Hardware and Electronic Equipment	28845.5	25132.6	98.2	892.2
贸易经纪与代理	Trade Brokerage and Agency	85.1	1.4	1.4	-370.4
其他批发业	Others				
零售业合计	**Retail Trade**	**1615314.4**	**1498487.7**	**9370.3**	**16249.9**
综合零售	Integrated Retail	76643.1	58818.0	840.1	3114.7
食品、饮料及烟草制品专门零售	Special Retail of Food, Beverages and Tobaccos	50386.4	38206.6	6009.5	1170.4
纺织、服装及日用品专门零售	Special Retail of Textiles, Garments and Daily Consumer Articles	55473.9	39843.2	359.1	12621.2
文化、体育用品及器材专门零售	Special Retail of Culture, Sports Appliances and Equipment	8816.9	7503.2	9.4	533.6
医药及医疗器材专门零售	Special Retail of Medicines and Medical Appliances	13292.9	8980.0	64.1	1430.4
汽车、摩托车、燃料及零配件专门零售	Special Retail of Motor Vehicles, Motorcycles, Fuel and Parts				
汽车、摩托车、零配件和燃料及其他动力销售	Sales of Automobiles, Motorcycles, Spare Parts and Fuel and Other Power	1365721.7	1304466.9	2019.0	-2171.7
家用电器及电子产品专门零售	Special Retail of Household Electric Appliances and Electronic Products	44161.2	39878.3	67.6	-358.7
货摊、无店铺及其他零售业	Stall, Non-shop and Other Retails	818.3	791.5	1.5	-90.0

12-14 限额以上批发和零售业商品分类销售额(2018年) SALE VALUES OF ENTERPRISES ABOVE DESIGNATED SIZE OF WHOLESALE AND RETAIL TRADES BY CATEGORY OF COMMODITIES (2018)

单位：万元 (10000 yuan)

指标	Item	销售合计 Total Sales	批发 Wholesale	零售 Retail
粮油、食品、饮料、烟酒类	Grain and Oil, Food, Beverages, Tobaccos and Liquor			
粮油、食品类	Grain and Oil, Food	177473.6	22374.5	155099.1
#粮油类	Grain and Oil	68280.3	8494.2	59786.1
肉禽蛋类	Meat and Poultry	48927.6	10079.3	38848.3
饮料类	Beverages	8189.6	1118.7	7070.9
烟酒类	Tobacco and Liquor	792608.5	735547.0	57061.5
服装鞋帽、针、纺织品类	Clothing, Shoes, Hats and Textiles	57473.2	971.1	56502.1
服装类	Clothing	49890.1	963.7	48926.4
鞋帽类	Shoes and Hats	4369.3	2.2	4367.1
针、纺织品类	Knitwear and Textiles	3213.8	5.2	3208.6
化妆品类	Cosmetics	10934.9	14.2	10920.7
金银珠宝类	Gold, Silver and Jewelry	5966.8		5966.8
日用品类	Articles for Daily Use	7693.5	16.2	7677.3
洗涤用品类	Washing Articles			
儿童玩具类	Children Toys	273.5	4.5	269.0
五金、电料类	Hardware and Electrical Materials	1050.2	1.0	1049.2
体育、娱乐用品类	Sports and Recreation Articles	118.8		118.8
书报杂志类	Newspapers and Magazines	21556.2	11444.6	10111.6
电子出版物及音像制品类	E-journal and Video Products	21.0		21.0
家用电器和音像器材类	Household Appliances and Video Equipment	8690.2		8690.2
中西药品类	Traditional Chinese and Western Medicine	367549.4	354706.9	12842.5
#西药类	Western Medicine	79906.9	74449.7	5457.2
中草药及中成药类	Traditional Chinese Medicine	218812.0	216682.0	2130.0
文化办公用品类	Culture and Official Goods	8615.2	5.1	8610.1
家具类	Furniture			
通讯器材类	Communication Appliances	31846.9		31846.9
煤炭及制品类	Coal and Related Products			
木材及制品类	Wood and Wooden Products			
石油及制品类	Petroleum and Related Products	1081351.2	197032.6	884318.6
化工材料及制品类	Raw Chemical Materials and Related Products	13994.2	13994.2	
化肥类	Fertilizer	13994.2	13994.2	
金属材料类	Metal Materials			
建筑及装潢材料类	Building and Decoration Materials			
机电产品及设备类	Mechanical and Electrical Products	25370.8	19721.6	5649.2
#农机类	Agricultural Machinery	18590.1	18590.1	
汽车类	Automobile	314540.8	49499.8	265041.0
种子饲料类	Seeds and Feedstuff			
棉麻类	Cotton, Hemp			
其他类	Others	27543.6	17549.5	9994.1

12-15　亿元以上商品交易市场摊位分类情况(2018年)
CLASSIFICATION OF COMMODITY EXCHANGE MARKETS OF TRANSACTION VALUE OVER 100 MILLION YUAN (2018)

类　别	Classification	摊位数(个) Number of Booths (unit)	成交额(亿元) Turnover (100 million yuan)	批发市场 Wholesale	零售市场 Retail
总　计	**Total**	**2836**	**26.96**	**21.33**	**5.63**
粮油、食品类	Grail and Oil, Food	2736	25.53	20.31	5.22
#粮油类	Grain and Oil	48	3.39	2.46	0.93
肉禽蛋类	Meat, Poultry and Eggs	359	3.16	1.93	1.23
水产品类	Aquatic Products	87	2.43	0.96	1.47
蔬菜类	Vegetables	1937	10.70	9.24	1.46
干鲜果品类	Dried and Fresh Melons and Fruits	305	5.85	5.73	0.13
饮料类	Beverages	11	0.92	0.92	
烟酒类	Tobacco and Liquor	53	0.36	0.10	0.26
日用品类	Articles for Daily Use	30	0.14		0.14
家用电器和音像器材类	Household Appliances and Audio-visual Equipment	3	0.01		0.01
中西药品类	Traditional Chinese and Western Medicine	3	0.01		0.01
#西药类	Western Medicine				

12-16　限额以上住宿和餐饮业法人企业基本情况(2018年)
BASIC STATISTICS OF CORPORATION ENTERPRISES ABOVE DESIGNATED SIZE IN HOTELS AND CATERING SERVICES BY TYPES OF REGISTRATION AND SECTOR (2018)

指　标	Item	法人企业数(个) Number of Corporation Enterprises (unit)	年末从业人员数(人) Engaged Persons at Year-end (person)
总　计	**Total**	**81**	**5678**
住宿业	**Hotels**	**71**	**5158**
按登记注册类型分组	**By Status of Registration**		
内资企业	**Domestic Funded Enterprises**	**68**	**4682**
国有企业	State-owned Enterprises	13	1405
集体企业	Collective-owned Enterprises	1	46
股份合作企业	Cooperative Enterprises		
有限责任公司	Limited Liability Corporations	24	2044
股份有限公司	Share-holding Corporations Ltd.	3	133
私营企业	Private Enterprises	26	1024
其他企业	Others	1	30
港、澳、台商投资企业	**Enterprises with Funds from Hong Kong, Macao and Taiwan**	**1**	**172**
外商投资企业	**Enterprises with Foreign Investment**	**2**	**304**
按行业分组	**By Sector**		
#旅游饭店	Tourist Hotel	68	5005
餐饮业	**Catering Services**	**10**	**520**
按登记注册类型分组	**By Status of Registration**		
内资企业	**Domestic Funded Enterprises**	**10**	**520**
有限责任公司	Limited Liability Corporations	4	253
私营企业	Private Enterprises	6	267
其他企业	Others		
按行业分组	**By Sector**		
#正餐服务	Restaurant	7	315
快餐服务	Fast Food	2	178
饮料及冷饮服务	Beverage and Cold Drink Service	1	27

12-17 限额以上住宿和餐饮业法人企业经营情况(2018年)
SIZE IN HOTELS BASIC STATISTICS OF ENTERPRISES ABOVE DESIGNATED AND CATERING SERVICES BY TYPES OF REGISTRATION AND SECTOR (2018)

单位：万元 (10000 yuan)

指 标	Item	营业额 Business Revenue	客房收入 From Hotel Rooms	餐费收入 From Meals	商品销售收入 From Commodities	其他收入 Others
总 计	**Total**	**100129.3**	**56138.4**	**31262.0**	**567.3**	**12161.6**
住宿业	**Hotels**	**89558.3**	**55882.9**	**21048.5**	**567.3**	**12059.6**
按登记注册类型分组	**By Status of Registration**					
内资企业	**Domestic Funded Enterprises**	**72906.3**	**45028.3**	**15975.1**	**427.4**	**11475.5**
国有企业	State-owned Enterprises	19975.9	10564.3	4593.9	18.2	4799.5
集体企业	Collective-owned Enterprises	856.1	554.6			301.5
有限责任公司	Limited Liability Companies	34715.5	20028.0	8529.7	9	6148.8
股份有限公司	Share-holding Corporations Ltd.	2304.2	2127.4	137.1	29.8	9.9
私营企业	Private Enterprises	14613.3	11364.7	2714.4	370.4	163.8
其他企业	Others	441.3	389.3			52.0
港、澳、台商投资企业	**Enterprises with Funds from Hong Kong, Macao and Taiwan**	**6229.7**	**4421.3**	**1706.1**	**17.7**	**84.6**
外商投资企业	**Enterprises with Foreign Investment**	**10422.3**	**6433.3**	**3367.3**	**122.2**	**499.5**
按行业分组	**By Sector**					
#旅游饭店	Tourist Hotel	86194.5	53190.1	20382.2	562.6	12059.6
餐饮业	**Catering Services**	**10571.0**	**255.5**	**10213.5**		**102.0**
按登记注册类型分组	**By Status of Registration**					
内资企业	**Domestic Funded Enterprises**	**10571.0**	**255.5**	**10213.5**		**102.0**
有限责任公司	Limited Liability Corporations	7234.7		7234.7		
私营企业	Private Enterprises	3336.3	255.5	2978.8		102.0
其他企业	Others					
按行业分组	**By Sector**					
#正餐服务	Restaurant	4097.7	255.5	3740.2		102.0
快餐服务	Fast Food	6190.0		6190.0		
饮料及冷饮服务	Beverage and Cold Drink Service	283.3		283.3		

12-18　限额以上住宿和餐饮业法人企业资产及负债(2018年)

ASSETS AND LIABILITIES OF CORPORATION ENTERPRISES ABOVE DESIGNATED SIZE OF HOTELS AND CATERING SERVICES BY STATUS OF REGISTRATION AND SECTOR (2018)

单位：万元　(10000 yuan)

指　标	Item	资产总计 Total Assets	流动资产合计 Total Current Assets	固定资产原价 Original Value of Fixed Assets	负债合计 Total Liabilities	所有者权益合计 Total Owners' Equity
总　计	**Total**	**581650.0**	**107930.9**	**426167.2**	**157392.0**	**424258.0**
住宿业	**Hotels**	**559954.3**	**97704.3**	**414040.8**	**143498.2**	**416456.1**
按登记注册类型分组	**By Status of Registration**					
内资企业	**Domestic Funded Enterprises**	**494764.5**	**89427.6**	**332001.3**	**135410.9**	**359353.6**
国有企业	State-owned Enterprises	266974.2	21307.0	143816.6	30069.5	236904.7
集体企业	Collective-owned Enterprises	2623.6	582.6	3048.7	988.9	1634.7
有限责任公司	Limited Liability Companies	164243.0	54116.4	139334.1	79249.0	84994.0
股份有限公司	Share-holding Corporations Ltd.	2896.1	1365.6	1631.6	1423.6	1472.5
私营企业	Private Enterprises	57738.3	11766.7	44170.3	23412.7	34325.6
其他企业	Others	289.3	289.3		267.2	22.1
港、澳、台商投资企业	**Enterprises with Funds from Hong Kong, Macao and Taiwan**	**2023.1**	**2023.1**		**2475.2**	**-452.1**
外商投资企业	**Enterprises with Foreign Investment**	**63166.7**	**6253.6**	**82039.5**	**5612.1**	**57554.6**
按行业分组	**By Sector**					
#旅游饭店	Tourist Hotel	558230.5	97341.0	411789.0	141956.7	416273.8
餐饮业	**Catering Services**	**21695.7**	**10226.6**	**12126.4**	**13893.8**	**7801.9**
按登记注册类型分组	**By Status of Registration**					
内资企业	**Domestic Funded Enterprises**	**21695.7**	**10226.6**	**12126.4**	**13893.8**	**7801.9**
有限责任公司	Limited Liability Corporations	5149.6	2332.6	2171.2	1118.5	4031.1
私营企业	Private Enterprises	16546.1	7894.0	9955.2	12775.3	3770.8
按行业分组	**By Sector**					
#正餐服务	Restaurant	17253.6	7609.1	10911.9	13536.0	3717.6
快餐服务	Fast Food	4124.1	2299.5	1214.5	127.0	3997.1
饮料及冷饮服务	Beverage and Cold Drink Service	318.0	318.0		230.8	87.2

12-19 限额以上住宿和餐饮业法人企业主要财务指标(2018年) MAIN FINANCIAL INDICATORS OF ENTERPRISES ABOVE DESIGNATED SIZE OF HOTELS AND CATERING SERVICES BY STATUS OF REGISTRATION AND SECTOR (2018)

单位：万元 (10000 yuan)

指标	Item	主营业务收入 Revenue from Principal Business	主营业务成本 Cost of Principal Business	主营业务税金及附加 Taxes and Other Charges on Principal Business	营业利润 Business Profits
总计	**Total**	**93806.9**	**36367.5**	**681.0**	**-8198.5**
住宿业	**Hotels**	**83308.4**	**31018.6**	**615.5**	**-9836.9**
按登记注册类型分组	**By Status of Registration**				
内资企业	**Domestic Funded Enterprises**	**67196.7**	**26209.4**	**561.7**	**-6673.9**
国有企业	State-owned Enterprises	16165.3	9042.4	106.2	-2975.9
集体企业	Collective-owned Enterprises	856.1	525.4	4.9	26.4
股份合作企业	Cooperative Enterprises				
有限责任公司	Limited Liability Companies	33185	11563.5	220.1	-3735.3
股份有限公司	Share-holding Corporations Ltd.	2296.4	726.0	119.7	386.1
私营企业	Private Enterprises	14252.7	4349.8	109.2	-384.2
其他企业	Others	441.2	2.3	1.6	9.0
港、澳、台商投资企业	**Enterprises with Funds from Hong Kong, Macao and Taiwan**	**6229.7**	**595.9**	**33.7**	**1099.2**
外商投资企业	**Enterprises with Foreign Investment**	**9882.0**	**4213.3**	**20.1**	**-4262.2**
按行业分组	**By Sector**				
#旅游饭店	Tourist Hotel	80115.2	30287.3	584.3	-10123.1
餐饮业	**Catering Services**	**10498.5**	**5348.9**	**65.5**	**1638.4**
按登记注册类型分组	**By Status of Registration**				
内资企业	**Domestic Funded Enterprises**	**10498.5**	**5348.9**	**65.5**	**1638.4**
有限责任公司	Limited Liability Corporations	7164.7	3884.7	38.7	1697.7
私营企业	Private Enterprises	3333.8	1464.2	26.8	-59.3
其他企业	Others				
港、澳、台商投资企业	**Enterprises with Funds from Hong Kong, Macao and Taiwan**				
外商投资企业	**Enterprises with Foreign Investment**				
按行业分组	**By Sector**				
#正餐服务	Restaurant	4025.2	1893.8	56.9	-332.4
快餐服务	Fast Food	6190.0	3455.1	6.3	1887.8
饮料及冷饮服务	Beverage and Cold Drink Service	283.3		2.3	83.0

第十三篇

对外贸易和旅游

CHAPTER 13

FOREIGN TRADE AND TOURISM

13-1　进出口贸易总额
TOTAL VALUE OF IMPORTS AND EXPORTS

年　份 Year	人民币(万元) RMB (10000 yuan)			美元(万美元) USD (10000 USD)		
	进出口总额 Total Imports and Exports	出口总额 Total Exports	进口总额 Total Imports	进出口总额 Total Imports and Exports	出口总额 Total Exports	进口总额 Total Imports
1953	1387	236	1151	402	68	334
1959	672	352	320	195	102	93
1965	693	110	583	243	39	204
1978	2869	272	2597	1664	158	1506
1981	3179	441	2738	1907	265	1642
1982	2049	757	1292	1107	409	698
1983	3202	941	2261	1633	480	1153
1984	3257	860	2397	1466	387	1079
1985	5422	1494	3928	1844	508	1336
1986	4119	2914	1205	1195	845	350
1987	9160	4501	4659	2473	1215	1258
1988	8219	5949	2270	2219	1606	613
1989	14481	7342	7139	3910	1982	1928
1990	14267	6581	7686	3022	1394	1628
1991	18460	8581	9879	3470	1613	1857
1992	34891	10466	24425	6434	1930	4504
1993	89305	13076	76229	10265	1503	8762
1994	266887	41857	225030	31288	4907	26381
1995	53726	24942	28784	7052	3494	3558
1996	84764	36768	47996	10471	4542	5929
1997	97954	41473	56481	11833	5010	6823
1998	93576	60911	32665	11304	7358	3946
1999	146140	75655	70485	16622	8605	8017
2000	113352	98597	14755	13029	11333	1696
2001	78416	68178	10238	9482	8244	1238
2002	107775	67070	40705	13032	8110	4922
2003	133271	100613	32658	16115	12166	3949
2004	184876	107584	77292	22355	13009	9346
2005	166366	133909	32457	20539	16532	4007
2006	256152	173332	82820	32840	22222	10618
2007	287422	238408	49014	39348	32638	6710
2008	531798	491348	40450	76543	70721	5822
2009	274507	256296	18211	40202	37535	2667
2010	565890	521942	43948	83594	77102	6492
2011	856047	745460	110587	135861	118310	17551
2012	2167236	2123587	43649	342397	335501	6896
2013	2055765	2024588	31177	331939	326905	5034
2014	1384815	1290039	94776	225494	210086	15408
2015	565535	362364	203171	90799	58179	32620
2016	516742	312369	204373	77796	47027	30768
2017	591919	298473	293446	87668	44206	43462
2018	475188	285698	189490	71809	43174	28635

注：1998年以前为外贸部门统计数，1999-2014年为海关统计数，2015年开始按照人民币对美元年平均汇率换算。

Note: In 1998 and before, data were obtained from Ministry of Foreign Trade, and were from Customs statistics from 1999 to 2014. since 2015, data are converted according to the year average annual exchange rate of RMB against US dollar.

13-2　边境小额进出口贸易总额
TOTAL VALUE OF IMPORTS AND EXPORTS FOR FRONTIER TRADE

年　份 Year	人民币(万元) RMB (10000 yuan)			美元(万美元) USD (10000 USD)		
	进出口总额 Total Value of Imports and Exports for Frontier Trade	出口总额 Total Exports	进口总额 Total Imports	进出口总额 Total Value of Imports and Exports for Frontier Trade	出口总额 Total Exports	进口总额 Total Imports
1953	1387	236	1151	402	68	334
1959	672	352	320	195	102	93
1965	429	110	319	150	39	111
1978	601	272	329	349	158	191
1981	840	406	434	504	244	260
1982	994	446	548	537	241	296
1983	1328	631	697	664	316	348
1984	1136	562	574	511	253	258
1985	1647	819	828	559	278	281
1986	2876	1920	956	834	557	277
1987	2679	2087	592	723	563	160
1988	821	605	216	221	163	58
1989	5205	3168	2037	1405	855	550
1990	4026	2475	1551	902	524	378
1991	3625	2995	630	682	564	118
1992	5829	5352	477	1075	987	88
1993	7760	6072	1688	892	698	194
1994	10500	3557	6943	1231	417	814
1995	4806	4059	747	579	489	90
1996	9715	7448	2267	1200	920	280
1997	2989	2724	265	361	329	32
1998	6664	4892	1772	805	591	214
1999	69356	62014	7342	7972	7128	844
2000	94430	88644	5786	10854	10189	665
2001	67078	62951	4127	8111	7612	499
2002	50786	46792	3994	6141	5658	483
2003	64150	59883	4267	7757	7241	516
2004	74860	70816	4044	9052	8563	489
2005	98982	93806	5176	12220	11581	639
2006	137420	133832	3588	17618	17158	460
2007	181827	179584	2243	24892	24585	307
2008	166391	164487	1904	23949	23675	274
2009	169872	167468	2404	24878	24526	352
2010	338847	336884	1963	50055	49765	290
2011	586192	582329	3863	93033	92420	613
2012	1067474	1061721	5754	168648	167739	909
2013	1191504	1185354	6150	192389	191396	993
2014	1217439	1206826	10613	198190	196462	1728
2015	302351	299042	3309	48544	48013	531
2016	298644	296058	2586	44961	44572	389
2017	233807	231661	2145	34629	34311	318
2018	241206	238486	2720	36450	36039	411

13-3　旅游人数及旅游收入
NUMBER OF TOURISTS AND EARNINGS

年　份 Year	接待旅游者人数(人次) Number of Overseas and Domestic Visitors (person-time)	入境游客 Number of Overseas Visitor Arrivals	#外国人 Foreigners	国内游客 Number of Domestic Visitors	旅游收入(万元) Tourism Earnings (10000 yuan)	国内旅游收入(万元) Earnings from Domestic Tourism (10000 yuan)	国际旅游(外汇)收入(万美元) Foreign Exchange Earnings from International Tourism (10000 USD)
1982	18201	1580	1578	16621	186		130
1983	37564	1723	1596	35841	263		150
1984	60183	1579	1508	58604	257		100
1985	71980	15402	15041	56578	399		120
1986	87968	31000	29553	56968	2970		620
1987	127554	108750	42889	18804	5600		800
1988	103255	56293	21835	46962	6229		700
1989	29833	8287	3341	21546	3726		222
1990	23954	6654	9842	17300	684		145
1991	117169	38286	14768	78883	5069		770
1992	161164	50963	49823	110201	7257		997
1993	184262	54409	53192	129853	9348		675
1994	198928	65980	62233	132948	15321		1045
1995	206598	67814	65428	138784	21375	6340	1130
1996	325468	75003	72580	250465	23258	7835	2955
1997	366610	81800	73412	284810	25974	10338	3172
1998	386643	96444	87039	290199	26491	10998	3302
1999	448547	108224	98966	340323	57000	22234	3630
2000	608335	149441	134539	458894	67462	25834	5226
2001	686116	127148	116440	558968	75053	37053	4638
2002	867320	142279	129617	725041	98777	55899	5166
2003	928639	51120	45685	877519	103723	88028	1891
2004	1223098	95816	88797	1127282	153195	122817	3660
2005	1800623	121308	111018	1679315	193524	157536	4443
2006	2512103	154818	136159	2357285	277072	228929	6094
2007	4029438	365370	338744	3664068	485160	383152	13529
2008	2246447	67997	62934	2178450	225865	204237	3112
2009	5610630	174910	162458	5435720	559870	506088	7873
2010	6851390	228321	214136	6623069	714401	644001	10359
2011	8697605	270785	249026	8426820	970568	886341	12963
2012	10583869	194933	174631	10388936	1264788	1198017	10570
2013	12910568	223198	187153	12687370	1651813	1572633	12786
2014	15531413	244401	199965	15287012	2039989	1949992	14469
2015	20175305	292610	142592	19882695	2819203	2710610	17666
2016	23159418	321902	211172	22837516	3307512	3188022	19439
2017	25614300	343500	268800	25270800	3793700	3662500	19751
2018	33687256	476187	241630	33211069	4901421	4737396	24709

第十四篇

金融业

CHAPTER 14

FINANCIAL INTERMEDIATION

14-1 金融机构本外币信贷收支

SOURCES AND USES OF CREDIT FUNDS OF FINANCIAL INSTITUTIONS (IN RMB AND FOREIGN CURRENCY)

单位：万元 (10000 yuan)

年 份 Year	存款合计 Total Deposits	其中：人民币 RMB	#财政存款 Fiscal Deposits	#住户存款 Deposits of Households	贷款合计 Total Loans	其中：人民币 RMB
1959	10182	10182		975	1379	1379
1965	23029	23029	9572	2514	9092	9092
1978	70608	70608	26349	3340	16091	16091
1981	101153	101153	37500	6282	20709	20709
1982	108201	108201	34158	7611	22580	22580
1983	134543	134543	56092	9791	31542	31542
1984	104475	104475	24725	12622	59135	59135
1985	133799	133799	37260	15974	73413	73413
1986	143599	143599	33482	19978	66909	66909
1987	175649	175649	47448	23134	55915	55915
1988	196274	196274	42464	28360	108054	108054
1989	215016	215016	52762	33563	124308	124308
1990	212611	212611	32722	39961	172156	172156
1991	262275	262275	48162	58260	171817	171817
1992	290493	290493	30106	69880	208413	208413
1993	326750	326750	23824	90464	330067	330067
1994	525744	525744	59706	130731	403420	403420
1995	716307	716307	171699	193747	522528	522528
1996	854659	854659	122534	267651	593957	593957
1997	977201	977201	51638	304515	758123	758123
1998	1101308	1101308	67252	334481	788391	788391
1999	1318361	1318361	121042	368169	745852	745852
2000	1449755	1449755	74919	404807	806248	806248
2001	2140249	2129002	96742	501778	973339	966246
2002	2842946	2829653	62803	703825	1217851	1211279
2003	3222298	3208709	47630	918982	1450417	1444358
2004	3632912	3617220	97697	1074935	1684489	1678969
2005	4563018	4551139	158668	1230959	1793387	1788521
2006	5457402	5445494	454718	1398071	2041363	2037107
2007	6433551	6424371	468457	1595615	2238329	2234699
2008	8290189	8278506	734226	1848908	2193150	2189754
2009	10283990	10272388	1052153	2263699	2483469	2480072
2010	12967321	12955418	1361434	2671317	3018235	3014941
2011	16624953	16612392	1698574	3188288	4090533	4087517
2012	20542470	20505784	1640168	4039065	6640456	6637578
2013	25009393	24990839	991134	4960316	10769585	10766900
2014	30891854	30823846	1873078	5592769	16194584	16187241
2015	36712240	36638524	2320853	6536348	21244882	21203290
2016	43796584	43715488	2759576	7858866	30486400	30457728
2017	49590629	49525078	3941465	8797161	40436420	40414416
2018	49346152	49284032	6510529	9259515	45557426	45554997

14-2 金融机构各项存款(2018年)
TOTAL DEPOSITS OF FINANCIAL INSTITUTIONS (2018)

单位：万元 (10000 yuan)

指　　标	Item	本外币合　计 Total	人民币 RMB
各项存款	**Total Deposits**	**49346152**	**49284032**
#住户存款	Deposits of Households	9259515	9252391
活期存款	Demand Deposits	6705271	6700046
定期及其他存款	Time & Other Deposits	2554245	2552345
非金融企业存款	Deposits of Non-financial Enterprises	12207804	12153748
活期存款	Demand Deposits	8215179	8196239
定期及其他存款	Time & Other Deposits	3992624	3957508
广义政府存款	Deposits of Government	27565669	27565445
财政性存款	Fiscal Deposits	6510529	6510529
机关团体存款	Deposits of Government Departments & Organizations	21055140	21054917
非银行业金融机构存款	Deposits of Non-banking Financial Institutions	301911	301514

14-3 金融机构各项贷款(2018年)
TOTAL LOANS OF FINANCIAL INSTITUTIONS (2018)

单位：万元 (10000 yuan)

指　　标	Item	本外币合　计 Total	人民币 RMB
各项贷款	**Total Loans**	**45557426**	**45554997**
住户贷款	Loans to Households	6048814	6048706
短期贷款	Short-term Loans	762321	762213
消费贷款	Consumption Loans	561476	561368
经营贷款	Operating Loans	200845	200845
中长期贷款	Medium & Long-term Loans	5286493	5286493
消费贷款	Consumption Loans	2702888	2702888
经营贷款	Operating Loans	2583605	2583605
非金融企业及机关团体贷款	Loans to Non-financial Enterprises and Government Departments & Organizations	39508566	39506244
短期贷款	Short-term Loans	2536089	2536089
中长期贷款	Medium & Long-term Loans	31243706	31241385

14-4 保险业务经济技术指标
ECONOMIC AND TECHNICAL INDICATORS OF INSURANCE COMPANIES

指标	Item	1999	2000	2007	2010	2016	2017	2018
保险金额(万元)	**Amount Insured (10000 yuan)**	**708697**	**687201**	**7710098**	**15351919**	**188426853**	**385048057**	**323563556**
财产险	Property Insurance	708697	687201	2147224	8772787	55103740	99629667	149491011
企业财产险	Enterprise Property Insurance	134742	102170	201033	1134711	6375830	7471066	7194967
家庭财产险	Family Property Insurance	17731	47293	81213	24193	565579	590138	1051378
机动车辆险	Motor Vehicle Insurance	484534	462684	1558985	2549445	13759376	17326068	22489646
工程险	Engineering Insurance		4050	161173	808382	4999663	7105813	11269512
责任险	Liability Insurance	65682	61354	1703790	4165740	11135372	8901897	24389336
信用险	Credit Insurance						28	1328
保证险	Guarantee Insurance		340	15	2239	14547	7501	41970
船舶险	Ship Insurance					1224	1224	2264
货物运输险	Freight Transport Insurance	6008	9310	44958	40026	40815	71462	46832
特殊风险险	Special Risks Insurance				34160	151473	133958	144301
农业险	Agriculture Insurance			33129	13610	18049063	58007609	82849465
其他险	Other Insurance				281	10798	12903	10012
人身险	Personal Insurance			3925802	6579132	133323113	285418390	174072545
寿 险	Life Insurance				7167	652003	986636	1016453
健康险	Health Insurance				1637485	85972919	173605249	52064599
意外伤害险	Accident Insurance			3925802	5114480	46698191	110826505	120991492
保费收入(万元)	**Premiums Income (10000 yuan)**	**5619**	**7011**	**26781**	**50585**	**222489**	**280137**	**334509**
财产险	Property Insurance	5619	7011	25039	41123	139034	168541	221558
企业财产险	Enterprise Property Insurance	555	488	658	2009	3624	8777	8409
家庭财产险	Family Property Insurance	136	187	231	46	3240	3782	6980
机动车辆险	Motor Vehicle Insurance	4281	5432	20972	31398	85861	96481	112160
工程险	Engineering Insurance		6	756	3311	11330	14328	22690
责任险	Liability Insurance	596	796	2217	3428	11781	9705	13806
信用险	Credit Insurance							13
保证险	Guarantee Insurance		7		34	52	27	865
船舶险	Ship Insurance					7	7	5
货物运输险	Freight Transport Insurance	51	87	39	72	72	83	71
特殊风险险	Special Risks Insurance			11	8	33	141	108
农业险	Agriculture Insurance			155	817	22938	35022	56373
其他险	Other Insurance		8			97	188	78
人身险	Personal Insurance			1742	9462	83454	111596	112950
寿 险	Life Insurance				4295	38374	46447	43814
健康险	Health Insurance				2083	22022	32072	34395
意外伤害险	Accident Insurance			1742	3084	23059	33077	34741

14-4 续表 continued

指　　标	Item	1999	2000	2007	2010	2016	2017	2018
已决赔案件数(件)	**Number of Indemnity (unit)**	**3315**	**4250**	**14926**	**19082**	**116937**	**160365**	**198498**
财产险	Property Insurance	3315	4250	14690	16378	110702	153013	147825
企业财产险	Enterprise Property Insurance	97	90	276	791	605	424	763
家庭财产险	Family Property Insurance	548	567	385	97	633	586	1956
机动车辆险	Motor Vehicle Insurance	2517	3467	13867	13496	71661	67813	79536
工程险	Engineering Insurance			23	1010	352	367	514
责任险	Liability Insurance	153	120	130	786	388	1028	753
信用险	Credit Insurance							1
保证险	Guarantee Insurance					500	981	1629
船舶险	Ship Insurance							
货物运输险	Freight Transport Insurance		6	5	42	5	11	15
特殊风险险	Special Risks Insurance					38	55	55
农业险	Agriculture Insurance			4	155	3537	4815	6094
其他险	Other Insurance				1	32983	76933	56509
人身险	Personal Insurance			236	2704	6235	7352	50673
寿　险	Life Insurance				222			
健康险	Health Insurance				1060	4127	4459	46364
意外伤害险	Accident Insurance			236	1422	2108	2893	4309
已决赔款金额(万元)	**Indemnity Expenditure (10000 yuan)**	**2334**	**2534**	**14873**	**19082**	**89330**	**111715**	**161996**
财产险	Property Insurance	503	2534	9233	16378	64323	86652	117541
企业财产险	Enterprise Property Insurance	245	185	668	791	982	967	3305
家庭财产险	Family Property Insurance	25	31	115	97	673	1646	1377
机动车辆险	Motor Vehicle Insurance	1831	2166	7728	13496	33548	36664	47720
工程险	Engineering Insurance			233	1010	8184	7094	12853
责任险	Liability Insurance	233	139	339	786	3949	5381	3959
信用险	Credit Insurance							
保证险	Guarantee Insurance					21	12	41
船舶险	Ship Insurance							
货物运输险	Freight Transport Insurance		13	28	42	55	28	23
特殊风险险	Special Risks Insurance					9	2	10
农业险	Agriculture Insurance			122	155	16823	33069	48138
其他险	Other Insurance				1	78	1789	113
人身险	Personal Insurance			5640	2704	25008	25063	44455
寿　险	Life Insurance				222			
健康险	Health Insurance				1060	12310	9205	24827
意外伤害险	Accident Insurance			5640	1422	12697	15858	19628

第十五篇

教育、科技和文化

CHAPTER 15

EDUCATION, SCIENCE & TECHNOLOGY AND CULTURE

15-1 教育事业基本情况
BASIC STATISTICS ON EDUCATION

指 标	Item	2000	2007	2010	2017	2018
学校数(所)	**Number of Schools (unit)**					
普通高等学校	Regular Higher Education Institutions	4	6	6	7	7
中等学校	Secondary Schools	110	124	128	143	144
#职业学校	Vocational Schools	12	7	6	11	11
普通中学	Regular Secondary Schools	98	117	122	132	133
小　学	Primary Schools	842	884	872	806	809
幼儿园	Kindergartens		61	119	1239	1477
特殊教育学校	Special Education Schools		1	2	5	5
专任教师(人)	**Number of Full-time Teachers (person)**					
普通高等学校	Regular Higher Education Institutions	813	1755	2195	2484	2629
中等学校	Secondary Schools	5048	10540	12635	17035	18247
#职业学校	Vocational Schools	742	507	591	1520	1754
普通中学	Regular Secondary Schools	4306	10033	12044	15515	16493
小　学	Primary Schools	13181	17813	18901	20143	22415
幼儿园	Kindergartens		514	1042	4254	5659
特殊学校	Special Education Schools		28	52	214	246
招生数(人)	**Number of Entrants (person)**					
普通高等学校	Regular Higher Education Institutions	2320	8046	9213	15982	15654
中等学校	Secondary Schools	28619	73668	69737	70189	68988
#职业学校	Vocational Schools	2957	6654	7319	7642	9690
普通中学	Regular Secondary Schools	25662	67014	62418	62547	68988
小　学	Primary Schools	57969	51890	50747	58283	59777
幼儿园	Kindergartens			12747	62534	69434
特殊教育学校	Special Education Schools		78	42	146	127
在校学生(人)	**Number of Enrolments (person)**					
普通高等学校	Regular Higher Education Institutions	5475	26767	31109	37447	37833
中等学校	Secondary Schools	61817	199168	202333	202629	213924
#职业学校	Vocational Schools	6585	18958	22613	19300	22817
普通中学	Regular Secondary Schools	55232	180210	179720	183329	191107
小　学	Primary Schools	313807	320589	299408	315122	326334
幼儿园	Kindergartens	4491	11110	23414	106346	123333
特殊教育学校	Special Education Schools		268	257	877	912
毕业生数(人)	**Number of Graduates (person)**					
普通高等学校	Regular Higher Education Institutions	764	4346	8266	16102	15567
中等学校	Secondary Schools	14019	53992	65582	61976	66121
#职业学校	Vocational Schools	1895	2197	7312	5599	5228
普通中学	Regular Secondary Schools	12124	51795	58270	56377	60893
小　学	Primary Schools	37039	52238	50642	45601	48489
幼儿园	Kindergartens			5384	49888	53382
特殊教育学校	Special Education Schools		6	6	36	29
生师比(人)	**Student-teacher Ratio (person)**					
普通高等学校	Regular Higher Education Institutions	6.73	15.25	14.17	15.08	14.39
中等学校	Secondary Schools	12.24	18.9	16.01	11.89	11.72
#职业学校	Vocational Schools	8.87	37.39	38.26	12.70	13.01
普通中学	Regular Secondary Schools	12.83	17.96	14.92	11.82	11.60
小　学	Primary Schools	23.81	18.00	15.84	15.64	14.54
幼儿园	Kindergartens	22.91	21.61	22.47	25.00	21.80
特殊教育学校	Special Education Schools		9.57	4.94	4.10	3.70

注：2017年起，专业学校改为职业学校，每一位教师负担学生数改为生师比(以下相关表同)。

Note: Since 2017, specialized schools has changed to vocational schools, number of students per teacher changed to student-teacher ratio. The same applies to the related tables following.

15-2 各级各类学校数
NUMBER OF SCHOOLS BY TYPE AND LEVEL

单位：所 (unit)

年 份 Year	高等学校 Regular Higher Education Institutions	中等学校 Secondary Schools	职业学校 Vocational Schools	普通中学 Regular Secondary Schools	小 学 Primary Schools	幼儿园 Kinder-gartens	特殊教育学校 Special Education Schools
1956					10		
1959		3	1	2	462		
1965	1	5	1	4	1822		
1978	4	88	28	60	6819		
1980	4	98	24	74	6266	256	
1986	3	78	14	64	2388		
1987	3	81	14	67	2437	26	
1988	3	82	15	67	2453	36	
1989	3	83	15	68	2398	40	
1990	3	78	15	63	2474	37	
1991	3	76	15	61	2652	31	
1992	3	76	14	62	2831	36	
1993	4	84	15	69	3090	32	
1994	4	93	16	77	3477	26	
1995	4	102	16	86	3943	29	
1996	4	104	16	88	790	46	
1997	4	106	16	90	806	36	
1998	4	106	16	90	814	31	
1999	4	113	16	97	820	36	
2000	4	110	12	98	842	21	
2001	4	111	11	100	895	20	1
2002	3	114	11	103	899	32	2
2003	4	115	10	105	892	41	2
2004	4	120	10	110	886	41	2
2005	4	128	10	118	890	42	1
2006	6	128	10	118	880	46	1
2007	6	124	7	117	884	61	1
2008	6	126	7	119	885	83	1
2009	6	124	6	118	884	88	1
2010	6	128	6	122	872	119	2
2011	6	129	6	123	860	198	2
2012	6	128	6	122	857	480	3
2013	6	130	6	124	841	613	5
2014	6	134	9	125	829	722	5
2015	6	136	9	127	826	882	5
2016	7	139	10	129	805	1028	5
2017	7	143	11	132	806	1239	5
2018	7	144	11	133	809	1477	5

注：1996年及以前小学学校数包括教学点(以下相关表同)。

Note: In 1996 and before, the total number of primary schools included teaching classes. The same applies to the related tables following.

15-3　各级各类学校教职工数
NUMBER OF EDUCATIONAL PERSONNEL OF SCHOOLS BY TYPE AND LEVEL

单位：人　(person)

年份 Year	高等学校 Regular Higher Education Institutions	中等学校 Secondary Schools	职业学校 Vocational Schools	普通中学 Regular Secondary Schools	小学 Primary Schools	幼儿园 Kinder-gartens	特殊教育学校 Special Education Schools
1959			396				
1965	703	232	110	122	2475		
1978	1399	2578	978	1600	12169		
1980	1689	2970	1174	1796	13964	254	
1986	1675	3611	1078	2533	9115	107	
1987	2883	4023	1215	2808	8685	212	
1988	1757	4312	1269	3043	9186	317	
1989	1791	4323	1258	3065	9072	291	
1990	1737	4382	1202	3180	9573	224	
1991	1763	4416	1237	3179	9399	288	
1992	1773	4525	1315	3210	9659	300	
1993	1744	4502	1340	3162	10528	289	
1994	1771	5041	1441	3600	12390	300	
1995	1818	5129	1463	3666	14090	347	
1996	1720	5444	1462	3982	14712	416	
1997	1737	5624	1398	4226	14750	360	
1998	1762	5789	1320	4469	14659	343	
1999	1736	6125	1264	4861	14418	397	
2000	1673	6431	1255	5176	13936	322	
2001	1836	7129	1254	5875	12926	283	14
2002	1829	7722	1222	6500	13631	537	75
2003	1794	8442	1108	7334	13767	628	39
2004	1913	9402	1155	8247	14378	616	22
2005	2033	10220	1214	9006	14967	672	23
2006	2669	10230	753	9477	16446	644	26
2007	2888	11586	725	10861	18450	822	33
2008	2990	12270	745	11525	18715	1131	36
2009	3082	13046	797	12249	19293	1281	38
2010	3312	13504	731	12773	19289	1576	62
2011	3460	14114	740	13374	19200	1769	64
2012	3485	14133	746	13387	18966	2221	110
2013	3623	14388	763	13625	18998	2822	161
2014	3640	15771	1125	14646	20287	3383	173
2015	3643	16466	1253	15213	20933	4098	190
2016	3663	17267	1403	15864	21004	4725	224
2017	3707	17694	1631	16063	20315	5359	237
2018	3788	18862	1869	16993	22517	6817	267

15-4 各级各类学校专任教师数
NUMBER OF FULL-TIME TEACHERS OF SCHOOLS BY TYPE AND LEVEL

单位：人 (person)

年 份 Year	高等学校 Regular Higher Education Institutions	中等学校 Secondary Schools	职业学校 Vocational Schools	普通中学 Regular Secondary Schools	小 学 Primary Schools	幼儿园 Kinder-gartens	特殊教育学校 Special Education Schools
1978	438	1452	391	1061			
1981	571	1619	456	1163	10164		
1982	534	1634	440	1194	8322		
1983	518	1464	280	1184	8381		
1984	567	1760	354	1406	8118		
1985	571	1875	382	1493	7931	99	
1986	659	2182	458	1724	7742		
1987	1071	2570	574	1996	7368	212	
1988	723	2894	626	2268	8045	317	
1989	756	2936	619	2317	7939	291	
1990	719	2941	618	2323	8506	224	
1991	741	2975	631	2344	8408	288	
1992	727	3031	654	2377	8647	300	
1993	761	3027	685	2342	9587	289	
1994	777	3435	744	2691	11514	300	
1995	782	3580	746	2834	13349	347	
1996	833	3936	794	3142	13916	416	
1997	849	4132	784	3348	13938	360	
1998	834	4381	765	3616	13908	343	
1999	765	4785	740	4045	13726	397	
2000	813	5048	742	4306	13181	196	
2001	867	5781	802	4979	11995	171	9
2002	885	6359	782	5577	12792	298	63
2003	972	7162	701	6461	13026	341	23
2004	1081	8145	774	7371	13610	345	18
2005	1187	8996	835	8161	14267	378	19
2006	1673	9161	484	8677	15961	373	21
2007	1755	10540	507	10033	17813	514	28
2008	1877	11293	541	10752	18087	757	31
2009	1969	12099	601	11498	18686	850	33
2010	2195	12635	591	12044	18901	1042	52
2011	2288	13279	595	12684	18912	1121	55
2012	2369	13272	632	12640	18853	1593	92
2013	2472	13738	652	13086	18679	2091	136
2014	2601	15097	993	14104	20071	2627	146
2015	2619	15745	1142	14603	20680	3183	169
2016	2467	16623	1295	15328	20802	3723	201
2017	2484	17035	1520	15515	20143	4254	214
2018	2629	18247	1754	16493	22415	5659	246

15-5　各级各类学校在校学生数
NUMBER OF ENROLMENTS OF FORMAL EDUCATION BY TYPE AND LEVEL

单位：人 (person)

年　份 Year	高等学校 Regular Higher Education Institutions	中等学校 Secondary Schools	职业学校 Vocational Schools	普通中学 Regular Secondary Schools	小　学 Primary Schools	幼儿园 Kinder-gartens	特殊教育学校 Special Education Schools
1959		1732	1390	342	16300		
1965	2251	1514	455	1059	66781		
1978	2081	22319	4640	17679	262611		
1981	1522	19244	2327	16917	186882	3491	
1982	1214	18340	1573	16767	141587	1020	
1983	1326	19561	1403	18158	124612	731	
1984	1370	20713	1826	18887	125469	850	
1985	1577	22671	2249	20422	119939	1092	
1986	1850	25011	3062	21949	121156	1243	
1987	1801	27112	3231	23881	137069	1678	
1988	1736	26904	3465	23439	144809	2648	
1989	1973	27186	3960	23226	138875	2635	
1990	2025	25478	4175	21303	157402	2257	
1991	1961	26187	4385	21802	168062	2668	
1992	2239	27964	4713	23251	191768	2974	
1993	2813	30641	4948	25693	211872	2365	
1994	3280	33915	5190	28725	232976	2517	
1995	3878	38286	5575	32711	258651	4087	
1996	3412	40340	5383	34957	284350	5141	
1997	3200	44143	5730	38413	300453	5083	
1998	3447	45417	5579	39838	310220	4583	
1999	4021	49879	5672	44207	310437	5274	
2000	5475	61817	6585	55232	313807	4491	
2001	6793	78529	6819	71710	311993	3819	113
2002	8438	96906	6437	90469	319569	7098	187
2003	10409	120854	6718	114136	322060	7876	205
2004	14731	144437	8549	135888	326952	8204	254
2005	18979	161075	7027	154048	327497	9596	208
2006	23327	180334	14775	165559	329532	9149	172
2007	26767	199168	18958	180210	320589	11110	268
2008	29409	205516	21003	184513	311832	14667	217
2009	30264	202927	21357	181570	305235	16068	200
2010	31109	202333	22613	179720	299408	23414	257
2011	32374	200814	19767	181047	294725	41751	246
2012	33452	196382	18291	178091	292016	61495	420
2013	33562	196700	17491	179209	294799	73405	539
2014	34902	196683	16719	179964	295142	81123	656
2015	34203	191277	15796	175481	292290	87951	695
2016	35034	195337	18157	177180	302892	96777	792
2017	37447	202629	19300	183329	315122	106346	877
2018	37833	213924	22817	191107	326334	123333	912

15-6 各级各类学校招生数
NUMBER OF ENTRANTS OF FORMAL EDUCATION BY TYPE AND LEVEL

单位：人 (person)

年 份 Year	高等学校 Regular Higher Education Institutions	中等学校 Secondary Schools	职业学校 Vocational Schools	普通中学 Regular Secondary Schools	小 学 Primary Schools	幼儿园 Kinder-gartens	特殊教育学校 Special Education Schools
1959		76		76			
1965	910	880	455	425			
1978	711	8722	1896	6826			
1981	284	6682	310	6372	38106		
1982	245	6712	422	6290	25572		
1983	266	7379	542	6837	30736		
1984	471	8181	904	7277	43746		
1985	530	7555	615	6940	25282		
1986	579	8169	1031	7138	30333		
1987	404	9158	913	8245	32057		
1988	568	8301	1060	7241	37657		
1989	670	8760	1150	7610	34608		
1990	645	7687	1171	6516	38338		
1991	552	8981	1117	7864	41748		
1992	683	10655	1303	9352	52739		
1993	1193	11215	1306	9909	52740		
1994	1095	12262	1531	10731	63488		
1995	1175	13946	1707	12239	59963		
1996	909	14818	1517	13301	73218		
1997	717	16317	1552	14765	59611		
1998	1385	16784	1300	15484	60385		
1999	1681	19831	1664	18167	58939		
2000	2320	28619	2957	25662	57969		
2001	2420	35912	2089	33823	58973		58
2002	3414	40080	2107	37973	60824		17
2003	4279	49138	2203	46935	58913		31
2004	6009	56938	4223	52715	59126		38
2005	7589	59684	2856	56828	54665		23
2006	8359	60573	2336	58237	52864		14
2007	8046	73668	6654	67014	51890		78
2008	8526	70173	5219	64954	50937		18
2009	9020	74964	11038	63926	53682		11
2010	9213	69737	7319	62418	50747	12747	42
2011	9519	66655	5368	61287	49536	28006	27
2012	10132	68854	7901	60953	51552	41793	150
2013	9404	66627	6471	60156	51567	46229	164
2014	9579	68182	7087	61095	50885	47367	115
2015	10377	66288	5568	60720	51723	51387	98
2016	10269	68168	7434	60734	56175	58296	119
2017	15982	70189	7642	62547	58283	62534	146
2018	15654	68988	9690	68988	59777	69434	127

15-7 各级各类学校毕业生数

NUMBER OF GRADUATES OF FORMAL EDUCATION BY TYPE AND LEVEL

单位：人 (person)

年 份 Year	高等学校 Regular Higher Education Institutions	中等学校 Secondary Schools	职业学校 Vocational Schools	普通中学 Regular Secondary Schools	小 学 Primary Schools	幼儿园 Kinder-gartens	特殊教育学校 Special Education Schools
1959		2287	2287				
1965	1063	206		206			
1978	783	5338	1388	3950			
1981	205	5725	1422	4303	12199		
1982	539	5679	1209	4470	11088		
1983	106	4866	257	4609	13585		
1984	411	4682	435	4247	11500		
1985	305	4680	133	4547	11381		
1986	315	5716	452	5264	11724		
1987	424	6867	667	6200	13167		
1988	683	6914	833	6081	7467		
1989	394	7253	581	6672	7483		
1990	587	6773	900	5873	9314		
1991	543	6670	895	5775	8607		
1992	593	7949	1006	6943	12403		
1993	564	6644	1080	5564	11443		
1994	621	7600	1291	6309	12594		
1995	525	8351	1196	7155	14412		
1996	1242	10104	1353	8751	15974		
1997	857	11148	1366	9782	19378		
1998	1151	13015	1693	11322	24611		
1999	1066	13519	1427	12092	30725		
2000	764	14019	1895	12124	37039		
2001	1050	14701	1517	13184	42044		2
2002	1686	18023	2311	15712	43929		
2003	1745	23263	1973	21290	45695		11
2004	2108	33570	2544	31026	45182		10
2005	3172	40010	2930	37080	47960		2
2006	3846	47975	2280	45695	48655		
2007	4346	53992	2197	51795	52238		6
2008	5840	58358	2436	55922	52721		8
2009	8454	59316	3603	55713	50850		4
2010	8266	65582	7312	58270	50642	5384	6
2011	8159	66160	8625	57535	48319	8381	8
2012	8580	69214	9350	59864	47537	19694	23
2013	9139	64875	6412	58463	46118	31386	30
2014	9399	64463	6408	58055	46306	36939	15
2015	9536	64331	6139	58192	48446	39760	14
2016	9201	61365	4162	57203	45296	44804	10
2017	16102	61976	5599	56377	45601	49888	36
2018	15567	66121	5228	60893	48489	53382	29

15-8 高等本科分科学生数(2018年)
NUMBER OF UNDERGRADUATES STUDENTS BY FIELD (2018)

单位：人 (person)

项 目	Item	毕业生数 Graduates	招生数 Entrants	在校学生数 Enrollment
合 计	**Total**	**9205**	**9708**	**36648**
哲 学	Philosophy		25	72
经济学	Economics	233	237	913
法 学	Law	1046	1314	5192
教育学	Education	1137	1166	3805
文 学	Literature	1658	1335	5358
历史学	History	107	104	377
理 学	Science	475	541	2107
工 学	Engineering	1134	1442	5271
农 学	Agriculture	699	895	3422
医 学	Medicine	1348	1301	5223
管理学	Management	1284	1208	4468
艺术学	Art	84	140	440

15-9 中等职业学校分科学生数(2018年)
NUMBER OF STUDENTS BY FIELD IN SECONDARY VOCATIONAL SCHOOLS (2018)

单位：人 (person)

项 目	Item	毕业生数 Graduates	招生数 Entrants	在校学生数 Enrolment
合 计	**Total**	**5228**	**9690**	**22817**
农林牧渔类	Agriculture, Forestry, Animal Husbandry and Fishery	672	1552	3293
资源与环境类	Resources and Environment	82	101	258
能源与新能源类	Energy and New Energy	53	147	345
土木水利类	Civil and Conservancy	273	360	1037
加工制造类	Machining and Manufacture	99	194	513
轻纺食品类	Textile and Foods	127	282	590
交通运输类	Transport	234	716	1389
信息技术类	Information Technology	459	880	2023
医药卫生类	Medicine and Health	1046	1561	3906
休闲保健类	Relaxation and Health Care	34	66	111
财经商贸类	Finance & Economics, Commerce	284	763	1524
旅游服务类	Tourism Services	736	1122	2576
文化艺术类	Culture and Arts	404	689	1839
体育健身类	Physical Education	189	145	678
教育类	Teacher Training	280	810	1778
司法服务类	Judicial Service	35	41	112
公共管理与服务类	Public Administration and Services	221	261	773
其 他	Others			72

15-10 高等专科分科学生数(2018年)
NUMBER OF STUDENTS BY FIELD IN JUNIOR COLLEGES (2018)

单位：人 (person)

项 目	Item	毕业生数 Graduates	招生数 Entrants	在校学生数 Enrollment
合 计	**Total**	**5837**	**5079**	**15672**
农林牧渔大类	Agriculture, Forestry, Animal Husbandry and Fishery	902	692	2125
资源环境与安全大类	Resources Environment and Safety	32		50
能源动力与材料大类	Energy Power and Material	179	137	468
土木建筑大类	Civil Engineering	248	245	735
水利大类	Water Conservancy	49	53	133
装备制造大类	Equipment Manufacturing	58	61	120
电子信息大类	Electric Information	331	274	869
医药卫生大类	Medicine and Health	436	458	1447
财经商贸大类	Finance & Economics, Commerce	326	296	1139
旅游大类	Tourism	219	187	655
文化艺术大类	Culture and Arts	145	44	206
新闻传媒大类	News and Mass Media			74
教育与体育大类	Education and Sports	1209	1303	4291
公安与司法大类	Public Security and Justice	1559	1189	2760
公共管理与服务大类	Public Administration and Services	144	140	600

15-11 各级各类学校生师比

单位：人

年 份 Year	高等学校 Regular Higher Education Institutions		中等职业学校 Specialized Secondary Schools		普通中学 Regular Secondary Schools	
	专任教师数 Number of of Full-time Teachers	生师比 Student-Teacher Ratio	专任教师数 Number of of Full-time Teachers	生师比 Student-Teacher Ratio	专任教师数 Number of of Full-time Teachers	生师比 Student-Teacher Ratio
1978	438	4.75	391	11.87	1061	16.66
1985	571	2.76	382	5.89	1493	13.68
1986	659	2.81	458	6.69	1724	12.73
1987	1071	1.68	574	5.63	1996	11.96
1988	723	2.40	626	5.54	2268	10.33
1989	756	2.61	619	6.40	2317	10.02
1990	719	2.82	618	6.76	2323	9.17
1991	741	2.65	631	6.95	2344	9.30
1992	727	3.08	654	7.21	2377	9.78
1993	761	3.70	685	7.22	2342	10.97
1994	777	4.22	744	6.98	2691	10.67
1995	782	4.96	746	7.47	2834	11.54
1996	833	4.10	794	6.78	3142	11.13
1997	849	3.76	784	7.31	3348	11.47
1998	834	4.13	765	7.29	3616	11.02
1999	765	5.26	740	7.66	4045	10.93
2000	813	6.73	742	8.87	4306	12.83
2001	867	7.84	802	8.50	4979	14.40
2002	885	9.53	782	8.23	5577	16.22
2003	972	10.71	701	9.58	6461	17.67
2004	1081	13.63	774	11.05	7371	18.44
2005	1187	15.99	835	8.42	8161	18.88
2006	1673	13.94	484	30.53	8677	19.08
2007	1755	15.25	507	37.39	10033	17.96
2008	1877	15.67	541	38.82	10752	17.16
2009	1969	15.37	601	35.54	11498	15.79
2010	2195	14.17	591	38.26	12044	14.92
2011	2288	14.15	595	33.23	12684	14.28
2012	2369	14.12	632	28.94	12640	14.09
2013	2472	13.58	652	26.82	13086	13.68
2014	2601	13.42	993	16.84	14104	12.76
2015	2619	13.06	1142	13.83	14603	12.02
2016	2467	14.20	1295	14.02	15328	11.56
2017	2484	15.08	1520	12.7	15515	11.82
2018	2629	14.92	1754	13.01	16493	11.6

STUDENT-TEACHER RATIO OF SCHOOLS BY TYPE AND LEVEL

(person)

小　学 Primary Schools		幼儿园 Kinder-gartens		特殊教育 Special Education Schools	
专任教师数 Number of of Full-time Teachers	生师比 Student-Teacher Ratio	专任教师数 Number of of Full-time Teachers	生师比 Student-Teacher Ratio	专任教师数 Number of of Full-time Teachers	生师比 Student-Teacher Ratio
7931	15.12	99	11.03		
7742	15.65				
7368	18.60	212	7.92		
8045	18.00	317	8.35		
7939	17.49	291	9.05		
8506	16.44	224	10.08		
8408	19.99	288	9.26		
8647	22.18	300	9.91		
9587	22.10	289	8.18		
11514	20.23	300	8.39		
13349	19.38	347	11.78		
13916	20.43	416	12.36		
13938	21.56	360	14.12		
13908	22.31	343	13.36		
13726	22.62	397	13.28		
13181	23.81	196	22.91		
11995	26.01	171	22.33	9	12.56
12792	24.98	298	23.82	63	2.97
13026	24.72	341	23.10	23	8.91
13610	24.02	345	23.78	18	14.11
14267	22.95	378	25.39	19	10.95
15961	20.65	373	24.53	21	8.19
17813	18.00	514	21.61	28	9.57
18087	17.24	757	19.38	31	7.00
18686	16.34	850	18.90	33	6.06
18901	15.84	1042	22.47	52	4.94
18912	15.59	1121	37.24	55	4.47
18853	15.49	1593	38.60	92	4.57
18679	15.78	2091	35.11	136	3.96
20071	14.70	2627	30.88	146	4.49
20680	14.13	3183	27.63	169	4.11
20802	14.56	3723	25.99	201	3.94
20143	15.64	4254	25.00	214	4.10
22415	14.54	5659	21.80	246	3.70

15-12 初中、小学毕业生升学率和小学学龄儿童入学率
PROMOTION RATE OF GRADUATES FROM JUNIOR SECONDARY PRIMARY SCHOOLS TO HIGHER LEVEL SCHOOLS, ENROLMENT RATIO OF SCHOOL-AGE CHILDREN IN PRIMARY SCHOOLS

单位：% (%)

年份 Year	初中毕业生升学率 Promotion Rate from Junior Secondary Schools to Senior Secondary Schools	小学毕业生升学率 Promotion Rate from Primary Schools to Junior Secondary Schools	小学学龄儿童入学率 Enrolment Ratio of School-aged Children in Primary Schools
1982	38.1	41.1	78.0
1983	39.2	49.7	42.1
1984	36.0	44.0	46.4
1985	49.4	44.9	46.0
1986	44.4	47.9	50.0
1987	48.8	53.2	48.4
1988	41.3	39.6	55.7
1989	40.7	73.6	53.1
1990	36.2	62.1	67.4
1991	32.9	67.7	45.6
1992	32.4	62.7	52.4
1993	30.2	74.0	58.9
1994	29.9	87.3	66.6
1995	43.2	67.7	70.4
1996	35.6	66.7	73.5
1997	52.8	61.7	78.2
1998	47.1	62.9	81.3
1999	66.6	45.2	81.7
2000	82.5	55.0	85.8
2001	73.3	67.0	87.2
2002	77.3	71.1	88.3
2003	72.1	82.9	91.8
2004	61.7	92.3	94.7
2005	50.5	91.7	95.9
2006	42.5	92.0	96.5
2007	58.0	97.1	98.2
2008	48.8	93.8	98.5
2009	55.2	98.4	98.8
2010	46.3	93.5	99.2
2011	48.6	92.2	99.4
2012	51.6	91.4	99.4
2013	54.1	92.0	99.6
2014	60.0	92.2	99.6
2015	61.9	84.9	99.7
2016	71.6	91.0	99.2
2017	73.7	92.0	99.5
2018	77.3	95.5	99.5

注：2016年起，小学学龄儿童入学率为净入学率。

Note: Since 2016, enrolment ratio of school-age children in primary schools refers to net enrolment ratio.

15-13 平均每万人口中在校学生数和大中小学学生构成
NUMBER OF STUDENTS PER 10000 POPULATION AND ITS COMPOSITION

年 份 Year	平均每万人口中 Number of Students per 10000 Population				大中小学学生占学生总数 Students of Different Level as Percentage of Total Students			
	大学生 (人) University and College Students (person)	中专生 (人) Specialized Secondary School Students (person)	中学生 (人) Secondary School Students (person)	小学生 (人) Primary School Students (person)	大学生 (%) University and College Students (%)	中专生 (%) Specialized Secondary School Students (%)	中学生 (%) Secondary School Students (%)	小学生 (%) Primary School Students (%)
1965	16	3	8	487				
1978	12	26	99	1469	0.7	1.6	6.2	91.5
1985	8	11	102	601	1.1	1.6	14.2	83.2
1986	9	15	108	598	1.3	2.1	14.8	81.9
1987	9	16	115	659	1.1	1.9	14.4	82.6
1988	8	16	110	682	1.0	2.0	13.5	83.5
1989	9	19	109	654	1.2	2.4	13.8	82.7
1990	9	19	98	725	1.1	2.3	11.5	85.1
1991	9	20	98	758	1.0	2.2	11.1	85.7
1992	10	21	104	858	1.0	2.1	10.5	86.4
1993	12	22	112	926	1.2	2.0	10.5	86.4
1994	14	23	125	1011	1.2	1.9	10.6	86.2
1995	17	24	139	1098	1.3	1.9	10.9	86.0
1996	14	23	146	1188	1.0	1.6	10.7	86.7
1997	13	24	162	1238	0.9	1.7	11.0	86.4
1998	14	23	163	1271	1.0	1.6	11.1	86.4
1999	16	23	179	1253	1.1	1.6	12.1	85.2
2000	21	25	213	1199	1.4	1.7	14.6	82.3
2001	26	26	273	1187	1.7	1.7	18.1	78.5
2002	32	24	339	1197	2.0	1.5	21.3	75.2
2003	39	25	422	1192	2.3	1.5	25.2	71.0
2004	54	31	497	1195	3.0	1.8	28.0	67.3
2005	69	25	556	1182	3.7	1.4	30.4	64.5
2006	83	53	589	1173	4.4	2.8	31.1	61.8
2007	94	67	634	1128	4.9	3.5	33.0	58.7
2008	102	73	643	1086	5.4	3.8	33.7	57.0
2009	104	74	626	1052	5.6	4.0	33.7	56.7
2010	104	75	599	997	5.8	4.3	33.7	56.2
2011	107	65	597	972	6.1	3.8	34.3	55.8
2012	109	60	579	949	6.4	3.5	34.1	56.0
2013	108	56	574	944	6.4	3.3	34.1	56.1
2014	110	53	567	929	6.6	3.2	34.2	56.0
2015	106	49	542	902	6.6	3.1	33.9	56.4
2016	106	55	536	916	6.6	3.4	33.2	56.8
2017	111	57	544	935	6.7	3.5	33.0	56.8
2018	113	68	567	968	6.5	3.9	33.1	56.5

15-14 高等学校分科专任教师数(2018年)
NUMBER OF FULL-TIME TEACHERS BY FIELD IN HIGHER EDUCATIONAL INSTITUTIONS (2018)

单位：人 (person)

项 目	Item	合 计 Total	正高级 Senior	副高级 Sub-senior	中 级 Middle	初 级 Junior	未定职级 No Rank
合 计	**Total**	**2629**	**245**	**785**	**1051**	**385**	**163**
哲 学	Philosophy	67	8	19	31	6	3
经济学	Economics	88	18	15	32	20	3
法 学	Law	245	22	51	121	36	15
教育学	Education	223	9	65	93	33	23
文 学	Literature	570	44	164	276	65	21
历史学	History	54	12	20	18	3	1
理 学	Science	307	36	122	93	34	22
工 学	Engineering	370	30	119	138	65	18
农 学	Agriculture	169	22	67	50	28	2
医 学	Medicine	225	26	59	77	32	31
管理学	Management	201	11	63	81	38	8
艺术学	Art	110	7	21	41	25	16

15-15 高等学校专任教师、聘请校外教师学历情况(2018年)
EDUCATIONAL BACKGROUND OF FULL-TIME TEACHERS AND ENGAGED TEACHERS OUTSIDE SCHOOL IN HIGHER EDUCATIONAL INSTITUTIONS (2018)

单位：人 (person)

项 目	Item	合 计 Total	博士研究生 Doctor Degree	硕士研究生 Master Degree	大学本科 University Degree	大学专科及以下 Junior College and Below
专任教师	**Full-time Teachers**	**2629**	**280**	**1357**	**979**	**13**
正高级	Senior	245	71	91	82	1
副高级	Sub-senior	785	135	400	247	3
中 级	Middle	1051	73	637	338	3
初 级	Junior	385	1	147	233	4
未定职级	No Rank	163		82	79	2
聘请校外教师	**Engaged Teachers Outside School**	**174**	**35**	**54**	**76**	**9**
正高级	Senior	29	12	8	9	
副高级	Sub-senior	84	18	23	37	6
中 级	Middle	27	4	15	6	2
初 级	Junior	18		6	12	
未定职级	No Rank	16	1	2	12	1

15-16　各级各类学校女学生和女专任教师数
NUMBER OF FEMALE STUDENTS AND FULL-TIME TEACHERS BY TYPE AND LEVEL

单位：人　　(person)

项　　目	Item	2000	2007	2010	2017	2018
女学生数	**Number of Female Students**					
高等学校	Higher Education Institutions	2049	13293	16156	20254	19718
中等职业学校	Secondary Vocational Schools	3433	9529	10432	8509	10101
普通中学	Regular Secondary Schools	25946	85371	87803	92251	96867
小　学	Primary Schools	144674	152968	144820	153862	160135
幼儿园	Kindergartens		5218	11029	51643	60102
特殊教育学校	Special Education Schools		121	128	382	418
女学生占学生总数的百分比(%)	**Percentage of Female Students to Total Students (%)**					
高等学校	Higher Education Institutions	37.4	49.7	51.9	54.1	52.1
中等职业学校	Secondary Vocational Schools	52.1	50.2	46.1	44.1	44.3
普通中学	Regular Secondary Schools	47.0	41.3	48.9	50.3	50.7
小　学	Primary Schools	46.1	47.8	48.4	48.8	49.1
幼儿园	Kindergartens		46.97	47.1	48.6	48.7
特殊教育学校	Special Education Schools		45.15	49.81	43.6	45.8
女专任教师数	**Number of Female Full-time Teachers**					
高等学校	Higher Education Institutions	290	783	1046	1289	1377
中等职业学校	Secondary Vocational Schools	299	189	219	738	843
普通中学	Regular Secondary Schools	1514	4162	5502	8002	8653
小　学	Primary Schools	5618	8744	9556	11087	12677
幼儿园	Kindergartens		476	962	3777	4953
特殊教育学校	Special Education Schools		17	30	129	156
女专任教师数占专任教师总数的百分比(%)	**Percentage of Female Full-time Teachers to Total Teachers (%)**					
高等学校	Higher Education Institutions	35.7	44.6	47.7	51.9	52.4
中等职业学校	Secondary Vocational Schools	40.3	37.3	37.1	48.6	48.1
普通中学	Regular Secondary Schools	35.2	41.5	45.7	51.6	52.5
小　学	Primary Schools	42.6	49.1	50.6	55.0	56.6
幼儿园	Kindergartens		92.61	92.32	88.8	87.5
特殊教育学校	Special Education Schools		60.71	57.69	60.3	63.4

15-17　分地市普通中学基本情况(2018年)
BASIC STATISTICS ON REGULAR SECONDARY SCHOOLS BY REGION (2018)

单位：人　　(person)

地　区	Region	学校(所) Schools (unit)	招生数 Entrants	在校学生 Enrolment	专任教师 Full-time Teachers
拉萨市	Lhasa	26	14035	39498	3793
日喀则市	Xigazê	31	16259	45386	3933
昌都市	Qamdo	19	13641	36196	2676
林芝市	Nyingchi	11	4344	12312	1195
山南市	Lhoka	18	6085	18887	1809
那曲市	Nagqu	19	12146	32379	2459
阿里地区	Ngari	9	2478	6449	647

15-18　分地市普通小学基本情况(2018年)
BASIC STATISTICS ON REGULAR PRIMARY SCHOOLS BY REGION (2018)

单位：人　　(person)

地　区	Region	学校(所) Schools (unit)	招生数 Entrants	在校学生 Enrolment	专任教师 Full-time Teachers
拉萨市	Lhasa	72	11158	61108	4084
日喀则市	Xigazê	224	13549	74117	5168
昌都市	Qamdo	191	13820	73136	4429
林芝市	Nyingchi	61	3557	18882	2004
山南市	Lhoka	90	4216	24255	2245
那曲市	Nagqu	139	11562	64178	3573
阿里地区	Ngari	32	1915	10658	943

15-19　各类专业技术人员数
SCIENTIFIC AND TECHNICAL PERSONNEL

单位：人　　(person)

指　　标	Item	1985	1990	1995	2000	2010	2017	2018
合　计	**Total**	**23537**	**26751**	**30353**	**36587**	**52686**	**87436**	**92381**
工程技术人员	Engineering Technical Personnel	1735	2367	2963	4093	2221	3839	3628
农业技术人员	Agro-technicians	1838	1578	1726	1852	2750	8762	8252
科学研究人员	Scientific Researchers	324	360	417	352	428	648	644
卫生技术人员	Medical Technical Personnel	6019	6530	7353	7304	8687	12581	12641
教学人员	Educators	7699	8869	12089	17323	35453	46980	50677
会计人员	Accountants	3447	2671	1735	1956	229	520	454
统计人员	Statisticians	773	533	283	162	14	63	79
新闻、出版人员	Press and Publishers	361	492	534	689	1037	2333	2359
翻译人员	Translators	79	310	332	391	202	348	284
体育人员	Sports Coaches	50	48	57	42	171	154	42
经济人员	Economic Personnel	370	1755	1028	870	61	325	280
图书、档案、文博人员	Book and Archives Personnel	118	364	440	509	268	4654	3538
工艺美术人员	Arts and Crafts Personnel	8	16	26	2	10	24	11
艺术人员	Art personnel	716	800	831	471	1029	1331	880
律师、公证人员	Lawyers		58	51	66	13	23	22
其他人员	Others			488	505	113	4502	8309
播音人员	Announcers						349	281

15-20　自治区科协系统科技活动情况
BASIC STATISTICS ON SCIENTIFIC AND TECHNOLOGICAL ACTIVITIES OF TIBET SCIENCE AND TECHNOLOGY ASSOCIATIONS

项　　目		Item		2000	2007	2010	2017	2018
学术活动		**Academic Activities**						
参加活动次数	(次)	Number of Academic Meeting	(time)	41	28	42	116	37
参加人数	(人)	Number of Participants	(person)	4419	1270	2600	6433	2631
交流论文数	(篇)	Number of Papers Presented	(piece)	579	281	340	327	685
科普活动		**Activities for Popular Science**						
讲座次数	(次)	Number of Lectures	(time)	19	12	150	81	58
参加人数	(人)	Number of Participants	(person)	5028	4700	170000	40833	261296
展览次数	(次)	Number of Exhibitions	(time)	6	5	160	201	260
参观人数	(人)	Number of Participants	(person)	30000	28000	165000	189000	18000
参加科技咨询的科技人员数	(人)	Number of S&T Personnel Participation in Consultation	(person)	150	300	3100	1026	
出　版		**Publications**						
科技期刊总数	(种)	Number of Academic Journals	(kind)	9	5	7		7
学术论著发行量	(册)	Number of Copies Distributed for Academic Treatise	(copy)	21000		6000		8500
论文集种数	(种)	Number of Collections Articles	(kind)	1	3	2		
发行量	(册)	Number of Copies Distributed	(copy)	1000	1000	1500		
科技报纸种数	(种)	Number of S&T Newspapers	(kind)	2	2	2	2	2
发行份数	(万份)	Number of Copies Distributed	(10000 copies)	50	22	287	204	212

15-21 科学研究与技术开发机构活动情况
BASIC STATISTICS ON SCIENTIFIC RESEARCH AND TECHNOLOGY DEVELOPMENT INSTITUTION

项目	Item	2007	2010	2017	2018
科技活动人员 （人）	**Personnel Engaged in S&T Activities (person)**	**881**	**880**	**999**	**1028**
#科学家和工程师	Scientists and Engineers	473	474		
科技论文 （篇）	**Scientific Papers (piece)**	**229**	**246**	**135**	**302**
科技著作 （种）	**Scientific Books (kind)**	**25**	**40**	**22**	**4**
科技经费筹集额 （万元）	**Funding for S&T Activities (10000 yuan)**	**13740**		**48054**	**51584**
政府资金	Government Appropriation Funds	13451		44975	51043
企业资金	Enterprises Funds				
事业单位资金	Institutions Funds	238		1443	452
国外资金	Foreign Funds	51			
其　他	Others			1636	89
科技经费内部支出 （万元）	**Internal Expenditures on S&T Activities(10000 yuan)**	**10685**	**17136**	**45967**	**46052**
人员费用	Personnel Cost	4000	6143	15097	18873
资产购建费	Purchases or Construction of Fixed Assets	2163	4050	12371	11812
其他日常支出	Other Expenditure	4522	5942	18499	15367
研究与试验发展经费支出 （万元）	**Expenditure on R&D (10000 yuan)**	**4174**	**4654**	**17214**	**21614**
基础研究	Basic Research	427	1053	5091	5397
应用研究	Applied Research	3121	2046	5616	6505
试验发展	Experimental Development	626	1555	6507	9712
研究与试验发展折合全时工作量 （人年）	**Full-time Equivalent of R&D Personnel (man-year)**	**397**	**444**	**626**	**708**
基础研究	Basic Research	48	140	185	212
应用研究	Applied Research	298	220	222	199
试验发展	Experimental Development	51	84	219	297

注：2017年数据来源于参与调查的24家科研事业单位。
Note: The data of 2017 comes from 24 scientific research institutions surveyed.

15-22 文化艺术、文物和出版发行事业机构和人员情况
NUMBER OF INSTITUTIONS AND PERSONNEL IN CULTURE AND ART, CULTURAL RELICS, NEWS AND PUBLISHING UNDERTAKINGS

机构类别	Category of Institutions	机构数(个) Number of Institutions (unit)				从业人员(人) Number of Persons Engaged (person)			
		2000	2010	2017	2018	2000	2010	2017	2018
文化艺术事业	**Culture and Art**	**143**	**377**	**956**	**956**	**1683**	**1763**	**7787**	**8362**
艺术事业	Art	46	50	99	99	1255	1335	2447	2447
剧团、文工团	Troupe and Cultural Troupes	10	10	10	10	816	858	685	685
乌兰牧骑、文宣队	Ulanmuchi and Performance Troupes	16	19	75	75	234	436	1637	1637
艺术表演场所	Art Centers	20	21	14	14	205	41	26	26
图书馆事业	Libraries	1	4	81	81	43	64	216	223
群众文化事业	Mass Culture	94	321	774	774	333	311	5073	5641
群众艺术馆	Mass Art Centers	7	8	8	8	183	154	204	231
文化馆	Culture Centers	52	74	74	74	118	100	253	224
文化站	Culture Stations	35	239	692	692	32	57	4616	5186
其他文化事业	Other Culture	2	2	2	2	52	53	51	51
文物事业	**Cultural Relics**	**18**	**79**	**73**	**70**	**286**	**346**	**390**	**405**
出版发行事业	**Publishing and Distribution**	**71**	**90**	**367**	**243**	**376**	**458**	**1225**	**824**

15-23　图书、期刊出版情况
NUMBER OF BOOKS, MAGAZINES PUBLISHED

年 份 Year	图 书 Books Published				期 刊 Magazines Published					
					合计 Total		汉文 Chinese		藏文 Tibetan	
	合计 (万册) Total (10000 copies)	汉文 Chinese	藏文 Tibetan	英文 English	种数 (种) Number of Publica-tions (kind)	印数 (千册) Printed Copies (1000 copies)	种数 (种) Number of Publica-tions (kind)	印数 (千册) Printed Copies (1000 copies)	种数 (种) Number of Publica-tions (kind)	印数 (千册) Printed Copies (1000 copies)
1965	50	10	40							
1978	306	61	245		4	74	4	74		
1985	310	96	214		14	417	8	298	6	119
1986	293	124	169							
1987	378	153	225		12	218	6	107	6	111
1988	301	118	184		17	277	9	181	7	96
1989	372	125	247		15	217	7	137	8	80
1990	435	225	210		16	205	7	96	8	106
1991	363	114	249		18	299	8	109	9	187
1992	368	119	249		26	355	14	220	11	133
1993	416	108	308		26	297	15	171	11	126
1994	308	122	186		23	293	12	181	11	112
1995	402	94	308		23	286	12	182	11	104
1996	450				21	252				
1997	349	87	262		20	290	10	177	10	113
1998	456	88	369		20	329	10	172	10	157
1999	436	103	333		23	462	12	302	11	160
2000	524	151	373		32	580	17	347	15	233
2001	461	219	235		33	874	19	518	14	356
2002	874	400	474		34	720	14	263	20	457
2003	781	367	414		34	716	20	517	14	199
2004	795	374	421		34	750	20	531	14	219
2005	854	369	485		34	767	20	587	14	180
2006	927	381	546		34	830	20	635	14	195
2007	1206	725	481		34	3903	20	3614	14	289
2008	1286	788	498		34	2808	20	2478	14	330
2009	1339	899	441		34	1327	20	1009	14	318
2010	1446	977	469		34	1605	20	1174	14	431
2011	1790	957	833		35	1678	21	1293	14	385
2012	1354	757	512	85	35	1859	21	1467	14	392
2013	1200	564	536	100	35	1855	21	1423	14	432
2014	1302	640	509	153	35	2301	21	1908	14	393
2015	1258	638	499	121	35	2381	21	1928	14	453
2016	1490				37	2332	21	1931	16	401
2017	1483				39	2480	23	1985	16	495
2018	1315				39	2442	23	1930	16	511

15-24 报纸出版情况
NUMBER OF NEWSPAPERS PUBLISHED

年 份 Year	合 计 Total			汉文报 Chinese			藏文报 Tibetan		
	种数 (种) Number of Publication (kind)	总印张 (千印张) Total Printed Sheets (1000 sheets)	总印数 (万份) Total Printed Copies (10000 copies)	种数 (种) Number of Publication (kind)	总印张 (千印张) Total Printed Sheets (1000 sheets)	总印数 (万份) Total Printed Copies (10000 copies)	种数 (种) Number of Publication (kind)	总印张 (千印张) Total Printed Sheets (1000 sheets)	总印数 (万份) Total Printed Copies (10000 copies)
1959		1560			800			760	
1965		3258			2008			1250	
1978		26669			10112			16557	
1985	13	16529		6	9035		7	7494	
1986									
1987	10	15121		5	8103		5	7018	
1988	11	15046		5	8177		6	6869	
1989	12	14782		6	8973		6	5809	
1990	11	13441		5	7493		6	5948	
1991	13	15535		6	8851		7	6684	
1992	14	16454		7	9325		7	7129	
1993	15	15377		8	9072		7	6305	
1994	15	27004		8	15451		7	11553	
1995	15	27207		8	15593		7	11614	
1996	10	28690							
1997	12	26739		7	20261		5	7578	
1998	14	27360		8	20134		6	7226	
1999	16	35573		9	26482		7	9091	
2000	16	28712		9	21987		7	6725	
2001	16	34370	2248	10	24470	1629	6	9900	619
2002	19	51330	2937	11	43953	2048	8	7377	889
2003	19	45130	2806	11	37722	1912	8	7408	894
2004	19	53520	3298	11	44737	2474	8	8783	824
2005	23	53511	2631	13	45632	1810	10	7879	821
2006	23	56000	3440	13	47754	2207	10	8246	1233
2007	23	76642	3788	13	65507	2488	10	11135	1300
2008	23	88662	5694	13	67372	4399	10	21290	1295
2009	23	122774	5927	13	98978	4346	10	23796	1581
2010	23	140237	6694	13	109232	4420	10	31005	2274
2011	23	175967	6441	13	144056	4531	10	31911	1910
2012	23	196881	7470	13	146945	4742	10	49936	2728
2013	23	206508	7624	13	155443	4848	10	51065	2777
2014	23	198276	7650	13	146543	4808	10	51733	2841
2015	25	201548	7803	14	148508	4883	11	53040	2919
2016	25	205006	7972	14	150162	4957	11	54544	3015
2017	27	242370	11556	15	154989	5361	12	87382	6195
2018	27	216376	10876	12	133904	5304	15	82472	5572

15-25 广播、电视基本情况
BASIC STATISTICS ON RADIO AND TELEVISION STATIONS

项目		Item		1995	2000	2010	2017	2018
广播电台	**（座）**	**Radio Stations**	**(unit)**	**2**	**2**	**1**	**1**	**1**
节目套数	（套）	Number of Programs	(set)	4	3	4	5	5
中、短波转播发射台	（座）	Transmission and Relaying Stations of MW & SW Broadcast	(unit)	35	36	42	27	27
中、短波转播发射功率	（千瓦）	Power of MW & SW Transmitters	(kW)	1041	1402	179.0	249.0	249.0
广播综合人口覆盖率	（%）	Population Coverage Rate of Radio Programs	(%)	55.00	77.73	90.28	96.17	97.14
电视台	**（座）**	**Television Stations**	**(unit)**	**2**	**2**	**5**	**2**	**1**
节目套数	（套）	Number of Programs	(set)	3	3	10	5	4
电视转播发射台	（座）	TV Transmission and Relaying Stations	(unit)	333	647	2060	2060	2060
#50W以上电视转播发射台	（座）	With Power above 50W	(unit)	80	80	80	78	78
电视转播发射功率	（千瓦）	Power of TV Transmitters	(kW)	19.8	21.6	104.0	112.0	132.0
电视综合人口覆盖率	（%）	Population Coverage Rate of TV Programs	(%)	55.00	76.13	91.41	97.26	98.21
广播电视台	**（座）**	**Broadcast-Television Stations**	**(unit)**			**3**	**74**	**75**
广播节目套数	（套）	Number of Radio Programs	(set)			6	24	25
电视节目套数	（套）	Number of TV Programs	(set)				77	78
县级以上有线电视转播发射台	**（座）**	**Cable-TV Transmission and Relaying** Stations above the County Level	**(unit)**	**76**	**72**	**76**	**76**	**76**
100W以上调频转播发射台	**（座）**	**Transmission and Relaying Stations of** Frequency Modulation Broadcast with Power above 100W	**(unit)**	**1**	**1**	**76**	**78**	**78**
卫星地球站	**（座）**	**Satellite Communication Earth Station**	**(unit)**		**1**	**1**	**1**	**1**

注：2017年获批增加了68个县级广播电视台。
Note: A total of 68 county-level broadcast-television stations had been approved and established in 2017.

15-26 广播电视节目播出时间
LENGTH OF RADIO AND TELEVISION PROGRAMS BROADCASTED

单位：小时:分 (hour:minute)

项目	Item	2017	2018
广播节目	**Radio Programs**		
播出公共节目时间	Length of Public Radio Programs Broadcasted	149652:15	15246:51
#转播中央台节目时间	Length of Rebroadcast Chinese Central Radio Programs	24560:30	26965:30
转播省级台节目时间	Length of Rebroadcast Provincial Radio Programs	48942:00	51578:00
制作广播节目时间	Length of Radio Programs Produced	47573:00	40261:21
购买交换节目时间	Length of Buy Exchange Programs	27086:45	33296:00
电视节目	**Television Programs**		
播出公共节目时间	Length of Public TV Programs Broadcasted	219224:47	306670:00
#转播中央台节目时间	Length of Rebroadcast CCTV Programs	29187:08	40463:01
转播省级台节目时间	Length of Rebroadcast Provincial Television Programs	37095:09	46140:49
制作电视节目时间	Length of TV Programs Produced	19577:30	30822:16
购买交换节目时间	Length of Buy Exchange Programs	116483:00	162634:49

第十六篇

体育、卫生和其他

CHAPTER 16

SPORTS, PUBLIC HEALTH AND OTHERS

16-1 体育局系统职工人数
NUMBER OF STAFF AND WORKERS IN SPORT BUREAU SYSTEM

单位：人 (person)

分 类	Category	1995	2000	2007	2010	2017	2018
合 计	**Total**	**707**	**640**	**672**	**607**	**606**	**399**
专职教练员	Full-time Coaches	40	22	47	42	40	44
专职文化教师	Full-time Teachers	53	3	18	23	26	26
医务人员	Medical Personnel	17	11	12	13	14	14
行政管理干部	Administrative Personnel	140	120	135	186	176	178
工 人	Workers	457	325	327	145	15	14
其 他	Others		137	133	198	335	123

16-2 等级运动员(2018年)
NUMBER OF ATHLETES IN GRADES BY TYPE OF SPORTS (2018)

单位：人 (person)

运动项目	Item	等级运动员 Number of Athletes in Grades	国际运动健将 International Master of Sports	运动健将 Master of Sports	一级运动员 First Grade Sportsman	其他 Others
合 计	**Total**	**236**	**4**	**76**	**69**	**87**
田 径	Track and Field	31		5	18	8
射 箭	Archery	16			2	14
国际式摔跤	International Wrestling	72	1	8	31	32
攀 岩	Rock Climbing	2		1	1	
足 球	Football					
登 山	Mountaineering	59	3	47	8	1
马 术	Horsemanship	33		7	6	20
射 击	Shooting	1			1	
拳 击	Boxing	15		6	1	8
柔 道	Judo	5		1		4
跆拳道	Taekwondo	2		1	1	

16-3 政府援建体育场地
PHYSICAL EDUCATION FIELD AIDED BY GOVERNMENT

年 份 Year	场地设施数量(个/条) Number of Physical Field Establishment (unit)					投入(万元) Investment (10000 yuan)				场地规模(平方米) Field Size (m^2)	
	小计 Total	健身路径 Fitness Route	篮球场 Basketball Court	乒乓球台 Table Tennis Table	小篮板 Mini-Basketball	小计 Total	财政拨款 Financial Appro-priation	体彩公益金 Sports Lottery Public Welfare Funds	其他 Others	占地面积 Land Covering	场地面积 Field Area
2010	1065	600	155	310		2229	1829	400		350600	234100
2017	520	520				1298		1298			41600
2018	1670	570	550 (篮球架)	550		1609		1609		340000	247500

16-4 体育彩票销量、公益金及税收情况
SITUATIONS OF SALES, PUBLIC WELFARE FUNDS AND TAXES OF SPORTS LOTTERY

单位：万元

年 份 Year	销量合计 Total Sales	竞猜型 Guessing	乐透型 Lotto	即开型 Instant	公益金 Public Welfare Funds	上缴税款 Taxes
2007	2410	323	2087		801	37
2008	15588	298	3110	12180	3590	185
2009	19911	396	2875	16640	4433	336
2010	13959	745	3545	9669	4765	166
2015	52255	2817	34537	14901	13876	316
2016	70956	2659	53756	14541	19535	728
2017	88832	1945	72691	14195	24668	772
2018	101996	10612	80264	11120	27815	296

16-5 医疗卫生事业发展情况

指　　标	Item	1980	1985	1990	1995
全区机构数(个)	**Number of Health Care Institutions (unit)**	**832**	**958**	**1110**	**1198**
医院、卫生院	Hospitals and Health Centers	528	525	742	882
#医院	Hospitals	92	96	83	104
疗养院	Sanatoriums				1
诊所、卫生所、医务室	Outpatient Department, Clinics and Dispensary	247	374	548	195
疾病预防控制中心	Center for Disease Control and Prevention	31	75	80	83
妇幼保健院(所、站)	Women and Children Care Agencies		4	13	24
采供血机构	Blood Collecting and Supplying Organizations				
卫生监督所(中心)	Health Inspection Institution (center)				
社区卫生服务中心(站)	Community Health Service Centers				
其他机构	Other Institutions	20	20	15	4
全区床位数(张)	**Number of Beds (unit)**	**4328**	**4580**	**5381**	**6176**
医院、卫生院	Hospitals and Health Centers	4261	4412	5015	5895
#医院	Hospitals	3719	3679	3361	4331
疗养院	Sanatoriums			150	150
诊所、卫生所、医务室	Outpatient Department, Clinics and Dispensary	67	160	207	78
妇幼保健所(所、站)	Women and Children Care Agencies		8	9	43
社区卫生服务中心(站)	Community Health Service Centers				
其他机构	Other Institutions				10
全区卫生人员数(人)	**Medical Personnel (person)**	**8382**	**8461**	**9513**	**10747**
卫生技术人员	Medical Technical Personnel	6663	6837	7498	8467
#执业(助理)医师	Licensed (Assistant) Doctors	3564	3628	4514	4851
注册护士	Registered Nurses	1104	1351	1883	1657
其他技术人员	Other Technical Personnel	100	16	185	272
管理人员	Administrative Personnel	644	584	584	758
工勤技能人员	Logistics Technical Workers	975	1024	1246	1250

注：2001年及以前执业(助理)医师和注册护士数分别为医生和护士(师)数。
Note: In 2001 and before, licensed (assistant) doctors and registered nurses referred to doctors and nurses.

BASIC STATISTICS ON PUBLIC HEALTH

2000	2010	2011	2012	2013	2014	2015	2016	2017	2018
1237	**1352**	**1380**	**1403**	**1413**	**1451**	**1463**	**1476**	**1507**	**1548**
810	773	783	777	783	790	819	824	830	835
105	101	103	104	106	112	139	144	152	157
1	1	1	1	1	1	1	1	1	1
303	430	444	473	480	489	489	497	519	549
81	81	82	82	82	82	82	82	82	82
32	55	57	57	54	54	55	55	54	57
	1	1	1	1	2	4	4	5	6
	2	2	2	2	2	3	3	3	3
	8	9	9	9	9	9	9	12	14
7	1	1	1	1	1	1	1	1	1
6348	**8838**	**9642**	**10134**	**11036**	**12024**	**14013**	**14882**	**16138**	**16787**
6156	8439	9192	9666	10461	11384	13283	14108	15423	16257
4426	5444	6314	6653	7292	8079	9954	10766	11854	12604
120	40	40	40	40	40	40	40	40	38
72	342	377	415	471	531	626	674	585	374
	17	33	13	64	69	64	60	90	114
11027	**12269**	**12995**	**13896**	**14335**	**15531**	**17676**	**18933**	**20721**	**24018**
8948	9983	10664	11313	11716	12946	14364	15310	16503	19035
5262	4371	4105	4818	5204	5624	6213	6799	7559	8283
1816	1986	2073	2278	2400	2753	3195	3945	4442	5562
211	481	601	867	878	724	936	923	1149	1678
676	610	568	596	668	711	895	911	1200	1304
1192	1195	1162	1120	1073	1150	1481	1789	1869	2001

16-6　医疗卫生机构数
NUMBER OF HEALTH CARE INSTITUTIONS

单位：个　　　　　　　　　　　　　　　　　　　　　　　　　　　　(unit)

年份 Year	合计 Total	医院、卫生院 Hospitals and Health Centers	#医院 Hospitals	诊所、卫生所、医务室 Outpatient Department, Clinics and Dispensary	疾病预防控制中心 Center for Disease Control and Prevention
1958	43	8	8	35	
1959	62	11	11	51	
1965	193	86	83	106	1
1978	855	519	92	297	14
1985	958	525	96	330	75
1986	770	450	389	213	72
1987	868	544	85	188	81
1988	883	564	83	211	80
1989	1008	638	83	263	80
1990	1110	742	83	255	80
1991	1197	787	83	287	80
1992	1223	831	85	269	82
1993	1068	614	80	345	78
1994	1152	838	88	196	81
1995	1198	882	104	195	83
1996	1300	882	106	231	83
1997	1324	895	108	303	84
1998	1307	876	108	303	84
1999	1254	824	107	303	83
2000	1237	810	105	303	81
2001	1284	808	105	355	81
2002	1346	771	98	361	82
2003	1305	769	97	397	81
2004	1326	764	97	422	79
2005	1378	763	97	474	81
2006	1349	763	97	446	81
2007	1339	765	97	419	79
2008	1326	764	99	412	81
2009	1329	763	100	417	81
2010	1352	773	101	430	81
2011	1380	783	103	444	82
2012	1403	777	104	473	82
2013	1413	783	106	480	82
2014	1451	790	112	489	82
2015	1463	819	139	489	82
2016	1476	824	144	497	82
2017	1507	830	152	519	82
2018	1548	835	157	549	82

16-7　医疗卫生机构床位数和卫生技术人员数
NUMBER OF BEDS AND MEDICAL TECHNICAL PERSONNEL IN HEALTH CARE INSTITUTIONS

单位：张、人　　(unit, person)

年　份 Year	床位数 Beds	医院、卫生院 Hospitals and Health Centers	#医　院 Hospitals	卫生技术人员数 Medical Technical Personnel	每千人拥有床位数 Beds per 1000 Persons	每千人卫生技术人员数 Medical Technical Personnel per 1000 Persons
1958	174	174	174	502	0.14	0.42
1959	480	480	480	791	0.39	0.64
1965	1631	1570	1570	2424	1.14	1.77
1978	4421	4198	3488	5780	2.35	3.23
1985	4580	4412	3679	6837	2.20	3.43
1986	4983	4720	2881	7001	2.30	3.46
1987	5222	4986	3414	7003	2.40	3.37
1988	5197	4876	3233	7097	2.30	3.34
1989	5355	4999	3325	8064	2.30	3.73
1990	5381	5015	3361	7498	2.30	3.39
1991	5397	5077	3337	7749	2.30	3.44
1992	5857	5555	3569	8030	2.50	3.51
1993	5042	4515	3036	7540	2.00	3.25
1994	5602	5333	3087	8176	2.29	3.46
1995	6176	5895	4331	8467	2.62	3.53
1996	6136	5979	4546	8006	2.56	3.29
1997	6246	6049	4498	7999	2.57	3.23
1998	6512	6305	4572	8785	2.65	3.49
1999	6440	6255	4462	8892	2.60	3.48
2000	6348	6156	4426	8948	2.52	3.44
2001	6372	6153	4385	8820	2.51	3.35
2002	6087	5694	4297	7913	2.38	2.97
2003	6216	5859	4261	8287	2.40	3.07
2004	6413	5928	4238	8569	2.34	3.13
2005	6767	6412	4426	8914	2.44	3.22
2006	7496	7091	4513	8895	2.67	3.17
2007	7127	6832	4462	8535	2.51	3.02
2008	8765	8344	5585	9435	3.05	3.29
2009	8553	8193	5368	10047	2.95	3.47
2010	8838	8439	5444	9983	3.02	3.44
2011	9642	9192	6314	10664	3.17	3.52
2012	10134	9666	6653	11313	3.29	3.67
2013	11036	10461	7292	11716	3.54	3.75
2014	12024	11384	8079	12946	3.79	4.08
2015	14013	13283	9954	14364	4.33	4.43
2016	14882	14108	10766	15310	4.50	4.63
2017	16138	15423	11854	16503	4.79	4.89
2018	16787	16257	12604	19035	4.88	5.54

16-8 全区医疗卫生机构、床位和人员情况(2018年)

指 标	Item	机构数 (个) Number of Institutions (unit)	实有床位数 (张) Number of Beds (unit)	在岗职工人员数 (人) Number of Employed Persons (person)
总 计	**Total**	**6846**	**16787**	**36816**
医 院	Hospitals	157	12604	15950
综合医院	General Hospitals	108	9552	12180
中西医结合医院	Hospitals of Integrated Traditional Chinese with Western Medicine	1	50	12
民族医院	Nationalities Hospitals	38	2277	2441
专科医院	Specialized hospitals	10	725	1317
疗养院	Sanatoriums	1	38	35
社区卫生服务中心(站)	Community Health Service Centers	14	118	310
卫生院	Health Centers	678	3653	4523
乡镇卫生院	Township Health Centers	456	3653	4523
#中心卫生院	Center Hospitals	222	1259	1644
诊所、卫生所、医务室	Outpatient Department, Clinics and Dispensary	549		1374
采供血机构	Blood Collecting and Supplying Organizations	6		67
妇幼保健院(所、站)	Women and Children Care Agencies	57	374	405
疾病预防控制中心	Center For Disease Control and Prevention	82		1304
卫生监督所(中心)	Health Inspection Institution (center)	3		38
医学在职培训机构	Medical on-the-job Training Institutions	1		12

16-9 分地市医疗卫生机构、床位和人员情况(2018年)

地 区	Region	机构数 (个) Number of Institutions (unit)	实有床位数 (张) Number of Beds (unit)	在岗职工人员数 (人) Number of Employed Persons (person)	卫生技术人员 Medical Technical Personnel	执业(助理)医师 Licensed (Assistant) Doctors	执业医师 Licensed Doctors
总 计	**Total**	**6846**	**16787**	**36816**	**19085**	**8322**	**6230**
拉萨市	Lhasa	479	3989	8780	6256	2872	2535
日喀则市	Xigazê	1973	3396	8053	3148	1454	986
昌都市	Qamdo	1390	3049	6594	3106	934	567
林芝市	Nyingchi	681	1704	3505	1840	871	654
山南市	Lhoka	732	1482	3662	2101	1048	760
那曲市	Nagqu	1394	2328	5046	1874	878	571
阿里地区	Ngari	196	839	1176	760	265	157

NUMBER OF HEALTH CARE INSTITUTIONS, BEDS AND EMPLOYED PERSONS BY TYPE OF INSTITUTIONS (2018)

卫生技术人员 Medical Technical Personnel	执业(助理)医师 Licensed (Assistant) Doctors	执业医师 Licensed Doctors	注册护士 Registered Nurses	药剂师(士) Pharmacist	技师(士) Technician	检验师 Laboratory Personnel	其他 Others	其他技术人员 Other Technical Personnel	管理人员 Administrative Personnel	工勤技能人员 Logistics Technical Workers
19085	**8322**	**6230**	**5573**	**866**	**954**	**544**	**3370**	**1678**	**1304**	**2001**
12091	4836	3736	4076	640	756	393	1783	1254	1030	1575
9454	3487	2732	3342	487	671	344	1467	923	732	1071
12	6	5	3	0	2	1	1	0	0	0
1832	1119	811	365	114	44	23	190	228	128	253
793	224	188	366	39	39	25	125	103	170	251
7	4	3	3	**0**	0	0	0	21	4	3
245	128	89	56	14	20	12	27	10	3	52
3965	1554	983	947	157	46	27	1261	311	105	142
3965	1554	983	947	157	46	27	1261	311	105	142
1467	569	345	388	57	16	8	437	98	36	43
1242	865	756	301	20	8	5	48	25	44	63
53	11	6	21	0	21	21	0	1	11	2
341	129	80	100	22	29	20	61	5	25	34
1062	755	547	58	13	74	66	162	43	74	125
26	0	0	0	0	0	0	26	4	5	3
3	1	1	0	0	0	0	2	4	3	2

NUMBER OF HEALTH CARE INSTITUTION, BEDS AND EMPLOYED PERSONS BY REGION (2018)

注册护士 Registered Nurses	药剂师(士) Pharmacist	技师(士) Technician	检验师 Laboratory Personnel	其他 Others	其他技术人员 Other Technical Personnel	管理人员 Administrative Personnel	工勤技能人员 Logistics Technical Workers
5573	**866**	**954**	**544**	**3370**	**1678**	**1304**	**2001**
2056	270	353	218	705	526	550	970
729	130	156	80	679	213	156	227
1103	85	104	57	880	326	165	259
568	126	116	60	159	90	120	207
540	120	103	64	290	254	79	112
385	83	92	51	436	240	173	202
192	52	30	14	221	29	61	24

16-10 交通事故情况(2018年)
BASIC STATISTICS ON TRAFFIC ACCIDENTS (2018)

单位：人 (person)

地 区	Region	发生数(起) Number of Traffic Accidents (case)	死亡人数(人) Number of Deaths (person)	受伤人数(人) Number of Injuries (person)	直接财产损失(万元) Direct Property Losses (10000 yuan)
总 计	**Total**	**236**	**124**	**303**	**212.26**
拉萨市	Lhasa	140	60	129	86.30
日喀则市	Xigazê	5	1	6	0.75
昌都市	Qamdo	6	16	7	10.80
林芝市	Nyingchi	3	1	3	0.20
山南市	Lhoka	28	5	61	21.49
那曲市	Nagqu	14	22	8	26.30
阿里地区	Ngari	4	6		7.50
青藏公路唐北段	The Northern Section of Qinghai-Tibet Highway	36	13	89	58.92

第十七篇

各县（区、市）主要统计指标

CHAPTER 17

MAIN ECONOMIC INDICATORS BY COUNTIES (CITIES AND REGIONS)

17-1　乡村从业人员(2018年)
RURAL LABOR FORCE BY SECTOR (2018)

单位：人　　(person)

地　区	Region	乡村从业人　员 Number of Rural Laborers	农林牧渔业 Agriculture, Forestry, Animal Husbandry and Fishery	工　业 Industry	建筑业 Construction	其他非农从业人员 Other Non-agricultural Trades
拉萨市	**Lhasa**					
城关区	Chengguanqu	5301	670	75	324	4232
堆龙德庆区	Doilungdêqên	23042	8228	1266	3272	10276
达孜区	Dagzê	15532	7825	671	1394	5642
林周县	Lhünzhub	35677	31164	120	1255	3138
当雄县	Damxung	20093	12064	399	535	7095
尼木县	Nyêmo	15578	7879	1151	2264	4284
曲水县	Qüxü	19561	10770	1114	2189	5488
墨竹工卡县	Maizhokunggar	19514	10370	750	1354	7040
日喀则市	**Xigazê**					
桑珠孜区	Samzhubzê	44050	27876	1554	8485	6135
南木林县	Namling	45403	25071	927	8071	11334
江孜县	Gyangzê	32582	23223	1363	6297	1699
定日县	Tingri	30789	17244	134	2185	11226
萨迦县	Sa'gya	26304	17159	1969	1643	5533
拉孜县	Lhazê	29391	13638	1502	3047	11204
昂仁县	Ngamring	27696	23195	99	1418	2984
谢通门县	Xaitongmoin	24521	17929	918	1828	3846
白朗县	Bainang	23094	12661	2299	4368	3766
仁布县	Rinbung	17455	8138	551	6546	2220
康马县	Kangmar	10620	7111	670	1489	1350
定结县	Dinggyê	12099	9507	421	408	1763
仲巴县	Zhongba	13061	11089	308	154	1510
亚东县	Yadong	5834	3425	343	326	1740
吉隆县	Gyirong	6986	5948	132	215	691
聂拉木县	Nyalam	10573	8305	163	895	1210
萨嘎县	Saga	8564	5570		1306	1688
岗巴县	Kamba	6176	5239	44	617	276

注：拉萨市分县区不含柳梧新区数据。
Note: In counties of Lhasa excludes the data of Rleau New Area.

17-1 续表1 continued

单位：人 (person)

地 区	Region	乡村从业人员 Number of Rural Laborers	农林牧渔业 Agriculture, Forestry, Animal Husbandry and Fishery	工业 Industry	建筑业 Construction	其他非农从业人员 Other Non-agricultural Trades
昌都市	**Qamdo**					
卡若区	Karub	46346	39835		3004	3507
江达县	Jomda	66958	30689	1937	2288	32044
贡觉县	Konjo	26983	16210	4369	4635	1769
类乌齐县	Riwoqê	20298	15782	1134	98	3284
丁青县	Dêngqên	45286	43208	126	535	1417
察雅县	Chagyab	36358	26465	58	2668	7167
八宿县	Baxoi	23807	12168	436	4846	6357
左贡县	Zogang	26423	18857	101	1623	5842
芒康县	Markam	47153	33916	675	5342	7220
洛隆县	Lhorong	24003	19332	112	1451	3108
边坝县	Banbar	20920	16962	129	1305	2524
林芝市	**Nyingchi**					
巴宜区	Bayip	7268	6026	51	274	917
工布江达县	Gongbo' gyamda	14561	12753	9	17	1782
米林县	Mainling	8753	7540	27	59	1127
墨脱县	Mêdog	5302	4776	71	178	277
波密县	Bomê	13527	9667	89	1224	2547
察隅县	Zayü	11962	9223	40	1321	1378
朗 县	Nang	8699	7052	100	302	1245
山南市	**Lhoka**					
乃东区	Nêdong	19540	7471	531	6301	5237
扎囊县	Chanang	17901	7290	901	5978	3732
贡嘎县	Konggar	22970	11748	441	4795	5986
桑日县	Sangri	7319	2971	1063	1418	1867
琼结县	Qonggyai	7881	2307	81	4094	1399
曲松县	Qusum	6257	1917	508	1980	1852

17-1　续表2　continued

单位：人　　　　(person)

地　区	Region	乡村从业人员 Number of Rural Laborers	农林牧渔业 Agriculture, Forestry, Animal Husbandry and Fishery	工　业 Industry	建筑业 Construction	其他非农从业人员 Other Non-agricultural Trades
措美县	Comai	6740	2515	213	2982	1030
洛扎县	Lhozhag	8754	3773	111	3527	1343
加查县	Gyaca	9151	4463	389	2015	2284
隆子县	Lhünzê	17649	7486	102	8373	1688
错那县	Cona	7297	4387	38	1191	1681
浪卡子县	Nagarzê	19729	12434	359	4546	2390
那曲市	**Nagqu**					
色尼区	Seni	47306	32025	705	1150	13426
嘉黎县	Lhari	16505	10796	25	2172	3512
比如县	Biru	31749	25213	38	793	5705
聂荣县	Nyainrong	18180	15874	16	873	1417
安多县	Amdo	18682	12075	689	2784	3134
申扎县	Xainza	11890	8381	216	1219	2074
索　县	Sog	20307	14248			6059
班戈县	Bangoin	21357	19124			2233
巴青县	Baqên	23996	19871	50	1276	2799
尼玛县	Nyima	16603	9685		3116	3802
双湖县	Shaunghu	6345	2310			4035
阿里地区	**Ngari**					
普兰县	Burang	4429	3202		428	799
札达县	Zanda	2473	2225	1	2	245
噶尔县	Gar	5141	4446	200	229	266
日土县	Rutog	5146	3816		588	742
革吉县	Gê'gyai	7402	5995	56	736	615
改则县	Gêrzê	14609	11494		1433	1682
措勤县	Coqên	7477	5767	201	837	672

17-2　农林牧渔业、工业总产值(2018年)
GROSS OUTPUT VALUE OF AGRICULTURE, FORESTRY, ANIMAL HUSBANDRY, FISHERY AND INDUSTRY (2018)

单位：万元　　(10000 yuan)

地　区	Region	农林牧渔业产值 Gross Out Value of Agriculture, Forestry, Animal, Husbandry and Fishery	农　业 Farming	林　业 Forestry	牧　业 Animal Husbandry	渔　业 Fishery	农林牧渔服务业 FFAT Services	工　业总产值 Gross Output Value of Industry
拉萨市	**Lhasa**							
市辖区	Municipal District							
城关区	Chengguanqu	18257	9979	116	8082		80	329785
堆龙德庆区	Doilungdêqên	35584	10149	232	24375		828	
达孜区	Dagzê	31836	18382	934	12520			28676
林周县	Lhünzhub	53909	27493	578	25813		25	20606
当雄县	Damxung	63938	8046		52606		3286	82886
尼木县	Nyêmo	23927	10515	190	12930		292	13870
曲水县	Qüxü	36708	21928	1002	13120	299	360	53718
墨竹工卡县	Maizhokunggar	59661	19822	1170	38670			405050
柳梧新区	Rleau New Area	4150	1688	16	2442		4	
藏青工业园	Tibet and Qinghai Industrial Park							16070
拉萨经济技术开发区	Lhasa Economic and Technological Development Zone							233843
达孜工业园区	Dagzê Industrial Park							2632
西藏文化旅游创意园区	Tibetan Culture and Tourism Creative Park							891
日喀则市	**Xigazê**							
桑珠孜区	Samzhubzê	80805	63901	987	8980		6937	121658
南木林县	Namling	59673	39276	1379	18126		893	1695
江孜县	Gyangzê	56735	32741	700	21916		1378	4887
定日县	Tingri	33391	18985	278	8928		5200	3820
萨迦县	Sa'gya	30462	20598	829	8803		232	69536
拉孜县	Lhazê	43563	32267	785	9748		764	2681
昂仁县	Ngamring	34939	11996	1	22441		500	667
谢通门县	Xaitongmoin	29848	16763	1310	10014		1760	1258
白朗县	Bainang	44398	37185	406	6316		491	10010
仁布县	Rinbung	15034	8517	134	5184		1199	6875
康马县	Kangmar	15463	6805	747	7642		269	2251
定结县	Dinggyê	12572	6530	285	5271		486	531
仲巴县	Zhongba	24994	228		24178		588	332
亚东县	Yadong	13749	5921	74	5523	1932	300	2610
吉隆县	Gyirong	11851	5617	103	5858		272	2832
聂拉木县	Nyalam	14930	7032	2	7297		600	4747
萨嘎县	Saga	11938	1188		10692		58	259
岗巴县	Kamba	5070	1460		3452		158	2044

17-2　续表1　continued

单位：万元　　　　(10000 yuan)

地　区	Region	农林牧渔业产值 Gross Out Value of Agriculture,Forestry, Animal,Husbandry and Fishery	农　业 Farming	林　业 Forestry	牧　业 Animal Husbandry	渔　业 Fishery	农林牧渔服务业 FFAT Services	工业总产值 Gross Output Value of Industry
昌都市	**Qamdo**							
卡若区	Karub	53391	22066	29	30689	16	590	117068
江达县	Jomda	55447	18851	551	34654	1	1391	114565
贡觉县	Konjo	24999	8960	87	15281	1	670	1083
类乌齐县	Riwoqê	37984	16370	2108	18960	5	541	933
丁青县	Dêngqên	62433	41000	380	19209		1844	2222
察雅县	Chagyab	33160	12953	200	19652	4	350	1864
八宿县	Baxoi	25089	8541	114	15860	4	570	1225
左贡县	Zogang	32116	13325	411	17241	5	1134	1261
芒康县	Markam	52630	18063	8756	24064	3	1744	8456
洛隆县	Lhorong	36196	15286	911	19507	3	490	1714
边坝县	Banbar	34886	12956	260	21158	1	510	1359
林芝市	**Nyingchi**							
巴宜区	Bayıp	24054	10997	304	12383	80	290	93210
工布江达县	Gongbo' gyamda	29023	11249	671	16474	21	608	8492
米林县	Mainling	20698	9609	376	8432	20	2261	1778
墨脱县	Mêdog	5582	2974	70	2433	5	101	132
波密县	Bomê	29043	16857	563	10756	8	858	3257
察隅县	Zayü	20888	11637	742	7875	0	633	1226
朗　县	Nang	18929	7559	359	10462	9	540	1826
米林农场	Mainling Farm	2887	362		2525			
易贡茶场	YiGong Farm	1327	1141		185			
察隅农场	Zayü Farm	204	171		34			
山南市	**Lhoka**							
乃东区	Nêdong	23075	9766	698	11198	190	1223	54462
扎囊县	Chanang	12479	5744	815	5497		423	2329
贡嘎县	Konggar	14932	7717	373	6742		100	8848
桑日县	Sangri	8227	4325	39	3616		247	100044
琼结县	Qonggyai	5708	3601	35	1865		207	251
曲松县	Qusum	7129	2360	10	4659		100	6853

17-2 续表2 continued

单位：万元 (10000 yuan)

地 区	Region	农林牧渔业产值 Gross Out Value of Agriculture, Forestry, Animal, Husbandry and Fishery	农 业 Farming	林 业 Forestry	牧 业 Animal Husbandry	渔 业 Fishery	农林牧渔服务业 FFAT Services	工业总产值 Gross Output Value of Industry
措美县	Comai	4549	1304	5	3021		219	
洛扎县	Lhozhag	7808	3612	51	3736		408	3629
加查县	Gyaca	14778	10121	390	4129		139	69186
隆子县	Lhünzê	12775	5336	145	7189		104	80929
错那县	Cona	4863	2089	36	2478		260	3349
浪卡子县	Nagarzê	9669	1718	39	7348		565	5592
那曲市	**Nagqu**							
色尼区	Seni	39012	12553		26296		163	32049
嘉黎县	Lhari	28913	15725	35	13118		34	64000
比如县	Biru	57923	46346		11255		321	1779
聂荣县	Nyainrong	17056	3240		13786		31	128
安多县	Amdo	15764			15747		17	
申扎县	Xainza	15897			15422		475	
索 县	Sog	24916	15353		8093		1469	6803
班戈县	Bangoin	20441			19522		918	
巴青县	Baqên	29746	19140		10081		526	303
尼玛县	Nyima	18320	85		17663		573	
双湖县	Shaunghu	6184			5106	865	213	
阿里地区	**Ngari**							
普兰县	Burang	7089	1958	80	4173		878	1040
札达县	Zanda	5590	363	7	4969		251	356
噶尔县	Gar	7054	767	62	5802		424	9704
日土县	Rutog	10095	988	3	8705		399	781
革吉县	Gê'gyai	19434	253	0	18497		684	374
改则县	Gêrzê	26021	340	0	24962		718	632
措勤县	Coqên	10882	99		10144		638	311

17-3　农林牧渔业产值
GROSS OUTPUT VALUE OF AGRICULTURE, FORESTRY, ANIMAL HUSBANDRY AND FISHERY

单位：万元　　(10000 yuan)

地　区	Region	农林牧渔业产值 Gross Output Value 2017	2018	指　数 Index
拉萨市	**Lhasa**			
城关区	Chengguanqu	17492	18257	100.39
堆龙德庆区	Doilungdêqên	47460	35584	72.12
达孜区	Dagzê	29304	31836	104.50
林周县	Lhünzhub	53126	53909	97.61
当雄县	Damxung	19416	63938	316.76
尼木县	Nyêmo	28742	23927	80.08
曲水县	Qüxü	32300	36708	109.32
墨竹工卡县	Maizhokunggar	53033	59661	108.21
柳梧新区	Relau New Area		4150	
日喀则市	**Xigazê**			
桑珠孜区	Samzhubzê	74597	80805	104.20
南木林县	Namling	53925	59673	106.40
江孜县	Gyangzê	51676	56735	105.60
定日县	Tingri	30269	33391	106.10
萨迦县	Sa'gya	28454	30462	103.00
拉孜县	Lhazê	41365	43563	101.30
昂仁县	Ngamring	32523	34939	103.30
谢通门县	Xaitongmoin	28857	29848	99.50
白朗县	Bainang	39085	44398	109.30
仁布县	Rinbung	14041	15034	103.00
康马县	Kangmar	14341	15463	103.70
定结县	Dinggyê	11236	12572	107.60
仲巴县	Zhongba	23032	24994	104.40
亚东县	Yadong	11473	13749	115.30
吉隆县	Gyirong	11304	11851	100.80
聂拉木县	Nyalam	13542	14930	106.00
萨嘎县	Saga	10852	11938	105.80
岗巴县	Kamba	4727	5070	103.20

17-3 续表1 continued

单位：万元 (10000 yuan)

地 区	Region	农林牧渔业产值 Gross Output Value 2017	2018	指 数 Index
昌都市	**Qamdo**			
卡若区	Karub	48823	53391	105.19
江达县	Jomda	46726	55447	114.14
贡觉县	Konjo	22750	24999	105.70
类乌齐县	Riwoqê	35563	37984	102.74
丁青县	Dêngqên	57149	62433	105.08
察雅县	Chagyab	30009	33160	106.29
八宿县	Baxoi	22271	25089	108.36
左贡县	Zogang	29457	32116	104.87
芒康县	Markam	47984	52630	105.50
洛隆县	Lhorong	33777	36196	103.08
边坝县	Banbar	31569	34886	106.30
林芝市	**Nyingchi**			
巴宜区	Bayip	22318	24054	103.67
工布江达县	Gongbo' gyamda	26789	29023	104.21
米林县	Mainling	19140	20698	104.02
墨脱县	Mêdog	5100	5582	105.29
波密县	Bomê	27141	29043	102.93
察隅县	Zayü	19331	20888	103.94
朗 县	Nang	17550	18929	103.75
米林农场	Mainling Farm		2887	
易贡茶场	Yigong Farm		1327	
察隅农场	Zayü Farm		204	
山南市	**Lhoka**			
乃东区	Nêdong	20980	23075	105.80
扎囊县	Chanang	11180	12479	107.37
贡嘎县	Konggar	14113	14932	101.77
桑日县	Sangri	7799	8227	101.47
琼结县	Qonggyai	5255	5708	104.48
曲松县	Qusum	6585	7129	104.13

17-3　续表2　continued

单位：万元　(10000 yuan)

地　区	Region	农林牧渔业产值 Gross Output Value		指　数 Index
		2017	2018	
措美县	Comai	4172	4549	104.88
洛扎县	Lhozhag	7512	7808	99.98
加查县	Gyaca	13687	14778	103.86
隆子县	Lhünzê	11685	12775	105.16
错那县	Cona	4561	4863	102.56
浪卡子县	Nagarzê	9128	9669	101.90
那曲市	**Nagqu**			
色尼区	Seni	35791	39012	104.85
嘉黎县	Lhari	27201	28913	102.24
比如县	Biru	55726	57923	99.98
聂荣县	Nyainrong	17335	17056	94.64
安多县	Amdo	18512	15764	81.91
申扎县	Xainza	14735	15897	103.77
索　县	Sog	23102	24916	103.74
班戈县	Bangoin	17350	20441	113.33
巴青县	Baqên	23639	29746	121.04
尼玛县	Nyima	17721	18320	99.45
双湖县	Shaunghu	5412	6184	109.91
阿里地区	**Ngari**			
普兰县	Burang	6259	7089	108.95
札达县	Zanda	4516	5590	119.05
噶尔县	Gar	6949	7054	97.65
日土县	Rutog	9977	10095	97.33
革吉县	Gê'gyai	15812	19434	118.22
改则县	Gêrzê	27054	26021	92.52
措勤县	Coqên	11261	10882	92.95

17-4 年末耕地面积(2018年)
CULTIVATED AREA AT THE YEAR-END (2018)

单位：公顷 (hectare)

地　区	Region	年末实有耕地面积 Cultivated Areas (Year-end)	#旱　地 Dry Fields	农田有效灌溉面积 Irrigated Areas
拉萨市	**Lhasa**			
城关区	Chengguanqu	460	460	460
堆龙德庆区	Doilungdêqên	3780	3780	3082
达孜区	Dagzê	5238	5238	4129
林周县	Lhünzhub	13112	13112	10912
当雄县	Damxung			
尼木县	Nyêmo	2908	2908	2742
曲水县	Qüxü	4673	4673	4161
墨竹工卡县	Maizhokunggar	7411	7411	4454
日喀则市	**Xigazê**			
桑珠孜区	Samzhubzê	17456	17456	15867
南木林县	Namling	10909	10909	10379
江孜县	Gyangzê	10799	10799	9227
定日县	Tingri	7066	7066	6753
萨迦县	Sa'gya	7772	7772	6731
拉孜县	Lhazê	8599	8599	6863
昂仁县	Ngamring	5273	5273	5273
谢通门县	Xaitongmoin	4065	4065	3484
白朗县	Bainang	8493	8493	8493
仁布县	Rinbung	3981	3981	3872
康马县	Kangmar	3140	3140	3140
定结县	Dinggyê	2711	2711	2354
仲巴县	Zhongba			
亚东县	Yadong	924	924	
吉隆县	Gyirong	1281	1281	1009
聂拉木县	Nyalam	2283	2283	2021
萨嘎县	Saga	530	530	514
岗巴县	Kamba	2046	2046	1590

注：拉萨市分县区数据未列出柳梧新区数据。
Note: In counties of Lhasa excludes the data of Rleau New Area.

17-4　续表1　continued

单位：公顷 (hectare)

地　区	Region	年末实有耕地面积 Cultivated Areas (Year-end)	#旱　地 Dry Fields	农田有效灌溉面积 Irrigated Areas
昌都市	**Qamdo**			
卡若区	Karub	5232	5232	1824
江达县	Jomda	4918	4918	16535
贡觉县	Konjo	4080	4080	2353
类乌齐县	Riwoqê	2980	2980	400
丁青县	Dêngqên	8385	8385	1122
察雅县	Chagyab	3064	3064	
八宿县	Baxoi	2775	2775	2310
左贡县	Zogang	2665	2665	1308
芒康县	Markam	5835	5835	4307
洛隆县	Lhorong	5853	5853	4969
边坝县	Banbar	3533	3533	1560
林芝市	**Nyingchi**			
巴宜区	Bayip	2601	2601	2600
工布江达县	Gongbo' gyamda	3135	3135	2760
米林县	Mainling	3930	3930	3056
墨脱县	Mêdog	1736	1736	1583
波密县	Bomê	4743	4743	3013
察隅县	Zayü	2730	2730	2388
朗　县	Nang	1369	1369	1271
山南市	**Lhoka**			
乃东区	Nêdong	4277	4277	4021
扎囊县	Chanang	4806	4806	4806
贡嘎县	Konggar	5661	5661	5131
桑日县	Sangri	1531	1531	1506
琼结县	Qonggyai	1827	1827	1826
曲松县	Qusum	1663	1663	1439

注：林芝市分县区数据未列出三个农场数据。
Note: In counties of Nyingchi excludes the data of three farms.

17-4 续表2 continued

单位：公顷 (hectare)

地 区	Region	年末实有耕地面积 Cultivated Areas (Year-end)	#旱 地 Dry Fields	农田有效灌溉面积 Irrigated Areas
措美县	Comai	947	947	947
洛扎县	Lhozhag	2102	2102	2102
加查县	Gyaca	1564	1564	1279
隆子县	Lhünzê	3269	3269	3218
错那县	Cona	1549	1549	1318
浪卡子县	Nagarzê	2709	2709	2564
那曲市	**Nagqu**			
色尼区	Seni			
嘉黎县	Lhari	321	321	
比如县	Biru	2516	2516	
聂荣县	Nyainrong			
安多县	Amdo			
申扎县	Xainza			
索 县	Sog	2928	2928	
班戈县	Bangoin			
巴青县	Baqên			
尼玛县	Nyima	174	174	
双湖县	Shaunghu			
阿里地区	**Ngari**			
普兰县	Burang	595	595	595
札达县	Zanda	691	691	467
噶尔县	Gar	469	469	
日土县	Rutog	636	636	636
革吉县	Gê'gyai			
改则县	Gêrzê			
措勤县	Coqên			

17-5　农作物播种面积(2018年)
SOWN AREAS OF FARM CROPS (2018)

单位：公顷　(hectare)

地　区	Region	农作物总播种面积 Total Sown Area	粮食作物 Grain Crops	#小　麦 Wheat	#青　稞 Highland Barley	油　料 Oil-bearing Crops
拉萨市	**Lhasa**					
城关区	Chengguanqu	704	64	6	58	
堆龙德庆区	Doilungdêqên	3928	2578	315	1911	367
达孜区	Dagzê	6036	3842	2320	1522	296
林周县	Lhünzhub	17895	9974	1934	8039	822
当雄县	Damxung	1852				
尼木县	Nyêmo	3908	2095	210	1705	333
曲水县	Qüxü	6476	3353	1298	2040	793
墨竹工卡县	Maizhokunggar	7411	4106	429	3677	2383
日喀则市	**Xigazê**					
桑珠孜区	Samzhubzê	14053	9619	1336	8210	1633
南木林县	Namling	10909	4929	140	4603	693
江孜县	Gyangzê	10799	7347	267	7000	1100
定日县	Tingri	6817	5555	133	5068	467
萨迦县	Sa'gya	7600	5220	133	5000	667
拉孜县	Lhazê	8573	5893	173	5600	1400
昂仁县	Ngamring	5257	4460	89	4233	307
谢通门县	Xaitongmoin	4065	2987	533	2367	369
白朗县	Bainang	8537	6267	400	5867	800
仁布县	Rinbung	3980	3400	160	3067	360
康马县	Kangmar	3140	2520	53	2267	333
定结县	Dinggyê	2568	1793	67	1503	335
仲巴县	Zhongba	192				
亚东县	Yadong	924	445	3	433	23
吉隆县	Gyirong	1281	791	43	636	260
聂拉木县	Nyalam	2283	1640		1600	140
萨嘎县	Saga	530	456		400	27
岗巴县	Kamba	1567	1067		1067	100

注：拉萨市分县区不含柳梧新区数据。
Note: In counties of Lhasa excludes the data of Rleau New Area.

17-5 续表1 continued

单位：公顷 (hectare)

地 区	Region	农作物总播种面积 Total Sown Area	粮食作物 Grain Crops	#小 麦 Wheat	#青 稞 Highland Barley	油 料 Oil-bearing Crops
昌都市	**Qamdo**					
卡若区	Karub	6011	4838	304	4519	227
江达县	Jomda	4759	4353	364	3660	72
贡觉县	Konjo	4318	3430	151	3240	208
类乌齐县	Riwoqê	2980	2500		2500	
丁青县	Dêngqên	8151	6600	280	6200	670
察雅县	Chagyab	3738	3142	460	2572	240
八宿县	Baxoi	3310	2931	485	1959	170
左贡县	Zogang	3858	3372	1062	1515	151
芒康县	Markam	7169	6391	1320	3739	222
洛隆县	Lhorong	6509	5230	843	4307	567
边坝县	Banbar	3532	2955	430	2263	365
林芝市	**Nyingchi**					
巴宜区	Bayip	4300	2489	1336	648	497
工布江达县	Gongbo' gyamda	3116	2346	1120	1030	442
米林县	Mainling	3552	2849	1996	527	323
墨脱县	Mêdog	1816	1615	21	42	40
波密县	Bomê	4874	4199	2506	1200	500
察隅县	Zayü	4473	3769	825	789	135
朗 县	Nang	1362	1074	448	582	182
山南市	**Lhoka**					
乃东区	Nêdong	4248	3297	1565	1730	263
扎囊县	Chanang	4808	4012	1608	2391	390
贡嘎县	Konggar	7129	4762	1352	3206	411
桑日县	Sangri	1607	1107	428	676	285
琼结县	Qonggyai	1826	1167	561	601	312
曲松县	Qusum	1628	1170	195	905	282

注：林芝市分县区数据未列出三个农场数据。
Note: In counties of Nyingchi excludes the data of three farms.

17-5　续表2　continued

单位：公顷　(hectare)

地　区	Region	农作物总播种面积 Total Sown Area	粮食作物 Grain Crops	#小　麦 Wheat	#青　稞 Highland Barley	油　料 Oil-bearing Crops
措美县	Comai	946	717	99	608	123
洛扎县	Lhozhag	2101	1651	374	950	275
加查县	Gyaca	1807	1338	710	561	84
隆子县	Lhünzê	3402	2739	225	2349	301
错那县	Cona	1540	1106	153	904	173
浪卡子县	Nagarzê	2710	1921	71	1845	288
那曲市	**Nagqu**					
色尼区	Seni					
嘉黎县	Lhari	319	293	80	193	
比如县	Biru	2516	1405	30	723	28
聂荣县	Nyainrong					
安多县	Amdo					
申扎县	Xainza					
索　县	Sog	2232	1397	13	1214	156
班戈县	Bangoin					
巴青县	Baqên					
尼玛县	Nyima	174	61		56	
双湖县	Shaunghu					
阿里地区	**Ngari**					
普兰县	Burang	1059	556		515	5
札达县	Zanda	290	186	4	138	2
噶尔县	Gar	2196	260		256	8
日土县	Rutog	2323	325		314	30
革吉县	Gê'gyai	1101	20		20	
改则县	Gêrzê	1271				
措勤县	Coqên	1733				

17-6 主要农作物产品产量(2018年)
OUTPUT OF MAJOR FARM PRODUCTS (2018)

单位：吨 (ton)

地　区	Region	粮　食 Grain	#小　麦 Wheat	#青　稞 Highland Barley	油菜籽 Oil-bearing Crops
拉萨市	**Lhasa**				
城关区	Chengguanqu	342	32	310	
堆龙德庆区	Doilungdêqên	9748	1264	7407	814
达孜区	Dagzê	28416	18413	10003	681
林周县	Lhünzhub	65091	14427	50665	2254
当雄县	Damxung				
尼木县	Nyêmo	13007	1306	11173	987
曲水县	Qüxü	17045	7520	9391	1373
墨竹工卡县	Maizhokunggar	24724	2244	22479	3041
日喀则市	**Xigazê**				
桑珠孜区	Samzhubzê	79927	18855	59769	4523
南木林县	Namling	28338	976	26557	2185
江孜县	Gyangzê	70281	5177	62506	5205
定日县	Tingri	31609	799	29706	1393
萨迦县	Sa'gya	33356	815	31251	2867
拉孜县	Lhazê	38531	538	37745	3947
昂仁县	Ngamring	21790	344	21076	844
谢通门县	Xaitongmoin	17522	3640	13602	857
白朗县	Bainang	54819	2967	51852	4019
仁布县	Rinbung	15427	512	14556	845
康马县	Kangmar	12491	95	11616	702
定结县	Dinggyê	8689	214	7517	679
仲巴县	Zhongba				
亚东县	Yadong	1007	2	983	37
吉隆县	Gyirong	4190	204	3413	1083
聂拉木县	Nyalam	8303		8182	351
萨嘎县	Saga	1467		1289	55
岗巴县	Kamba	2145		2145	250

注：拉萨市分县区不含柳梧新区数据。
Note: In counties of Lhasa excludes the data of Rleau New Area.

17-6 续表1 continued

单位：吨 (ton)

地 区	Region	粮 食 Grain	#小 麦 Wheat	#青 稞 Highland Barley	油菜籽 Oil-bearing Crops
昌都市	**Qamdo**				
卡若区	Karub	20471	822	19615	318
江达县	Jomda	13712	1237	11299	80
贡觉县	Konjo	14639	623	13932	312
类乌齐县	Riwoqê	9525		9525	
丁青县	Dêngqên	27030	639	25943	1250
察雅县	Chagyab	12137	1487	10272	475
八宿县	Baxoi	10990	1824	8200	322
左贡县	Zogang	16955	5355	7601	260
芒康县	Markam	23725	4406	12084	394
洛隆县	Lhorong	23604	3030	19542	1128
边坝县	Banbar	10660	999	8976	735
林芝市	**Nyingchi**				
巴宜区	Bayip	13839	6839	2590	866
工布江达县	Gongbo' gyamda	8517	3612	3642	663
米林县	Mainling	11109	7251	1707	447
墨脱县	Mêdog	5943	62	132	57
波密县	Bomê	21715	11288	6581	1425
察隅县	Zayü	18995	3056	3872	26
朗 县	Nang	5625	3002	2357	355
山南市	**Lhoka**				
乃东区	Nêdong	24217	12717	11486	852
扎囊县	Chanang	25387	11273	14085	1200
贡嘎县	Konggar	33000	10230	21501	1153
桑日县	Sangri	9207	3435	5767	904
琼结县	Qonggyai	10441	5207	5204	1102
曲松县	Qusum	8327	1421	6441	783

注：林芝市分县区数据未列出三个农场数据。
Note: In counties of Nyingchi excludes the data of three farms.

17-6 续表2 continued

单位：吨 (ton)

地 区	Region	粮 食 Grain	#小 麦 Wheat	#青 稞 Highland Barley	油菜籽 Oil-bearing Crops
措美县	Comai	3129	390	2714	294
洛扎县	Lhozhag	11060	3592	5804	886
加查县	Gyaca	7741	4635	2646	231
隆子县	Lhünzê	19970	2480	17251	1087
错那县	Cona	5402	918	4300	343
浪卡子县	Nagarzê	6226	335	5886	623
那曲市	**Nagqu**				
色尼区	Seni				
嘉黎县	Lhari	927	240	549	
比如县	Biru	4956		1998	16
聂荣县	Nyainrong				
安多县	Amdo				
申扎县	Xainza				
索 县	Sog	4359		3962	187
班戈县	Bangoin				
巴青县	Baqên				
尼玛县	Nyima	257	37	255	
双湖县	Shaunghu				
阿里地区	**Ngari**				
普兰县	Burang	2849		2658	10
札达县	Zanda	526		414	6
噶尔县	Gar	355	11	354	12
日土县	Rutog	1024		884	49
革吉县	Gê'gyai	96		90	
改则县	Gêrzê				
措勤县	Coqên				

17-7　年末牲畜存栏头数和肉类产量(2018年)
NUMBER OF LIVESTOCK AND OUTPUT OF MEAT AT THE YEAR-END (2018)

地　区	Region	年末牲畜存栏头数(万头只) Number of Animals (Year-end) (10000 heads)	#大牲畜 Large Animals	#牛 Cattle and Buffaloes	#羊 Sheep and Goats	#猪 Hogs	猪牛羊肉(吨) Output of Pork, Beef and Mutton (tons)	猪　肉 Pork	牛　肉 Beef	羊　肉 Mutton
拉萨市	**Lhasa**									
城关区	Chengguanqu	1.20	1.16	1.16	0.03	…	470	2	467	1
堆龙德庆区	Doilungdêqên	8.17	6.94	6.87	0.99	0.24	2193	316	1805	71
达孜区	Dagzê	8.56	7.36	7.35	0.74	0.46	4302	426	3692	185
林周县	Lhünzhub	21.74	16.12	15.85	5.12	0.50	3239	81	2986	172
当雄县	Damxung	48.39	28.87	28.42	19.53		10731		9258	1473
尼木县	Nyêmo	13.18	5.50	5.44	7.68	0.01	1966	8	1570	388
曲水县	Qüxü	8.21	5.87	5.75	1.63	0.72	3219	594	2501	125
墨竹工卡县	Maizhokunggar	13.43	12.05	11.68	1.14	0.24	6127	144	5687	295
日喀则市	**Xigazê**									
桑珠孜区	Samzhubzê	31.67	6.46	6.16	24.50	0.71	1998	231	1054	714
南木林县	Namling	35.30	11.50	11.35	23.64	0.16	1729	18	1291	420
江孜县	Gyangzê	30.20	7.34	6.63	22.76	0.11	2170	119	1019	1032
定日县	Tingri	22.76	4.37	3.78	18.39		1694		657	1037
萨迦县	Sa'gya	27.22	3.09	2.74	24.11	0.03	1437	16	580	841
拉孜县	Lhazê	25.60	4.85	4.63	20.75	0.01	1555	2	736	816
昂仁县	Ngamring	55.59	10.98	10.67	44.61		4358		2231	2127
谢通门县	Xaitongmoin	25.90	7.82	7.59	18.06	0.02	2873	14	1981	878
白朗县	Bainang	26.80	5.43	5.14	21.26	0.10	1400	57	638	706
仁布县	Rinbung	14.81	3.92	3.76	10.86	0.03	666	4	381	281
康马县	Kangmar	16.46	1.96	1.82	14.51		1990		683	1308
定结县	Dinggyê	22.78	1.85	1.65	20.91	0.02	700	5	206	489
仲巴县	Zhongba	55.03	7.44	6.93	47.59		3197		1539	1658
亚东县	Yadong	7.40	2.42	2.36	4.95	0.03	622	5	483	134
吉隆县	Gyirong	11.75	3.02	2.91	8.69	0.03	572	5	266	301
聂拉木县	Nyalam	17.06	1.34	1.25	15.71		1293		419	874
萨嘎县	Saga	17.55	4.67	4.55	12.88		999		523	475
岗巴县	Kamba	12.87	0.67	0.57	12.20		730		92	638

注：拉萨市分县区不含柳梧新区数据。
Note: In counties of Lhasa excludes the data of Rleau New Area.

17-7 续表1 continued

地区	Region	年末牲畜存栏头数(万头只) Number of Animals (Year-end) (10000 heads)	#大牲畜 Large Animals	#牛 Cattle and Buffaloes	#羊 Sheep and Goats	#猪 Hogs	猪牛羊肉(吨) Output of Pork, Beef and Mutton (tons)	猪肉 Pork	牛肉 Beef	羊肉 Mutton
昌都市	**Qamdo**									
卡若区	Karub	20.49	18.77	16.27	1.72	…	15661		14815	846
江达县	Jomda	42.48	28.70	23.07	13.77	0.02	9313	1	8514	798
贡觉县	Konjo	15.93	10.07	9.27	5.86		3220		2596	624
类乌齐县	Riwoqê	16.82	15.96	15.63	0.86		8251		8097	154
丁青县	Dêngqên	21.59	17.65	16.92	3.94		8362		7807	555
察雅县	Chagyab	22.11	14.37	13.43	7.74	…	8507		8087	420
八宿县	Baxoi	13.57	10.06	8.05	3.21	0.29	3292	116	2868	309
左贡县	Zogang	17.99	10.33	9.26	4.93	2.72	3620	674	2367	579
芒康县	Markam	31.97	17.18	15.85	13.24	1.55	5076	676	2309	2090
洛隆县	Lhorong	13.82	9.44	7.11	3.39	0.99	3786	447	3147	192
边坝县	Banbar	15.07	14.24	13.83	0.80	0.03	5264	18	5025	221
林芝市	**Nyingchi**									
巴宜区	Bayip	12.15	6.56	6.16	0.28	5.31	1837	1183	632	21
工布江达县	Gongbo' gyamda	15.91	8.66	8.28	0.38	6.87	1986	716	1269	1
米林县	Mainling	13.26	7.97	7.21	0.86	4.43	1680	837	798	45
墨脱县	Mêdog	1.71	0.61	0.47	…	1.10	535	270	265	
波密县	Bomê	10.09	6.28	5.67	0.01	3.81	2307	953	1340	14
察隅县	Zayü	11.71	5.19	4.56	1.15	5.37	1663	1055	557	51
朗　县	Nang	7.37	5.85	5.37	1.02	0.50	1769	162	1513	94
山南市	**Lhoka**									
乃东区	Nêdong	8.86	4.57	4.50	4.07	0.22	2499	165	2052	282
扎囊县	Chanang	9.08	2.90	2.79	5.87	0.31	1277	159	841	276
贡嘎县	Konggar	15.58	4.34	4.26	11.07	0.16	2227	38	1700	488
桑日县	Sangri	8.29	4.75	4.65	3.23	0.31	2418	58	2202	158
琼结县	Qonggyai	4.54	1.13	1.10	3.05	0.35	925	193	561	171
曲松县	Qusum	8.33	2.61	2.48	5.64	0.08	2240	40	1904	295

注：林芝市分县区数据未列出三个农场数据。
Note: In counties of Nyingchi excludes the data of three farms.

17-7　续表2　continued

地　区	Region	年末牲畜存栏头数(万头只) Number of Animals (Year-end) (10000 heads)	#大牲畜 Large Animals	#牛 Cattle and Buffaloes	#羊 Sheep and Goats	#猪 Hogs	猪牛羊肉(吨) Output of Pork, Beef and Mutton (tons)	猪　肉 Pork	牛　肉 Beef	羊　肉 Mutton
措美县	Comai	13.10	2.88	2.81	10.21	0.01	2308	7	1614	687
洛扎县	Lhozhag	7.13	2.85	2.70	4.17	0.11	1141	26	771	344
加查县	Gyaca	5.31	4.82	4.67	0.32	0.17	1963	46	1892	24
隆子县	Lhünzê	15.56	6.13	5.86	9.22	0.21	2392	60	1903	429
错那县	Cona	6.51	2.41	2.28	4.08	0.02	1474	6	1134	334
浪卡子县	Nagarzê	28.94	7.61	7.31	21.32	…	2028	1	1161	866
那曲市	**Nagqu**									
色尼区	Seni	70.81	43.76	43.13	27.05		12378		10169	2209
嘉黎县	Lhari	17.29	16.85	16.69	0.18	0.26	8388	65	8300	23
比如县	Biru	19.03	18.09	17.97	0.94		12675		12579	96
聂荣县	Nyainrong	27.75	22.43	22.26	5.32		10839		10065	774
安多县	Amdo	77.89	30.06	29.41	47.83		16533		11818	4715
申扎县	Xainza	54.27	8.67	8.42	45.60		5831		3134	2696
索　县	Sog	10.35	10.03	9.88	0.32		5109		5052	57
班戈县	Bangoin	79.49	15.38	14.94	64.11		6569		3262	3307
巴青县	Baqên	18.08	17.60	17.13	0.48		6114		6073	41
尼玛县	Nyima	91.87	8.67	8.19	83.20		7467		2455	5012
双湖县	Shaunghu	42.70	2.86	2.58	39.84		3367		377	2990
阿里地区	**Ngari**									
普兰县	Burang	8.89	1.50	1.35	7.39		526		320	206
札达县	Zanda	7.84	2.26	2.05	5.58		624		490	134
噶尔县	Gar	16.16	1.42	1.32	14.74		925		368	557
日土县	Rutog	31.59	0.71	0.61	30.88		1274		128	1146
革吉县	Gê'gyai	49.45	1.74	1.62	47.71		2348		349	1999
改则县	Gêrzê	48.49	4.69	4.60	43.81		3017		683	2334
措勤县	Coqên	36.40	4.17	4.03	32.23		1831		320	1511

17-8 奶类、皮、毛产量(2018年)
OUTPUT OF MILK, SHEEP AND GOAT WOOL, SHEEPSKIN AND COWSKIN PRODUCTS (2018)

地 区	Region	奶 类 (吨) Milk (ton)	#牛 奶 Cow Milk	羊 毛 (吨) Sheep and Goat Wool (ton)	#绵羊毛 Sheep Wool	羊 皮 (张) Sheepskin (unit)	牛 皮 (张) Cowskin (unit)
拉萨市	**Lhasa**						
城关区	Chengguanqu	4807.14	4807.14				
堆龙德庆区	Doilungdêqên	2564.50	2564.50	2.93	2.07	5956	16568
达孜区	Dagzê	14790.96	14790.96	5.22	1.57	15306	22192
林周县	Lhünzhub	9514.94	9501.21	20.61	17.32	15632	28091
当雄县	Damxung	13437.38	12641.70	90.90	78.84	94131	60376
尼木县	Nyêmo	6808.69	6133.67	18.34	11.39	25566	13415
曲水县	Qüxü	13503	13503	64.52	61.66	9128	17368
墨竹工卡县	Maizhokunggar	13073.77	13066.52	30.95	23.63	17394	40919
日喀则市	**Xigazê**						
桑珠孜区	Samzhubzê	21228.24	21228.24	111.95	99.21	57268	7626
南木林县	Namling	2587.54	2338.85	95.49	73.28	43806	16600
江孜县	Gyangzê	18816.75	18396	136.75	117.3	85018	13953
定日县	Tingri	2983.1	853.07	88.16	53.97	92954	6831
萨迦县	Sa'gya	6992.82	6535.23	111.9	86.86	81495	7445
拉孜县	Lhazê	1516.71	1076.28	51.26	31.36	54631	8789
昂仁县	Ngamring	5185.36	3060.71	232.06	144.39	144825	24916
谢通门县	Xaitongmoin	3979.5	3503.39	70.3	59.12	76822	23681
白朗县	Bainang	10049.52	9617.02	461.6	426.4	49056	3820
仁布县	Rinbung	1862.06	1862.06	93.23	58.85	30382	5360
康马县	Kangmar	3998.02	3474.26	83.32	73.51	86110	8399
定结县	Dinggyê	799.95	295.24	119.18	91.34	50665	2654
仲巴县	Zhongba	6813.18	1853.7	505.51	377.96	136194	15784
亚东县	Yadong	392.16	315.34	54.57	48.72	13791	1046
吉隆县	Gyirong	1503.7	1199.87	78.4	62.71	26956	3490
聂拉木县	Nyalam	2436.01	1570.99	92.16	45	27950	3686
萨嘎县	Saga	2612.32	1667.72	110.33	87.38	34707	5245
岗巴县	Kamba	893.73	219.69	104.7	95.97	53170	1287

注：拉萨市分县区不含柳梧新区数据。
Note: In counties of Lhasa excludes the data of Rleau New Area.

17-8 续表1 continued

地 区	Region	奶类(吨) Milk (ton)	#牛奶 Cow Milk	羊毛(吨) Sheep and Goat Wool (ton)	#绵羊毛 Sheep Wool	羊皮(张) Sheepskin (unit)	牛皮(张) Cowskin (unit)
昌都市	**Qamdo**						
卡若区	Karub	16288	14510	164	153	16826	50922
江达县	Jomda	9042.06	8906.53	99.93	66.93	23485	48616
贡觉县	Konjo	4432	3072	291	289	24765	16049
类乌齐县	Riwoqê	6570	6311	3	3	6863	47629
丁青县	Dêngqên	7266	6843	57.9	43	21094	52039
察雅县	Chagyab	8009.84	7081.43	141.58	67.58	14508	51293
八宿县	Baxoi	3082.46	2886.58	33.4	25.66	14882	21538
左贡县	Zogang	3068	2923	11	5	17050	15887
芒康县	Markam	6286.44	6110.99	82.01	59.48	50383	23537
洛隆县	Lhorong	6442.76	5843.8	54.13	26.6	7052	20205
边坝县	Banbar	3566.18	3507.83	9.21	2.78	10204	42859
林芝市	**Nyingchi**						
巴宜区	Bayip	4621.48	4621.48	1.3	1.3	14	212
工布江达县	Gongbo' gyamda	4875	4875	6	6	43	5322
米林县	Mainling	5219.85	5219.85	5.06	4.96	243	1003
墨脱县	Mêdog	66	66				
波密县	Bomê	4351.81	4327.81				
察隅县	Zayü	1297.44	1286.19	2.49	2.11	538	1938
朗 县	Nang	4433.2	4075.3	18.5	8.8	4783	8437
山南市	**Lhoka**						
乃东区	Nêdong	3659.19	3659.19	30.09	20.53	22022	16773
扎囊县	Chanang	3667.06	2753.1	174.61	163.04	22115	9348
贡嘎县	Konggar	3798.55	3798.55	98.54	91.58	39048	13602
桑日县	Sangri	4002	4002	33.23	9.65	12658	15731
琼结县	Qonggyai	1016.46	1016.46	21.31	19.65	13653	4484
曲松县	Qusum	4706.85	4694.76	130.53	118.11	22154	14278

注：林芝市分县区数据未列出三个农场数据。
Note: In counties of Nyingchi excludes the data of three farms.

17-8 续表2 continued

地　区	Region	奶　类 (吨) Milk (ton)	#牛　奶 Cow Milk	羊　毛 (吨) Sheep and Goat Wool (ton)	#绵羊毛 Sheep Wool	羊　皮 (张) Sheepskin (unit)	牛　皮 (张) Cowskin (unit)
措美县	Comai	4722.54	4304.41	167.18	158.08	54021	10751
洛扎县	Lhozhag	2881.82	2881.82	62.6	47.51	19633	5507
加查县	Gyaca	4092.35	4092.35	7.89	7.81	1921	13984
隆子县	Lhünzê	8038.56	7950.56	134.07	74.78	34286	15221
错那县	Cona	2507.93	2400.65	36.69	31.06	23911	8356
浪卡子县	Nagarzê	7992.43	7535.83	177.79	170.93	62463	7531
那曲市	**Nagqu**						
色尼区	Seni	9733	9121	220	208	79531	81847
嘉黎县	Lhari	8131.89	8115.22	5.11	2.85	1016	60744
比如县	Biru	8729.32	8694.48	10.42	9.43	6110	65045
聂荣县	Nyainrong	7502.00	7274.92	92.56	89.09	25841	57399
安多县	Amdo	16520.92	14329.64	570.48	530.60	11185	5736
申扎县	Xainza	4224.45	2577.84	265.54	240.08	205505	21557
索　县	Sog	3632.78	3111.24	16.42	13.55	1209.83	19471.67
班戈县	Bangoin	9063.35	5755.40	1186.80	1133.22	212825	28369
巴青县	Baqên	3010.61	2967.23	4.06	3.97	1627	42652
尼玛县	Nyima	3990.24	923.82	634.17	516.26	170062	14321
双湖县	Shaunghu	1723.41	705.32	579.10	384.07	118314	2718
阿里地区	**Ngari**						
普兰县	Burang	483.71	190.75	27.97	20.94	7267	
札达县	Zanda	308.27	120.50	28.59	24.56	7105	962
噶尔县	Gar	1201.27	801.27	93.4	63.5	21481	916
日土县	Rutog	160.00	27.05	82.7	33.1	961	128
革吉县	Gê'gyai	1793.7	8.8	371.7	322.4	90158	1141
改则县	Gêrzê	3358.87	1845.31	393.71	257.05	131975	5707
措勤县	Coqên	1148.12	138.91	281.07	202.55	80171	2579

第十八篇

全国各省（区、市）统计资料

CHAPTER 18

STATISTICAL DATA OF PROVINCE, MUNICIPALITY AND AUTONOMOUS REGION

18-1　各省(区、市)生产总值(2018年)
GROSS DOMESTIC PRODUCT BY REGION (2018)

单位：亿元　　(100 million yuan)

地　区	Region	地区生产总值 Gross Domestic Product	第一产业 Primary Industry	第二产业 Secondary Industry	第三产业 Tertiary Industry
全　国	**National**	**900309.0**	**64734.0**	**366001.0**	**469575.0**
北　京	Beijing	30319.98	118.69	5647.65	24553.64
天　津	Tianjin	18809.64	172.71	7609.81	11027.12
河　北	Hebei	36010.27	3338.00	16040.06	16632.21
山　西	Shanxi	16818.11	740.64	7089.19	8988.28
内蒙古	Inner Mongolia	17289.22	1753.82	6807.30	8728.10
辽　宁	Liaoning	25315.35	2033.30	10025.10	13256.95
吉　林	Jilin	15074.62	1160.75	6410.85	7503.02
黑龙江	Heilongjiang	16361.62	3000.96	4030.94	9329.72
上　海	Shanghai	32679.87	104.37	9732.54	22842.96
江　苏	Jiangsu	92595.40	4141.72	41248.52	47205.16
浙　江	Zhejiang	56197.15	1967.01	23505.88	30724.26
安　徽	Anhui	30006.82	2638.01	13842.09	13526.72
福　建	Fujian	35804.04	2379.82	17232.36	16191.86
江　西	Jiangxi	21984.78	1877.33	10250.21	9857.24
山　东	Shandong	76469.67	4950.52	33641.72	37877.43
河　南	Henan	48055.86	4289.38	22034.83	21731.65
湖　北	Hubei	39366.55	3547.51	17088.95	18730.09
湖　南	Hunan	36425.78	3083.59	14453.54	18888.65
广　东	Guangdong	97277.77	3831.44	40695.15	52751.18
广　西	Guangxi	20352.51	3019.37	8072.94	9260.20
海　南	Hainan	4832.05	1000.11	1095.79	2736.15
重　庆	Chongqing	20363.19	1378.27	8328.79	10656.13
四　川	Sichuan	40678.13	4426.66	15322.72	20928.75
贵　州	Guizhou	14806.45	2159.54	5755.54	6891.37
云　南	Yunnan	17881.12	2498.86	6957.44	8424.82
西　藏	**Tibet**	**1477.63**	**130.25**	**628.37**	**719.01**
陕　西	Shaanxi	24438.32	1830.19	12157.48	10450.65
甘　肃	Gansu	8246.07	921.30	2794.67	4530.10
青　海	Qinghai	2865.23	268.10	1247.06	1350.07
宁　夏	Ningxia	3705.18	279.85	1650.26	1775.07
新　疆	Xinjiang	12199.08	1692.09	4922.97	5584.02

注：本表数据来源于《中国统计摘要-2018》，部分数据为初步统计数据(以下相关表同)。
Note: Data in this table come from *China Statistical Abstract 2018*, some data are preliminary statistics. The same applies to the relevant tables following.

18-2 各省(区、市)生产总值构成(2018年)
COMPOSITION OF GROSS DOMESTIC PRODUCT BY REGION(2018)

单位：% (%)

地 区	Region	地区生产总值 Gross Domestic Product	第一产业 Primary Industry	第二产业 Secondary Industry	第三产业 Tertiary Industry
全 国	**National**	**100.0**	**7.2**	**40.6**	**52.2**
北 京	Beijing	100.0	0.4	18.6	81.0
天 津	Tianjin	100.0	0.9	40.5	58.6
河 北	Hebei	100.0	9.3	44.5	46.2
山 西	Shanxi	100.0	4.4	42.2	53.4
内蒙古	Inner Mongolia	100.0	10.1	39.4	50.5
辽 宁	Liaoning	100.0	8.0	39.6	52.4
吉 林	Jilin	100.0	7.7	42.5	49.8
黑龙江	Heilongjiang	100.0	18.3	24.6	57.0
上 海	Shanghai	100.0	0.3	29.8	69.9
江 苏	Jiangsu	100.0	4.5	44.5	51.0
浙 江	Zhejiang	100.0	3.5	41.8	54.7
安 徽	Anhui	100.0	8.8	46.1	45.1
福 建	Fujian	100.0	6.6	48.1	45.2
江 西	Jiangxi	100.0	8.5	46.6	44.8
山 东	Shandong	100.0	6.5	44.0	49.5
河 南	Henan	100.0	8.9	45.9	45.2
湖 北	Hubei	100.0	9.0	43.4	47.6
湖 南	Hunan	100.0	8.5	39.7	51.9
广 东	Guangdong	100.0	3.9	41.8	54.2
广 西	Guangxi	100.0	14.8	39.7	45.5
海 南	Hainan	100.0	20.7	22.7	56.6
重 庆	Chongqing	100.0	6.8	40.9	52.3
四 川	Sichuan	100.0	10.9	37.7	51.4
贵 州	Guizhou	100.0	14.6	38.9	46.5
云 南	Yunnan	100.0	14.0	38.9	47.1
西 藏	**Tibet**	**100.0**	**8.8**	**42.5**	**48.7**
陕 西	Shaanxi	100.0	7.5	49.7	42.8
甘 肃	Gansu	100.0	11.2	33.9	54.9
青 海	Qinghai	100.0	9.4	43.5	47.1
宁 夏	Ningxia	100.0	7.6	44.5	47.9
新 疆	Xinjiang	100.0	13.9	40.4	45.8

18-3 各省(区、市)总人口
TOTAL POPULATION BY REGION

单位：万人　　(10000 persons)

地　区	Region	2000	2010	2017	2018
全　国	**National**	**126583**	**133972**	**139008**	**139538**
北　京	Beijing	1382	1961	2171	2154
天　津	Tianjin	1001	1294	1557	1560
河　北	Hebei	6744	7185	7520	7556
山　西	Shanxi	3297	3571	3702	3718
内蒙古	Inner Mongolia	2376	2471	2529	2534
辽　宁	Liaoning	4238	4375	4369	4359
吉　林	Jilin	2728	2746	2717	2704
黑龙江	Heilongjiang	3689	3831	3789	3773
上　海	Shanghai	1674	2302	2418	2424
江　苏	Jiangsu	7438	7866	8029	8051
浙　江	Zhejiang	4677	5443	5657	5737
安　徽	Anhui	5986	5950	6255	6324
福　建	Fujian	3471	3689	3911	3941
江　西	Jiangxi	4140	4457	4622	4648
山　东	Shandong	9079	9579	10006	10047
河　南	Henan	9256	9402	9559	9605
湖　北	Hubei	6028	5724	5902	5917
湖　南	Hunan	6440	6568	6860	6899
广　东	Guangdong	8642	10430	11169	11346
广　西	Guangxi	4489	4603	4885	4926
海　南	Hainan	787	867	926	934
重　庆	Chongqing	3090	2885	3075	3102
四　川	Sichuan	8329	8042	8302	8341
贵　州	Guizhou	3525	3475	3580	3600
云　南	Yunnan	4288	4597	4801	4830
西　藏	**Tibet**	**260**	**300**	**337**	**344**
陕　西	Shaanxi	3605	3733	3835	3864
甘　肃	Gansu	2562	2558	2626	2637
青　海	Qinghai	518	563	598	603
宁　夏	Ningxia	562	630	682	688
新　疆	Xinjiang	1925	2181	2445	2487

18-4 各省(区、市)固定资产投资增长率(2018年)
INVESTMENT IN FIXED ASSETS GROWTH RATE BY REGION (2018)

单位：亿元、%、万平方米 (100 million yuan, %, 10000 sq.m)

地区	Region	固定资产投资(不含农户) Investment in Fixed Assets (Excluding Rural Households)	房地产开发投资额 Investment of Real Estate Development	商品房销售面积 Floor Space of Commercial Buildings Sold
		增长率 Growth Rate	数量 Amount	数量 Amount
全国	**National Total**	**5.9**	**120263.5**	**171654**
北京	Beijing	-5.5	3873.4	696
天津	Tianjin	-5.6	2424.5	1250
河北	Hebei	6.0	4476.4	5252
山西	Shanxi	5.7	1376.6	2361
内蒙古	Inner Mongolia	-28.3	882.8	2008
辽宁	Liaoning	3.7	2599.3	3935
吉林	Jilin	1.6	1175.9	2074
黑龙江	Heilongjiang	-4.7	944.4	1913
上海	Shanghai	5.2	4033.2	1767
江苏	Jiangsu	5.5	10982.3	13484
浙江	Zhejiang	7.1	9944.9	9755
安徽	Anhui	11.8	5974.1	10038
福建	Fujian	11.5	4940.3	6213
江西	Jiangxi	11.1	2174.9	6201
山东	Shandong	4.1	7553.0	13455
河南	Henan	8.1	7015.5	13990
湖北	Hubei	11.0	4693.1	8865
湖南	Hunan	10.0	3945.9	9239
广东	Guangdong	10.7	14412.2	14336
广西	Guangxi	10.8	3004.1	6213
海南	Hainan	-12.5	1715.0	1432
重庆	Chongqing	7.0	4248.8	6536
四川	Sichuan	10.2	5697.9	12211
贵州	Guizhou	15.8	2349.2	5182
云南	Yunnan	11.6	3247.2	4532
西藏	**Tibet**	**9.8**	**93.3**	**74**
陕西	Shaanxi	10.4	3534.7	4119
甘肃	Gansu	-3.9	1116.4	1596
青海	Qinghai	7.3	351.8	447
宁夏	Ningxia	-18.2	449.6	1026
新疆	Xinjiang	-25.2	1033.4	1452

注：固定资产投资(不含农户)统计口径指计划总投资500万元及以上固定资产投资项目投资和所有房地产开发投资。

Note: Fixed assets investment (excluding rural households) statistical caliber refers to the total investment of 5 million yuan and above, fixed assets investment, project investment and all real estate development investment.

18-5 各省(区、市)主要农产品和畜产品产量(2018年)
OUTPUT OF MAJOR FARM PRODUCTS AND LIVESTOCK PRODUCTS BY REGION (2018)

单位：万吨 (10000 tons)

地区	Region	粮食 Grain	牛肉 Beef	猪肉 Pork	羊肉 Mutton
全国	**National**	**65789.2**	**644.1**	**5403.7**	**475.1**
北京	Beijing	34.1	0.9	13.5	0.6
天津	Tianjin	209.7	2.9	21.2	1.2
河北	Hebei	3700.9	56.5	286.3	30.5
山西	Shanxi	1380.4	6.5	62.5	8.1
内蒙古	Inner Mongolia	3553.3	61.4	71.8	106.3
辽宁	Liaoning	2192.4	27.5	210.1	6.6
吉林	Jilin	3632.7	40.7	127.0	4.6
黑龙江	Heilongjiang	7506.8	42.6	149.9	12.5
上海	Shanghai	103.7	0.0	11.3	0.3
江苏	Jiangsu	3660.3	2.8	205.5	7.8
浙江	Zhejiang	599.1	1.2	74.0	2.3
安徽	Anhui	4007.3	8.7	243.9	17.1
福建	Fujian	498.6	1.9	113.1	2.0
江西	Jiangxi	2190.7	12.5	246.3	2.1
山东	Shandong	5319.5	76.4	421.0	36.8
河南	Henan	6648.9	34.8	479.0	26.9
湖北	Hubei	2839.5	15.8	333.2	9.7
湖南	Hunan	3022.9	17.9	446.8	14.9
广东	Guangdong	1193.5	4.1	281.5	2.0
广西	Guangxi	1372.8	12.3	263.9	3.4
海南	Hainan	147.1	1.9	45.6	1.1
重庆	Chongqing	1079.3	7.2	132.2	6.8
四川	Sichuan	3493.7	34.5	481.2	26.3
贵州	Guizhou	1059.7	19.9	164.8	5.0
云南	Yunnan	1860.5	36.0	323.8	18.6
西藏	**Tibet**	**104.4**	**20.9**	**1.1**	**5.9**
陕西	Shaanxi	1226.0	8.2	86.6	9.6
甘肃	Gansu	1151.4	21.4	50.6	23.6
青海	Qinghai	103.1	13.2	9.2	13.1
宁夏	Ningxia	392.6	11.5	8.8	9.9
新疆	Xinjiang	1504.2	42.0	38.1	59.4

18-6 各省(区、市)规模以上工业企业主要经济指标(2018年)
MAIN ECONOMIC INDICATORS OF INDUSTRIAL ENTERPRISES ABOVE DESIGNATED SIZE BY REGION (2018)

单位：亿元 (100 million yuan)

地区	Region	主营业务收入 Revenue from Principal Business	主营业务成本 Cost of Principal Business	销售费用 Selling Expenses	管理费用 Administrative Expenses	财务费用 Financial Expenses	利润总额 Total Profits
全国	**National**	**1022241.1**	**857474.1**	**30924.4**	**46125.1**	**11904.9**	**66351.4**
北京	Beijing	21435.7	17812.7	1199.4	1088.8	204.7	1530.0
天津	Tianjin	17549.7	14743.6	493.6	773.1	160.9	1200.7
河北	Hebei	37835.5	32614.0	869.7	1331.8	568.4	2211.7
山西	Shanxi	19252.1	15243.4	620.8	1044.6	690.7	1355.9
内蒙古	Inner Mongolia	14023.1	10857.1	434.3	561.4	462.4	1409.4
辽宁	Liaoning	26489.9	22092.7	774.6	1121.3	445.7	1460.3
吉林	Jilin	13637.5	11083.0	659.1	703.1	145.6	817.0
黑龙江	Heilongjiang	9078.0	7210.5	313.6	492.8	124.3	487.0
上海	Shanghai	38445.7	30916.6	1465.4	2633.0	96.6	3338.4
江苏	Jiangsu	128085.6	108782.4	3755.3	5761.7	1047.2	8491.9
浙江	Zhejiang	68653.8	57544.3	2161.7	3949.2	759.9	4452.1
安徽	Anhui	39354.9	33685.7	1017.2	1545.2	442.6	2448.2
福建	Fujian	51298.0	44205.3	1233.4	1786.2	412.2	3537.1
江西	Jiangxi	32077.4	27781.8	660.4	998.6	223.4	2157.8
山东	Shandong	92703.6	79589.5	2653.7	3463.0	1289.5	4872.2
河南	Henan	46627.6	39809.6	1045.7	1533.3	709.3	3053.4
湖北	Hubei	42358.1	35453.6	1287.6	1812.4	405.7	2755.4
湖南	Hunan	34850.5	29000.0	1137.7	1708.4	383.9	1726.9
广东	Guangdong	135616.1	113816.8	4750.0	7732.2	686.9	8309.7
广西	Guangxi	18707.9	16052.6	423.8	628.1	202.0	1100.1
海南	Hainan	2202.3	1710.0	131.8	75.6	43.9	145.3
重庆	Chongqing	19674.7	16751.8	615.7	845.2	193.9	1218.7
四川	Sichuan	40646.7	33829.1	1363.8	1674.1	561.6	2717.9
贵州	Guizhou	9390.8	7107.4	335.9	403.8	214.5	879.2
云南	Yunnan	13227.4	10283.7	382.9	503.1	302.0	925.2
西藏	**Tibet**	**263.1**	**203.5**	**9.2**	**20.6**	**8.2**	**19.0**
陕西	Shaanxi	23060.4	18136.6	590.7	957.4	342.3	2436.3
甘肃	Gansu	8888.9	7658.9	142.2	255.9	217.0	270.4
青海	Qinghai	2177.9	1763.0	57.0	109.1	111.9	62.7
宁夏	Ningxia	4305.6	3592.1	86.2	178.3	167.7	174.2
新疆	Xinjiang	10328.2	8146.9	252.3	434.1	280.1	788.8

18-7　各省(区、市)社会消费品零售总额
TOTAL RETAIL SALES OF CONSUMER GOODS BY REGION

单位：亿元　(100 million yuan)

地　区	Region	2007	2008	2009	2010	2013	2017	2018
全　国	**National**	**93571.6**	**114830.1**	**132678.4**	**158008.0**	**242842.8**	**366261.6**	**380986.9**
北　京	Beijing	3835.2	4645.5	5309.9	6340.3	8872.1	11575.4	11747.7
天　津	Tianjin	1650.6	2078.7	2430.8	2860.2	4470.4	5729.7	5533.0
河　北	Hebei	4053.8	4991.1	5764.9	6821.8	10516.7	15907.6	16537.1
山　西	Shanxi	1953.3	2421.1	2809.0	3318.2	5139.3	6918.1	7338.5
内蒙古	Inner Mongolia	1964.0	2463.0	2855.3	3384.0	5114.2	7160.2	7311.1
辽　宁	Liaoning	4097.8	5032.4	5812.6	6887.6	10581.4	13807.2	14142.8
吉　林	Jilin	2038.3	2549.2	2957.3	3504.9	5426.4	7855.8	7520.4
黑龙江	Heilongjiang	2386.2	2928.3	3401.8	4039.2	6251.2	9099.2	9317.4
上　海	Shanghai	3873.3	4577.2	5173.2	6186.6	8557.0	11830.3	12668.7
江　苏	Jiangsu	7985.9	9905.1	11484.1	13606.3	20878.2	31737.4	33230.4
浙　江	Zhejiang	6271.3	7533.3	8622.3	10387.0	15970.8	24308.5	25007.9
安　徽	Anhui	2451.9	3045.2	3527.8	4300.5	7044.7	11192.6	12100.1
福　建	Fujian	3212.3	3866.7	4481.0	5310.0	8275.3	13013.0	14317.4
江　西	Jiangxi	1718.9	2142.0	2484.4	2971.0	4696.1	7448.1	7566.4
山　东	Shandong	8607.5	10658.8	12363.0	14620.3	22294.8	33649.0	33605.0
河　南	Henan	4690.3	5815.4	6746.4	8004.2	12426.6	19666.8	20594.7
湖　北	Hubei	4115.8	5109.7	5928.4	7014.4	11035.9	17394.1	18333.6
湖　南	Hunan	3419.2	4222.6	4913.7	5952.6	9509.5	14854.9	15638.3
广　东	Guangdong	10731.3	12986.6	14891.8	17458.4	25453.9	38200.1	39501.1
广　西	Guangxi	1932.7	2395.8	2790.7	3312.0	5133.1	7813.0	8291.6
海　南	Hainan	370.9	463.2	537.5	663.8	1090.9	1618.8	1717.1
重　庆	Chongqing	1711.1	2147.1	2479.0	3051.1	5055.8	8067.7	7977.0
四　川	Sichuan	4105.6	4944.8	5758.7	6884.8	11001.0	17480.5	18254.5
贵　州	Guizhou	858.2	1075.2	1247.3	1531.6	2601.2	4154.0	3971.2
云　南	Yunnan	1422.5	1764.7	2051.1	2555.8	4112.6	6423.1	6826.0
西　藏	**Tibet**	**112.6**	**130.0**	**158.9**	**192.4**	**322.2**	**523.3**	**597.6**
陕　西	Shaanxi	1837.3	2317.1	2699.7	3257.5	5245.0	8236.4	8938.3
甘　肃	Gansu	854.4	1023.6	1183.0	1435.5	2368.8	3426.6	3428.4
青　海	Qinghai	212.6	259.7	300.5	351.0	549.6	839.0	835.6
宁　夏	Ningxia	239.5	295.4	339.3	418.5	668.5	930.4	935.8
新　疆	Xinjiang	857.5	1041.5	1177.5	1386.1	2179.5	3044.6	3187.0

18-8 各省(区、市)人民生活(2018年)
PEOPLE'S LIVING CONDITIONS BY REGION (2018)

单位：元 (yuan)

地 区	Region	城镇居民人均收支 Per Capita Income and Consumption Expenditure of Urban Households		农村居民人均收支 Per Capita Income and Consumption Expenditure of Rural Households	
		可支配收入 Disposable Income	消费支出 Consumption Expenditures	可支配收入 Disposable Income	消费支出 Consumption Expenditures
全 国	**National**	**39251**	**26112**	**14617.0**	**12124**
北 京	Beijing	67990	42926	26490.3	20195
天 津	Tianjin	42976	32655	23065.2	16863
河 北	Hebei	32977	22127	14030.9	11383
山 西	Shanxi	31035	19790	11750.0	9172
内蒙古	Inner Mongolia	38305	24437	13802.6	12661
辽 宁	Liaoning	37342	26448	14656.3	11455
吉 林	Jilin	30172	22394	13748.2	10826
黑龙江	Heilongjiang	29191	21035	13803.7	11417
上 海	Shanghai	68034	46015	30374.7	19965
江 苏	Jiangsu	47200	29462	20845.1	16567
浙 江	Zhejiang	55574	34598	27302.4	19707
安 徽	Anhui	34393	21523	13996.0	12748
福 建	Fujian	42121	28145	17821.2	14943
江 西	Jiangxi	33819	20760	14459.9	10885
山 东	Shandong	39549	24798	16297.0	11270
河 南	Henan	31874	20989	13830.7	10392
湖 北	Hubei	34455	23996	14977.8	13946
湖 南	Hunan	36698	25064	14092.5	12721
广 东	Guangdong	44341	30924	17167.7	15411
广 西	Guangxi	32436	20159	12434.8	10617
海 南	Hainan	33349	22971	13988.9	10956
重 庆	Chongqing	34889	24154	13781.2	11977
四 川	Sichuan	33216	23484	13331.4	12723
贵 州	Guizhou	31592	20788	9716.1	9170
云 南	Yunnan	33488	21626	10767.9	9123
西 藏	**Tibet**	**33797**	**23029**	**11449.8**	**7452**
陕 西	Shaanxi	33319	21966	11212.8	10071
甘 肃	Gansu	29957	22606	8804.1	9065
青 海	Qinghai	31515	22998	10393.3	10352
宁 夏	Ningxia	31895	21977	11707.6	10790
新 疆	Xinjiang	32764	24191	11974.5	9421

18-9 各省(区、市)居民消费价格分类指数(2018年)
CONSUMER PRICE INDICES BY CATEGORY AND REGION (2018)

(上年=100) (preceding year=100)

地 区 Region	居民消费价格总指数 Consumer Price Index	食品烟酒 Food, Tobacco and Liquor	衣着 Clothing	居住 Residence	生活用品及服务 Articles for Daily Use and Services	交通和通信 Transport and Communications	教育文化和娱乐 Education, Culture and Recreation	医疗保健 Health Care	其他用品和服务 Other Articles and Services
全 国 National	**102.1**	**101.9**	**101.2**	**102.4**	**101.6**	**101.7**	**102.2**	**104.3**	**101.2**
北 京 Beijing	102.5	103.1	99.7	103.2	101.3	100.6	103.6	103.0	102.2
天 津 Tianjin	102.0	103.1	101.1	101.3	101.1	101.3	102.4	102.6	101.1
河 北 Hebei	102.4	102.0	101.7	102.5	101.7	100.4	102.4	107.4	102.5
山 西 Shanxi	101.8	101.7	100.5	102.4	100.6	101.2	101.9	103.6	101.3
内蒙古 Inner Mongolia	101.8	102.0	101.7	102.3	101.1	101.4	100.8	102.7	100.6
辽 宁 Liaoning	102.5	102.2	100.4	101.5	100.4	101.5	102.1	111.1	100.9
吉 林 Jilin	102.1	101.4	102.5	102.1	102.3	100.8	102.3	105.3	100.7
黑龙江 Heilongjiang	102.0	100.9	100.9	101.1	100.8	101.2	102.9	108.6	99.8
上 海 Shanghai	101.6	102.3	98.3	100.2	101.4	104.0	103.1	102.4	102.4
江 苏 Jiangsu	102.3	102.3	102.2	102.4	103.4	102.5	102.4	101.2	102.2
浙 江 Zhejiang	102.3	102.6	101.1	103.4	101.4	101.0	102.2	102.6	100.2
安 徽 Anhui	102.0	102.1	102.0	102.1	101.7	101.1	102.2	102.8	100.6
福 建 Fujian	101.5	101.7	99.6	101.9	100.9	101.2	102.1	102.1	100.5
江 西 Jiangxi	102.1	101.0	100.2	102.6	101.0	101.6	102.6	108.3	100.8
山 东 Shandong	102.5	102.3	103.2	103.1	101.6	101.8	102.2	103.0	100.8
河 南 Henan	102.3	101.5	101.1	102.2	101.6	102.2	103.0	106.1	101.4
湖 北 Hubei	101.9	101.8	100.8	102.5	101.3	102.2	101.5	103.5	100.6
湖 南 Hunan	102.0	100.8	101.9	103.6	101.3	102.8	101.5	102.5	100.6
广 东 Guangdong	102.2	102.1	101.7	102.1	101.4	101.9	102.3	104.5	101.0
广 西 Guangxi	102.3	101.0	101.5	104.3	101.9	101.6	102.5	104.5	101.3
海 南 Hainan	102.5	101.2	104.1	103.4	102.0	103.3	102.7	103.6	101.8
重 庆 Chongqing	102.0	101.4	101.5	102.8	101.7	100.1	103.0	105.7	100.9
四 川 Sichuan	101.7	101.3	101.1	102.6	101.5	101.2	101.5	102.8	102.4
贵 州 Guizhou	101.8	100.7	100.9	102.9	100.9	102.1	103.4	102.0	100.6
云 南 Yunnan	101.6	100.5	101.4	102.1	101.1	101.7	102.3	104.1	100.8
西 藏 Tibet	**101.7**	**102.3**	**102.3**	**101.1**	**101.7**	**101.5**	**100.4**	**102.1**	**101.1**
陕 西 Shaanxi	102.1	102.0	100.9	102.7	102.3	101.0	101.7	104.0	101.3
甘 肃 Gansu	102.0	100.9	101.1	103.5	100.8	101.2	100.5	108.0	100.8
青 海 Qinghai	102.5	102.7	101.4	102.5	101.1	101.6	104.8	103.4	100.5
宁 夏 Ningxia	102.3	102.5	102.2	102.6	102.3	102.7	101.8	101.9	101.2
新 疆 Xinjiang	102.0	103.1	98.9	97.9	102.3	101.2	101.3	112.5	100.1

18-10 各省(区、市)客运量和货运量(2018年)
PASSENGER TRAFFIC AND FREIGHT TRAFFIC BY REGION (2018)

地 区 Region	客运量总计 (万人次) Total (10000 person-times)	#铁 路 Railways	#公 路 Highways	#水 运 Waterways	货运量总计 (万吨) Total (10000 tons)	#铁 路 Railways	#公 路 Highways	#水 运 Waterways
全 国 National	**1793820**	**337495**	**1367170**	**27981**	**5152674**	**402573**	**3956871**	**702684**
北 京 Beijing	58935	14357	44577		20873	596	20278	
天 津 Tianjin	17450	5075	12259	116	52221	9249	34711	8261
河 北 Hebei	47346	12211	35133	2	249265	19580	226334	3352
山 西 Shanxi	23837	7958	15719	161	211497	85260	126214	23
内 蒙 古 Inner Mongolia	13268	5446	7823		232525	72506	160018	
辽 宁 Liaoning	71343	14422	56355	566	223346	19691	189737	13918
吉 林 Jilin	31956	8446	23372	139	52156	5615	46520	22
黑 龙 江 Heilongjiang	31568	10522	20739	307	55190	11357	42943	889
上 海 Shanghai	15845	12267	3151	427	106983	482	39595	66906
江 苏 Jiangsu	120612	21204	97025	2383	233157	6171	139251	87735
浙 江 Zhejiang	98380	21870	72013	4497	269083	4330	166533	98219
安 徽 Anhui	63347	12337	50770	240	406761	8066	283817	114877
福 建 Fujian	48105	12096	34081	1929	136947	3518	96576	36854
江 西 Jiangxi	60686	11131	49302	253	174285	5155	157646	11484
山 东 Shandong	67443	15356	50044	2044	354019	23247	312807	17964
河 南 Henan	110421	16383	93707	331	259884	10461	235183	14240
湖 北 Hubei	98350	16713	80990	648	204307	4730	163145	36432
湖 南 Hunan	106680	13943	91007	1729	229957	4468	204389	21101
广 东 Guangdong	142144	34121	105249	2775	416389	9293	304743	102353
广 西 Guangxi	47931	11100	36134	697	190652	7140	153389	30123
海 南 Hainan	14383	2958	9637	1788	22040	1068	12052	8921
重 庆 Chongqing	60587	7707	52150	731	128491	1967	107064	19460
四 川 Sichuan	98569	15116	81462	1991	187385	7199	173324	6862
贵 州 Guizhou	93025	6761	84053	2211	102537	5513	95354	1670
云 南 Yunnan	41484	5500	34642	1342	140670	4661	135321	688
西 藏 Tibet	**1875**	**352**	**1047**		**2449**	**70**	**2363**	
陕 西 Shaanxi	71583	10953	60269	361	173245	42245	130823	177
甘 肃 Gansu	42185	5473	36634	78	70386	6087	64271	28
青 海 Qinghai	6443	1256	5092	95	18905	3220	15685	
宁 夏 Ningxia	6137	653	5342	142	38916	7159	31757	
新 疆 Xinjiang	21204	3810	17394		97498	12469	85029	

18-11　各省(区、市)网上零售额(2018年)
ONLINE RETAIL SALES BY REGION (2018)

地　区	Region	网上零售额(亿元) Online Retail Sales (100 million yuan)	比上年增长(%) Growth Rate (%)	其中：实物商品网上零售额(亿元) Online Retail Sales in Goods (100 million yuan)	比上年增长(%) Growth Rate (%)
全　国	**National**	**90065.0**	**23.9**	**70198.2**	**25.4**
北　京	Beijing	7294.1	10.3	5211.9	11.6
天　津	Tianjin	1261.4	25.4	948.3	23.9
河　北	Hebei	2018.4	34.3	1685.3	33.7
山　西	Shanxi	532.0	44.2	255.3	29.3
内蒙古	Inner Mongolia	371.0	37.3	154.4	66.1
辽　宁	Liaoning	1146.7	28.9	857.5	28.7
吉　林	Jilin	449.1	39.6	211.5	43.9
黑龙江	Heilongjiang	546.7	41.8	267.5	50.9
上　海	Shanghai	8786.5	11.3	7105.2	9.5
江　苏	Jiangsu	9242.3	25.5	7696.7	30.0
浙　江	Zhejiang	14384.7	18.9	11089.1	24.3
安　徽	Anhui	2015.9	33.4	1623.7	32.9
福　建	Fujian	4114.1	31.4	3515.2	33.2
江　西	Jiangxi	1233.3	49.6	1002.1	52.5
山　东	Shandong	3513.6	31.7	2849.3	29.0
河　南	Henan	1889.6	31.3	1373.0	32.5
湖　北	Hubei	2533.5	23.5	1963.6	33.9
湖　南	Hunan	1624.0	43.3	1030.9	33.5
广　东	Guangdong	18921.8	25.1	16383.1	26.5
广　西	Guangxi	732.4	33.6	370.0	33.9
海　南	Hainan	350.1	28.6	95.1	9.2
重　庆	Chongqing	1030.9	32.4	561.6	34.4
四　川	Sichuan	2671.7	31.1	2009.0	33.6
贵　州	Guizhou	453.4	33.8	229.9	31.8
云　南	Yunnan	632.3	49.4	344.7	52.6
西　藏	**Tibet**	**41.6**	**46.1**	**18.2**	**63.5**
陕　西	Shaanxi	962.5	35.9	656.8	38.2
甘　肃	Gansu	288.6	12.0	85.7	41.5
青　海	Qinghai	51.5	61.3	19.0	100.6
宁　夏	Ningxia	85.4	40.5	38.4	47.7
新　疆	Xinjiang	159.7	44.8	118.7	41.6

18-12 西部十二省(区、市)行政区划(2018年)
DIVISIONS OF ADMINISTRATIVE AREAS IN TWELVE WESTERN REGIONS (2018)

单位：个 (unit)

省级行政区划名称 Provinces, Autonomous Regions and Municipalities		地级区划数 Number of Regions at Prefecture Level	#地级市 Cities at Prefectural Level	县级区划数 Number of Regions at County Level	#县级市 Cities at County Level	#市辖区 Districts under the Jurisdiction of Cities	乡镇级区划数 Number of Regions at Townships Levels
全国	**National**	**333**	**293**	**2851**	**375**	**970**	**39945**
西藏	**Tibet**	**7**	**6**	**74**		**8**	**697**
重庆	Chongqing			38		26	1030
四川	Sichuan	21	18	183	17	54	4612
贵州	Guizhou	9	6	88	9	15	1381
云南	Yunnan	16	8	129	16	17	1400
内蒙古	Inner Mongolia	12	9	103	11	23	1024
广西	Guangxi	14	14	111	8	40	1251
陕西	Shaanxi	10	10	107	5	30	1311
甘肃	Gansu	14	12	86	5	17	1355
青海	Qinghai	8	2	44	4	6	403
宁夏	Ningxia	5	5	22	2	9	240
新疆	Xinjiang	14	4	105	24	13	1076

18-13 西部十二省(区、市)农林牧渔业总产值(2018年)
GROSS OUTPUT VALUE OF AGRICULTURE, FORESTRY, ANIMAL HUSBANDRY AND FISHERY OF TWELVE WESTERN REGIONS (2018)

单位：亿元 (100 million yuan)

地区	Region	农林牧渔业总产值 Total	农业 Farming	林业 Forestry	牧业 Animal Husbandry	渔业 Fishery	农林牧渔业总产值比上年增长(%) Increase Rate (%)
全国	**National**	**113579.5**	**61452.6**	**5432.6**	**28697.4**	**12131.5**	**3.5**
西藏	**Tibet**	**195.5**	**88.1**	**3.2**	**98.4**	**0.3**	**5.5**
重庆	Chongqing	2052.4	1292.7	101.1	520.1	100.4	2.5
四川	Sichuan	7195.6	4153.7	358.7	2246.1	247.9	3.9
贵州	Guizhou	3619.5	2288.7	253.3	846.3	54.8	7.0
云南	Yunnan	4108.9	2234.7	396.9	1237.1	98.3	6.3
内蒙古	Inner Mongolia	2985.3	1512.5	100.3	1294.3	29.2	3.0
广西	Guangxi	4909.2	2717.5	379.9	1072.3	504.3	5.6
陕西	Shaanxi	3240.0	2245.0	104.6	682.8	29.8	3.3
甘肃	Gansu	1659.4	1166.1	33.1	318.9	2.0	3.7
青海	Qinghai	405.9	169.2	10.4	216.0	3.6	4.6
宁夏	Ningxia	575.8	344.6	9.2	176.1	19.7	4.0
新疆	Xinjiang	3637.8	2541.2	62.7	796.4	28.1	5.1

注：本表绝对数按当年价格计算，增长速度按可比价格计算。
Note: The absolute figures in this table are calculated at current prices, the increase rate are calculated at constant prices.

附　　录

APPENDIX

附录 1：

主要统计指标解释
EXPLANATORY NOTES FOR MAJOR INDICATORS

可比价格 Comparable Prices

指计算各种总量指标所采用的扣除了价格变动因素的价格，可进行不同时期总量指标的对比。按可比价格计算总量指标有两种方法：一种是直接用产品产量乘某一年的不变价格计算；另一种是用价格指数进行缩减。

Refers to prices that are used to remove the factors of price change in calculating economic aggregates, so as to facilitate comparison of aggregates over time. Two methods are used for calculating economic aggregates at comparable prices: 1.multiplying the output of products by their constant prices of certain year; 2.deflation of data at current prices by relevant price index.

平均增长速度 Average Annual Growth Rate

平均增长速度表明社会经济现象在一个较长的时期内逐期平均增长变化的程度，它不能根据各个环比增长速度直接求得，但与平均发展速度之间存在着一定的数量关系：平均增长速度＝平均发展速度－1。

平均发展速度是一种根据环比发展速度计算的序时平均数，由于各时期对比的基础不同，所以计算平均发展速度不能采用一般的序时平均数的计算方法，计算方法分为水平法和累计法。水平法，又称几何平均法，即将环比发展速度按连乘法用几何平均数公式计算。累计法，也称方程法，根据一段时期内各年发展水平总和与基期水平的关系，列出方程式计算平均发展速度。水平法着重考虑最后一年所达到的发展水平；累计法着重考虑整个时期累计发展水平的总量。

Shows the average growth rate of social and economic development during a longer period. It cannot be directly calculated by chain based growth rate. The relation is:

Average Annual Growth Rate = Average Speed of Development – 1

Average speed of development is the time series average of speed which calculated by chain based. Because the reference bases during the different periods are not same, average speed of development cannot be calculated by the general method. Level approach and accumulative approach for calculating average speed of development rate are applied. The “level approach”, or the method of calculating the geometric average, is derived by the formula of geometric average of the chain-based speeds of development, or comparing the level of the last year of the interval with that of the beginning year; the other is called the “accumulative approach” or the “algebraic average”, “equation” method, which is derived by the summation of the actual figure of each year in the interval divided by the figure in the base year. The level approach focuses on the level of the last year, while the accumulative approach emphasizes the aggregate development in the duration.

企业（单位）登记注册类型 Registration Status of Enterprises（Units）

是以在工商行政管理机关登记注册的各类企业为划分对象，以工商行政管理部门对企业登记注册的类型为依据，将企业登记注册类型分为内资企业、港澳台商投资企业和外商投资企业三大类。内资企业包括国有企业、集体企业、股份合作企业、联营企业、有限责任公司、股份有限公司、私营公司和其他企业；港澳台商投资企业和外商投资企业分别包括合资经营企业、合作经营企业、独资经营企业和股份有限公司。对不在工商行政管理部门进行登记注册的行政机关、事业单位和社会团体，主要按其经费来源和管理方式进行划分。

Enterprises are classified into 3 categories, namely domestic-funded enterprises, enterprises with investment from Hong Kong, Macao and Taiwan, and enterprises with foreign investment, according to the registration status of an enterprise in industrial and commercial administration agencies. Domestic-funded enterprises include state-owned enterprises, collective-owned enterprises, cooperative enterprises, joint ownership enterprises, limited liability corporations, share-holding corporations Ltd., private enterprises and other enterprises. Included in the enterprises with investment from Hong Kong, Macao and Taiwan and enterprises with foreign investment are joint-venture enterprises, cooperative enterprises, sole investment enterprises and share-holding corporations Ltd. For government agencies, institutions and social organizations which are not registered in industrial and commercial administration agencies, they are classified mainly by their sources of funding and manner of management.

国有企业 State-owned Enterprises

指企业全部资产归国家所有，并按《中华人民共和国企业法人登记管理条例》规定登记注册的非公司制的经济组织。不包括有限责任公司中的国有独资公司。

Refers to non-corporation economic units where the entire assets are owned by the state and which have registered in accordance with the *Regulation of the People's Republic of China on the Management of Registration of Corporate Enterprises*. Not included from this category are solely state-funded corporations in the limited liability corporations.

集体企业 Collective-owned Enterprises

指企业资产归集体企业所有，并按《中华人民共和国企业法人登记管理条例》规定登记注册的经济组织。

Refers to economic units where the assets are owned collectively and which have registered in accordance with the *Regulation of the People's Republic of China on the Management of Registration of Corporate Enterprises.*

股份合作企业 Cooperative Enterprises

指以合同制为基础，由企业职工共同出资入股，吸收一定比例的社会资产投资组建，实行自主经营，自负盈亏，共同劳动，民主管理，按劳分配与按股分红相结合的一种集体经济组织。

Refers to a form of collective economic units (enterprises) where capitals come mainly from employees as their shares, with certain proportion of capital from the outside, where production is organized on the basis of independent operation, independent accounting for profits and losses, joint work, democratic management, and a distribution system that integrates remuneration according to work with dividend according to capital share.

联营企业 Joint Ownership Enterprises

指两个及两个以上相同或不同所有制性质的企业法人或事业单位法人，按自愿、平等、互利的原则，共同投资组成的经济组织。联营企业包括国有联营企业、集体联营企业、国有与集体联营企业和其他联营企业。

Refer to economic units established by two or more corporate enterprises or corporate institutions of the same or different ownership, through joint investment on the basis of voluntary participation，equality and mutual benefits. They include state joint ownership enterprises, collective joint ownership enterprises, joint state-collective enterprises， and other joint ownership enterprises.

有限责任公司 Limited Liability Corporations

指根据《中华人民共和国公司登记管理条例》规定登记注册，由两个以上、五十个以下的股东共同出资，每个股东以其所认缴的出资额对公司承担有限责任，公司以其全部资产对其债务承担责任的经济组织。有限责任公司包括国有独资公司以及其他有限责任公司。

Refer to economic units established with investment from 2-50 investors and registered in accordance with the *Regulation of the People's Republic of China on the Management of Registration of Corporations,* each investor bearing limited liability to the corporation depending on its share of investment, and the corporation bearing liability to its debt to the maximum of its total assets. Limited liability corporations include solely state-funded limited liability corporations and other limited liability corporations.

股份有限公司　Share-holding Corporations Ltd.

指根据《中华人民共和国公司登记管理条例》规定登记注册，其全部资本由等额股份构成并通过发行股票筹集资本，股东以其认购的股份对公司承担有限责任，公司以其全部资产对其债务承担责任的经济组织。

Refer to economic units registered in accordance with the *Regulation of the People's Republic of China on the Management of Registration of Corporations*, with total registered capitals divided into equal shares and raised through issuing stocks. Each investor bears limited liability to the corporation depending on the holding of shares, and the corporation bears liability to its debt to the maximum of its total assets.

私营企业　Private Enterprises

指由自然人投资设立或由自然人控股，以雇佣劳动为基础的盈利性经济组织。包括按照《公司法》《合伙企业法》《私营企业暂行条例》规定登记注册的私营有限责任公司、私营股份有限公司、私营合伙企业和私营独资企业。

Refer to profit-making economic units invested and established by natural persons, or controlled by natural persons using employed labor. Included in this category are private limited liability corporations, private share-holding corporations Ltd., private partnership enterprises and private-funded enterprises registered in accordance with the *Company Law*, *the Law on Partnership Business* and *Interim Regulations on Private Enterprises.*

其他内资企业　Other Domestic-funded Enterprises

指上述企业之外的其他内资经济组织。

Refer to domestic-funded economic units other than those mentioned above.

合资经营企业（港或澳、台资）Joint-venture Enterprises (Funds are from Hong Kong, Macao and Taiwan)

指港澳台地区投资者与内地企业依照《中华人民共和国中外合资经营企业法》及有关法律的规定，按合同规定的比例投资设立、分享利润和分担风险的企业。

Refer to enterprises jointly established by investors from Hong Kong, Macao and Taiwan with enterprises in the mainland of China in accordance with the Law of the People's Republic of China on Sino-foreign Joint Venture Enterprises and other relevant laws, where the share of investment, profits and risks is stipulated in the contract.

合作经营企业（港或澳、台资）　Cooperative Enterprises (Funds are from Hong Kong, Macao or Taiwan)

指港澳台地区投资者与内地企业依照《中华人民共和国中外合作经营企业法》及有关法律的规定，依照合作合同的约定进行投资或提供条件设立、分配利润和分担风险的企业。

Refer to enterprises jointly established by investors from Hong Kong, Macao and Taiwan with enterprises in the mainland of China in accordance with the *Law of the People's Republic of China on Sino-foreign Contractual Joint Venture* and other relevant laws, where the investment or provision of facilities and the sharing of profits and risks are stipulated under cooperative contracts.

港澳台商独资经营企业　Enterprises with Sole (exclusive) Investment from Hong Kong, Macao and Taiwan

指依照《中华人民共和国外资企业法》及有关法律的规定，在内地由港澳台地区投资者全额投资设立的企业。

Refer to enterprises established in the mainland of China with exclusive investment from investors from Hong Kong, Macao and Taiwan in accordance with the *Law of the People's Republic of China on Wholly Foreign-owned Enterprises* and other relevant laws.

港澳台商投资股份有限公司　Share-holding Corporations Ltd. with Investment from Hong Kong, Macao and Taiwan

指根据国家有关规定，经原外经贸部依法批准设立，其中港、澳、台商的股本占公司注册资本的比例达25%以上的股份有限公司。凡其中港、澳、台商的股本占公司注册资本的比例小于25%的，属于内资企业中的股份有限公司。

Refer to share-holding corporations Ltd. established with the approval from the former Ministry of Foreign Trade and Economic Relations in line with relevant State regulations, where the share of investment from Hong Kong, Macao or Taiwan businessmen exceeds 25% of the total registered capital of the corporation. In case the share of investment from Hong Kong, Macao or Taiwan is less than 25% of the total registered capital, the enterprise is to be classified as domestic-funded share-holding corporation Ltd.

中外合资经营企业　Joint-venture Enterprises with Foreign Investment

指外国企业或外国人与中国内地企业依照《中华人民共和国中外合资经营企业法》及有关法律的规定，按合同规定的比例投资设立、分享利润和分担风险的企业。

Refer to enterprises jointly established by foreign enterprises or foreigners with enterprises in the mainland of China in accordance with the *Law of the People's Republic of China on Sino-foreign Equity Joint Ventures* and other relevant laws, where the sharing of investment, profits and risks is stipulated under contract.

中外合作经营企业　Cooperation Enterprises with Foreign Investment

指外国企业或外国人与中国内地企业依照《中华人民共和国中外合作经营企业法》及有关法律的规定，依照合作合同的约定进行投资或提供条件设立、分配利润和分担风险的企业。

Refer to enterprises jointly established by foreign enterprises or foreigners with enterprises in the mainland of China in accordance with the *Law of the People's Republic of China on Sino-foreign Contractual Joint Venture* and other relevant laws, where the investment or provision of facilities and the sharing of profits and risks are stipulated under cooperative contracts.

外资企业　Enterprises with Sole (exclusive) Foreign Investment

指依照《中华人民共和国外资企业法》及有关法律的规定，在中国内地由外国投资者全额投资设立的企业。

Refer to enterprises established in the mainland of China with exclusive investment from foreign investors in accordance with the *Law of the People's Republic of China on Wholly Foreign-owned Enterprises* and other relevant laws.

外商投资股份有限公司　Share-holding Corporations Ltd. with Foreign Investment

指根据国家有关规定，经外经贸部依法批准设立，其中外资的股本占公司注册资本的比例达 25%以上的股份有限公司。凡其中外资股本占公司注册资本的比例小于 25%的，属于内资企业中的股份有限公司。

Refer to share-holding corporations Ltd. established with the approval from the former Ministry of Foreign Trade and Economic Relations in line with relevant State regulations, where the share of investment from foreign investors exceeds 25% of the total registered capital of the corporation. In case the share of foreign investment is less than 25% of the total registered capital, the enterprise is to be classified as domestic-funded share-holding corporation Ltd.

行政机关事业单位和社会团体　Government Agencies, Institutions and Social Organizations

参照企业登记注册类型，主要按其经费来源和管理方式划分。具体规定如下：

(1)行政机关：包括国家机关和政党机关，原则上均列为“国有”。但有特殊规定的，如供销社等，则列为“集体”。

(2)事业单位：包括经国家机构编制部门和有关业务主管部门批准成立的各类事业单位，但不包括实行企业化管理的事业单位。事业单位的划分办法如下：

①由国家财政预算拨款或列入财政预算外资金管理以及经费主要来源于国有主管部门或国有上级单位的事业单位，列为“国有”。

②经费主要来源于集体单位的事业单位，列为“集体”。

③公民个人（或个人合伙）开办的事业单位，列为“私营”。

④上述以外的其他事业单位,如果其经费来源不明确,按管理方式进行划分。

(3)社会团体：包括经民政部门批准成立以及未纳入社会团体管理条例范围的工会妇联等各类社会团体。社会团体的划分办法如下：

①未纳入民政部社会团体管理条例范围的工会、妇联、共青团、青联、工商联、科协、侨联等社会团体，国家拨款设立的基金会或基金管理组织以及经费主要来源于国有业务主管部门或国有上级单位的社会团体，列为“国有”。

②经费主要来源于集体单位的社会团体，列为“集体”。

③公民个人（或各人合伙）开办的社会团体，列为“私营”。

④上述以外的其他社会团体，如果其经费来源不明确，按管理方式进行归类。

Are classified into the following categories by source of funds and manner of management taking reference of the registration status of enterprises:

(1) Government agencies: include State and party agencies, classified in principle as State-owned. There are exceptions, such as supply and marketing cooperatives which are classified as collective-owned.

(2) Institutions: include institutions of various types established with the approval by organization and staffing departments of the government, but exclude institutions where enterprise management system is introduced. Institutions are further classified as follows:

①Institutions for which their main budgets are from government budget appropriations or extra-budget funds, or allocated from the budget of their competent government agencies. Such institutions are classified as state-owned.

② Institutions for which their budget mainly come from collective units. Such institutions are classified as collective-owned.

③Social institutions established by individual or a group of citizens, which are classified as private.

④Institutions other than those mentioned above for which their sources of budget are not clear. Such institutions are classified by the manner of management.

(3) Social organizations: include social organizations established with the approval from the Ministry of Civil Affairs, and organizations that are not covered by social organization management regulations such as trade unions, women’s federations etc.. Social organizations are further classified as follows:

①Social organizations that are not covered by social organization management regulations of the Ministry of Civil Affairs such as trade unions, women federations, communist youth leagues, youth associations, industrial and commerce associations, scientist associations, overseas Chinese associations, etc., foundations and fund management organizations established with funds from the state, and social organizations whose funds mainly come from the budget of their competent government agencies. Such institutions are classified as State-owned.

② Social organizations for which their budget mainly come from collective units. Such institutions are classified as collective-owned.

③Social organizations established by individual or a group of citizens, which are classified as private.

④Social organizations other than those mentioned above for which their sources of budget are not clear. Such organizations are classified by the manner of management.

国内(地区)生产总值（GDP）Gross Domestic Product

指一个国家（或地区）所有常住单位在一定时期生产活动的最终成果。国内（地区）生产总值有三种表现形态，即价值形态、收入形态和产品形态。从价值形态看，它是所有常住单位在一定时期内生产的全部货物和服务价值超过同期中间投入的全部非固定资产货物和服务价值的差额，即所有常住单位的增加值之和；从收入形态看，它是所有常住单位在一定时期内创造并分配给常住单位和非常住单位的初次收入分配之和；从产品形态看，它是所有常住单位在一定时期内最终使用的货物和服务价值与货物和服务净出口之和。在实际核算中，国内（地区）生产总值有三种计算方法，即生产法、收入法和支出法。三种方法分别从不同的方面反映国内生产总值及其构成。

Refers to the final products produced by all resident units in a country (region) during a certain period of time. Gross domestic product is expressed in three different perspectives, namely value, income, and products respectively. GDP in its value perspective refers to the balance of total value of all goods and services produced by all resident units during a certain period of time, minus the total value of input of goods and services of the nature of non-fixed assets; in other words, it is the sum of the value-added of all resident units. GDP from the perspective of income refers to the sum of all kinds of revenue, including Compensation of Employees, Net Taxes on Production, Depreciation of Fixed Assets, and Operating Surplus. GDP from the perspective of products refers to the value of all goods and services for final demand by all resident units plus the net exports of goods and services during a given period of time. In the practice of national accounting, gross domestic product is calculated from three approaches, namely production approach, income approach and expenditure approach, which reflect gross domestic product and its composition from different angles.

三次产业　Three Strata of Industry

三次产业的划分是世界上较为常用的产业结构分类，但各国的划分不尽一致。根据《国民经济行业分类》(GB/T 4754—2011)，我国的三次产业划分是：

第一产业是指农、林、牧、渔业（不含农、林、牧、渔服务业）。

第二产业是指采矿业（不含开采辅助活动），制造业（不含金属制品、机械和设备修理业），电力、热力、燃气及水生产和供应业，建筑业。

第三产业即服务业，是指除第一产业、第二产业以外的其他行业。

Classification of economic activities into three strata of industry is a common practice in the world, although the grouping varies to some extent from country to country. In China, according to Industrial classification for National Economic Activities (GB/T 4754-2011), economic activities are categorized into the following three strata of industry:

Primary industry refers to agriculture, forestry, animal husbandry and fishery industries (not including services in support of agriculture, forestry, animal husbandry and fishery industries).

Secondary industry refers to mining and quarrying (not including support activities for mining), manufacturing (not including repair service of metal products, machinery and equipment), production and supply of electricity, heat, gas and water, and construction.

Tertiary industry refers to all other economic activities not included in the primary or secondary industries.

支出法国内（地区）生产总值　GDP by Expenditure Approach

是从最终使用的角度反映一个国家(或地区)一定时期内生产活动最终成果的一种方法，包括最终消费支出、资本形成总额及货物和服务净出口三部分。计算公式为：

支出法国内生产总值=最终消费支出+资本形成总额+货物和服务净出口

Refers to the method of measuring the final results of production activities of a country (region) during a given period from the perspective of final uses. It includes final consumption expenditure, gross capital formation and net export of goods and services. The formula for computation is.:

GDP by expenditure approach = final consumption expenditure + gross capital formation + net export of goods and services.

最终消费支出　Final Consumption Expenditure

指常住单位为满足物质、文化和精神生活的需要，从本国经济领土和国外购买的货物和服务的支出。它不包括非常住单位在本国经济领土内的消费支出。最终消费支出分为居民消费支出和政府消费支出。

Refers to the total expenditure of resident units for purchases of goods and services from both the domestic economic territory and abroad to meet the needs of material, cultural and spiritual life. It does not include the expenditure of non-resident units on consumption in the economic territory of the country. The final consumption expenditure is broken down into household consumption expenditure and government consumption expenditure.

居民消费支出　Household Consumption Expenditure

指常住住户在一定时期内对于货物和服务的全部最终消费支出。居民消费支出除了直接以货币形式购买的货物和服务的消费支出外，还包括以其他方式获得的货物和服务的消费支出，即所谓的虚拟消费支出。居民虚拟消费支出包括如下几种类型：单位以实物报酬及实物转移的形式提供给劳动者的货物和服务；住户生产并由本住户消费了的货物和服务，其中的服务仅指住户的自有住房服务和付酬的家庭雇员提供的家庭和个人服务；金融机构提供的金融媒介服务。

Refers to the total expenditure of resident households on the final consumption of goods and services. In addition to the consumption of goods and services bought by the households directly with money, the household consumption expenditure also includes expenditure on goods and services obtained by the households in other ways, i.e. the so-called imputed consumption expenditure, which includes the following: (a) the goods and services provided to households by employers in the form of payment in kind and transfer in kind; (b) goods and services produced and consumed by the households themselves, in which the services refer to the owner-occupied housing and services offered by paid family employees; (c) financial intermediate services provided by financial institution.

政府消费支出　Government Consumption Expenditure

指政府部门为全社会提供的公共服务的消费支出和免费或以较低的价格向居民住户提供的货物和服务的净支出，前者等于政府服务的产出价值减去政府单位所获得的经营收入的价值，后者等于政府部门免费或以较低价格向居民住户提供的货物和服务的市场价值减去向住户收取的价值。

Refers to the consumption expenditure spent for the provision of public services provided by the government to the whole country and the net expenditure on the goods and services provided by the government to households free of charge or at reduced prices. The former equals to the output value of the government services minus the value of operating income obtained by the government departments. The latter equals to the market value of the goods and services provided by the government free of charge or at reduced prices to the households minus the value received by the government from the households.

总人口　Total Population

指一定时点、一定地区范围内的有生命的个人的总和。

年度统计的年末总人口是指每年 12 月 31 日 24 时的人口数，未包括海外华侨人数。

Refers to the total number of people alive at a certain point of time within a given area.

The annual statistics on total population is taken at midnight, the 31st of December，not including Chinese national residing abroad.

城镇人口和乡村人口　Urban Population and Rural Population

城镇人口是指居住在城镇范围内的全部常住人口；乡村人口是指除上述人口以外的全部人口。

Urban population refers to all people residing in cities and towns, while rural population refers to population other than urban population.

出生率（又称粗出生率）　Birth Rate (or Crude Birth Rate)

指在一定时期内（通常为一年内）一定地区的出生人数与同期内平均人数（或期中人数）之比，用千分率表示。本资料中的出生率指年出生率，其计算公式为：

出生率＝（年出生人数 / 年平均人数）×1000‰

式中：出生人数是指活产婴儿，即胎儿脱离母体时（不管怀孕月数），有过呼吸或其他生命现象。年平均人数是指年初、年末人口数的平均数，也可用年中人口数代替。

Refers to the ratio of the number of births to the average population (or mid-period population) during a certain period of time (usually a year), expressed in ‰. Birth rate in the chapter refers to annual birth rate. The following formula is used:

Birth Rate = Number of Births / Average Number of Population ×1000‰

Number of births in the formula refers to live births, i.e. when a baby has breathed or showed any vital phenomena regardless of the length of pregnancy.

Annual average population is the average of the number of population at the beginning of the year and that at the end of the year. Sometimes it is substituted by the mid-year population.

死亡率（又称粗死亡率）　Death Rate (or Crude Death Rate)

指在一定时期内（通常为一年内）一定地区的死亡人数与同期平均人数（或期中人数）之比，一般用千分率表示。本资料中的死亡率指年死亡率，其计算公式为：

死亡率＝（年死亡人数 / 年平均人数）×1000‰

Refers to the ratio of the number of deaths to the average population (or mid-period population) during a certain period of time (usually a year), expressed in ‰. Death rate in the chapter refers to annual death rate. The following formula is used:

Death Rate = Number of Deaths / Annual Average Population × 1000‰

人口自然增长率　Natural Growth Rate of Population

指在一定时期内（通常为一年内）一定地区的人口自然增加数（出生人数减死亡人数）与该时期内平均人数（或期中人数）之比，一般用千分率表示。计算公式为：

人口自然增长率＝(本年出生人口数－本年死亡人口数) / 年平均人数×1000‰

人口自然增长率＝人口出生率－人口死亡率

Refers to the ratio of natural increase in population (number of births minus number of deaths) in a certain period of time (usually a year) to the average population or(mid-year population) of the same period, expressed in ‰. The following formula is applied:

Natural Growth Rate of Population = (Number of Births-Number of deaths) / Annual Average Population×1000‰

Natural Growth Rate of Population = Birth Rate – Death Rate

就业人员　Employed Persons

指从事一定社会劳动并取得劳动报酬或经营收入的人员，包括全部职工、再就业的离退休人员、私营业主、个体户主、私营和个体从业人员、乡镇企业从业人员、农村从业人员、其他从业人员（包括民办教师、宗教职业者、现役军人等）。这一指标反映了一定时期内全部劳动力资源的实际利用情况，是研究我国基本国情国力的重要指标。

Refers to persons above a specified age who had labor capacity and performed some social work for compensation or business gains. Specifically, it refers to persons, aged 16 and over, who performed some work for compensation or business gains for one hour or more during the reference period; or persons who do not work for the reasons of study or on holiday, but had work units or sites during the reference period; or persons temporary absence from a job for disorganization or suspension of work, recession, etc., but not exceeding three months during the reference period.

单位就业人员　Persons Employed in Various Units

指在各级国家机关、政党机关、社会团体及企业、事业单位中工作，取得工资或其他形式的劳动报酬的全部人员。包括在岗职工、再就业的离退休人员、民办教师以及在各单位中工作的外方人员和港、澳、台方人员、兼职人员、借用的外单位人员和第二职业者。不包括离开本单位仍保留劳动关系的职工。各单位的从业人员反映了各单位实际参加生产或工作的全部劳动力。

Refers to the total number of employees who work at his unit and obtain wages or other forms of payment at the end of the reporting period. This indicator is a kind of time point index and it equals to the sum of the number of employed staff and workers, labor dispatch personnel and other employed persons. Employed persons do not include:

1) Persons who have left their working units while keeping their labor contract (employment relation) unchanged and receiving regular alimony;

2) All kinds of enrolled students who do internship in various units;

3) Persons employed due to labor outsourcing;

4) Persons who dissolve labor contracts with their units on the last day of reporting period or before.

城镇私营和个体就业人员　Persons Employed in Private Enterprises and Self-Employed Individuals in Urban Areas

城镇私营从业人员指在工商管理部门注册登记，其经营地址设在县城关镇（含城关镇）以上的私营企业从业人员；包括私营企业投资者和雇工。城镇个体从业人员指在工商管理部门注册登记，并持有城镇户口或在城镇长期居住，经批准从事个体工商经营的从业人员；包括个体经营者和在个体工商户劳动的家庭帮工和雇工。

Persons employed in private enterprises refer to the persons employed in the private enterprises which have been registered at the departments of industrial and commercial administration for which the business operation are situated at a county town (i.e. a town where the county government is located), or at urban areas with administrative hierarchy higher than a county town. The self-employed individuals in urban areas refer to persons who hold the certificates of residence in urban areas or have resided in the urban areas for a long time and have been registered at the departments of industrial and commercial administration and approved to be engaged in individual industrial or commercial business, including self-employed persons as well as helpers and hired laborers who work in individual households.

在岗职工 Employed Staff and Workers

指在本单位工作且与本单位签订劳动合同，并由单位支付各项工资和社会保险、住房公积金的人员，以及上述人员中由于学习、病伤、产假等原因暂未工作，仍由单位支付工资的人员。在岗职工还包括：

(1)应订立劳动合同而未订立劳动合同人员（如使用的农村户籍人员）；

(2)处于试用期人员；

(3)编制外招用的人员；

(4)派往外单位工作，但工资仍由本单位发放的人员（如挂职锻炼、外派工作等情况）。

Refers to persons who signed labor contracts with working units and working units would pay wages, social insurance and housing funds for them. Persons who have their work posts but are temporarily absent from work for reasons of study or on sick, injury or maternal leave and still receive wages from their working units are also included. Employed staff and workers also include:

1) Persons who should have signed the labor contracts but not (like people with rural household registration);

2) Employees on probation;

3) Employees beyond the staffing quota;

4) Employees who are sent to other working units but still obtain wages from their original units (situations like on-the-job placement, expatriated assignment, etc.)

工资总额 Total Wage Bill

指根据《关于工资总额组成的规定》(1990 年 1 月 1 日国家统计局发布的一号令)进行修订，在报告期内(季度或年度)直接支付给本单位全部就业人员的劳动报酬总额。包括计时工资、计件工资、奖金、津贴和补贴、加班加点工资、特殊情况下支付的工资，是在岗职工工资总额、劳务派遣人员工资总额和其他就业人员工资总额之和。

工资总额是税前工资，包括单位从个人工资中直接为其代扣或代缴的房费、水费、电费、住房公积金和社会保险基金个人缴纳部分等。

工资总额不论是计入成本的还是不计入成本的，不论是以货币形式支付的还是以实物形式支付的，均应列入工资总额的计算范围。

It is revised according to the “Provision of Composition of Total Wages” (Order No.1 by National Bureau of Statistics on January 1st, 1990), total wage bill refers to the total remuneration payment to all employed persons in various units during the reporting period (by quarter or by year), including hourly-paid wages, piece-rate wages, bonuses, allowance and subsidies, overtime wages and wages paid under special circumstances. It equals to the sum of total wages of employed staff and workers, dispatch labors and other employed persons.

Total wage bill is pre-tax wages, including the room charges, utility bills, housing funds and social insurance paid or withheld by employee’s units.

Total wage bill, whether or not included in cost, whether or not paid in money or in kind, shall be included in the calculation of total wage.

平均工资　Average Wage

指单位就业人员在一定时期内平均每人所得的工资额。它表明一定时期工资收入的高低程度，是反映就业人员工资水平的主要指标。计算公式为：

平均工资＝报告期就业人员工资总额 / 报告期就业人员平均人数

Refers to the average per capita wage during a certain period of time for employed persons. It shows the general level of wage income during a certain period of time, one major indicator to reflect the wage level. It is calculated as follows:

Average Wage = Total Wage Bill of Employed Persons at Reference Time/Average Number of Persons Employed at Reference Time

平均工资指数　Average Wage Indices

指报告期就业人员平均工资与基期就业人员平均工资的比率，是反映不同时期就业人员货币工资水平变动情况的相对数。计算公式为：

平均工资指数=报告期就业人员平均工资/基期就业人员平均工资×100%

城镇登记失业人员　Registered Unemployed Persons in Urban Areas

指有非农业户口，在一定的劳动年龄内(16 周岁至退休年龄)，有劳动能力，无业而要求就业，并在当地劳动保障部门进行失业登记的人员。

城镇登记失业率 Registered Unemployment Rate in Urban Areas

城镇登记失业人员与城镇单位就业人员(扣除使用的农村劳动力、聘用的离退休人员、港澳台及外方人员)、城镇单位中的不在岗职工、城镇私营业主、个体户主、城镇私营企业和个体就业人员、城镇登记失业人员之和的比。

全社会固定资产投资　Total Investment in Fixed Assets in the Whole Country

是以货币形式表现的在一定时期内全社会建造和购置固定资产的工作量以及与此有关的费用的总称。该指标是反映固定资产投资规模、结构和发展速度的综合性指标，又是观察工程进度和考核投资效果的重要依据。全社会固定资产投资按登记注册类型可分为国有、集体、个体、联营、股份制、外商、港澳台商、其他等。

Refers to the volume of activities in construction and purchases of fixed assets of the whole country and related fees, expressed in monetary terms during the reference period. It is a comprehensive indicator which shows the size, structure and growth of the investment in fixed assets, providing a basis for observing the progress of construction projects and evaluating results of investment. Total investment in fixed assets in the whole country includes, by type of ownership, the investment by State-owned units, collective-owned units, joint ownership units, share-holding units, private units, individuals as well as investments by entrepreneurs from Hong Kong, Macao and Taiwan, foreign investors and others.

固定资产投资（不含农户）Investment in Fixed Assets (Excluding Rural Households)

指城镇和农村各种登记注册类型的企业、事业、行政单位及城镇个体户进行的计划总投资 500 万元及 500 万元以上的建设项目投资和房地产开发投资，包含原口径的城镇固定资产投资加上农村企事业组织项目投资，该口径自 2011 年起开始使用。

Refers to the investment in construction projects with a total planned investment of 5 million Yuan and over by enterprises of various ownerships, institutions, administrative units and urban self-employed individuals, and the investment in real estate development in both urban and rural areas. Since 2011, it covers the urban investment in fixed assets under the previous statistical coverage plus project investments by rural enterprises and institutions.

城镇固定资产投资　Urban Investment in Fixed Assets

指城镇各种登记注册类型的企业、事业、行政单位及个体户进行的计划总投资（或实际需要总投资）50 万元及 50 万元以上的建设项目投资、房地产开发投资、城镇和工矿区私人建房投资。县城及以上区域内发生的投资，县及县以上各级政府及主管部门直接领导、管理的建设项目和企业事业单位的投资均为城镇固定资产投资。

Refers to construction projects involving a total planned (or required) investment of 500,000 Yuan and over by enterprises of various types of ownership, institutions, administrative units and individuals in urban areas, investment in real estate development, and private investment in housing construction in urban areas and industrial and mining areas. In other words, all investments that take place in county towns and urban areas, investment in construction projects under the direct leadership and management of government agencies at and above county levels and investments by enterprises and institutions at and above county levels are covered in urban investment in fixed assets.

房地产开发投资 Investment in Real Estate Development

指房地产开发企业本年完的全部用于房屋建设工程、土地开发工程的投资额以及公益性建筑和土地购置费等的投资。

Refers to the investment made by real estate development companies in the construction of housing, development companies in the construction of housing, development of land, nonprofit buildings and value of land purchased.

农村投资 Investment in Rural Areas

包括在农村区域范围内进行固定资产投资活动的企业、事业、行政单位及农村个人投资。

Refers to investment in fixed assets by enterprises, institutions, administrative units and individuals in rural areas.

固定资产投资的实际到位资金 Actual Funds in Place for Investment in Fixed Assets

根据固定资产投资的资金来源不同，分为国家预算资金、国内贷款、利用外资、自筹资金和其他资金来源。

(1) 国家预算资金　国家预算包括一般预算、政府性基金预算、国有资本经营预算和社保基金预算。各类预算中用于固定资产投资的资金全部作为国家预算资金填报，其中一般预算中用于固定资产投资的部分包括基建投资、车购税、灾后恢复重建基金和其他财政投资。各级政府债券也应归入国家预算资金。

(2) 国内贷款　指报告期固定资产项目投资单位向银行及非银行金融机构借入用于固定资产投资的各种国内借款，包括银行利用自有资金及吸收存款发放的贷款、上级主管部门拨入的国内贷款、国家专项贷款（包括煤代油贷款、劳改煤矿专项贷款等），地方财政专项资金安排的贷款、国内储备贷款、周转贷款等。

(3) 利用外资　指报告期收到的境外（包括外国及港澳台地区）资金(包括设备、材料、技术在内)。包括对外借款(外国政府贷款、国际金融组织贷款、出口信贷、外国银行商业贷款、对外发行债券和股票)、外商直接投资、外商其他投资(包括利用外商投资收益在国内进行固定资产再投资活动的资金)。不包括我国自有外汇资金(国家外汇、地方外汇、留成外汇、调剂外汇和国内银行自有资金发放的外汇贷款等)。各类外资按报告期末的外汇牌价（中间价）折成人民币计算。

(4) 自筹资金　指固定资产投资单位在报告期收到的，由各企、事业单位筹集用于固定资产投资的资金，包括各类企事业单位的自有资金和从其他单位筹集的用于固定资产投资的资金，但不包括各类财政性资金、从各类金融机构借入资金和国外资金。

(5) 其他资金　指在报告期收到的除以上各种资金之外的用于固定资产投资的资金，包括社会集资、个人资金、无偿捐赠的资金及其他单位拨入的资金等。

Actual Funds in Place for Investment in Fixed Assets are categorized as funds from the State budget, domestic loans, foreign investment, self-raised funds, and others, depending on the sources of investment.

(1) Fund from the State budget: State budget consists of general budget, government fund budget, operation budget of state-owned assets and social security fund budget. Funds for investment in fixed assets from various budgets are reported as fund from the state budget, of which, the general budget utilized on fixed assets investment includes investment on infrastructure construction, vehicle purchase tax, post-disaster restoration and reconstruction funds and other financial investment. Government bonds at all levels should also be included.

(2) Domestic loans refer to loans of various forms borrowed by investing units from banks and non-bank

financial institutions during the reference period for the purpose of investment in fixed assets, including loans issued by banks from their self-owned funds and deposit, loans appropriated by higher responsible authorities, special loans by government (including loan for substituting petroleum with coal, special loans for reform-through-labor coal mines), loans arranged by local government from special funds, domestic reserve loan, and revolving loan, etc.

(3) Foreign investment refers to overseas (including foreign countries, Hong Kong, Macao and Taiwan) funds received during the reference period (covering equipment, materials and technology), including foreign borrowings (loans from foreign governments and international financial institutions, export credit, commercial loans from foreign banks, issue of bonds and stocks overseas), foreign direct investment and other foreign investments (including funds from foreign direct investment income that are reinvested in fixed assets domestically). Excluded from this category is capital in foreign exchanges owned by China (foreign exchanges owned by the central and local governments, foreign exchanges retained by enterprises, foreign exchanges by enterprises through the regulating mechanism, loans in foreign exchanges issued by the Bank of China with its own fund, etc.). In calculating the utilization of foreign capital, foreign currencies are converted into Chinese Renminbi applying the exchange rate (central parity rate) at the end of the reference period.

(4) Self-raised funds refer to funds for investment in fixed assets received during the reference period by investing units, including investment in fixed assets using own funds of various enterprises and institutions or funds raised from other units other than financial funds, funds borrowed from financial institutions and overseas funds.

(5) Others refer to funds for investment in fixed assets received from sources other than those listed above, including funds raised from individuals and through donations, and funds transferred from other units.

固定资产投资按国民经济行业分 Investment in Fixed Assets by Sector

指根据其从事的社会经济活动性质对各类单位进行的分类。应根据建设项目建成投产后的主要产品种类或主要用途及社会经济活动种类来划分，不能根据项目单位本身的行业类别来划分。如果项目投产后有几种产品，应根据主要产品来确定行业类别。一般情况下，一个建设项目只能属于一种国民经济行业。

Refers to the classification of investment by the nature of social economic activities the investing units are engaged in. The classification of construction projects by sector is determined by the major products or the purpose of the projects when they are put into production or use, and by the nature of their social economic activities, instead of being determined by industrial classification of the project enterprises. The project will be classified according to major product if there are several kinds of products yielded. In general, one project can only be classified into one sector.

固定资产投资按隶属关系分 Investment in Fixed Assets by Jurisdiction of Management

是按建设单位或企业、事业、行政单位的主管上级机关确定的。

(1)中央 是指中共中央、人大常委会和国务院各部、委、局、总公司以及直属机构直接领导的建设项目和企业、事业、行政单位。这些单位的固定资产投资计划由国务院各部门直接编制和下达，统一组织或委托下级实施。包括有中央垂直管理的部门（如国家统计局各级调查队）和中央直属企业、事业单位（如工商银行、中国电信、中国石油）等。

(2)地方 是由省（自治区、直辖市）、地（区、市、州、盟）、县（区、市、旗）三级政府及业务主管部门直接领导和管理的建设项目、企业、事业、行政单位。地方项目还包括不隶属以上各级政府及主管部门的建设项目和企业、事业单位，如外商投资企业和无主管部门的企业等。

Refers to the classification of investment by the competent authorities under which investment is made by construction units, enterprises, institutions or administrative units.

(1) Central investment refers to the investment in projects or by enterprises, institutions or administrative units which are under the direct leadership and management of the State Council and of the national commissions, ministries, agencies and State-owned large corporations. Various ministries and departments of the State Council prepare and implement plans through unified organization or lower-level commissions, which include departments direct under central government (i.e. survey offices at all level of the National Bureau of Statistics) and enterprises

and institutions directly under central government (like the Industrial and Commercial Bank of China, China Telecom and China National Petroleum Corporation).

(2) Local investment refers to the investment in projects or by enterprises, institutions or administrative units which are under the direct leadership and management of competent departments and governments at the level of province (autonomous regions and municipalities directly under the Central Government), prefecture (prefectures, cities and leagues) and county (districts, cities and banners). Also included are projects by foreign-invested enterprises and enterprises without competent managing authorities.

固定资产投资按建设性质分　Investment in Fixed Assets by Type of Construction

按整个建设项目情况来确定。建设项目的性质一般分为新建、扩建、改建和技术改造、单纯建造生活设施、迁建、恢复、单纯购置。房地产开发单位、农户投资不划分建设性质。

(1)新建　指从无到有"平地起家"开始建设的项目。现有企业、事业、行政单位投资的项目一般不属于新建。但如有的单位原有基础很小，经过建设后新增的固定资产价值超过该企业、事业、行政单位原有固定资产价值（原值）三倍以上的，也应作为新建。

(2)扩建　指在厂内或其他地点，为扩大原有产品的生产能力(或效益)或增加新的产品生产能力，而增建的生产车间(或主要工程)、分厂、独立的生产线的企业、事业单位。行政、事业单位在原单位增建业务性用房(如学校增建教学用房、医院增建门诊部、病房等)也作为扩建。

现有企、事业单位为扩大原有主要产品生产能力或增加新的产品生产能力，增建一个或几个主要生产车间(或主要工程)、分厂，同时进行一些更新改造工程的，也应作为扩建。

(3)改建和技术改造　指现有企业、事业单位对原有设施进行技术改造或更新(包括相应配套的辅助性生产、生活福利设施) 的建设项目。改建项目包括现有企业、事业单位为适应市场变化的需要，而改变企业的主要产品种类(如军工企业转民产品等) 的建设项目，原有产品生产作业线由于各工序(车间)之间能力不平衡，为填平补齐充分发挥原有生产能力而增建不增加本企业主要产品设计能力的车间的建设项目。技术改造是指企业、事业单位在现有基础上，用先进的技术代替落后的技术，用先进的工艺和装备代替落后的工艺和装备，以改变企业落后的技术经济面貌，实现以内涵为主的扩大再生产，达到提高产品质量、促进产品更新换代、节约能源、降低消耗、扩大生产规模、全面提高社会经济效益的目的。技术改造具体包括以下内容：机器设备和工具的更新改造；生产工艺改革、节约能源和原材料的改造；厂房建筑和公共设施的改造；保护环境进行的"三废"治理改造；劳动条件和生产环境的改造等。

Construction projects in general can be classified, by the type of construction, into new construction, expansion, reconstruction and technical transformation, purely construction of living facilities, moving, restoration and purely purchasing. However, investment by type of construction is not applied to investment by real-estate development units and investment by rural households.

(1) New construction in general refers to construction projects, which start from scratch. The existing projects invested by enterprises, institutions and administrative agencies cannot be classified as new construction. In case the size of the existing unit is quite small, and the value of newly added fixed assets is more than three times of the original value, the expansion will be considered as new construction.

(2) Expansion refers to construction of new production workshop, branch factory or independent production line within a factory or in other locations, for the purpose of increasing the production capacity (or improving efficiency) or adding new production capacity by enterprises and institutions. Newly constructed accommodation for the operation of institutions and administrative organizations (such as newly constructed buildings for teaching in schools, buildings for clinics or wards in hospitals, etc.) are also classified as expansion.

Also included in expansion are investments by existing enterprises or institutions in building major production line(s) or branch factory (ies) along with some work on innovation, for the purpose of expanding the production capacity of original products or producing new products.

(3) Reconstruction and technical transformation refers to construction projects by existing enterprises or institutions in innovation or technical transformation of the old facilities (including auxiliary production equipment

and welfare facilities). Also considered as reconstruction is the construction of new workshops by the existing enterprises or institutions to change the variety of products to meet the market demand (such as the production of civil products by defence industries), or to bring the designed production capacity into full play through a more balanced production process on production lines. Technical transformation refers to replacement of old technology or equipment by new technology or equipment, in order to expand the reproduction through improvement of technology contents in production, to improve product quality, to promote new products, to save energy, to reduce consumption, to expand the production scale and to improve overall social-economic efficiency. Contents of technical transformation include: updating of machinery, equipment and tools; reforming production process by using energy or materials saving technology; construction of factory workshops and transformation of public facilities; treatment transformation of "three wastes" (waste gas, waste water and industrial residue) aiming at environmental protection; improvement of working conditions and environment, etc.

固定资产投资按构成分　Investment in Fixed Assets by Structure

(1)建筑工程　指各种房屋、建筑物的建造工程，又称建筑工作量。这部分投资额必须兴工动料，通过施工活动才能实现，是固定资产投资额的重要组成部分。

(2)安装工程　指各种设备、装置的安装工程，又称安装工作量。

在安装工程中，不包括被安装设备本身价值。

(3)设备工具器具购置　指报告期内购置或自制的，达到固定资产标准的设备、工具、器具的价值。新建单位及扩建单位的新建车间，按照设计或计划要求购置或自制的全部设备、工具、器具，不论是否达到固定资产标准均计入"设备工具器具购置"中。

(4)其他费用　指在固定资产建造和购置过程中发生的，除建筑安装工程和设备、工器具购置投资完成额以外的应当分摊计入固定资产投资的费用，不指经营中财务上的其他费用。

(1) Construction refers to the construction of houses and buildings, also known as work volume of construction. This part of investment can only be achieved through construction activities, it is the major component of the total investment in fixed assets.

(2) Installation refers to the installation of various kinds of equipment and instruments, also known as work volume of installation.

The value of equipment installed itself is not included in the value of installation projects.

(3) Purchase of equipment and instruments refers to the total value of equipment, tools, and instruments purchased or self-produced which come up to the cut-off point for fixed assets during the reference period. Equipment, tools and instruments purchased or self-produced for new workshops by newly established or expanded units are categorized as "purchase of equipment and instruments" no matter whether they come up to the cut-off point for fixed assets.

(4) Other expenses refer to expenses arising during the construction or purchase of fixed assets other than those expenses on construction, installation and purchase of equipment and instruments. Other financial expenses arising in operation are not included.

施工项目个数　Number of Projects under Construction

是指本年正式进行过建筑或安装施工活动的建设项目个数。包括本年新开工项目，以前年度开工跨入本年继续施工项目，本年全部建成投产项目、以前年度全部停缓建在本年恢复施工的项目，本年进行过施工又在本年内全部停缓建的项目。施工项目个数可以反映一定时期固定资产投资的实际规模，与同期全部建成投产项目个数相比，可以从建设速度的角度反映固定资产投资的效果。

Refers to number of all projects with actual construction or installation activities in current year, including newly started projects, projects started previously and extended into the current year, projects completed and put into operation in current year, projects suspended previously and resumed in current year, and projects started this year but suspended or postponed in current year. The number of projects under construction can reflect the actual size of investment in fixed assets during a given period, and when compared with the number of projects completed and put into use during the same period, it demonstrates the results of investment in fixed assets from the angle of the speed of the construction.

本年投产项目个数 Number of Projects Put into Use This Year

指报告期内按设计文件规定建成主体工程和相应配套的辅助设施，形成生产能力或工程效益，经过验收合格，并且已正式投入生产或交付使用的建设项目。

Refer to projects have completed the main construction and correspondent auxiliary facilities in accordance with the design documents, resulting in forming production capacity (efficiency) and have been checked and accepted after relevant tests, and have been formally delivered for use.

新增固定资产 Newly Increased Fixed Assets

是指已经完成建造和购置过程，并已交付生产或使用单位的固定资产的价值，包括已经建成投入生产或交付使用的工程投资和达到固定资产标准的设备、工具、器具的投资及有关应摊入的费用。该指标是表示固定资产投资成果的价值指标，也是反映建设进度，计算固定资产投资效果的重要指标。

Refer to the value of fixed assets that has completed the construction and purchase, and has been delivered to the production or owner units, including investment in projects that have been completed and put into operation in current year and the investment in equipment, tools and appliance that meet the standard of fixed assets and fees that should be apportioned. This is an indicator that demonstrates the results of investment in fixed assets in monetary terms, and an important indicator to reflect the speed of construction and to calculate the efficiency of investment.

项目建成投产率 Rate of Construction Projects Completed and Put into Use

指一定时期内全部建成投产项目个数与同期施工项目个数的比率。该指标从建设单位建设速度的角度反映投资效果。

Refers to the ratio of the number of construction projects completed and put into use in a certain period of time to the number of projects under construction in the same period. This reflects the investment efficiency from the perspective of the speed of projects construction.

固定资产交付使用率 Rate of Projects of Fixed Assets Completed and Put into Operation

指一定时期新增固定资产与同期完成投资额的比率。该指标是反映固定资产动用速度，衡量建设过程中宏观投资效果的综合指标。由于新增固定资产是较长时期内形成的结果，而投资额则是当年完成的，因此，该指标一般适宜于反映较长时期内固定资产的动用情况。

Refers to the ratio of the newly increased fixed assets to the total investment made in the same period. This is a comprehensive indicator reflecting the speed of the employment of fixed assets and the investment efficiency at the macro-level. As the newly increase fixed assets is the result of a long period while the investment is completed in the current year, this indicator is expected to be used to reflect the employment of fixed assets over a long period of time.

财政收入 Government Revenue

指国家财政参与社会产品分配所取得的收入，是实现国家职能的财力保证。主要包括：

（1）各项税收：包括增值税、消费税、营业税、企业所得税、个人所得税、资源税、城市维护建设税、房产税、印花税、城镇土地使用税、土地增值税、车船税、船舶吨税、车辆购置税、关税、耕地占用税、契税、烟叶税等。

（2）非税收入：包括专项收入、行政事业性收费、罚没收入和其他收入。

Refers to income for the government finance through participating in the distribution of social products. It is the financial guarantee to ensure government functioning. The government revenue includes the following main items:

(1) Various tax revenues including domestic value added tax (VAT), domestic consumption tax, VAT and consumption tax from imports, VAT and consumption tax rebate for exports, business tax, corporate income tax, individual income tax, resource tax, city maintenance and construction tax, house property tax, stamp tax, urban

land use tax, land appreciation tax, tax on vehicles and boat operation, ship tonnage tax, vehicle purchase tax, tariffs, farm land occupation tax, deed tax, and tobacco tax, etc.

(2) Non-tax revenue, including special program receipts, charge of administrative and institutional units, penalty receipts and others non-tax receipts.

财政支出　Government Expenditure

国家财政将筹集起来的资金进行分配使用，以满足经济建设和各项事业的需要，主要包括：一般公共服务、外交、国防、公共安全、教育、科学技术、文化体育与传媒、社会保障和就业、医疗卫生与计划生育、节能环保、城乡社区、农林水、交通运输、资源勘探信息等、商业服务业等、金融、援助其他地区、国土海洋气象等、住房保障、粮油物资储备、政府债务付息等方面的支出。

Refers to the distribution and use of the funds which the government finance has raised, so as to meet the needs of economic construction and various undertakings. It includes the following main items: expenditure for general public services, expenditure for foreign affairs, expenditure for national defence expenditure for public security, expenditure for education, expenditure for science and technology, expenditure for culture, sport and media, expenditure for social safety net and employment effort, expenditure for medical and health care and family planning, expenditure for energy conservation and environment protection, expenditure for urban and rural community affairs, expenditure for agriculture, forestry and water conservancy, expenditure for transportation, expenditure for resource exploration and information, expenditure for affairs of commerce and services, expenditure for finance, aid to other regions, expenditure for land, ocean and weather, expenditure for housing security, expenditure for grain & oil reserves, interest payment for public debts.

一般公共预算收入　General Public Budget Revenue

指国家财政参与社会产品分配所取得的收入，是实现国家职能的财力保证。主要包括：（1）各项税收：包括国内增值税、国内消费税、进口货物增值税和消费税、出口货物退增值税和消费税、营业税、企业所得税、个人所得税、资源税、城市维护建设税、房产税、印花税、城镇土地使用税、土地增值税、车船税、船舶吨税、车辆购置税、关税、耕地占用税、契税、烟叶税等。（2）非税收入：包括专项收入、行政事业性收费、罚没收入和其他收入。财政收入按现行分税制财政体制划分为中央本级收入和地方本级收入。

Refers to income for the government finance through participating in the distribution of social products. It is the financial guarantee to ensure government functioning. The government revenue includes the following main items: (1) Various tax revenues including domestic value added tax (VAT), domestic consumption tax, VAT and consumption tax from imports, VAT and consumption tax rebate for exports, business tax, corporate income tax, individual income tax, resource tax, city maintenance and construction tax, house property tax, stamp tax, urban land use tax, land appreciation tax, tax on vehicles and boat operation, ship tonnage tax, vehicle purchase tax, tariffs, farm land occupation tax, deed tax, and tobacco tax, etc. (2) Non-tax revenue, including special program receipts, charge of administrative and institutional units, penalty receipts and others non-tax receipts.

一般公共预算支出　General Public Budget Expenditure

指国家财政将筹集起来的资金进行分配使用，以满足经济建设和各项事业的需要。主要包括：一般公共服务、外交、国防、公共安全、教育、科学技术、文化体育与传媒、社会保障和就业、医疗卫生与计划生育、节能环保、城乡社区、农林水、交通运输、资源勘探信息等、商业服务业等、金融、援助其他地区、国土海洋气象等、住房保障、粮油物资储备、政府债务付息等方面的支出。财政支出根据政府在经济和社会活动中的不同职权，划分为中央财政支出和地方财政支出。

Refers to the distribution and use of the funds which the government finance has raised, so as to meet the needs of economic construction and various undertakings. It includes the following main items: expenditure for general public services, expenditure for foreign affairs, expenditure for national defence expenditure for public security, expenditure for education, expenditure for science and technology, expenditure for culture, sport and media, expenditure for social safety net and employment effort, expenditure for medical and health care and family planning, expenditure for energy conservation and environment protection, expenditure for urban and rural community affairs, expenditure for agriculture, forestry and water conservancy, expenditure for transportation, expenditure for resource exploration and information, expenditure for affairs of commerce and services, expenditure for finance, aid to other regions, expenditure for land, ocean and weather, expenditure for housing security, expenditure for grain & oil reserves, interest payment for public debts. General public budget expenditure is divided into general public budget expenditure of central government and general public budget expenditure of local government according to the different functions of the governments played in economic and social activities.

中央一般公共预算收入和地方一般公共预算收入　General Public Budget Revenue of the Central Government and the Local Governments

属于中央一般公共预算的收入包括关税，进口货物增值税和消费税，出口货物退增值税和消费税，消费税，铁道部门、各银行总行、各保险公司总公司等集中缴纳的营业税和城市维护建设税，增值税 1 月 1 日-4 月 30 日 75%部分，5 月 1 日-12 月 31 日 50%部分，纳入共享范围的企业所得税 60%部分，未纳入共享范围的中央企业所得税、中央企业上交的利润，个人所得税 60%部分，车辆购置税，船舶吨税，证券交易印花税，海洋石油资源税，中央非税收入等。属于地方一般公共预算的收入包括营业税（不含铁道部门、各银行总行、各保险公司总公司集中缴纳的营业税），地方企业上缴利润，城市维护建设税（不含铁道部门、各银行总行、各保险公司总公司集中缴纳的部分），房产税，城镇土地使用税，土地增值税，车船税，耕地占用税，契税，烟叶税，印花税（不含证券交易印花税），增值税 1 月 1 日-4 月 30 日 25%部分，5 月 1 日-12 月 31 日 50%部分，纳入共享范围的企业所得税 40%部分，个人所得税 40%部分，海洋石油资源税以外的其他资源税，地方非税收入等。

The general public budget revenue of the Central Government includes tariff, VAT and consumption tax from imports, VAT and consumption tax rebate for exports, consumption tax, business tax and city maintenance and construct tax from the Ministry of Railways, head offices of banks, head offices of insurance company, which are handed over to the government in a centralized way, 75% of the value added tax from 1, Jan. to 30, July, 50% the share part of the corporate income tax from 1, May to 31, Dec., unshared part of corporate income tax of the central enterprises, profit handed in by the central enterprises, 60% of individual income tax, vehicle purchase tax, ship tonnage tax, stamp tax on securities transactions, resource tax on the offshore petroleum resources. The general public budget revenue of the local governments includes business tax (excluding the part of the Ministry of Railways, head offices of banks, head offices of insurance company, which are handed over to the government in a centralized way), profit handed in by the local enterprises, city maintenance and construct tax (excluding the part of the Ministry of Railways, head offices of banks, head offices of insurance company, which are handed over to the government in a centralized way), house property tax, urban land use tax, land appreciation tax, tax on vehicles and boat operation, farm land occupation tax, deed tax, and tobacco leaf tax, stamp tax (not including stamp tax on security exchange), the value added tax (25% from 1, Jan. to 30, July, 50% from 1, May to 31), 40% the share part of the corporate income tax, 40% of individual income tax, resource tax other than the tax on offshore petroleum resources, local non-tax revenue, etc.

中央一般公共预算支出和地方一般公共预算支出　General Public Budget Expenditure of the Central Government and Local Governments

指根据政府在经济和社会活动中的不同职责，划分中央和地方政府的责权，按照政府的责权划分确定的支出。中央一般公共预算支出包括一般公共服务，外交支出，国防支出，公共安全支出，以及中央政府调整国民经济结构、协调地区发展、实施宏观调控的支出等。地方一般公共预算支出包括一般公共服务，公共安全支出，地方统筹的各项社会事业支出等。

According to the different functions of the Central Government and local governments in economic and social activities, the rights of administration are demarcated between those of the Central Government and those of local governments; and the classification of the expenditure between the Central Government and local governments are made on the basis of the classification of the rights administration between them. The general public budget expenditure of the Central Government includes the expenditure for general public services, expenditure for foreign affairs, expenditure for public security, and the general public budget expenditure of the Central Government for adjusting the national economic structure; coordinating the development among different regions; and exercising macroeconomic regulation. The general public budget expenditure of the local governments includes mainly the expenditure for general public services, expenditure for public security, and expenditures for social development which are planned by local governments, etc.

居民消费价格指数 Consumer Price Indices

是反映一定时期内城乡居民所购买的生活消费品和服务项目价格变动趋势和程度的相对数，是对城市居民消费价格指数和农村居民消费价格指数进行综合汇总计算的结果。通过该指数可以观察和分析消费品的零售价格和服务项目价格变动对城乡居民实际生活费支出的影响程度。

Reflect the trend and degree of changes in prices of consumer goods and services purchased by urban and rural households during a given period. They are obtained by combining Consumer Price Indices of Urban Household and Consumer Price Indices of Rural Household. The Indices enable the observation and analysis of the degree of impact of the changes in the prices of retailed goods and services on the actual living expenses of urban and rural residents.

城市居民消费价格指数 Consumer Price Indices of Urban Household

是反映一定时期内城市居民家庭所购买的生活消费品价格和服务项目价格变动趋势和程度的相对数。通过该指数可以观察和分析消费品的零售价格和服务项目价格变动对城镇居民收入和消费支出的影响。

Reflect the trend and degree of changes in prices of consumer goods and services purchased by urban households during a given period. It can be used to observe and analyse the impact of price changes in consumer goods and services on urban household income and consumption expenditure.

农村居民消费价格指数 Consumer Price Indices of Rural Household

是反映一定时期内农村居民家庭所购买的生活消费品价格和服务项目价格变动趋势和程度的相对数。该指数可以观察农村消费品的零售价格和服务项目价格变动对农村居民收入和生活消费支出的影响。

Reflect the trend and degree of changes in prices of consumer goods and services purchased by rural households during a given period. It can be used to observe the impact of change in retail prices of consumer goods and service prices on rural household income and consumption expenditure on living.

商品零售价格指数 Retail Price Indices

是反映一定时期内城乡商品零售价格变动趋势和程度的相对数。商品零售价格的变动与国家的财政收入、市场供需的平衡、消费与积累的比例关系有关。因此，该指数可以从一个侧面对上述经济活动进行观察和分析。

Reflect the trend and degree of change in retail prices of commodities during a given period. The change in retail prices of commodities is related to government revenue, the equilibrium of market supply and demand, and the ratio of consumption to accumulation. Therefore, the retail price indices are useful from an oblique perspective for observing and analyzing the changes of the above economic activities.

农业生产资料价格指数 Price Indices for Means of Agricultural Production

指反映一定时期内农业生产资料价格变动趋势和程度的相对数。其编制目的是了解农业生产中投入物质资料价格的变动状况，服务于国民经济核算。1994 年以前，农业生产资料价格指数仅仅是商品零售价格指数的一个类别，此后，从商品零售价格指数中分离出来，单独编制。

Reflect the trend and degree of changes in the prices of the means of agricultural production during a given period. Compilation of these indices helps to understand the price changes of material input in agricultural production and facilitate the compilation of national accounts. Before 1994, price indices for means of agricultural production were a sub-category in the retail price indices for commodities, and it has been compiled separately since 1994.

工业生产者出厂价格指数 Producer Price Indices for Industrial Products

是反映一定时期内全部工业产品出厂价格总水平的变动趋势和程度的相对数，包括工业企业售给本企业以外所有单位的各种产品和直接售给居民用于生活消费的产品。该指数可以观察出厂价格变动对工业总产值及增加值的影响。

Reflect the trend and degree of changes in general ex-factory prices of all manufactured goods during a given period, including sales of manufactured goods by an industrial enterprise to all units outside the enterprise, as well as sales of consumer goods to residents. It can be used to analyze the impact of ex-factory prices on gross output value and value-added of the industrial sector.

城乡一体化住户收支与生活状况调查指标解释　Integrated Urban and Rural Households Survey on Income and Expenditures and Living Conditions

从 2012 年四季度起，国家统计局对分别进行的城乡住户调查实施了一体化改革，规范了城乡划分范围，统一了城乡居民收入指标名称、分类和统计标准，建立了城乡统一的一体化住户调查，并据此采集全国居民有关数据。

（1）居民可支配收入

居民可支配收入指居民可用于最终消费支出和储蓄的总和，即居民可用于自由支配的收入。既包括现金收入，也包括实物收入。按照收入的来源，可支配收入包含四项，分别为：工资性收入、经营净收入、财产净收入和转移净收入。

工资性收入　指就业人员通过各种途径得到的全部劳动报酬和各种福利，包括受雇于单位或个人、从事各种自由职业、兼职和零星劳动得到的全部劳动报酬和福利。

经营净收入　指住户或住户成员从事生产经营活动所获得的净收入，是全部经营收入中扣除经营费用、生产性固定资产折旧和生产税之后得到的净收入。计算公式为：

经营净收入=经营收入-经营费用-生产性固定资产折旧-生产税

财产净收入　指住户或住户成员将其所拥有的金融资产、住房等非金融资产和自然资源交由其他机构单位、住户或个人支配而获得的回报并扣除相关的费用之后得到的净收入。财产净收入包括利息净收入、红利收入、储蓄性保险净收益、转让承包土地经营权租金净收入、出租房屋净收入、出租其他资产净收入和自有住房折算净租金等。财产净收入不包括转让资产所有权的溢价所得。

转移净收入　计算公式为：转移净收入=转移性收入-转移性支出

转移性收入　指国家、单位、社会团体对住户的各种经常性转移支付和住户之间的经常性收入转移。包括养老金或退休金、社会救济和补助、政策性生产补贴、政策性生活补贴、救灾款、经常性捐赠和赔偿、报销医疗费、住户之间的赡养收入，本住户非常住成员寄回带回的收入等。转移性收入不包括住户之间的实物馈赠。

转移性支出　指调查户对国家、单位、住户或个人的经常性或义务性转移支付。包括缴纳的税款、各项社会保障支出、赡养支出、经常性捐赠和赔偿支出以及其他经常转移支出等。

（2）居民消费支出

居民消费支出是指居民用于满足家庭日常生活消费需要的全部支出，既包括现金消费支出，也包括实物消费支出。消费支出可划分为食品烟酒、衣着、居住、生活用品及服务、交通通信、教育文化娱乐、医疗保健以及其他用品及服务八大类。

食品烟酒　指用于各种食品和烟草、酒类的支出。

衣着　指与居民穿着有关的支出，包括服装、服装材料、鞋类、其他衣类及配件、衣着相关加工服务的支出。

居住　指与居住有关的支出，包括房租、水、电、燃料、物业管理等方面的支出，也包括自有住房折算租金。

生活用品及服务　指家庭及个人的各类生活品及家庭服务。包括家具及室内装饰品、家用器具、家用纺织品、家庭日用杂品、个人用品和家庭服务。

交通通信　指用于交通和通信工具及相关的各种服务费、维修费和车辆保险等支出。

教育文化娱乐　指用于教育、文化和娱乐方面的支出。

医疗保健　指用于医疗和保健的药品、用品和服务的总费用。包括医疗器具及药品，以及医疗服务。

其他用品及服务 指无法直接归入上述各类支出的其他用品与服务支出。

Since the fourth quarter of 2012, the NBS has launched its reform on the household survey programme, to form an integrated survey, instead of the two separate urban and rural household surveys. The reform regulates the division of urban and rural areas, integrates the concepts, classifications and standards, conducts the integrated household survey, and collects household data in the whole country thereafter.

(1) Disposable Income of Households

Disposable Income of Households refers to the income of households for purpose of final expenditure and savings. It includes income both in cash and in kind. By sources of income, disposable income includes four categories: income from wages and salaries, net business income, net income from properties and net income from transfer.

Income from Wages and Salaries refers to remuneration of labour and salaries from all kinds of sources, including those employed by other units or individuals, freelance work, part-time jobs, and sporadic labour.

Net Business Income refers to net income earned by households and their members engaged in production and business activities. It refers to the net income of operating revenue minus operating costs, depreciation of productive fixed assets, and production tax. The formula is:

Net Business Income = Operating Revenue - Operating Costs - Depreciation of Productive Fixed Assets - Production Tax

Net Income from Properties refers to the net income received as returns by households or members of financial assets, non-financial assets such as housing, to other institutions, households or individuals, and minus relevant costs. Net income from properties includes net income of interest, bonus income, net income of saving insurance, net income of rents of transferring management right of contract land, income of renting housing, income of renting other assets, net converted rents of self-owned housing. Net income from properties do not include premium of transferring ownership of assets.

Net Income from Transfer the formula is:

Net Income from Transfer = Income from Transfers - Expenditure from Transfer

Income from Transfer refers to the regular transfer from country, institutions, social communities to households and between households. It includes old-age and retirement pension, disaster relief funds, regular donation and compensation, applying for medical fees, supporting income between households, income from non-usual-residing members of households, etc. Income from transfer do not include presents in kinds between households.

Expenditure from Transfer refers to regular or deontic transfer from households to country, institutions, households or individuals. It includes taxes paid, expenditure of all kinds of social security, supporting expenditure, regular donation and compensation and other regular transfer expenditure, etc.

(2) Consumption Expenditure of Households

Consumption Expenditure of Households refers to all expenditure of households for living expenditure to satisfy family daily living. It includes expenditure in cash and in kind. It includes eight categories: food, tobacco and liquor; clothing; residence; household facilities, articles and services; transport and communications; education, cultural and recreational activities; health care and medical services, and miscellaneous goods and services.

Food, Tobacco and Liquor refers to expenditure for food, tobacco and liquor of all kinds.

Clothing refers to expenditure related to clothing, including clothes, clothing materials, footwear, other clothing and accessories, processing services related to clothing.

Residence refers to expenditure related to residence, including housing rents, water, electricity, fuel, property management, and including converted self-owned housing rents.

Household Facilities, Articles and Services refers to expenditure for family and individual articles for living purpose and family services. It includes furniture and interior decoration, home appliances, home textiles, household miscellaneous daily articles, personal articles, and family services.

Transport and Communications refers to expenditure for transport and communication and related services, maintenance and repairs, and vehicle insurance.

Education, Cultural and Recreational Activities refers to expenditure on education, cultural and recreational activities.

Health Care and Medical Services refers to expenditure on drugs, supplies and services of medical and health care. It includes medical appliances and drugs, and medical services.

Miscellaneous Goods and Services refers to expenditure of all kinds of expenditure of other articles and services that cannot divided into the category above.

2012 年及以前的分城镇和农村住户调查指标解释 Explanatory on Indicators before 2012

2012 年及以前年份，中国的住户调查一直分城乡分别开展。由于分别调查，农村与城镇居民收入、支出等指标的统计口径有所不同，数据也不完全可比，城镇调查城镇居民可支配收入，农村调查农村居民纯收入。城镇居民收入与支出数据，指现金收入或现金支出，不包括实物收支；其中，计算城镇居民人均可支配收入和消费支出时，不包括自有住房折算租金，也不包括购建房支出。农村居民收入与支出数据，分为总收支和现金收支，即农村居民的总收支部分包括了自产自用的实物收支；其中，计算农村居民人均纯收入和消费支出时，也不包括自有住房折算租金，但农村居民居住消费支出中，包括了购建房支出。

为了保持历史数据的可比，本年鉴中 2012 年及以前年份的数据和指标解释仍保持了原城镇住户调查和农村住户调查方案的原貌。

（1）城镇住户调查

城镇家庭人口 指居住在一起，经济上合在一起共同生活的家庭成员。凡计算为家庭人口的成员其全部收支都包括在本家庭中。

城镇居民家庭可支配收入 指家庭成员得到可用于最终消费支出和其他非义务性支出以及储蓄的总和，即居民家庭可以用来自由支配的收入。它是家庭总收入扣除交纳的个人所得税、个人交纳的社会保障支出以及记账补贴后的收入。计算公式为：

城镇居民家庭可支配收入=家庭总收入-交纳个人所得税-个人交纳的社会保障支出-记账补贴

（2）农村住户调查

农村住户 指农村常住户。农村常住户指长期(一年以上)居住在乡镇(不包括城关镇)行政管理区域内的住户，以及长期居住在城关镇所辖行政村范围内的农村住户。户口不在本地而在本地居住一年及以上的住户也包括在本地农村常住户范围内；有本地户口，但举家外出谋生一年以上的住户，无论是否保留承包耕地都不包括在本地农村住户范围内。

农村居民家庭纯收入 指农村住户当年从各个来源得到的总收入相应地扣除所发生的费用后的收入总和。计算公式为：

农村居民家庭纯收入=总收入-家庭经营费用支出-税费支出-生产性固定资产折旧-赠送农村内部亲友

纯收入主要用于再生产投入和当年生活消费支出，也可用于储蓄和各种非义务性支出。“农民人均纯收入”是按人口平均的纯收入水平，反映的是一个地区农村居民的平均收入水平。

Prior to 2012, household surveys in China were conducted separately in urban and rural areas. Statistical coverage of indicators of household income and expenditure of urban and rural households were different, data were not comparable completely. Disposable income was surveyed in urban households, and net income was surveyed in rural households. Income and expenditure of urban households refer to that in cash, not including physical payments; Among which, when calculating per capita disposable income and consumption, self-owned housing conversion rental is not included, and expenditure of purchasing housing is not included either. Income and expenditure of rural households are divided into that of total and in cash, that is, total income and expenditure include self-occupied physical payments; Among which, when computing per capita net income and expenditure of rural households, self-owned housing conversion rental is not included, but purchasing of housing is included in consumption expenditure of rural households.

For comparable reason, data prior to 2012 in this yearbook were still original urban households and rural households survey.

(1) Urban Household Survey

Population of Urban Households refer to members of households living and sharing economically together in the urban areas. All the income and expenditure of all the members of such households are included in the income and expenditure of the household.

Disposable Income of Urban Households refers to the actual income at the disposal of members of the households which can be used for final consumption, other non-compulsory expenditure and savings. This equals to total income minus income tax, personal contribution to social security and subsidy for keeping diaries in being a sample household. The following formula is used:

Disposable Income of Urban Households = total household income - income tax - personal contribution to social security - subsidy for keeping diaries for a sampled household

(2) Rural Households

Rural Households refer to usual resident households in rural areas. Usual resident households in rural areas are households residing on a long term basis (for more than one year) in the areas under the administration of township governments (not including county towns), and in the areas under the administration of villages in county towns. Households residing in the current addresses for over one year with their household registration in other places are still considered as resident households of the locality. For households with their household registration in one place but all members of the households having moved away to make a living in another place for over one year, they will not be included in the rural households of the area where they are registered, irrespective of whether they still keep their contracted land.

Net Income of Rural Households refers to the total income of rural households from all sources minus all corresponding expenses. The formula for calculation is as follows:

Net income of rural households = total income - household operation expenses - taxes and fees - depreciation of fixed assets for production - gifts to rural relatives.

Net income is mainly used as input for reinvestment in production and as consumption expenditure of the year, and also used for savings and non-compulsory expenses of various forms. "Per capita net income of farmers" is the level of net income averaged by population, reflecting the average income level of rural population in a given area.

农林牧渔业总产值　Gross Output Value of Agriculture, Forestry, Animal Husbandry and Fishery

指以货币表现的农、林、牧、渔业全部产品和对农林牧渔业生产活动进行的各种支持性服务活动的价值总量，它反映一定时期内农林牧渔业生产总规模和总成果。1957 年以前的农林牧渔业总产值中包括了厩肥和农民自给性手工业(如农民自制衣服、鞋、袜，自己从事粮食初步加工等)。1958 年及以后，林业中增加了村及村以下竹木采伐产值；牧业中取消了厩肥产值；副业中取消了农民自给性手工业产值，增加了村及村以下办的工业产值； 渔业中增加了海洋捕捞水产品产值。1980 年及以后，在副业中增加了农民家庭兼营工业商品部分的产值。从 1984 年起村及村以下工业产值划归工业。从 1993 年起取消副业，将野生动物的捕猎划入牧业，野生植物采集和农民家庭兼营商品性工业划归农业。从 2003 年起，执行新的国民经济行业分类标准，农林牧渔业总产值中包括了农林牧渔服务业产值。林业中增加了森林采运业产值。农业中取消了家庭兼营商品性工业产值，将野生林产品的采集划归林业。第一次农业普查以后，由于畜牧业产品年报数据与普查数据之间存在一定的差距，根据农业普查结果，对畜牧业年报数据和畜牧业产值进行了修正。2010 年执行《统计用产品分类目录》，对 2009 年的农业、林业产值做了相应调整。

农林牧渔业总产值的计算方法通常是按农、林、牧、渔业产品及其副产品的产量分别乘以各自单位产品价格求得；少数生产周期较长，当年没有产品或产品产量不易统计的，则采用间接方法匡算其产值；然后将四业产品产值及农林牧渔服务业产值相加即为农林牧渔业总产值。

Refers to the total value of products of agriculture, forestry, animal husbandry and fishery, and total value of services in support of agriculture, forestry, animal husbandry and fishery activities. It reflects the total scale and results of agricultural production during a given period. Prior to 1957, China's gross agricultural output value included barnyard manure and handicraft products for self-consumption (clothes, shoes, stockings, and initial grain processing undertaken by peasants). Since 1958, cutting and felling of bamboo and trees by villages and other cooperative organizations under villages have been included in forestry; value of barnyard manure has been excluded from animal husbandry; self-consumed handicrafts have not been included from side-line occupations, while the output value of industries run by villages and cooperative organizations under village has been included in side-line occupations; and the output value of fish catches by motor fishing boats has been added to fishery. Since 1980, the value of handicraft products made for sale by individuals in households has been added to side-line occupations. Since 1984, industries run by villages and under villages have been included in the sector of industry. Since 1993, the subdivision of side-line occupations has been cancelled, and the hunting of wild animals has been classified into animal husbandry, and the gathering of wild plants and commodity industry run by rural household have been included in farming. A new industrial classification of economic activities was introduced in 2003. Under the new classification, value of services to agriculture, forestry, animal husbandry and fishery is included in the gross output value of agriculture, value of wood felling and transport is included in forestry, value of industrial output by rural households is not included in agriculture. The First Agriculture Census of China revealed some discrepancy between the production of animal products from the annual reports and that from the census. According to the result of the First Agriculture census, efforts were made to adjust the annual reports of animal husbandry output and the output value of animal husbandry to make the figures from the annual reports consistent with the census data. “The Classification of Products for Statistical Purposes” implemented in 2010 made relevant revision on the output value of agriculture and forestry in 2009.

Gross output value of agriculture is obtained by multiplying the output of each product or by-product by its price, resulting in the output value of each single item. For a small number of products, annual output of which is not available or difficult to get due to the long production (growing) process involved, the output value is estimated through an indirect approach. The sum of output values of all products of agriculture, forestry, animal husbandry and fishery and services in support to those industries is then equal to the gross output value of agriculture.

粮食产量　Grain Output

指农业生产经营者日历年度内生产的全部粮食数量。按收获季节包括夏收粮食、早稻和秋收粮食，按作物品种包括谷物、薯类和豆类。其产量计算方法：谷物按脱粒后的原粮计算，豆类按去豆荚后的干豆计算；薯类(包括甘薯和马铃薯，不包括芋头和木薯)1963 年以前按每 4 公斤鲜薯折 1 公斤粮食计算，从 1964 年开始改为按 5 公斤鲜薯折 1 公斤粮食计算，2014 年开始按鲜薯计算；城市郊区作为蔬菜的薯类(如马铃薯等)按鲜品计算，并且不作粮食统计。1989 年以前全国粮食产量数据主要靠全面报表取得，1989 年开始使用抽样调查数据。

Refers to the total output of grains produced by agricultural producers within a calendar year. It includes summer grain, early rice and autumn grain if classified by harvest seasons; it covers cereal, tubers and beans if classified by type of crops. Output of cereal should be limited to husked grain only. Output of beans refers to dry beans without pods. The output of tubers (sweet potatoes and potatoes, not including taros and cassava) are converted into that of grain at the ratio 4∶1, i.e. 4 kilograms of fresh tubers were equivalent to 1 kilogram of grain up to 1963. Since 1964 the ratio for conversion has been 5∶1, and Starting from 2014, the ratio for conversion has been 1∶1. Tubers supplied as vegetables (such as potatoes) in cities and suburbs are calculated as fresh vegetables and their output is not included in the output of grain. Data on grain production before 1989 were obtained through the Comprehensive Statistical Reporting System. Since 1989, data from sample surveys are used.

油料产量　Output of Oil-bearing Crops

指全部油料作物的生产量。包括花生、油菜籽、芝麻、向日葵籽、胡麻籽（亚麻籽）和其他油料。不包括大豆、木本油料和野生油料。花生以带壳干花生计算。

Refers to the total production of oil-bearing crops of various kinds, including peanuts (dry, in shell), rapeseeds, sesame, sunflower seeds, flax seeds, and other oil-bearing crops. Soybeans, oil-bearing woody plants, and wild oil-bearing crops are not included.

猪、牛、羊肉产量　Output of Pork, Beef, and Mutton

指当年出栏并已屠宰、除去头蹄下水后带骨肉(即胴体重)的重量。包括全社会范围内的产量。1996 年以前为全面统计并逐级上报数据。1996 年第一次农业普查以后，根据普查结果，对畜牧业主要年报数据进行了修正。1999 年以后，国家统计局在部分地区开展了猪、牛、羊、禽等主要畜禽品种的抽样调查，并用抽样数据作为国家定案数据使用。未开展抽样调查的地区和品种，仍使用各级统计部门逐级上报数据。2007 年，根据第二次农业普查结果，对 2000—2006 年畜牧业主要年报数据进行了修正。2008 年，建立了主要畜禽监测调查制度，猪、牛、羊、禽等主要畜禽数据均以抽样调查数为法定数据。

Refers to the meat of slaughtered hogs, cattle, sheep and goats with head, feet, and offal taken away. Data refers to the production of the whole country. Before 1996, it was a comprehensive reporting from the lower level to the upper one. The First Agricultural Census of China in 1996 revealed some discrepancy between the production of animal products from the annual reports and that from the census. Efforts were made to adjust the output value of animal husbandry to make the figures from the annual reports consistent with the census data. Since 1999, the NBS conducted sample surveys for the major animal husbandry products, such as hogs, cattle, sheep and goats and fowls, and the data from sample surveys are used as national finalized data. Those products, which are not covered by the sample survey, are still reported by statistical agencies level by level. In 2007, the data on animal husbandry from 2000 to 2006 were revised according to the results of the Second Agriculture Census of China. In 2008, A Monitoring and Survey Program was set up on main livestock, the data on the main livestock such as hog, cattle, sheep and poultry became the official data based on the sampling survey.

期初(末)畜禽存栏头(只)数　Number of Livestock or Poultry in Stock at Beginning (or End) of Period

指报告期初(末)农村各种合作经济组织和国有农场、农民个人、机关、团体、学校、工矿企业、部队等单位以及城镇居民饲养的大牲畜、猪、羊、家禽等畜禽的数量。数据上报方式及数据调整情况同猪、牛、羊肉产量。

Refers to the total number of large animals, pigs, sheep, fowls, etc. raised by rural cooperative organizations, State farms, rural individuals, government agencies, schools, industrial and mining enterprises, army, and urban residents at the beginning (or end) of the reference period. Data reporting system and data adjustment are the same as that in the output of pork, beef and mutton.

农作物播种面积　Sown Area of Crops

指农业生产经营者应在日历年度内收获农作物在全部土地（耕地或非耕地）上的播种或移植面积。凡是本年内收获的农作物，无论是本年还是上年播种，都算为播种面积，但不包括本年播种，下年收获的农作物面积。

Refers to area of all land (cultivated or non-cultivated area) sown or transplanted with crops that are harvested within the calendar year by agricultural producers. All crops harvested within the year are counted as sown area, regardless of being sown in this year or the previous year. Crops sown this year but will be harvested in the coming year are excluded.

耕地面积　Cultivated Area (Area under cultivation)

指年初可以用来种植农作物、经常进行耕锄的田地，除包括熟地、当年新开荒地、连续撂荒未满三年的耕地和当年的休闲地（轮歇地），还包括以种植农作物为主并附带种植桑树、茶树、果树和其他林木的土地，以及沿海、沿湖地区已围垦利用的“海涂”“湖田”等面积。但不包括属于专业性的桑园、茶园、果园、果木苗圃、林地、芦苇地、天然或人工草地面积。

Refers to farmland which is plowed constantly for growing crops, including cultivated land, newly cultivated land in the current year, farmland left without cultivation for less than three years and fallow land in the current year, rotation land, rotation land of grass and crops, farmland with some fruit trees, mulberry trees and other trees and cultivated seashore land, lake land, and etc. The land of mulberry fields, tea plantations, orchards, nurseries of young plants, forest land, reed land, natural and man-made grassland and other land are not included in cultivated land.

耕地灌溉面积　Irrigated Area of Cultivated Land

指具有一定的水源，地块比较平整，灌溉工程或设备已经配套，在一般年景下能够进行正常灌溉的耕地面积。在一般情况下，耕地灌溉面积应等于灌溉工程或设备已经配套，能够进行正常灌溉的水田和水浇地面积之和。

Refers to area of land that are effectively irrigated, i.e. relatively level land, where there are water sources or complete sets of irrigation facilities to lift and move adequate water for irrigation purpose under normal conditions. Under normal situations, irrigated area of cultivated land is the sum of watered fields and irrigated fields where irrigation systems or equipment have been installed for regular irrigation purpose.

农用化肥施用量 Consumption of Chemical Fertilizers in Agriculture

指本年内实际用于农业生产的化肥数量，包括氮肥、磷肥、钾肥和复合肥。化肥施用量要求按折纯量计算数量。折纯量是指把氮肥、磷肥、钾肥分别按含氮、含五氧化二磷、含氧化钾的百分之百成分进行折算后的数量。复合肥按其所含主要成分折算。公式为：

折纯量=实物量×某种化肥有效成分含量的百分比

Refers to the quantity of chemical fertilizers applied in agriculture in the year, including nitrogenous fertilizer, phosphate fertilizer, potash fertilizer, and compound fertilizer. The consumption of chemical fertilizers is calculated in terms of volume of effective components by means of converting the gross weight of the respective fertilizers into weight containing effective component (e.g. nitrogen content in nitrogenous fertilizer, phosphorous pentoxide contents in phosphate fertilizer, and potassium oxide contents in potash fertilizer). Compound fertilizer is converted in regard to its major components. The formula is:

Volume of effective component = physical quantity × effective component of certain chemical fertilizer (%)

农业机械总动力 Total Power of Agricultural Machinery

指全部农业机械动力的额定功率之和。农业机械是指用于种植业、畜牧业、渔业、农产品初加工、农用运输和农田基本建设等活动的机械及设备。农机总动力按使用能源不同分为以下四部分：

柴油发动机动力：指全部柴油发动机额定功率之和；

汽油发动机动力：指全部汽油发动机额定功率之和；

电动机动力：指全部电动机（含潜水电泵的电动机）额定功率之和；

其他机械动力：指采用柴油、汽油、电力之外的其他能源，如水力、风力、煤炭、太阳能等动力机械功率之和。

这个指标的统计数据主要来源于农机部门。

Refers to the total rated capacity of all agricultural machinery. Agricultural machinery refers to the machineries and equipments which are used for activities of planting, animal husbandry, fishery, primary processing of agricultural products, agricultural transport and infrastructure construction of farmland. Total power of agricultural machinery is grouped into four parts according to the energy used:

Diesel engine power refers to the total rated capacity of all diesel engines.

Gasoline engine power refers to the total rated capacity of all gasoline engines.

Motor power refers to the total rated capacity of all motors (include submersible pump motors).

Other mechanical powers refer to the total mechanical capacity of the sources of energy besides diesel, gasoline and motor power, such as hydro power, wind power, coal and solar energy.

Data are mainly from agricultural machinery agencies.

工业 Industry

指从事自然资源的开采，对采掘品和农产品进行加工和再加工的物质生产部门。具体包括：(1)对自然资源的开采，如采矿、晒盐等(但不包括禽兽捕猎和水产捕捞)；(2)对农副产品的加工、再加工，如粮油加工、食品加工、缫丝、纺织、制革等；(3)对采掘品的加工、再加工，如炼铁、炼钢、化工生产、石油加工、机器制造、木材加工等，以及电力、燃气及水的生产和供应等；(4)对工业品的修理、翻新，如机器设备的修理等。

工业统计调查单位为工业法人单位。

工业法人单位指从事工业生产经营活动的法人单位。工业法人单位应同时具备以下条件：①依法成立，有自己的名称、组织机构和场所，能够独立承担民事责任；②独立拥有（或授权）使用资产，承担负债，有权与其他单位签订合同；③具有包括资产负债表在内的账户，或者能够根据需要编制账户。

Refers to the material production sector which is engaged in the extraction of natural resources and processing and reprocessing of minerals and agricultural products, including (1) extraction of natural resources, such as mining, salt production (but not including hunting and fishing); (2) processing and reprocessing of farm and side-line produces, such as grain and oil processing, food processing, silk reeling, spinning and weaving and leather making; (3) processing and reprocessing of mineral products, such as steel making, iron smelting, chemicals manufacturing, petroleum processing, machine building, timber processing, and production and supply of electricity, gas and water; (4) repairing and renovating of industrial products such as the machinery.

In industrial surveys, the units of enquiry are industrial corporate units.

Industrial corporate units refer to corporate units engaging in industrial production and operation activities, which meet the following requirements: (1) They are established legally, having their own names, organizations, location, and are able to take civil liability independently; (2) They possess (or are authorized to use) assets independently, assume liabilities and are entitled to sign contracts with other units; (3) They have accounts including the balance sheets or can compile the accounts according to the need.

国有控股企业　State-holding Enterprises

即原来的国有及国有控股企业，根据企业实收资本中国有经济成分的出资人的实际投资情况，或国有经济成分的出资人对企业资产的实际控制、支配程度进行分类。以下情况为国有控股：（1）在企业的全部实收资本中，国有经济成分的出资人拥有的实收资本（股本）所占企业全部实收资本（股本）的比例大于50%的国有绝对控股。（2）在企业的全部实收资本中，国有经济成分的出资人拥有的实收资本（股本）所占比例虽未大于 50%，但相对大于其他任何一方经济成分的出资人所占比例的国有相对控股；或者虽不大于其他经济成分，但根据协议规定拥有企业实际控制权的国有协议控股。（3）投资双方各占 50%，且未明确由谁绝对控股的企业，若其中一方为国有经济成分的，一律按国有控股处理。

Cover the original state-owned enterprises and state-holding enterprises. They are classified according to the actual investment made by the contributor of state-owned part in the paid-in capital of the enterprises, or the degree of control or dominance of the contributor on the assets of the enterprises. The following cases are regarded as state-holding: (1) Absolute state-holding in which the contributors of state-owned parts possess more than 50% of all the paid-in capital (stocks) of the enterprises; (2) Relative state-holding in which the contributors of state-owned parts possess no more than 50% of the paid-in capital (stocks) of the enterprises, but more than that of any other contributors; or Agreed state-holding in which the contributors of state-owned parts possess no more than other contributors but have actual control over the enterprises according to agreements; (3) In the case both contributors possess 50% and it is not clear which one is in absolute holding position, the enterprise is regarded as state-holding enterprise if one of the contributor has state-owned elements.

资产总计　Total Assets

指企业过去的交易或者事项形成的、由企业拥有或者控制的、预期会给企业带来经济利益的资源。资产一般按流动性分为流动资产和非流动资产。其中流动资产可分为货币资金、交易性金融资产、应收票据、应收账款、预付款项、其他应收款、存货等；非流动资产可分为长期股权投资、固定资产、无形资产及其他非流动资产等。来源于会计“资产负债表”中“资产总计”项目的期末余额数。

Refers to all resources that are owned or controlled by enterprises through previous trades or transactions with expectation of making economic profits. Classified by the degree of liquidity, total assets include current assets and non-current assets. Current assets can be classified into monetary capital, trading financial assets, notes receivable, accounts receivable, advanced payments, other receivables and inventories. Non-current assets can be divided into long-term equity investment, fixed assets, intangible assets and other non-current assets. Data on this indicator can be obtained from the year-end figures of total assets in the Balance Sheet of accounting records.

流动资产合计　Total Current Assets

资产满足以下条件之一应归为流动资产：（1）预计在一个正常营业周期中变现、出售或耗用，主要包括存货、应收账款等；（2）主要为交易目的而持有；（3）预计在资产负债表日起一年内（含一年）变现；（4）自资产负债日起一年内，交换其他资产或清偿负债的能力不受限制的现金或现金等价物。包括货币资金、应收票据、应收账款、存货等项目。来源于会计“资产负债表”中“流动资产合计”项目的期末余额数。

Refers to the assets that meet one of the following requirements: (1) expected to be cashed, sold or used in a normal operation cycle, mainly including inventory and accounts receivable; (2) be owned for trading purpose mainly; (3) expected to be cashed in one year (including one year) from the day of the Balance Sheet; (4) unlimited cash or cash equivalents that can be exchanged with other assets or being capable of settling debts during one year since the day of the Balance Sheet. Included are monetary capital, notes receivable, accounts receivable and inventories. Data on this indicator can be obtained from the year-end figures of total current assets in the Balance Sheet of accounting records.

负债合计　Total Liabilities

指企业过去的交易或者事项形成的，预期会导致经济利益流出企业的现时义务。负债一般按偿还期长短分为流动负债和非流动负债。来源于会计“资产负债表”中“负债合计”项目的期末余额数。

Refers to payable liabilities of enterprises that accumulated from previous trades or transactions with expectation of economic profits leaking out. In terms of payment, it can be divided into liquid liabilities and long-term liabilities. Data on this indicator can be obtained from the year-end figures of total liabilities in the Balance Sheet of accounting records.

主营业务收入　Revenue from Principal Business

指企业确认的销售商品、提供劳务等主营业务的收入。来源于会计“主营业务收入”科目的期末贷方余额（结转前）。

Refers to the income confirmed of an enterprise from the principal business of selling products and providing labor services. Data on this indicator can be obtained from the year-end credit balance of “revenue from principal business” in the accounting record of enterprise (before carryover).

主营业务成本　**Cost of Principal Business**

指企业经营主要业务所发生的成本总额。来源于会计“主营业务成本”科目的期末借方余额（结转前）。

Refers to the total cost occurred from the principal business of the enterprise. Data can be obtained from the year-end debit balance of “cost of principal business” in the accounting record of enterprise (before carryover).

销售费用　Selling Expense

指企业在销售商品和材料、提供劳务的过程中发生的各种费用，包括保险费、包装费、展览费和广告费、商品维修费、预计产品质量保证损失、运输费、装卸费等以及为销售本企业商品而专设的销售机构（含销售网点、售后服务网点等）的职工薪酬、业务费、折旧费等经营费用。

Refers to the cost during the sale of goods and materials, providing labour services, including insurance, packing, exhibition fees and advertising fees, merchandise maintenance costs, expected product quality guarantee loss, transportation fees, handling fees, and operating expenses for the sales of the company's products such as employee compensation, business expenses, depreciation costs for dedicated sales offices (including sales outlets, after-sales service outlets, etc.).

管理费用　Administrative Expense

指企业为组织和管理企业生产经营所发生的费用，包括企业在筹建期间内发生的开办费、董事会和行政管理部门在企业经营管理中发生的，或者应当由企业统一负担的公司经费等。来源于会计“利润表”中“管理费用”项目的本期金额数。

Refers to the expenses for the organization and management of enterprise operating, including the start-up costs during the construction of enterprises, funds occurred during enterprises operating by board of directors and executive management in the enterprise management, or burden by enterprises. It comes from current amount of management cost in income statement.

财务费用　Financial Expenses

指企业为筹集生产经营所需资金等而发生的筹资费用，包括企业生产经营期间发生的利息支出（减利息收入）、汇兑损失（减汇兑收益）以及相关的手续费等。来源于会计“利润表”中“财务费用”项目的本期金额数。

Refers to cost of raising fund for enterprises to raise funds for production and operation, including interest payments (a reduction in interest income), exchange loss (less exchange gains) and related fees during the period of production. It comes from current amount of financial expenses in income statement.

利润总额　Total Profits

指企业在一定会计期间的经营成果，是生产经营过程中各种收入扣除各种耗费后的盈余，反映企业在报告期内实现的盈亏总额。来源于会计“利润表”中“利润总额”项目的本期金额数。

Refers to the operation results in a certain accounting period, and it is the balance of various incomes minus various spendings in the course of operation, reflecting the total profits and losses of enterprises in reference period. Data are obtained from the amount of total profits in the profit statement of the accounting record of enterprise.

平均用工人数 Annual Average Employees

指报告期企业平均实际拥有的、参与本企业生产经营活动的人员数。

Refers to the number of persons engaged in the enterprise production and operation activities in the reporting period, which are actually owned by the enterprise.

建筑业统计单位　Statistical Unit in Construction Industry

指从事房屋、构筑物建造和设备安装活动的法人企业。建筑业法人企业应具有建筑业资质并能够独立核算，同时还应具备以下条件：①依法成立，有自己的名称、组织机构和场所，能够承担民事责任；②独立拥有和使用资产，承担负债，有权与其他单位签订合同；③独立核算盈亏，能够编制资产负债表。

Refers to a corporate enterprise engaged in the construction of buildings and structures and in the installation of equipment. A corporate construction enterprise should have qualification certificates with independent accounting system, and should meet the following 3 requirements: a) being set up in line with relevant legal basis, having its full name, organization and location, and capable of taking civil liabilities; b) independently possessing and using its assets and assuming its liabilities, and entitled to sign contracts with other institutions; and c) making independent accounts of its profits and losses, and capable of compiling its own balance sheet.

建筑业总产值　Gross Output Value of Construction

是以货币形式表现的建筑业企业在一定时期内生产的建筑业产品和提供服务的总和。建筑业总产值包括：

⑴建筑工程产值：指列入建筑工程预算内的各种工程价值。

⑵安装工程产值：指设备安装工程价值，不包括被安装设备本身的价值。

⑶其他产值：建筑业总产值中除建筑工程、安装工程以外的产值。包括房屋构筑物修理产值、非标准设备制造产值、总包企业向分包企业收取的管理费以及不能明确划分的施工活动所完成的产值。

a.房屋构筑物修理产值：指房屋和构筑物修理所完成的产值，但不包括被修理房屋、构筑物本身价值和生产设备的修理价值。

b.非标准设备制造产值：指加工制造没有定型的非标准生产设备的加工费和原材料价值(如化工厂、炼油厂用的各种罐、槽，矿井生产统一使用的各种漏斗、三角槽、阀门等)以及附属加工厂为本企业承建工程制作的非标准设备的价值。

Refers to total of construction products and services, expressed in money terms, produced or rendered by construction and installation enterprises during a given period of time. It includes:

(1) Output value of construction projects: the value of projects covered by the project budgets;

(2) Output value of installation projects: the value of the installation of equipment, (excluding the value of the equipment to be installed);

(3) Other output values: the output value of construction industry apart from that of construction projects and installation projects. It includes: output value of repair of buildings and structures; output value of non-standard equipment manufacturing; overhead expenses received by contracted enterprises from the sub-contracted enterprises and the completed output value of construction activities for which there is no clear definition.

a. Output value of repair of buildings and structures: the value created through the repairs of buildings or structures. It does not include the value of buildings or structures being repaired and the value of the repair of production equipment;

b. Output value of manufactured non-standard equipment: the value of non-standard production equipment, including raw materials and manufacturing cost, made for the construction project (i.e., chemical plant; kettles or tanks used by refineries; various fillers, triangle tanks, valves used by mines). It also includes the output value of equipment manufactured by subsidiary workshops.

建筑业增加值 Value-added of Construction

指建筑业企业在报告期内以货币形式表现的建筑业生产经营活动的最终成果。

从 2004 年第一次全国经济普查开始，建筑业现价增加值按生产法和分配法(收入法)两种方法计算，以收入法的计算结果为准，即从收入的角度出发，根据生产要素在生产过程中应得的收入份额计算。具体计算方法：经济普查年度建筑业增加值按照《经济普查年度 GDP 核算方案》计算，非经济普查年度建筑业增加值按照《非经济普查年度 GDP 核算方案》计算。

Refers to the final result of the activities of production and operation of enterprises of the construction industry in monetary terms during the reference period.

Starting from the 2004 economic census, value-added of construction is calculated by both production approach and income approach, with the figures from the income approach as the final figures. Under the income approach, calculation starts from the perspective of income and is based on the share of income derived from the production process by the relevant factors of production. Specifically, value-added of construction for the Census years is calculated in accordance with the *Programme of Compilation of GDP and National Accounts for the Year of Economic Census*, and value-added of construction for other years is calculated in accordance with the *Programme of Compilation of GDP and National Accounts for the Non-Economic Census Years.*

房屋施工面积　Floor Space of Buildings

指报告期内施工的全部房屋建筑面积，包括本期新开工的房屋建筑面积、上期跨入本期继续施工的房屋建筑面积、上期停缓建在本期恢复施工的房屋建筑面积、本期竣工的房屋建筑面积及本期施工后又停缓建的房屋建筑面积。

Refers to floor space of buildings under construction in the reference period, including the space of buildings for which construction has newly started; buildings for which construction has started earlier and is continuing during the reference period; and buildings for which construction has been suspended earlier but has restarted during the reference period; buildings completed during the reference period; and buildings under construction but construction has subsequently been during the reference period.

房屋竣工面积　Floor Space of Buildings Completed

指报告期内房屋建筑按照设计要求已全部完工，达到住人和使用条件，经验收鉴定合格或达到竣工验收标准，可正式移交使用的各栋房屋建筑面积的总和。

Refers to the total floor space of each building that has been completed in the reference period in accordance with the requirements of the design, up to the standard for being resided in and put into use, or has been checked and accepted by departments concerned as qualified ones or up to the standard of buildings completed and can be handed over for putting into use.

公路里程　Length of Highways

指报告期末公路的实际长度。统计范围：包括城间、城乡间、乡（村）间能行驶汽车的公共道路，公路通过城镇街道的里程，公路桥梁长度、隧道长度、渡口宽度。不包括城市街道里程，断头路里程，农（林）

业生产用道路里程，工（矿）企业等内部道路里程。统计原则：按已竣工验收或交付使用的实际里程计算；两条或多条公路共同经由同一路段的重复里程，只计算一次。

Refers to the actual length of highways at the end of reference period. It covers public roads running vehicles among cities, city and rural areas, township (villages), highways passing through streets at small cities and towns, length of bridges and tunnels, width of ferry piers. It does not include the length of streets in cities, dead end highways, the length of streets built for agricultural (forest) production and inside factories (mines). It can only be calculated with the actual mileage having been completed, checked and accepted or put into operation. If two or more highways go the same section of the way, the length of the section is only calculated for once.

货(客)运量　Freight (Passenger) Traffic

指在一定时期内，各种运输工具实际运送的货物重量(旅客数量）。货运按吨计算，客运按人计算。货物不论运输距离长短、货物类别，均按实际重量统计。旅客不论行程远近或票价多少，均按一人一次客运量统计；半价票、儿童票也按一人统计。

Refers to the weight of freight (number of passenger) transported with various means within a specific period of time. Freight transport is calculated in tons and passenger traffic is calculated in terms of number of persons. Freight transport is calculated in terms of the actual weight of the goods and takes no account of the type of freight and distance of travel. Passenger traffic is calculated by the principle that one person can be counted only once in one trip and takes no account of the travelling distance and ticket price. The passengers who travel with a half-price ticket or a child's ticket is also calculated as one person.

货物(旅客)周转量　Freight Ton-kilometres (Passenger-kilometres)

指在一定时期内，由各种运输工具运送的货物(旅客)数量与其相应运输距离的乘积之总和。该指标可以反映运输业生产的总成果，也是编制和检查运输生产计划，计算运输效率、劳动生产率以及核算运输单位成本的主要基础资料。计算货物周转量通常按发出站与到达站之间的最短距离，也就是计费距离计算。计算公式为：

$$\text{货物（旅客）周转量}=\sum\text{（货物（旅客）运输量}\times\text{运输距离）}$$

Refers to the sum of the product of the volume of transported cargo (passengers) multiplied by the transport distance. It is an important indicator to reflect the achievement of the transportation industry. This is an important indicator to show the total results of the transport industry; to prepare and examine the transport plan; and to serve as the main basic data for calculating the efficiency, labour productivity and unit cost of transport. Normally, the shortest distance between the departure station and the destination station (i.e., the payable distance) is the basis in calculating the freight ton-kilometres. The formula is as follows:

$$\text{Freight ton-kilometres(passenger-kilometres)} = \sum \text{freight(passenger)traffic} \times \text{distance of transportation}$$

民用汽车拥有量 Possession of Civil Motor Vehicles

指报告期末，在公安交通管理部门按照《机动车注册登记工作规范》，已注册登记领有民用车辆牌照的全部汽车数量。汽车拥有量统计的主要分类：根据汽车结构分为载客汽车、载货汽车及其他汽车；根据汽车所有者不同分为个人(私人)汽车、单位汽车；根据汽车的使用性质分为营运汽车、非营运汽车；根据汽车大小规格不同，载客汽车分为大型、中型、小型和微型，载货汽车分为重型、中型、轻型和微型。

Refer to the total numbers of vehicles that are registered and received vehicles license tags according to the *Work Standard for Motor Vehicles Registration* formulated by the Transport Management Office under the department of public security at the end of the reference period. They are divided into categories. According to the structure of motor vehicles, they are divided into passenger vehicles, trucks and others; according to ownership into private vehicles and vehicles for the unit's use; according to kind of usage into working vehicles and non-working vehicles; and according to size of vehicles into large passenger vehicles, medium-sized passenger vehicles, small passenger vehicles and mini passenger vehicles, heavy trucks, light-heavy trucks, light trucks and mini-trucks.

邮政、电信业务总量　Business Volume of Post and Telecommunications

指以货币形式表示的邮政、电信通信企业为社会提供各类邮政、电信通信服务的总数量。计算方法为各类业务的实物量分别乘以相应的不变单价，求出各类业务的货币量加总求得。没有不变单价的业务按其业务收入直接相加。

Refers to the total amount of postal and telecommunication services, expressed in value terms, provided by the post and telecommunications departments for society. Business volume of post and telecommunications is the sum of each service in kind multiplying with its correspondent unit price (constant price). Business without constant price add their business revenue directly.

移动电话用户　Mobile Telephone Subscribers

指在电信运营企业营业网点办理开户登记手续，通过移动电话交换机进入移动电话网，占用移动电话号码的各类电话用户。包括各类签约用户、智能网预付费用户、无线上网卡用户。

Refer to persons who have gone through registration procedures in the operation points of enterprises engaged in telecommunications and are hence connected with the mobile telephone communication network through the mobile telephone switchboards and occupy mobile phone numbers. Included are various types of subscriber, prepaid users for intelligent network and wireless network card users.

固定电话用户　Local Telephone Subscribers

指在电信企业营业网点办理开户登记手续并已接入固定电话网上的全部电话用户。包括普通电话用户、无线市话用户、公用电话用户、窄带综合业务数字网（N—ISDN）用户、智能网专用接入终端用户等。

Refer to all subscribers who have gone through registration procedures in the operation points of enterprises engaged in telecommunications and are hence connected to the local telecommunications service provider through fixed line network. Included are general subscribers, wireless local telephone subscribers, public telephones subscribers, N-ISDN subscribers and intelligent network terminal subscribers.

城市电话用户　Urban Telephone Subscribers

指按行政区划属于中央直辖市、省辖市、地级市、县级市的市区、市郊区及县城区范围内的电话用户数。包括分布在农村地区但以县团级以上建制的独立工矿区、林区、驻军的电话用户。

Refer to the number of telephone subscribers, located at the municipalities directly under the Central Government, cities under the jurisdiction of province, cities at prefecture level, downtown and suburb of city at county level town and county towns according to the administrative division, including subscribers in rural mineral area, forest area, military area that are at or above county level.

农村电话用户　Rural Telephone Subscribers

指按行政区划属于城市范围以外的乡（镇）、村电话用户。

Refer to telephone subscribers, located at the towns and villages outside the coverage of urban areas according to the administrative division.

长途电话交换机容量　Capacity of Long Distance Telephone Exchanges

指电信企业用于接入长途电话网的电话交换机的设备额定容量。

Refers to the rated capacity of telephone exchanges to connect long distance telephone network by enterprises engaged in telecommunications.

局用交换机容量　Capacity of Office Telephone Exchanges

指安装在电信企业内用于接续本地固定电话的电话交换机容量，包括接入网设备容量（安装在电信运营企业用于连接语音用户的远端节点的设备容量）。

Refers to the capacity (measured in gate) of telephone exchanges installed in the offices of telecommunication service providers for communication between fixed telephones. It includes the capacity of access network equipment (capacity of equipment installed in the offices of telecommunication service providers for connecting distant nodes of voice users).

移动电话交换机容量　Capacity of Mobile Telephone Exchanges

指移动电话交换机根据一定话务模型和交换机处理能力计算出来的最大同时服务用户的数量。按报告期末已割接入网正式投入使用的设备实际容量统计。

Refers to the capacity of the maximum services provided to subscribers at any one time as computed based on a certain model of calls distribution and transacting capacity of the mobile telephone exchanges. It is calculated based on the actual capacity of equipments connected to network through cutover and put into operation officially at the end of the reference period.

社会消费品零售总额 Total Retail Sales of Consumer Goods

指企业（单位、个体户）通过交易直接售给个人、社会集团非生产、非经营用的实物商品金额，以及提供餐饮服务所取得的收入金额。个人包括城乡居民和入境人员，社会集团包括机关、社会团体、部队、学校、企事业单位、居委会或村委会等。

Refer to the amount obtained by enterprises (units, self-employed individuals) through direct sales of non-production and non-business physical commodity to individuals, social institutions, and revenue from providing catering services. Individuals include rural and urban households, population from abroad, social institutions include government agencies, social organizations, military units, schools, institutions, neighbourhood (village) committees.

批发业 Wholesale Trade

指向其他批发或零售单位（含个体经营者）及其他企事业单位、机关团体等批量销售生活用品、生产资料的活动，以及从事进出口贸易和贸易经纪与代理的活动，包括拥有货物所有权，并以本单位(公司)的名义进行交易活动,也包括不拥有货物的所有权，收取佣金的商品代理、商品代售活动；还包括各类商品批发市场中固定摊位的批发活动，以及以销售为目的的收购活动。

Refers to the activities of selling wholesale commodities for daily use and capital goods to enterprises of wholesale and retail trades (including self-employed individuals) and other enterprises, institutions and government organs and organizations, and the activities of engaging in import and export and acting as a trade agent. The wholesaler may have the ownership of the commodities for wholesale and trade in the name of its own (a company), and the wholesaler can act as commission agent or commodity broker without the ownership of commodities. Also included are the wholesale activities at the fixed stalls in wholesale market and the acquisition for sales purpose.

零售业 Retail Trade

指百货商店、超级市场、专门零售商店、品牌专卖店、售货摊等主要面向最终消费者（如居民等）的销售活动，以互联网、邮政、电话、售货机等方式的销售活动，还包括在同一地点，后面加工生产，前面销售的店铺（如面包房）；谷物、种子、饲料、牲畜、矿产品、生产用原料、化工原料、农用化工产品、机械设备（乘用车、计算机及通信设备除外）等生产资料的销售不作为零售活动；多数零售商对其销售的货物拥有所有权，但有些则是充当委托人的代理人，进行委托销售或以收取佣金的方式进行销售。

Refers to the activities of department store, supermarket, franchised store, brand store, retail stall and on-the-spot-making-selling store selling commodities to the final consumers (residents) by any means including internet, post, telephone, sales machine. It also includes shops with sales and production located in the same places (such as bakeries). Retail trade excludes the activities of sales of capital goods such as grain, seed, feed, livestock, mineral products, raw material for production, industrial chemicals, chemical products for agricultural use, machine and equipment (excluding vehicles, computers and communication equipment). Most retailers have the ownership of commodities to sell, but some are acting as agents or brokers to make transactions for a commission.

批发和零售业商品购进、销售、库存额 Purchase, Sales and Stock of Commodities by Wholesale and Retail Trades

指各种登记注册类型的批发和零售业企业(单位)以本企业(单位)为总体的，从国内、国外市场购进的商品总量，销售和出口的商品总量，库存的商品总量等情况。该指标可以反映商品流转过程中商品的购进、销售、库存之间的比例关系和存在的问题。

Refer to the total volume of commodities purchased, total volume of sales and exports, and the stock of commodities by wholesale and retail enterprises (establishments) of different status of registration from domestic and overseas markets. This indicator reflects the relationship among purchase, sales and stock of commodities in the circulation of goods and reveals the existing problems.

商品购进额 Total Purchases of Commodities

指从本企业以外的单位和个人购进（包括从国外直接进口）作为转卖或加工后转卖的商品金额（含增值税）。商品购进包括：(1)从工农业生产者、批发和零售业企业、住宿和餐饮业企业、出版社或报社的出版发行部门和其他服务业企业购进的商品；(2)从机关团体、事业单位购进的商品；(3)从海关、市场管理部门购进的缉私和没收的商品；(4)从居民收购的废旧商品等。不包括：(1)企业为本单位自身经营用，不是作为转卖而购进的商品，如材料物资、包装物、低值易耗品、办公用品等；(2)未通过买卖行为而收入的商品，如接受其他部门移交的商品、借入的商品、收入代其他单位保管的商品、其他单位赠送的样品、加工回收的成品等；(3)经本单位介绍，由买卖双方直接结算，本单位只收取手续费的业务；(4)销售退回和买方拒付货款的商品；(5)商品溢余。

Refer to the total value of purchases of commodities by enterprises (establishments) from other establishments or individuals (including direct import from abroad) for the purpose of re-selling, either with or without further processing of the commodities purchased. The commodities include: (1) commodities purchased from agricultural and industrial producer, wholesaler, retailer, publishing house and other service business; (2) commodities purchased from institutions and government departments; (3) confiscated goods purchased from the customs authorities or market management agencies; (4) second-hand goods and wastes purchased from residents; The commodities exclude (1) commodities purchased by enterprises (establishments) for use in their own business operation, commodities obtained without buying or selling procedures such as materials, consumable goods of low value, office appliance, etc. (2) received goods without trading, such as goods handed over from others, borrowed goods, preserved goods for others, donated goods from others, processed and retrieved goods, etc. (3) goods of direct settlement between buyer and seller with handling fees introduced by others; (4) goods returned or refused to pay by the buyer; (5) excessive goods.

商品销售额 Total Sales of Commodities

指对本单位以外的单位和个人出售的商品金额（包括售给本单位消费用的商品，含增值税）。商品销售包括：(1)售给城乡居民和社会集团消费用的商品；(2)售给农业、工业、建筑业、服务业等国民经济各行业用于生产、经营用的商品，包括售予批发和零售业作为转卖或加工后转卖的商品；(3)对国(境)外直接出口的商品。不包括：(1)未通过买卖行为付出的商品，如随机构变动移交给其他企业单位的商品、借出的商品、归还受其他单位委托代保管的商品、付出的加工原料和赠送给其他单位的样品等；(2)经本单位介绍，由买卖双方直接结算，本单位只收取手续费的业务；(3)购货退回的商品；(4)商品损耗和损失；(5)出售本单位自用的废旧物资。

Refer to value of commodities sold by the establishments to other establishments and individuals (including goods sold for self-consumption, including the value-added tax). The commodities include: (1) commodities sold to urban and rural residents and social groups for their consumption; (2) commodities sold to establishments in all industries for their production and operation, including agriculture, industry, construction, and catering services including commodities sold to wholesale and retail establishments for re-selling, with or without further processing; (3) commodities for direct export to abroad. Excluded are (1) extended commodities without trading, such as goods handed over to other enterprises and institutions because of the change of organizations, lent goods, returned goods preserved for others, extended processing materials and samples donated to others; (2) goods of direct settlement between buyer and seller with handling fees introduced by others; (3) goods returned after purchase; (4) damaged and spoiled goods; (5) waste and used goods of self-use.

商品库存额 Total Stock of Commodities

对于批发和零售业法人单位和个体经营户，是指报告期末取得所有权的全部商品金额（含增值税）；对于批发和零售业产业活动单位，是指报告期末实际在库且归属法人具有所有权的全部商品金额（含增值税）。库存商品包括：(1)存放在本单位(如门市部、批发站、采购站、经营处)的仓库、货场、货柜和货架中的商品；(2)挑选、整理、包装中的商品；(3)已记入购进而尚未运到本单位的商品，即发货单或银行承兑凭证已到而货未到的商品；(4)寄放他处的商品，如因购货方拒绝付款而暂时存在购货方的商品；(5)委托其他单位代销(未作销售或调出)尚未售出的商品；(6)代其他单位购进尚未交付的商品。不包括：所有权不属于本单位的商品；委托外单位加工的商品；外贸企业代理其他单位从国外进口，尚未付给订货单位的商品；代国家储备部门保管的商品。

For the legal entities and self-employed individuals engaged in wholesale and retail trade, it refers to total value (including VAT) of commodities possessed at the end of the reference period; and for wholesale and retail establishments, it refers to the value (including VAT) of all commodities actually in stock and owned by their legal persons at the end of reference period. The commodities in stock includes: (1) commodities located in storage, garages, counters, and shelves of operating places of wholesale and retail trades (such as sale stores, wholesale centres, procurement stations and operating offices); (2) commodities in the process of being selected, sorted, and packed; (3) commodities not arrived but recorded as purchase in the account, i.e. commodities not arrived but payment receipts for the commodities from the sellers or the banks arrived; (4) commodities deposited in other places rather than places mentioned above, for instance: commodities in the hold of purchasers temporarily due to the refusal of payment; (5) commodities entrusted to other units to sell but not sold yet; (6) commodities purchased for other units but not delivered yet. Commodities not included as stock are those not owned by the enterprises (units), commodities on commission for processing, imported commodities of agency of foreign trade enterprise but not yet delivered to ordering units and finally those put in stock on behalf of the state reserves units.

亿元以上商品交易市场　Large Commodity Markets with Transaction Value over 100 Million

指年成交额在亿元及以上的商品交易市场。商品交易市场是指经有关部门和组织批准设立，有固定场所、设施，有经营管理部门和监管人员，若干市场经营者入内，常年或实际开业三个月以上，集中、公开、独立地进行生活消费品、生产资料等现货商品交易以及提供相关服务的交易场所，包括各类消费品市场、生产资料市场等。

Refers to the commodity markets with an annual transaction at and above 100 million. The commodity market refers to the markets approved and managed by related departments, where there are fixed sites, facilities, managers and administration offices, where there are a certain number of traders to operate for three month and above or all the year, where the commodities including the articles for daily consumption and capital goods and services are traded in a centralized, independent and open way. Such market includes markets of daily goods and market of capital goods, etc.

住宿业　Hotel Services

指为旅行者提供短期留宿场所的活动，有些单位只提供住宿，也有些单位提供住宿、饮食、商务、娱乐一体的服务，不包括主要按月或按年长期出租房屋住所的活动。

Refer to the accommodation services provided to visitors. Some units may provide only accommodation while others provide a combination of accommodation, meals, business services and/or recreational facilities. It excludes activities related to the provision of long-term primary residences in facilities such as apartments typically leased on a monthly or annual basis.

餐饮业　Catering Services

指通过即时制作加工、商业销售和服务性劳动等，向消费者提供食品和消费场所及设施的服务。

Refer to the activities of providing foods, serving locations and facilities to customers through instant processing, commercial sales and service-type labour.

营业额　Business Revenue

指住宿和餐饮业单位在经营活动中因提供服务或销售商品等取得的收入。包括：客房收入、餐费收入、商品销售额（含增值税）和其他收入。其中，客房收入指住宿和餐饮业单位在经营活动中因提供住宿服务取得的收入。餐费收入指本单位为顾客提供就餐服务取得的收入，包括：经烹饪、调制加工后出售的各种食品，如主食、炒菜、凉拌菜等的收入。

Refers to revenue of hotels and catering services received from providing services or selling commodities through business activities, including income from hotels, from catering services, from selling of commodities (including VAT) and from other services. Income from hotels refers to income of hotels and catering services by providing lodging services through business activities. Income from catering services refers to income from providing catering services, including selling of cooked or prepared foods, such as staple food, cooked dishes, or cold dishes.

入境游客　Overseas Visitor Arrivals

指报告期内来中国（大陆）观光、度假、探亲访友、就医疗养、购物、参加会议或从事经济、文化、体育、宗教活动的外国人、港澳台同胞等游客（即入境旅游人数）。统计时，入境游客按每入境一次统计 1 人次。入境旅游人数包括入境过夜游客和入境一日游游客。

Refers to the number of tourists of foreigners, Chinese compatriots from Hong Kong, Macao and Taiwan who come to China (mainland) within the reference period for sight-seeing, vacation, visiting relatives, medical treatment, shopping, attending conference, or to engage in economic, cultural, sports and religious activities (namely the number of overseas visitor arrivals). In compiling statistics, each arrival is counted as one person-time. The number of overseas visitor arrivals includes inbound overnight tourists and one-day tourists.

国内游客　Number of Domestic Tourists

指报告期内在中国（大陆）观光游览、度假、探亲访友、就医疗养、购物、参加会议或从事经济、文化、体育、宗教活动的中国（大陆）居民人数，其出游的目的不是通过所从事的活动谋取报酬。统计时，国内游客按每出游一次统计 1 人次。

Refers to the number of Chinese (mainland) residents who travel within China (mainland) for sight-seeing, vacation, visiting relatives, medical treatment, shopping, attending conference, or to engage in economic, cultural, sports and religious activities. In compiling statistics, each time of travelling is counted as one person-time.

国际旅游(外汇)收入　Foreign Exchange Earnings from International Tourism

指入境游客在中国（大陆）境内旅行、游览过程中用于交通、参观游览、住宿、餐饮、购物、娱乐等全部花费。

Refers to the total expenditure of foreigners, overseas Chinese, Chinese compatriots from Hong Kong, Macao and Taiwan during their stay in the mainland of China on transportation, sighting, accommodation, food, shopping and entertainment.

国内旅游收入　Income from Domestic Tourism

指国内游客在国内旅行、游览过程中用于交通、参观游览、住宿、餐饮、购物、娱乐等全部花费。

Refers to expenditure of domestic tourists on transportation, sighting, accommodation, food, shopping and entertainment while they travel.

存款　Deposit

指企业、机关、团体或居民根据资金必须收回的原则，把货币资金存入银行或其他信贷机构保管并取得一定利息的一种信用活动形式。根据存款对象或性质的不同可划分为住户存款、非金融企业存款、政府存款、非银行业金融机构存款等科目。它是银行信贷资金的主要来源。

Deposit is a form of credit by which enterprises, institutions, organizations or households can put money into banks and other credit institutions for safekeeping and interest earning under the principle of free withdrawal. According to different depositors, deposits are divided into household deposits, non-financial enterprise deposits, government deposits, non-banking financial institutions deposits. Deposits are major sources of the credit funds of banks.

贷款　Loan

指银行或其他信贷机构根据资金必须归还的原则，按一定利率，为企业、个人等提供资金的一种信用活动形式。我国银行贷款分为短期贷款、中长期贷款、融资租赁、票据融资、各项垫款、境外贷款等。

Loan is a form of credit by which banks and other credit institutions provide funds at certain interest rate to enterprises and individuals in the light of the principle of unconditional repayment. Loans from Chinese banks include short-term loan, medium-term and long-term loans, financial lease, bill financing, various money advanced, foreign loans.

保险金额 Amount Insured

指保险人承担赔偿或者给付保险金责任的最高限额。

Refers to the maximum that the insurant will get for the claim of the case insured.

保费 Premium

指投保人为取得保险人在约定范围内所承担赔偿责任而支付给保险人的费用。

Premium is the fee paid by the insurant to the insurer to obtain the obligation of compensation from the insurance within the agreed terms.

赔款 Settled Claim

指保险人根据保险合同的规定，向被保险人支付的赔偿保险责任损失的金额。

Settled Claim is the compensation paid by the insurer to the insurant in accordance with the insurance contract.

给付 Payment

包括死伤医疗给付和满期给付。死伤医疗给付是指保险人根据人寿保险及长期健康保险合同的规定，因被保险人在保险期内发生保险责任范围内的保险事故支付给被保险人(或受益人)的金额。满期给付是指被保险人生存期满，保险人按人寿保险合同规定支付给被保险人的满期保险金额。

Payment includes payment for death, injury or medical treatment and payment at maturity. Payment for death, injury or medical treatment refers to the money paid to the insurant (or the beneficiary) in accordance with the life or health insurance contract when the insurant encounters accidents within the insured period covered in the contract. Payment at maturity refers to the payment to the insurant in accordance with the life insurance contract at the end of the insured period.

普通高等学校 Regular Institutions of Higher Education

指通过国家普通高等教育招生考试，招收高中毕业生为主要培养对象，实施高等学历教育的全日制大学、独立设置的学院、独立学院和高等专科学校、高等职业学校及其他机构。

大学、独立设置的学院主要实施本科及本科层次以上的教育。独立学院主要实施本科层次的教育。高等专科学校、高等职业学校实施专科层次的教育。其他机构是指承担国家普通招生计划任务不计校数的机构，包括普通高等学校分校、大专班等。

Refer to educational establishments recruiting graduates from senior secondary schools as the main target through National Matriculation TEST. They include full-time universities, independently established colleges, colleges, and institutions of higher professional education, institutions of higher vocational education and others.

Universities and independently established colleges primarily provide undergraduate and above courses; colleges mainly impart undergraduate courses, institutions of higher professional education and institutions of higher vocational education primarily provide professional trainings; and others refer to educational establishments, which are responsible for enrolling higher education students under the State Plan but not enumerated in the total number of schools, including: branch schools of universities and colleges and junior colleges.

成人高等学校 Institutions of Higher Education for Adults

指通过国家成人高等教育招生考试，招收具有高中毕业或同等学力的人员为主要培养对象，利用函授、业余、脱产等多种形式，对其实施高等学历教育的学校。包括：职工高等学校、农民高等学校、管理干部学院、教育学院、独立函授学院、广播电视大学、其他机构。其他机构是指承担国家成人招生计划任务不计校数的机构。

Refer to educational establishments, enrolling personnel with senior secondary school or equivalent education through National Matriculation TEST for Adult, and providing higher education courses in forms of correspondence, spare time, or full time for adults. Institutions of higher learning for adults include schools of higher education for staff and workers, schools of higher education for peasants, colleges for management cadres, pedagogical colleges, independent correspondence colleges, radio and television universities and other educational establishments. Other educational establishments refer undertakings to enrol adult students but not enumerated in the number of schools under the State Plan.

小学学龄净儿童入学率　Net Enrollment Ratio of Primary Schools

指调查范围内已入小学学习的学龄儿童占校内外学龄儿童总数的比重。计算公式为：

小学学龄净儿童入学率＝已入学的小学学龄儿童数／校内外小学学龄儿童总数×100%

Refers to the proportion of school age children enrolled at schools to the total number of school age children both in and outside schools (including retarded children, but excluding blind, deaf and mute children). The formula is:

Net Enrollment Ratio of Primary Schools = Total Primary School-age Children at Schools / Total Primary School-age Children Whether or Not Attending School×100%

研究与试验发展　Research and Development (R&D)

指在科学技术领域，为增加知识总量，以及运用这些知识去创造新的应用进行的系统的创造性的活动，包括基础研究、应用研究、试验发展三类活动。国际上通常采用 R&D 活动的规模和强度指标反映一国的科技实力和核心竞争力。

Refers to systematic and creative activities in the field of science and technology aiming at increasing the knowledge and using the knowledge for new application. R&D includes 3 categories of activities: basic research, applied research and experiments and development. The scale and intensity of R&D are widely used internationally to reflect the strength of S&T and the core competitiveness of a country in the world.

基础研究　Basic Research

指为了获得关于现象和可观察事实的基本原理的新知识(揭示客观事物的本质、运动规律，获得新发现、新学说)而进行的实验性或理论性研究，它不以任何专门或特定的应用或使用为目的。其成果以科学论文和科学著作为主要形式。用来反映知识的原始创新能力。

Refers to empirical or theoretical research aiming at obtaining new knowledge on the fundamental principles regarding phenomena or observable facts to reveal the intrinsic nature and underlying laws and to acquire new discoveries or new theories. Basic research takes no specific or designated application as the aim of the research. Results of basic research are mainly released or disseminated in the form of scientific papers or monographs. This indicator reflects the innovation capacity for original knowledge.

应用研究　Applied Research

指为获得新知识而进行的创造性研究，主要针对某一特定的目的或目标。应用研究是为了确定基础研究成果可能的用途，或是为达到预定的目标探索应采取的新方法(原理性)或新途径。其成果形式以科学论文、专著、原理性模型或发明专利为主。用来反映对基础研究成果应用途径的探索。

Refers to creative research aiming at obtaining new knowledge on a specific objective or target. Purpose of the applied research is to identify the possible uses of results from basic research, or to explore new (fundamental) methods or new approaches. Results of applied research are expressed in the form of scientific papers, monographs, fundamental models or invention patents. This indicator reflects the exploration of ways to apply the results of basic research.

试验发展　Experiments and Development

指利用从基础研究、应用研究和实际经验所获得的现有知识，为产生新的产品、材料和装置，建立新的工艺、系统和服务，以及对已产生和建立的上述各项作实质性的改进而进行的系统性工作。其成果形式主要是专利、专有技术、具有新产品基本特征的产品原型或具有新装置基本特征的原始样机等。在社会科学领域，试验发展是指把通过基础研究、应用研究获得的知识转变成可以实施的计划(包括为进行检验和评估实施示范项目)的过程。人文科学领域没有对应的试验发展活动。主要反映将科研成果转化为技术和产品的能力，是科技推动经济社会发展的物化成果。

Refer to systematic activities aiming at using the knowledge from basic and applied researches or from practical experience to develop new products, materials and equipment, to establish new production process, systems and services, or to make substantial improvement on the existing products, process or services. Results of experiment and development activities are embodied in patents, exclusive technology, and monotype of new products or equipment. In social sciences, experiment and development activities refer to the process of converting the knowledge from basic or applied researches into feasible programmes (including conduct of demonstration projects for assessment and evaluation). There are no experiment and development activities in the science of humanities. This indicator reflects the capability of transferring the results of S&T into technique and products, and measures the realization of S&T in spearheading the economic and social development.

R&D 人员全时当量 Full-time Equivalent of R&D Personnel

指全时人员数加非全时人员按工作量折算为全时人员数的总和。例如：有两个全时人员和三个非全时人员(工作时间分别为 20%、30%和 70%)，则全时当量为 2+0. 2+0. 3+0. 7=3. 2 人年。为国际上比较科技人力投入而制定的可比指标。

Refers to the sum of the full-time persons and the full-time equivalent of part-time persons converted by workload. For instance, if there are 2 full-time persons and 3 part-time workers (20%, 30% and 70% of working hours respectively on R&D activities), the full-time equivalent are 2+0.2+0.3+0.7=3.2 person-years. This is an internationally comparable indicator of S&T manpower input.

R&D 经费支出合计 Total Expenditure of Funds on R&D

指调查单位用于内部开展 R&D 活动（基础研究、应用研究和试验发展）的实际支出。包括用于 R&D 项目（课题）活动的直接支出，以及间接用于 R&D 活动的管理费、服务费、与 R&D 有关的基本建设支出以及外协加工费等。不包括生产性活动支出、归还贷款支出以及与外单位合作或委托外单位进行 R&D 活动而转拨给对方的经费支出。

Refers to the real expenditure of surveyed units on their own R&D activities (basic research, applied research, experiments and development) including direct expenditure on R&D activities, indirect expenditure of management and services on R&D activities, expenditure on capital construction and material processing by others. Excluding the expenditure on production activities, return of loan, and fees transferred to cooperated or entrusted agencies on R&D activities.

广播/电视节目综合人口覆盖率 The Population Coverage Rate of Radio/Television

指根据原国家广电总局制定的《广播电视人口覆盖率统计技术标准和方法》进行统计调查的，在对象区内能接收到由中央、省、地市或县通过无线、有线或卫星等各种技术方式转播的各级广播/电视节目的人口数占全国总人口数的百分比。

Refers to the percentage of the whole country's population who can receive radio/television programmes transmitted by national, provincial, municipal or county stations through wireless, cable or satellite techniques, according to *Statistical Standard and Method on Television and Radio Coverage of Population* established by the former State Administration of Broadcasting, Film and Television.

医院 Hospitals

包括综合医院、中医医院、中西医结合医院、民族医院、各类专科医院和护理院，不包括专科疾病防治院、妇幼保健院和疗养院，包括医学院校附属医院。

Include general hospitals, hospitals specialized in traditional Chinese medicine, hospitals of integrated traditional Chinese and western medicine, ethnic hospitals, specialized hospitals and nursing hospitals, excluding specialized disease prevention and treatment institutes, maternal and child health care hospitals and convalescent hospitals, including affiliated hospital of medical college.

卫生技术人员 Medical Technical Personnel

包括执业医师、执业助理医师、注册护士、药师（士）、检验技师（士）、影像技师、卫生监督员和见习医（药、护、技）师（士）等卫生专业人员。不包括从事管理工作的卫生技术人员(如院长、副院长、党委书记等）。

Refer to the professional staff engaged in health care, including licensed doctors, licensed assistant doctors, registered nurses, pharmacists, laboratory technicians, imaging staff, health care supervisors and intern doctors, pharmacists, nurses, and technical personnel, excluding the medical technical personnel engaged in managerial job (e.g. president, vice president and secretary of the party committee etc.).

执业医师　Licensed Doctors

指《医师执业证》"级别"为"执业医师"且实际从事医疗、预防保健工作的人员，不包括实际从事管理工作的执业医师。执业医师类别分为临床、中医、口腔和公共卫生四类。

Refer to the medical workers who have obtained the licenses of qualified doctors and are employed in medical treatment, disease prevention or healthcare institutions, excluding the licensed doctors engaged in management job. The licensed doctors are divided into 4 categories: clinician, Chinese medicine physicians, dentist and public health physicians.

执业(助理)医师　Licensed Assistant Doctors

指《医师执业证》"级别"为"执业助理医师"且实际从事医疗、预防保健工作的人员，不包括实际从事管理工作的执业助理医师。执业助理医师类别分为临床、中医、口腔和公共卫生四类。

Refer to the medical workers who have obtained the licenses of qualified assistant doctors and are employed in medical treatment, disease prevention or healthcare institutions, excluding the licensed assistant doctors engaged in management job. The classification of licensed assistant doctors is clinician, Chinese medicine, dentist and public health.

每千人口卫生技术人员　Number of Medical Technical Personnel per 1000 Population

每千人口卫生技术人员=卫生技术人员数/人口数×1000。人口数系年末常住人口。

The formula is:

Number of Medical Technical Personnel per 1000 Population = Number of Medical Technical Personnel / Population × 1000

The population is the figure of usual population at year-end.

床位数　Number of Beds

指年底固定实有床位（非编制床位），包括正规床、简易床、监护床、正在消毒和修理床位、因扩建或大修而停用的床位、不包括产科新生儿床、接产室待产床、库存床、观察床、临时加床和病人家属陪待床。

Refer to the fixed actual beds (non-authorized beds) at year-end, including regular beds, simple beds, monitoring beds, beds which are disinfected and repairing, beds deactivated due to expansion or overhaul, not including neonatal beds, predelivery bed, inventory bed, observation beds, temporary beds and family accompany beds.

每千人口医疗卫生机构床位　Number of Beds of Medical and Health Care Institutions per 1000 Population

每千人口医疗卫生机构床位=医疗卫生机构床位数/人口数×1000。人口数系年末常住人口。

The formula is:

Number of Beds of Medical and Health Care Institutions per 1000 Population = Number of Beds of Medical and Health Care Institutions / Population × 1000

The population is the figure of usual population at year-end.

附录 2：

2019 年西藏自治区政府工作报告

——二〇一九年一月十日在西藏自治区第十一届人民代表大会第二次会议上

自治区主席　齐扎拉

各位代表：

现在，我代表西藏自治区人民政府，向大会报告政府工作，请予审议。并请政协委员和其他列席人员提出意见。

2018 年工作回顾

2018 年，是全面贯彻党的十九大精神的开局之年，也是新一届自治区人民政府履职的第一年。一年来，我们在习近平总书记和党中央、国务院的亲切关怀下，在自治区党委的坚强领导下，坚持以习近平新时代中国特色社会主义思想为指导，全面贯彻党的十九大和十九届二中、三中全会以及中央第六次西藏工作座谈会精神，认真贯彻习近平总书记关于治边稳藏的重要论述和一系列重要批示指示精神，按照自治区第九次党代会的部署，贯彻“五个坚持”，以处理好“十三对关系”为根本方法，全力打好“三大攻坚战”，着力推进“十大工程”，聚力发展“七大产业”，推动高质量发展迈出实质性步伐，圆满完成了第十一届自治区人民代表大会第一次会议确定的各项目标任务。

预计，全区地区生产总值突破 1400 亿元，增长 10%左右；一般公共预算收入达到 230.4 亿元；农村居民人均可支配收入增长 13%左右；城镇居民人均可支配收入增长 10%以上；居民消费价格指数控制在 2.0%；城镇登记失业率 2.83%，城镇调查失业率 4.6%，城镇新增就业 5.4 万人；完成国家核定的能耗、碳排放、污染减排指标，地级以上城市空气质量优良天数比率 98.1%。各项增速和控制指标均走在全国前列。

一年来，我们主要做了以下七个方面的工作。

一、坚持打好“三大攻坚战”

脱贫攻坚取得决定性进展。制定打赢深度贫困地区脱贫攻坚战三年行动计划，深入实施精准脱贫。统筹整合各级各类财政涉农资金 167.3 亿元，25 个县（区）达到脱贫摘帽标准，2100 个村（居）达到退出标准，18 万人达到脱贫标准。易地扶贫搬迁累计投入 144.9 亿元，入住 21.8 万人。昌都“三岩”片区跨市扶贫搬迁完成入住 1639 人。极高海拔地区生态搬迁完成 1102 人。建设产业扶贫项目 707 个。培训贫困农牧民 3.6 万人，转移就业 6.7 万人。新增 4.7 万个生态岗位。全面完成中央扶贫专项巡视阶段性反馈问题的整改。

金融风险防范有效。用足用好中央赋予西藏的特殊金融优惠政策，小微企业、“三农”、扶贫、民营企业和“双创”等重点领域的信贷投入不断加大，企业贷款余额 3680 亿元，增长 20%。全区金融机构不良贷款率控制在 0.31%。各级政府落实主体责任，妥善化解隐性债务存量，坚决遏制增量。加强金融监管，守住不发生系统性、区域性金融风险的底线。

污染防治攻坚战成效显著。自治区生态保护红线划定方案通过国家层面技术审核。推进第二次污染源普查，强化水、大气、土壤三大污染防治。加快推进污水垃圾处理设施建设，建成污水处理厂 16 座。累计淘汰黄标车、老旧车 1.6 万多辆，燃煤小锅炉 421 台。开展土壤污染状况详查。积极推进“厕所革命”。完成全区畜禽养殖禁养区划定，畜禽粪污综合利用率达到 65%，农作物秸秆综合利用率达到 89%，继续保持化肥农药施用零增长。全面建立河湖长制。中央环保督察 93 项应完成的整改措施已完成 87 项，自治区本级环保督察实现全覆盖。

二、坚持改善人民生活

就业形势平稳向好。完善就业政策，构建高校毕业生多位一体就业体系，市场就业、区外就业取得新突破。463 名高校毕业生考录到区外公务员等岗位就业。首次实行应届毕业生就业实名制登记，就业率达到 86%以上。组织市场化招聘岗位 11.1 万个，增长 161%；进场求职 8.2 万多人，增长 47.8%。农牧区转移就业 56 万人、102 万人次，实现增收 27 亿元。各项就业指标均超出预期。

科教兴藏持续推进。学前教育毛入园率 77.9%，义务教育巩固率 93.9%，高中阶段毛入学率 82.3%，高等教育毛入学率 39.2%。11 个县通过义务教育均衡发展国家评估认定，“5 个 100%”目标扎实推进。西藏大学进入“部区合建”和“双一流”学科建设高校行列。西藏藏医学院更名为西藏藏医药大学。西藏民族大学西藏文化传承发展协同创新中心，入选教育部首批省部共建协同创新中心。科技事业积极推进，第二次青藏高原综合科学考察研究全面启动。

积极推进健康西藏建设。持续推进包虫病筛查救治工作，实现了应治尽治。结核病、病毒性肝炎和风湿病（骨关节疾病）筛查检测 195.6 万人。实施卫生项目 50 个。基本公共卫生服务经费人均标准提高到 75 元，服务项目拓展到 14 项。完成国家民族医临床研究基地挂牌，推进藏医药标准化建设。成功举办西藏自治区第十二届运动会暨第四届民族传统体育运动会、首届跨喜马拉雅自行车极限赛等重大赛事。推进全民健身活动，大型体育场馆实现免费、低费开放。我区运动员多布杰夺得雅加达亚运会男子马拉松铜牌，创我国在该赛事的最好成绩。

推进社会主义文化繁荣兴盛。新通电的 11.8 万户群众实现广播电视户户通，广播电视综合人口覆盖率分别达到 97.1%和 98.2%。补充更新 7251 个农家书屋和寺庙书屋图书。全区文化惠民演出 8449 场。卓嘎、央宗姐妹被中宣部授予“时代楷模”称号，“家是玉麦、国是中国”的故事传遍祖国大地。故事片《天缘纳木措》获得国家奖项。国家立项保护布达拉宫古籍文献。10 名国家级代表性传承人抢救性记录成果通过国家验收。藏医药浴法成功列入联合国人类非物质文化遗产代表作名录。

社会保障能力持续提高。推进全民参保计划，370.7 万人次参加各类社会保险，实现城乡居民参加基本医疗保险制度全覆盖，城镇职工、城镇居民参保率达 95%，农牧区医疗制度参保率达 100%。社会保障信息平台成功实现全国联网，初步实现农牧区医疗制度跨省异地就医即时结报。最低工资标准调整到每月 1650 元和每小时 16 元。社会救助标准稳步提升，实现应助尽助。改造、新建各类保障性安居工程 5.6 万套（户），城镇住房困难群众居住条件不断改善。

三、坚持推动高质量发展

重点项目建设全面推进。党中央、国务院关怀支持西藏的 24 个重大项目，已开工建设 9 个，完成投资 446 亿元；三大民生项目开工奠基；完成“十三五”规划项目中期调整，川藏铁路规划建设项目全面启动，拉林段加快推进；国道 109 线那曲至拉萨段新改建工程、拉日高等级公路控制性工程开工，“3＋1”机场项目正式启动。昌都与藏中电网联网工程建成投运，主电网覆盖达到 62 个县，供电人口达到 272 万人；加查、大古、金桥等水电站加快建设，并网光伏电站建设有序推进，羊易地热电站建成投产。

“七大产业”支撑作用日益显现。高原生物产业，粮食产量稳定在百万吨以上，达到 104.9 万吨，其中青稞产量达到 81.4 万吨，提前两年完成“十三五”规划目标；农畜产品加工业总产值增长 15%。旅游文化产业，“冬游西藏”成效显著。全年接待游客3368.7万人次，增长31.5%；实现旅游收入490亿元，增长29.2%。建成文化产业示范基地（园区）234家，文化产业产值达46亿元。清洁能源产业，预计电力总装机容量达333万千瓦，与14个省市签署藏电外送协议，全年外送电量8.7亿千瓦时。绿色工业，预计全年规模以上工业增加值增长14%；天然饮用水等绿色产品加工业增加值53亿元，增长14.3%。现代服务业，信贷及社会融资规模保持合理增长，本外币各项贷款余额达到4555.7亿元，增长12.7%；农牧区实现网络零售7065万元。高新数字产业，27个县确定为国家电子商务进农村综合示范县。全社会信息化建设直接投资完成54亿元，数字行业实现增加值20.2亿元，增长25.1%；电商达3万多家。边贸物流产业，全年进出口贸易额实现48亿元，边民互市贸易额增长1.8倍。

发展新动能逐步增强。对口援藏合作不断强化，实施援藏项目707个，完成投资44亿元。“央企助力西藏脱贫攻坚”活动签约项目15个，资金73.8亿元。全国工商联系统签约招商引资和精准扶贫项目40个，涉及180多亿元。全面落实减税降费各项措施，全年减免税219.1亿元，自治区级行政事业性收费项目清零，推进电价改革，一般工商业电价降低11.8%。设立民营战略新兴产业纾困基金。各类市场经营主体达到27.5万户，第二、第三产业从业人数165万人以上。实施招商引资项目1450个，累计到位资金630.8亿元。民间投资增长20%左右，实现了近年来第一次高增长。

创业创新活力迸发。重视人才第一资源作用，完善人才培养、使用、激励政策机制。建成众创空间、科技企业孵化器、大学生创新创业基地等载体74家，吸纳创新团队和初创企业1338家，吸纳高校毕业生2100余人。自治区科技研发投入3.7亿元，增长8.8%。高新技术企业增长55%，科技型中小企业增长142%。

四、坚持深化改革扩大开放

“放管服”改革持续深化。自治区级政府部门权责减少43项。33证合一、企业开办登记5天办结制扎实推进，“证照分离”改革全面推开，涉及行政审批事项106项。积极推进市场监管“双随机、一公开”，营商环境不断改善。

重点领域改革取得新成绩。全面完成自治区级党政机构改革任务，积极推进资产经费调配工作；不断深化国企国资改革，扎实推进自治区15个产业集团整合重组；健全完善事业单位岗位管理制度；制定市（地）级国有林场改革实施方案，全面启动集体林权制度改革；基本完成农村土地（耕地）承包经营权登记颁证工作。

开放发展迈出新步伐。17个援藏省市和16家援藏央企的40多个代表团先后赴藏，自治区组织5路代表团回访。成功举办第四届藏博会，招商引资落地项目签约541亿元。举办首届环喜马拉雅“一带一路”合作论坛和南亚标准化论坛。吉隆、普兰等口岸基础设施建设加快，拉萨综合保税区、吉隆边境经济合作区建设取得实质性进展，成功举办第十六届中尼经贸洽谈会。各级园区产值突破250亿元。有序推进“请进来、走出去”，广泛开展对外交流合作。

五、坚持生态文明建设

体制机制不断完善。全面实施生态文明建设目标评价考核，深化领导干部自然资源资产离任审计、生态环境损害责任追究、生态环境考核等制度。启动生态保护红线、环境质量底线、资源利用上线和环境准入负面清单“三线一单”编制工作。持续完善重点生态功能区转移支付和各类生态奖补政策机制，生态岗位增加到66.7万个，补助标准提高到每人每年3500元。100%完成城镇集中式饮用水水源地保护区划定，100%完成年度环境问题整治任务。

生态安全屏障建设不断加强。累计投入107亿元用于生态安全屏障保护与建设规划。深入推进国土绿化行动，全年植树造林112.5万亩，消除“无树户”8.32万户，全区森林覆盖率提高到12.14%。对825个行政村开展农村环境综合整治。自然保护区建设管理不断规范，珠峰、羌塘和芒康国家级自然保护区调整获批，生态示范区创建扎实开展。国家生态安全屏障不断筑牢，西藏仍然是世界上生态环境最好的地区之一。

六、坚持区域协调发展

乡村振兴开局良好。以“神圣国土守护者、幸福家园建设者”为主题，编制乡村振兴战略规划。农村发展新动能持续培育，农民合作社达到8364家，农产品加工企业总产值42亿元。农村基础设施不断改善，农业防灾抗灾体系、农产品质量安全检验检测体系、动物防疫体系基本建立。村容整治、垃圾污水处理深入推进。行政村通光纤率达到98%。

边境地区面貌发生深刻变化。扎实推进玉麦边境小康示范乡建设。累计开工建设545个边境小康村及察隅农场，大力改善边境村庄群众生活条件。组织实施边境小康村公路项目181个，建设里程2534公里。一线、二线边民补助标准分别提高到3700元、3500元。加快实施边境无电地区电力规划建设。推进落实边境自然村和重要交通沿线通信信号全覆盖。

区域发展格局更趋合理。积极推进拉萨、日喀则“一带一路”重要节点、面向南亚开放中心城市和前沿城市建设。拉萨山南经济一体化、藏中3小时经济圈正在形成。藏东交通、能源建设取得新进展，藏西北生态环境保护不断加强，藏东南全时全域旅游发展强劲。常住人口城镇化率达到31%。

七、坚持维护社会大局稳定

意识形态阵地不断巩固。广泛开展“大学习、大宣讲、大培训”，习近平新时代中国特色社会主义思想深入人心。“四讲四爱”群众教育实践、践行社会主义核心价值观、改革开放40周年、民族团结等主题活动广泛开展。依法加强网络综合治理。文化科技卫生法律爱国爱教宣传“五下乡”活动持续深入。积极推进依法治藏，法治宣传教育切实加强。

基层基础进一步夯实。深化“先进双联户”创建评选，教育引导信教群众淡化宗教消极影响，过好今生幸福生活。加强流动人口服务管理。拓展网上信访平台。坚持发展“枫桥经验”，调解联动工作体系不断完善。鼓励引导民间组织健康发展。群防群治格局更好形成，群众“我要稳定”意识明显增强。

牢牢掌握反分裂斗争主动权。旗帜鲜明与达赖集团做斗争，坚定维护国家安全和核心利益。严格落实“六个严防”，坚决遏制和打击境内外敌对势力的分裂、渗透、破坏活动。狠抓敏感节点维稳安保工作，强化社会面网格化管控。依法管理宗教事务，严格执行新修订的《宗教事务条例》，深入开展“遵循四条标准、争做先进僧尼”教育实践活动，寺庙管理长效机制不断完善。加强联防联控，维护边境和谐稳定。

群众安全感保持全国前列。深入开展扫黑除恶、打非治乱和扫黄打非专项斗争。持续推进食品药品监管，重点加强疫苗、食用农产品安全监管，确保群众用得安心、吃得放心。成功排除昌都江达县金沙江、林芝加拉村雅鲁藏布江山体滑坡堰塞湖共4次险情，处置日喀则昂仁县阿木雄湖重大险情和雅鲁藏布江特大洪水灾情，实现零伤亡。各类安全生产事故、死亡人数分别下降15.7%、20.9%。群众安全感、满意度达到99%以上。

一年来，我们积极支持国防和军队改革建设，推进军民深度融合发展，严格落实优抚安置各项政策，推进军地基础设施共建共享。军队停止有偿服务工作走在全国前列。国防动员工作不断深入，军民应急协同保障能力全面提升。

各位代表！一年来，自治区人民政府认真履职，切实加强自身建设。政治意识不断增强。牢固树立“四个意识”，不断坚定“四个自信”，切实做到“两个维护”，始终在思想上政治上行动上同以习近平同志为核心的党中央保持高度一致，确保了党的路线方针政策在政府工作中的全面贯彻落实，确保了国务院的决策部署在政府工作中的全面贯彻落实，确保了区党委的各项安排在政府工作中的全面贯彻落实。依法行政机制不断健全。自觉接受人大、政协监督，主动接受社会和舆论监督，办理完成人大代表建议281件、政协提案363件。完成89件政府规章和293件规范性文件专项清理工作，推进8件规章立法。建立了自治区政府国有资产管理、重大决策出台前向人大报告制度。党风政风不断改进。贯彻落实中央八项规定及其实施细则精神，“四风”得到有效遏制。“两学一做”常态化制度化扎实推进。中央专项巡视和国家审计督查整改工作深入落实，审计监督不断加强。政府效能不断提高。自治区“互联网＋政务服务平台”、统一云平台、政务大数据中心初步运行。电子政务外网接入点提速扩容工作全面完成，区直部门和市（地）政府信息系统初步实现互联互通。基本实现“8050”目标。政府办事效率、执行力显著提高。

各位代表！西藏作为特殊的边疆民族地区，始终得到习近平总书记和党中央、国务院的特殊厚爱。一年来，总书记专门听取西藏工作情况汇报，对我区边境建设作出重要批示，专题研究川藏铁路规划建设，致信祝贺西藏民族大学建校60周年；李克强总理、汪洋主席带着总书记和党中央的关心关怀，亲临我区视察指导工作。中央确定了关怀支持西藏的24个重大项目，“十三五”规划项目增加到197个，投资增加到3807亿元。我们深切感受到，西藏迈进的每一步，根本在于习近平总书记和党中央、国务院的亲切关怀，根本在于习近平新时代中国特色社会主义思想和总书记关于治边稳藏重要论述的正确指引，根本在于总书记的领航把舵！总书记和党中央的深情厚意，西藏各族人民永远铭记，也时刻激励着我们感恩奋进、砥砺前行！

各位代表！过去一年所取得的成绩，离不开中央部委的关心指导和全国人民的无私支援，离不开自治区党委的坚强领导，离不开自治区人大、政协及各位代表、委员的帮助和监督，离不开历届政府班子打下的坚实基础，离不开人民军队、社会各界的鼎力支持，离不开全区各族人民的团结拼搏、共同奋斗。在此，我代表自治区人民政府，向全区各族人民，向各位人大代表、政协委员，向中央驻藏机构，各援藏省市、援藏单位和援藏干部人才，向驻藏人民解放军和武警官兵，向为西藏作出贡献的各位老领导、老同志、老朋友，向所有关心支持西藏的社会各界人士，表示衷心的感谢和崇高的敬意！

在总结成绩的同时，我们清醒地认识到，由于历史和自然条件的原因，一些困难和挑战还需要我们勇于面对、加以克服：反分裂斗争尖锐复杂，维护社会稳定，实现长治久安的任务艰巨；就业、教育、医疗等民生工作还有很多短板；区域发展不平衡，市场发育不充分，新旧动能转换压力大；生态环境脆弱，发展与保护的矛盾突出，美丽西藏建设任重道远；个别干部学习不够，缺乏斗争精神、大局意识，工作作风还需进一步加强。这些问题，我们一定高度重视、认真加以解决。

2019年工作安排

2019年，是新中国成立70周年，是全面建成小康社会的关键之年，是西藏民主改革60周年，是我区全面消除绝对贫困的决战决胜之年。做好今年政府工作面临一系列重大机遇和有利条件：一是特殊关怀，习近平总书记和党中央、国务院高度重视西藏工作，关心支持力度不断加大；二是政策利好，党和国家持续推进“一带一路”建设，加大西部大开发力度，加大深度贫困地区扶持力度，为西藏经济社会发展提供了广阔空间；三是基础扎实，我区经济多年保持快速发展，民族团结、社会稳定，物质基础和群众基础不断夯实。

做好2019年政府工作的总体要求是：以习近平新时代中国特色社会主义思想为指导，全面贯彻党的十九大和十九届二中、三中全会以及中央第六次西藏工作座谈会精神，贯彻总书记关于治边稳藏的重要论述和一系列重要批示指示精神，统筹推进“五位一体”总体布局，协调推进“四个全面”战略布局，坚持稳中求进、进中求好、补齐短板工作总基调，坚持新发展理念，坚持推动高质量发展，坚持以供给侧结构性改革为主线，坚持深化市场化改革、扩大高水平开放，落实“六稳”要求，全面落实自治区第九次党代会和区党委经济工作会议精神，在自治区党委的坚强领导下，以处理好“十三对关系”为根本方法，加快建设现代化经济体系，继续打好“三大攻坚战”，着力推进“十大工程”，聚力发展“七大产业”，突出保障和改善民生，扎实做好稳增长、促改革、调结构、惠民生、防风险工作，增强人民群众获得感、幸福感、安全感，促进经济持续健康发展和社会大局稳定，为全面建成小康社会收官打下决定性基础，以优异成绩迎接中华人民共和国成立70周年。

今年工作的主要目标是：地区生产总值增速保持在10%左右，地方财政收入高于全国平均增幅，社会消费品零售总额增长13%；城镇居民人均可支配收入增长10%以上，农村居民人均可支配收入增长13%以上，居民消费价格涨幅控制在4%以内，城镇登记失业率控制在3%以内，城镇调查失业率控制在5%以内，城镇新增就业5万人；能耗、碳排放强度和污染减排指标控制在国家核定范围内，地级以上城市空气质量优良天数比率保持95%以上。

今年重点抓好以下七个方面工作：

一、全力保障和改善民生

打好打赢脱贫攻坚战。注重扶贫与乡村振兴战略有机衔接。深入实施产业、就业等扶贫措施，做好易地扶贫搬迁收官，完成昌都“三岩”片区跨市扶贫搬迁，深化易地扶贫搬迁后续措施。研究制定巩固脱贫攻坚成效的具体意见，加快改善贫困地区基础设施条件和公共服务水平。深入推进网络扶贫行动计划。坚守现行扶贫标准，执行最严格的考核评估制度，确保15万贫困人口全部脱贫、19个贫困县全部摘帽，全区基本消除绝对贫困。

落实就业优先政策。加大就业资金安排和整合力度，推进高校毕业生就业，拓宽就业渠道，创新就业方式，提高市场就业比重。提升就业服务的精准度、覆盖面和实效性，壮大产业带动就业，强化职业技能提升，解决好困难群体就业，按比例安置残疾人就业，动态消除“零就业”家庭。

办好人民满意的教育。紧紧围绕培养什么样的人、怎么培养人、为谁培养人这一根本问题，加强德育工作，加强唯物论无神论教育，促进学生德智体美劳全面发展。全面完成“5个100%”。从幼儿教育开始深化以国家通用语言文字为主的双语教育。加快城乡幼儿园体系建设，学前双语幼儿园覆盖60%以上的行政村（居）。大力发展特殊教育。继续调整优化高等教育和职业教育学科专业结构，深化产教融合。西藏技师学院年内招生。大力推进“互联网＋教育”，全力发展数字教育，确保年内30%以上的学校实现智慧教育覆盖。

深入推进健康西藏建设。全面完成包虫病综合防治三年工作目标，积极推进结核、肝炎、风湿病（骨关节疾病）和妇女“两癌”综合防治，加强基层康复服务基础设施建设。启动实施母婴安全和健康儿童行动计划，实施残疾儿童康复救助。传承发展藏医药事业，推进公立医院综合改革，积极推进国家和自治区级卫生（健康）城市和乡村创建。扎实推进“互联网＋医疗”，力争20%以上的医院实现智慧医疗覆盖。广泛开展全民健身活动，办好第二届跨喜马拉雅自行车极限赛，组团参加第十一届全国少数民族传统体育运动会、第二届全国青年运动会。

持续推进文化惠民。进一步提高广播电视综合人口覆盖率，深入推进全民阅读活动。推进西藏文化广电艺术中心、基层应急广播体系、新闻出版东风工程等项目建设，推动公共数字文化发展。实施文艺精品战略。确保每个县（区）都有一个演艺排练场。出台县艺术团管理办法。开展乡村民间文艺演出队扶持试点。加大优秀传统文化保护。以布达拉宫古籍文献保护利用项目为引领，推进全区贝叶经保护。

全力促进群众增收。统筹整合各类涉农资金，聚焦农牧民技能培训，积极组织参与重大工程项目劳务输出，确保今年农牧民劳务性收入增长20%以上。加大改革力度，不断提高农牧民群众财产性收入，加大政策调控力度，确保城镇居民收入增速高于全国平均水平。

提升社会保障水平。整合完善城乡居民基本医疗保险制度，完善大病、慢性病大额医疗救助和应急医疗救助制度。加强社会养老、社区服务、残疾人综合服务体系建设和儿童服务设施建设。加大公共租赁住房、干部职工周转房等住房保障，城镇低收入家庭住房租赁补贴实现应补尽补。构建面向残障人士、留守儿童、孤寡老人等特殊人群的信息服务体系。把麻烦和困难留给政府，把便利和实惠留给群众，确保各项保障经费足额按时兑现。

实施民生提标政策。农牧区医疗提标40元，城镇居民基本医疗保险提标55元，“三老”生活补助提标 50 元，城乡居民基本养老保险基础养老金提标 10 元，城镇居民最低生活保障提标 50 元，村干部基本报酬和业绩考核奖励提标 10.6%。

二、全力深化供给侧结构性改革

促进新动能持续增强。实施人才强区战略。始终把培养好、使用好各类人才作为创新驱动的最大动能。大力培养企业家、能工巧匠和农村致富带头人，壮大产业工人队伍，营造重才、识才、聚才、育才、用才的良好氛围。大力推进“双创”。建设好各类创新创业平台和载体，发挥好众创空间、大学科技园、科技企业孵化器等各类创业服务平台功能，培育充满活力的创新创业生态。提升科技创新能力。继续积极参与第二次青藏高原综合科考，推动建设青藏高原科学研究中心。加强科技创新平台建设，推进青稞增产、牦牛育肥、优质奶业、人工种草等技术攻关和成果转化。加大研究与试验发展经费投入，确保科技投入增长 25%以上。制定高海拔基层农牧科技人员激励政策。继续深入开展“科技下乡”“科技活动周”等系列科普活动。发展壮大园区经济。把西藏特色产业聚集区建设作为重要抓手，创新管理服务，加快拉萨经开区转型、藏青工业园建设、拉萨高新区发展，启动山南、日喀则、林芝等地的特色产业集聚区建设，推进各开发区高质量、差异化发展。争取各类园区经济增长 15%、就业增长 20%。

查补基础设施短板。正确处理好建设重大项目和民生项目的关系，发挥优势和补齐短板的关系。力争中央关怀支持西藏的 24 个重大项目全部开工。做好川藏铁路规划建设服务保障，全面推进拉林铁路建设。启动青藏铁路格拉段电气化改造。加快推进三大民生项目。加快西藏大学新校区建设。加快推进国道 109 线那曲至拉萨、国道 219 线萨嘎至朗县等重点公路项目建设，推进启动 317、318 国道整治、改道建设。确保拉日高等级公路全线开工，加快实施沿边公路网建设。推进“3＋1”机场建设及日喀则和平机场改造工程。开工建设阿里和藏中电网联网工程，全面实施深度贫困地区农网改造升级。加快推进拉洛、湘河、宗通卡等水利项目。力争全面完成边境地区小康村建设任务。加快建设重点城镇、沿江沿河地区垃圾污水处理、给排水、供暖等市政项目。做好第四次全国经济普查和第三次国土调查，启动自治区“十四五”时期国民经济和社会发展规划编制调研工作。

增强微观主体活力。加快清理废除一批违反市场原则、妨碍生产要素流动、影响企业活力的政策文件。加快信用管理、风险管理、“双随机、一公开”等新型监管体制建设，同步实现“互联网＋监管”功能。持续改善营商环境，加快建立符合西藏实际的营商环境评价体系。着力解决企业融资难问题。认真落实中央减税降费政策，坚持老企业老政策、新企业新办法，确保政策连续性和有效性。加快推进全区涉企行政事业性收费零收费。年内居民和企业电价降费 10%以上，力争企业税费负担在去年的基础上再降 10%以上。

大力实施“四轮驱动”。坚决贯彻中央支持民营企业发展的决策部署，坚持“两个毫不动摇”，坚决破除民营企业发展障碍，坚决保护各类所有制经济合法权益。推进区内国企、区内民企、区外国企、区外民企“四轮驱动”，提振投资和发展信心，健全企业参与涉企政策制定机制。积极开展招商引资，落实完善“全程代办•专班服务”机制，确保民间投资增长 15%以上。

筑牢重大风险防线。用足用好中央赋予西藏的特殊金融优惠政策，有效支持实体经济发展。全区限额内政府债务余额和债务率坚决控制在国家限定范围，逐年减少隐性债务余额，确保完成年内任务目标。强化信用风险、流动性风险的实时监测预警和防范，严厉打击非法集资等违法违规行为，健全风险防范化解职责体系，切实保障金融稳健运行。

三、全力推进生态文明高地建设

打好打赢污染防治攻坚战。打好蓝天保卫战，深入开展施工扬尘、机动车尾气治理，坚持文明煨桑，多措并举减少城乡烟尘烟气排放；打好碧水保卫战，深入落实河湖长制，深入开展水源地环境问题整治，加快实施“厕所革命”，加快城乡污水垃圾处理设施建设进度，确保主要江河水质达到或优于三类标准；

打好净土保卫战，完成农用地土壤污染状况普查，开展农业农村污染防治，全面启动“禁白”工作。完成第二次污染源普查。全面完成中央环保督察反馈问题整改。

加强自然生态保护与恢复。健全生态文明高地建设工程措施和政策保障体系。进一步优化国土空间开发布局，积极推进极高海拔生态搬迁。加强天然林、草地、湿地和生物多样性保护，推进“三江源”生态环境保护，继续实施生态安全屏障保护与建设规划，加强沙化土地与水土流失治理，开展重点生态功能区生态修复，实施山水林田湖草系统治理工程。加强自然保护地建设和管理，启动地球第三极国家公园群建设。严禁在保护地开发矿产资源。持续推进国土绿化，深入实施“两江四河”流域造林绿化工程，深化生态示范创建。加大生态领域投入力度，确保投入增幅在20%以上。

扎实推进绿色发展。健全自然资源资产产权制度和用途管制制度，继续严格执行矿业权设置自治区政府“一支笔”审批和环境保护“一票否决”。加强绿色统计，健全生态环境监测网络，强化生态环境监管。坚持节约集约利用资源，积极发展绿色经济。开展生态资产评估和碳汇经济研究。持续完善生态补偿制度。努力营造公众积极参与的生态文化，确保雪域高原天更蓝、水更碧、地更绿。

四、全力构建现代化产业体系

推进高原生物产业快速发展。加快实施“8个百千万工程”，粮食产量继续稳定在100万吨以上，确保青稞产量80万吨以上，蔬菜产量97万吨以上，肉奶产量90万吨以上。抓好牦牛、娟姗牛、特色羊、藏香猪等产业化发展，建设一批特色农产品生产基地和产业带。加大“三品一标”认证，抓住藏医药申遗成功机遇，加快藏医药科技创新和标准体系建设。推进高原生物产业品牌化发展。持续打造净土健康等特色品牌，做强做优绿色食饮品。

推进特色旅游文化产业全域发展。打造“地球第三极”整体旅游品牌。推进拉萨国际文化旅游城市、林芝国际生态旅游区和冈底斯国际旅游合作区建设，建好一批旅游脱贫样板村和乡村旅游、红色旅游景点。大力提升旅游便利度、友好度和可进入性。推进援藏旅游客源落实工作。促进旅游营销，巩固发展“冬游西藏”态势，进一步规范旅游市场秩序，力争旅游接待人数突破4000万人次，旅游收入达到580亿元。完善境外游客进藏旅游服务管理办法，境外香客人数大幅增长。

推进清洁能源产业壮大发展。启动全区水电开发规划编制工作。推进清洁能源电气化和电力外送通道建设，加大藏电外送。到2020年，确保建成和在建装机容量达到1000万千瓦，扎实推进苏洼龙、叶巴滩、巴塘等水电站建设，开工建设拉哇、扎拉、拉康水电站，确保金桥等电站建成发电。统筹推进澜沧江上游水电基地建设。积极推进国家重大清洁能源点前期工作。

推进绿色工业规模发展。力争规模以上工业增加值增长12%以上。提升铜、锂为主的优质矿产资源开发效益，推动华泰龙二期稳定达产，推进玉龙二期、巨龙一期建设，重点做好扎布耶等锂矿资源开发。打造天然饮用水品牌，确保年内完成销售100万吨。统筹布局水泥、玻璃和板材等绿色建材产能，推进本地建材资源开发。实施质量提升行动，促进特色手工业持续发展。

推进现代服务业整体发展。保持金融业繁荣稳定，提升金融服务质量，实施金融支持小微企业、民营企业和私营经济的各项政策，力争金融机构本外币贷款余额增长10%左右。着力破解民营企业信息不对称、信用不充分等问题，探索建设融资服务担保平台。

积极推进教育、养老、卫生等市场开放，引导扶持文化创意、医疗健康、科技服务等生产性服务业和新兴服务业。

推进高新数字产业创新发展。全力推进网络强区、数字西藏建设，制定落实促进信息产业发展优惠措施。继续推进网络提速降费。深入推进旅游、医疗、养老、教育、交通、社会治理、边境建设等领域的“互联网＋”行动。建设自治区级数字经济示范园，搭建中小微企业公共服务平台，构建网络化协同创新体系。力争全社会信息消费规模达到65亿元以上，数字经济增长30%以上。

推进边贸物流产业跨越发展。完善城乡商业网点和物流配送体系，降低物流成本，推进电子商务与快递物流协同发展，支持邮政企业加快乡村物流配送体系建设，着力提升自产商品市场占有率和综合竞争力。积极培育3至5家外贸出口基地，推动服务贸易外向发展。实施边贸恢复增长和一般贸易质量提升行动方案，力争对外贸易增长10%以上，边境贸易增长30%以上，以实际行动融入“一带一路”建设。

五、全力深化市场化改革扩大高水平开放

深化重点领域改革。持续深化“放管服”改革，推进政务服务“一网一门一次”改革。全面完成市县两级党政机构改革任务。深化商事制度改革。深入推进涉农改革，加快农村集体产权制度改革工作，推动7个县草原确权试点。深化国企国资改革，加快结构调整和战略性重组，增强微观主体活力，加快实现从管企业向管资本转变。积极推进投资体制改革，严格规范政府投资行为。全面实施预算绩效管理，推动财政资金聚力增效。

加快区外开放步伐。做好对口援藏轮换，拓展援藏领域，深化人才、智力、科技、产业援藏，加大项目资金落实，确保精准帮扶。继续做好教育、医疗组团式援藏工作，深化拓展组团式援藏的内涵和方式。积极融入成渝经济圈、大香格里拉经济圈、陕甘宁青经济圈。鼓励区外种养大户、能工巧匠在西藏扎根发展，完善高层次、实用型、技能型人才引进的优惠政策，加大与内地的交往交流交融。

提升对外开放水平。推进吉隆边境经济合作区、拉萨综合保税区建设。科学恢复樟木口岸货物通道，完善提升吉隆口岸、拉萨航空口岸功能，推动日屋、里孜口岸对外开放，提升普兰口岸开放水平，提高口岸整体通关效率。积极参与第二届“一带一路”国际合作高峰论坛，办好环喜马拉雅合作论坛，推进环喜马拉雅经济合作带建设；以尼泊尔为重点方向，推进基础设施互联互通，建设面向南亚开放大通道。

六、全力促进区域协调发展

深入实施乡村振兴战略。认真实施自治区乡村振兴战略规划，全面落实农村人居环境整治三年行动方案，积极推进乡村治理体系和治理能力现代化。加快培育农业现代化市场主体，推进产业化进程，认定自治区级农业产业化龙头企业5至9家、示范社100家、示范农场30家。加快“四好农村路”建设，确保通硬化路乡镇新增20个、行政村新增580个。实现乡镇邮政服务网点、行政村邮站及4G网络全覆盖，积极推进自然村通信信号全覆盖。

统筹区域协同发展。把拉萨打造为全区的历史文化保护、高新技术产业、现代金融服务中心和“双创”基地；支持日喀则建设面向南亚开放的前沿区和重要的商贸物流中心、农副产品主产区、民族手工业基地；支持昌都特色文化旅游融合发展，积极开发有色金属，推进“西电东送”接续基地建设；支持山南加快江北新区开发，打造雅鲁藏布江中游“沿江百亿产业走廊”；支持林芝加快建设国际生态旅游区和重要的林果业、藏药业、林副产品加工业基地；支持那曲发展壮大高原生态畜牧业、文化旅游业、特色加工业和物流业；打造阿里大峡谷等黄金旅游线路，支持阿里藏系绵羊、绒山羊等优势养殖业提质增效。推进农牧区人口向城镇适度聚集，加大旧城区棚户改造和高海拔县城供暖工程建设，常住人口城镇化率达到33%。

加强边境建设。深入落实中央关于守边固边、强边固防的决策部署，坚持屯兵与安民并举、固边与兴边并重，推进“兴边富民”行动，筑牢国家安全屏障，守护好每一寸神圣国土。加大项目资金整合力度，进一步改善边境地区基础设施和群众生产生活条件，完善边境地区教育发展机制，加快推进边境公路交通建设。加大边境县转移支付力度，一线、二线边民自治区补助标准各提高1000元。

七、全力加强社会治理

加强民族团结。拓展民族团结宣传教育的内容和途径，深化“五个认同”和中华民族共同体意识。深入推进民族团结进步创建活动，依法治理民族事务，努力建设民族团结进步模范区。

维护社会和谐稳定。深入开展反分裂斗争，严厉打击分裂破坏活动。持续开展扫黑除恶、打非治乱和扫黄打非专项斗争，深化专项整治工作，依法打击各类违法犯罪活动。加强联防力量建设，强化社会面有效管控。持续深化依法治藏，加强公共法律服务体系建设。加强信访工作，确保农民工工资及时足额发放，进一步完善矛盾纠纷排查化解联动机制。进一步加强边境管理，确保边境和谐稳定。

依法管理宗教事务。坚持党的宗教工作基本方针，做好“导”的工作。完善寺庙管理服务机制，守好藏传佛教不受境外势力操控的底线。落实宗教活动管理“三项要求”，防止出现新的宗教热。深入开展教育实践活动，积极引导宗教与社会主义社会相适应。

强化应急救援和安全生产。科学谋划防灾减灾规划，积极推进灾害防治体系“八项工程”，强化应急救援能力体系建设。做好金沙江、雅鲁藏布江地质灾害恢复重建工作。加强道路交通、消防、建筑施工、危险化学品、工矿商贸、食品药品监管，加强应急管理队伍建设，提升应急救援能力水平，落实安全生产责任，严防重特大安全生产事故的发生。

各位代表！西藏作为国家重要的安全屏障，支持国防和军队现代化建设责无旁贷。我们要深入贯彻落实习近平强军思想，统筹经济建设和国防建设，强化军民融合深度发展，加强退役军人管理保障，加强“双拥”工作，加强军事设施保护，加强全民国防教育，完善国防动员体系，做好民兵预备役和人民防空工作。

加强政府自身建设

各位代表！时代是出卷人，人民是阅卷人。面对百年未有之大变局，面对新机遇新挑战，面对全面从严治党新要求，我们必须牢记职责使命，做好答卷人。

我们要始终做到政治过硬。把政治建设放在首位，进一步树牢“四个意识”，进一步坚定“四个自信”，进一步做到“两个维护”，确保党中央令行禁止，确保国务院政令畅通，确保区党委安排部署落到实处。

我们要始终做到改革创新。认真落实好党政机构改革各项任务，加强政府自身改革，完善政府经济调节、市场监管、社会管理、公共服务、生态环境保护职能，着力推进重点领域、关键环节的机构职能优化和调整，加强部门间的协调配合，构建起职责明确、协同高效的政府治理体系。

我们要始终做到依法行政。恪守法治精神，维护宪法权威，坚持依法履职，加强法治政府建设，自觉把依法行政的要求贯穿到政府工作的全过程。认真执行自治区人大及其常委会的各项决议和决定，自觉接受人大法律监督、政协民主监督、社会各界和人民群众全面监督，确保行政权力在阳光下运行。

我们要始终做到担当有为。深化服务型政府建设，层层压实责任，层层抓好落实，解决好群众最关心的“最后一公里”问题。加强学习和调查研究。发扬斗争精神，增强斗争本领，坚决杜绝形式主义、命令主义，坚决治理“文山会海”，坚决反对不作为、慢作为、乱作为、假作为。坚持过紧日子，继续压减一般性行政支出。不断完善正向激励机制和容错纠错机制，营造推动高质量发展的良好氛围。

各位代表！打铁必须自身硬。我们必须牢记手中的权力是党和人民赋予的，坚持秉公用权、依法用权、廉洁用权、为民用权；我们必须自觉遵守中央八项规定及其实施细则精神和自治区党委实施办法，驰而不息整治“四风”；我们必须严格履行全面从严治党主体责任，落实“一岗双责”，深化扶贫领域腐败和作风问题专项治理，强化重点领域的监督管理，增强廉政风险防控；我们必须把权力运行的规矩立起来、严起来，严肃查处失职、渎职行为，更好促进干部履职尽责、干事创业，努力做到干部清正、政府清廉。

各位代表！新时代充满梦想和希望，新时代充满机遇和挑战，我们的信心无比坚定、我们的意志无比坚强。让我们坚持以习近平新时代中国特色社会主义思想为指导，紧密团结在以习近平同志为核心的党中央周围，在自治区党委的坚强领导下，团结一心，攻坚克难，努力开创各项工作新局面，以优异成绩，向中华人民共和国成立 70 周年献礼！

附录 3：

西藏自治区 2018 年国民经济和社会发展计划执行情况与 2019 年国民经济和社会发展计划草案报告

——2019 年 1 月 10 日在西藏自治区第十一届人民代表大会第二次会议上

西藏自治区发展和改革委员会

各位代表：

受自治区人民政府委托，现将 2018 年国民经济和社会发展计划执行情况与 2019 年国民经济和社会发展计划草案提请自治区第十一届人民代表大会第二次会议审议，并请自治区政协各位委员和各位列席代表提出意见。

一、2018 年国民经济和社会发展计划执行情况

2018 年是全面贯彻党的十九大精神的开局之年，也是十一届自治区人民政府的开局之年。一年来，在以习近平同志为核心的党中央亲切关怀下，在自治区党委的坚强领导下，全区各级各部门坚持以习近平新时代中国特色社会主义思想为指导，全面贯彻党的十九大和十九届二中、三中全会精神，贯彻中央第六次西藏工作座谈会精神，贯彻习近平总书记关于治边稳藏的重要论述，贯彻自治区第九次党代会和区党委九届二次、三次、四次全会决策部署，统筹推进“五位一体”总体布局，协调推进“四个全面”战略布局，坚持稳中求进、进中求好、补齐短板工作总基调，贯彻新发展理念，落实高质量发展要求，以处理好“十三对关系”为根本方法，着力推进“十大工程”，聚力发展“七大产业”，认真落实稳增长、促改革、调结构、惠民生、防风险等各项措施，锐意进取、扎实工作，宏观调控目标完成较好，三大攻坚战深入推进，供给侧结构性改革不断深化，改革开放力度加大，人民生活持续改善，保持了经济持续健康发展和社会大局稳定，朝着实现全面建成小康社会的目标迈出了新的步伐。

初步预计，2018 年地区生产总值突破 1400 亿元，增长 10%左右；全社会固定资产投资增长 10%左右；规模以上工业增加值增长 14%；社会消费品零售总额增长 14%；一般公共预算收入 230.4 亿元，剔除一次性缴库因素，实际增长 12.9%，一般公共预算支出 1972.71 亿元，增长 17.3%；城镇居民人均可支配收入增长 10%以上，农村居民人均可支配收入增长 13%左右；居民消费价格指数控制在 2.0%；城镇登记失业率为 2.83%，城镇调查失业率控制在 4.6%。地区生产总值、社会消费品零售总额、规模以上工业增加值、城乡居民人均可支配收入等主要经济指标增速有望继续位居全国前列，全区经济运行保持“总体平稳、稳中有进、稳中提质”的发展态势，呈现以下特点。

一是发展动力持续增强。在国家投资保持平稳增长的同时，社会投资对经济增长的拉动作用逐步增强。2018 年落实中央政府投资 686 亿元，比 2017 年增长 170 亿元。成功举办第四届中国西藏旅游文化国际博览会，集中签约招商引资项目 108 个，总投资 541 亿元。实施招商引资项目 1450 个，累计到位资金 630.8 亿元，超额完成年度目标任务。民间投资扭降为升，增长 20%以上，高出年度目标 15 个百分点。在投资增速放缓，外贸持续下滑的情况下，消费对我区经济增长的贡献更加明显，预计全年全区社会消费品零售总额增长 14.0%，比年初预期目标高 1 个百分点。

二是发展支撑更加强劲。加快实施“七大产业”，产业发展驶入快车道。全区粮食产量稳定在100万吨以上。在建电力装机容量达到352.5万千瓦，累计外送电量8.7亿千瓦时。全区接待国内外游客3368.7万人次，增长31.5%，实现旅游总收入490亿元，增长29.2%。预计到2018年12月末，全区金融机构本外币各项存款余额5100亿元，增长2.8%；本外币各项贷款余额4555.7亿元，增长12.7%。基本建成全区“互联网+政务服务”、政务信息整合共享平台和统一基础云平台。边民互市贸易日趋活跃，边民互市贸易进出口总额达到9900万元，增长1.8倍。

三是发展质量持续提升。实体经济发展呈现良好势头，市场主体不断壮大，投资者信心明显增强。全区新登记各类市场主体6.1万户，增长20.1%，平均每天增加186户。“四上企业”达到827家，比2017年同期增加158家，增长23.6%。持续推进大众创业万众创新，已建成双创载体74个，吸纳创新创业团队和初创企业1338家，已毕业孵化企业194家，吸纳就业人员1.4万余人，其中高校毕业生2100余人。

总体看，全区经济发展正在由投资拉动为主转向投资拉动和产业支撑双轮驱动转变，新旧动能转换初步显现，推动高质量发展取得积极进展，主要体现在以下六个方面。

（一）三大攻坚战取得阶段性胜利

一是打好防范化解重大风险攻坚战。深入贯彻落实国家关于打好防范化解重大风险攻坚战三年行动方案，全面加强重点项目建设管理，进一步加强政府和社会资本合作项目建设管理，积极主动清理、自查政府债务及隐性债务，进一步规范地方政府债券需求申报，政府债务风险整体可控。积极稳妥降低企业杠杆率，西藏银行业金融机构不良贷款率为0.31%，比年初下降0.02个百分点。开展辖区金融机构评级工作，稳步实施存款保险制度。建立风险防控会商制度，强化金融风险监测，牢牢守住了不发生区域性、系统性金融风险的底线。

二是打好精准脱贫攻坚战。深入实施打赢深度贫困地区脱贫攻坚战三年行动计划，建立领导干部包县制度，深入实施精准扶贫、精准脱贫。2018年实施产业扶贫项目707个，已完工213个，完成投资99.1亿元，通过产业扶贫减贫5.8万人。预计全区金融精准扶贫贷款余额1490亿元，占全区贷款总规模的33.5%。易地扶贫搬迁累计投入144.9亿元，入住21.8万人。“三岩”片区跨市整体搬迁入住249户1639人，极高海拔生态搬迁完成1102人。认真落实国家建设用地增减挂钩扶贫政策，完成增减挂钩跨省域调剂指标5810亩，调剂资金17亿元。配套建设易地扶贫搬迁安置点双语幼儿园83个，新建义务教育学校12个，对9815名建档立卡农村低保贫困大学生进行专项补助。培训贫困农牧民3.6万人，转移就业6.7万人。全区生态补偿脱贫岗位补助标准由每人每年3000元提高到每人每年3500元，2018年新增4.7万个生态补偿脱贫岗位，重点向深度贫困地区倾斜。提高特困人员救助供养标准，大病集中救治2475人，重病兜底保障救治487人。预计25个贫困县摘帽，2100个贫困村、18万人脱贫。

三是打好污染防治攻坚战。扎实整改中央环境保护督察组反馈问题，建立“十日一调度、每月一小结”工作机制，由省级领导挂帅督办中央环保督察整改，93项应完成的整改措施已完成87项，完成率93.5%。全面推进生态文明建设，制定全面加强生态环境保护坚决打好污染防治攻坚战的实施意见，强化水、大气、土壤三大污染防治，启动全区第二次污染源普查。完成22家企业清洁生产审核，划定拉萨、林芝高污染燃料禁燃区。基本完成国家核定的单位生产总值能耗强度、碳排放强度目标任务。累计建设城镇生活垃圾填埋场107座，城镇污水处理厂16座。全面建立河长制湖长制，河湖管理保护得到加强，主要江河干流水质保持在二类以上标准。自治区生态保护红线划定方案已通过国家技术审核。率先选择那曲市、昌都市、林芝市开展怒江流域上下游横向生态保护补偿机制试点。第二次青藏高原综合科学考察研究纳入“国家科技基础资源调查”重大专项。全面开展畜禽废弃物资源化利用工作，综合利用率达65%。开展“无树户”“无树村”消除行动，完成造林绿化112.5万亩。

（二）人民群众获得感不断增强

一是积极促进就业创业。贯彻落实鼓励和支持高校毕业生就业创业各项政策，首次实现应届高校毕业生就业实名制登记，举办大型人力资源洽谈会1期，各类招聘会177场次，对口援藏省市提供就业岗位1.5

万个，央企、区内国企提供高校毕业生就业岗位 2866 个，18118 名西藏籍应届毕业生实现就业，应届高校毕业生实名制就业率达 86%以上。首次参加第三届“中国创翼”创业创新总决赛，“墙星”藏文点读笔创业项目荣获全国三等奖。预计城镇新增就业 5.4 万人，完成年度计划的 108%；农牧区富余劳动力转移就业 102 万人次，完成年度计划的 102%，实现劳务收入 27 亿元，完成年度计划的 117%。积极推进军队转业安置工作，接收军转干部 1602 人。

二是社会事业全面进步。新建改扩建双语幼儿园 147 所，改造义务教育薄弱学校 112 所，11 个县通过国家义务教育均衡发展验收，调整优化中职和高校学科专业结构，成功举办西藏民族大学建校 60 周年校庆活动，西藏大学进入部省合建和一流学科建设高校行列，西藏藏医学院更名为西藏藏医药大学。“三包”标准由年生均 3480 元提高到 3720 元。山南、昌都市人民医院创成“三甲”医院。组团式医疗援藏帮带我区 1195 名医务人员。持续推进包虫病筛查救治工作，患病率下降至 0.55%，全面启动结核病、肝炎、高原风湿病筛查救治。建立了覆盖全区的家庭医生签约服务制度，实施国民营养计划。积极推进“厕所革命”，交付使用近 1300 座。布达拉宫古籍文献实现立项保护，10 名国家级非物质文化遗产代表性传承人抢救性记录成果通过国验。举办“文创西藏”精品巡展，不断提升西藏文化影响力，全区文化产业示范基地（园区）达到 234 家。新通电的 11.8 万户群众实现广播电视户户通，全区广播、电视综合人口覆盖率分别达到 97.14%、98.21%。加大科技研发投入力度，组织实施自治区重点科技计划项目 114 项。

三是社会保障水平不断提升。印发我区关于整合城乡居民基本医疗保险制度的实施意见，农牧区医疗制度政府补贴标准提高到年人均 515 元，城乡居民最低生活保障标准分别上调至每人每月 750 元、每人每年 4450 元。积极推进“医养结合”及养老机构“公建民营”试点，在拉萨、山南开展养老机构标准化建设试点。城乡居民基本养老金标准提高到月人均 170 元。持续推进全民参保计划，预计各项社会保险参保人数达 370.7 万人次。稳慎推进机关事业单位社会保障体制改革，社会保障信息省级平台全国联网，基本实现异地就医全国直接结算。

四是重点区域协调发展。边境地区小康村建设项目纳入“十三五”中期评估调整方案，规划安排中央预算内投资 74.9 亿元。累计开工建设 545 个边境地区小康村及察隅农场，已竣工 59 个村，累计完成投资 66.6 亿元，配套基础设施、公共服务、产业建设、环境整治等工作加快推进。落实投资 7480 万元，加快推进墨脱县守边固边试点工程。组织编制自治区乡村振兴战略规划，大力实施以“神圣国土守护者、幸福家园建设者”为主题的乡村振兴战略。深入实施军民融合发展战略，建立军地需求对接制度，积极推进军粮供应地方化。

（三）七大产业发展不断加快

一是高原生物产业稳健起步。预计全年粮食产量达到 104.9 万吨。牲畜出栏 593 万头（只），增长 2.3%。肉产量 33.5 万吨，增长 11.6%，奶产量 50.5 万吨，增长 19.7%。农牧民合作社达到 8364 家，家庭农场达到 100 家。自治区级农业产业化龙头企业总产值达 38.1 亿元，增长 15.3%；全区农产品加工业总产值达 42 亿元，增长 15%，其中青稞、牦牛肉加工产值分别为 11.1 亿元、1.9 亿元，累计认证“三品一标”农产品 208 个，新增 43 个。积极推动藏医药“申遗”评审工作，“藏医药浴法”列入联合国教科文组织人类非物质文化遗产代表作名录。

二是绿色工业健康发展。实现工业销售产值 216.5 亿元，增长 23.9%，工业品产销率为 101.6%。完成水泥项目产能置换 390 万吨，拉萨城投祁连山、山南华新等水泥产业项目进展顺利，水泥产量达到 883 万吨，增长 43.2%。包装饮用水产量达到 53 万吨。华泰龙、玉龙等绿色矿业生产形势良好，铜金属含量产量 7.9 万吨，增长 53.2%。

三是清洁能源产业壮大发展。加快推进电源点建设，预计到年底全区电力总装机容量达到 333 万千瓦，累计发电量达到 70.6 亿千瓦时，增长 13.1%。羊易地热发电项目（一期）建成投产，措美风电工程开工建设。积极拓展电力外送通道和消纳市场，跨省（区）电力交易迈出坚实步伐，先后与山西、河北、重庆、山东等 12 个省（市）签署藏电外送协议，金沙江上游水电送河北工程启动预可研工作。

四是特色旅游文化产业全域发展。坚持把旅游产业作为经济社会发展的先导产业，推动旅游与特色文化深度融合，促进旅游文化创意产业集聚发展。落实降低重点国有景区门票价格政策，研究出台涵盖 A 级景区、星级酒店、航空等领域的系列优惠措施。借助雪顿节、藏博会、国际旅游交易会等活动，集中开展“冬游西藏”等旅游产品宣传推广。旅游文化产业实现增加值 177.4 亿元，增长 13.3%。

五是现代服务业蓬勃发展。研究制定加快发展健身休闲产业的实施意见和进一步扩大旅游文化体育健康养老教育培训等领域消费的实施方案，提升服务品质，增加服务供给，不断释放潜在消费需求。成功举办自治区第十二届全运会暨第四届民族传统体育运动会、首届环喜马拉雅自行车极限赛、拉萨半程马拉松等重大赛事。金融对小微企业、民营企业、涉农、金融精准扶贫、基础设施建设和绿色产业等重点领域和薄弱环节的服务力度不断加大。信贷投向重点突出，涉农贷款余额 1429.4 亿元，增长 25.7%。

六是高新数字产业创新发展。高新技术企业增长 55%，组织完成 75 家科技型中小企业入库工作，增长 1.4 倍。信息化投资达 54 亿元，信息消费规模近 60 亿元。12 家企业被列为国家级“两化融合”管理体系贯彻试点企业，其中 3 家企业通过国家级认证。

七是边贸物流产业稳步发展。积极推进吉隆边境经济合作区和拉萨综合保税区申建工作。大力发展电商物流，全区 27 个县确定为国家电子商务进农村综合示范县，建成 11 个电子商务公共服务中心、10 个电商物流配送中心、77 个乡级服务站、218 个村级服务点，实现农牧区特色产品网络销售额 7065 万元。积极有效落实与京东集团、顺丰集团签订的“互联网+物流”全面战略合作框架协议。全区进出口总额累计实现 48 亿元。

（四）项目建设加快推进

一是项目投资落实有力。完成“十三五”规划项目方案中期调整工作，项目个数由原方案的 189 个增加到 197 个，“十三五”规划投资由原方案的 3586 亿元增加到 3807 亿元。截至目前，197 个项目中，已完工 52 个、在建 94 个、正在推进前期工作 51 个。累计落实规划项目投资 2011 亿元，其中，落实中央政府投资 1650 亿元，达到规划投资安排时序进度。

二是中央关心关怀重大项目高位推进。认真贯彻落实习近平总书记“7•18”重要批示和李克强总理、汪洋主席赴藏调研重要指示精神，成立自治区全力推进重大项目建设工作领导小组，由区党委书记担任组长，并设立由省级领导任组长的 4 个专项推进组，实行半月专报、按月调度制度，全力推进 24 个重大项目建设落实落地。截至目前，24 个项目中 9 个项目开工建设，完成投资 446 亿元。

三是重点项目建设大力推进。分两批安排 2018 年全区重点建设项目 211 个，累计完成投资 1950.2 亿元。加强重点项目月调度，交通、能源、水利、市政等领域项目建设推进顺利。其中，公路项目完成投资 651.8 亿元，国道 109 线那曲至拉萨段等 4 个高等级公路和 21 个普通国省道、2412 个农村公路项目加快推进。铁路项目完成投资 42 亿元，青藏铁路格拉段扩能改造工程完工，拉林铁路建设加快推进，川藏铁路（林芝至昌都段川藏界）启动规划建设，青藏铁路格拉段电气化改造工程前期工作进展顺利。民航项目完成投资 8 亿元，贡嘎机场航站区改扩建工程加快建设，米林机场平行滑行道工程初设获批。能源项目完成投资 193 亿元，加快推进水电站建设，实现瓦托水电站首台机组发电，在建并网光伏电站 9 座。全力推进区内统一电网建设，藏中与昌都电网联网工程、拉林铁路供电工程建成投运。“三区三州”农网改造升级攻坚三年行动计划工程获批。水利项目完成投资 42.8 亿元，拉洛、湘河水利枢纽配套灌区工程和扎仓嘎、卓于中型水库等在建重大水利工程有序推进。城镇基础设施和保障房建设项目完成投资 265.2 亿元，市政设施、特色小城镇、城镇污水垃圾处理设施等建设项目加快推进。

（五）改革开放持续深入

一是重点领域改革稳步推进。全面完成自治区级党政机构改革任务，积极推进资产经费调配工作。深化“放管服”改革，全面建立区、市、县三级权责清单及动态调整和长效管理机制，自治区级政府部门权责事项减少 43 项。加快推进公共资源交易“一网三平台”建设。深化商事制度改革，加快社会信用体系建设，实行“多证合一”和“证照分离”。深化财税体制改革，全面实施预算绩效管理。深化国企改革，推进国有企业负责人薪酬制度改革，开展国企员工持股试点工作。深化农牧区改革，推进 21 个县农村集体产权制度改革。曲水县作为国家级农村集体资产股份权能改革试点县和国家级农村集体产权制度改革试点县，已基本完成试点任务。基本完成承包地确权登记颁证工作，颁证率达 90%。稳步推进电力体制改革，扎实推进电价、水价改革，取消工商业用电枯水季加价政策，调整全区工商业电价，降幅达 11.8%，全国降幅最大。深化医疗卫生体制改革，全面推进公立医院改革。

二是积极扩大开放合作。加快推进中尼友谊工业园和尼泊尔•中国西藏旅游文化产业园区建设，西藏文化旅游创意园区被评为国家文化出口基地，我区 4 家外贸企业确定为外贸综合服务示范企业和跨境电子商务试点企业。深化对内合作交流，召开全区招商引资大会和开发区暨园区工作会议，出台我区招商引资优惠政策若干规定，持续改善营商环境。启动自治区开发区发展总体规划编制工作，5 家开发区纳入中国开发区审核公告目录。实施援藏项目 707 个，落实项目投资 44 亿元，完成年度计划的 104%。

（六）要素保障不断强化

一是电油气运供需平衡。预计到年底，全社会用电量 73.2 亿千瓦时，增长 18%，油气供应基本平衡。公路货物周转量 105.7 亿吨公里，旅客周转量 25.6 亿人公里，分别增长 10.4%、4.9%。预计到年底，铁路客运周转量 17.8 亿人公里，货运周转量 31.5 亿吨公里，均增长 5%；民航旅客吞吐量 533 万人次，货邮吞吐量 3.9 万吨，分别增长 17.1%、9.0%。电信业务收入 47.6 亿元，增长 0.5%；邮政业务收入 5.6 亿元，增长 23.6%。

二是保障建设项目用地需求。进一步加强和改进国家、自治区重点项目建设用地服务和监管，改进建设用地审查报批工作，优化建设用地预审程序，促进重点项目建设顺利实施，依法依规审批用地 170 件。

三是安全生产和防灾减灾工作有序开展。积极开展安全生产专项整治，深化重点领域隐患排查，全区安全生产形势持续稳定。全区共发生各类安全生产事故 317 起，死亡 148 人，分别下降 15.7%、20.9%，未发生重大及以上事故。加强防抗救灾体系建设，有效处置江达山体滑坡、林芝加拉村雅鲁藏布江堰塞湖，正在开展灾后恢复重建规划编制工作。

2018 年我区主要经济指标完成良好，这些成绩的取得，归功于习近平新时代中国特色社会主义思想和习近平总书记关于治边稳藏的重要论述在西藏的成功实践；归功于以习近平同志为核心的党中央、国务院的高度重视和特殊关怀；归功于各援藏省市、中央企业的无私援助；归功于区党委的坚强领导、人大的有效监督和政协的全力支持；归功于全区上下的团结奋斗和苦干实干。成绩来之不易，需要倍加珍惜。

二、2019 年经济社会发展总体要求和目标

2019 年是全面建成小康社会关键之年，是新中国成立 70 周年、西藏民主改革 60 周年。从国际看，世界正处于百年未有之大变局，特别是中美经贸摩擦成为我国发展面临的最大不确定性因素。从国内看，我国经济正由高速增长阶段转向高质量发展阶段，长期积累的矛盾与新问题新挑战交织叠加，经济下行压力有所加大。着眼推动我区高质量发展，加快构建符合我区实际的现代化经济体系，我区发展面临四大机遇：一是中央关心关怀我区发展的机遇。习近平总书记多次对西藏工作作出重要指示，李克强总理、汪洋主席先后赴藏考察指导工作，确定了党中央关心关怀西藏的 24 个重大项目，为我们做好经济工作注入强大动力。二是国家深入推进“一带一路”建设、西部大开发的机遇。随着国家重大战略深入实施，对西部地区关心支持力度将进一步加大，为我区经济社会发展提供广阔空间。三是国家部委、援藏省市企业支持我区发展的机遇。国家有关部委先后进藏开展专题调研或召开援藏工作会，研究部署支持西藏工作。新一轮援藏工作在即，对口援藏省市和企业将持续加大支援力度，为我区发展提供强大助力。四是推动高质量发展的机遇。对标对表国家出台的关于推动高质量发展的意见，我区的特色农牧、旅游文化、高原生物、绿色工业、清洁能源等主要产业都符合高质量发展方向，为我区建立和完善现代化经济体系提供有力的政策支撑。

在看到有利条件的同时，我区发展也面临着四大挑战：一是维稳形势仍然严峻。当前西藏不仅存在人民日益增长的美好生活需要同不平衡不充分的发展之间的主要矛盾，还存在各族人民同以十四世达赖集团

为代表的分裂势力之间的特殊矛盾，确保社会局势持续稳定、长期稳定、全面稳定的任务繁重。二是新旧动能亟需转换。当前，我区发展正处在由高速增长向高质量发展转型期，投资拉动的边际效益递减，产业发育程度低，生态环境脆弱，开发与保护的矛盾突出，经济持续快速健康发展的基础还不牢固。三是就业压力持续加大。随着高校毕业生不断增加，再加上历年累积，我区就业压力会持续增大。主要表现为就业观念传统、期望值过高，教育引导毕业生和家长转变传统观念、通过市场实现就业创业，仍有大量艰苦细致的工作要做。加之我区产业规模小，市场吸纳就业能力有限，实现更充分、更稳定、更高质量的就业压力较大。四是改善民生任务艰巨。我区仍有 19 个深度贫困县，巩固脱贫成果，建立脱贫长效机制，全面提升贫困群众的内生发展能力，确保不返贫，还有很长的路要走。近年来政策性补贴不断提标扩面，在基数抬高情况下，增量部分拉动效应有限，如何通过加大农牧民技能培训、提高劳务输出组织化程度，多渠道促进农牧民增收还需要下更大功夫。这些问题都是前进中的问题，需要我们紧扣重要战略机遇新内涵，加快经济结构优化升级，提升科技创新能力，深化改革开放，加快绿色发展，变压力为加快推动经济高质量发展的动力。

2019 年经济社会发展的总体要求是：坚持以习近平新时代中国特色社会主义思想为指导，全面贯彻党的十九大和十九届二中、三中全会以及中央经济工作会议、中央第六次西藏工作座谈会精神，贯彻习近平总书记关于治边稳藏的重要论述和一系列重要指示批示精神，全面落实自治区第九次党代会和区党委九届二次、三次、四次、五次全会以及区党委经济工作会议精神，在自治区党委的坚强领导下，统筹推进“五位一体”总体布局，协调推进“四个全面”战略布局，坚持以人民为中心的发展思想，坚持稳中求进、进中求好、补齐短板工作总基调，坚持新发展理念，坚持推动高质量发展，坚持以供给侧结构性改革为主线，坚持深化市场化改革、扩大高水平开放，落实“六稳”要求，以处理好“十三对关系”为根本方法，加快建设现代化经济体系，继续打好三大攻坚战特别是脱贫攻坚战，着力推进“十大工程”，聚力发展“七大产业”，着力激发微观主体活力，突出保障和改善民生，扎实做好稳增长、促改革、调结构、惠民生、防风险工作，增强人民群众获得感、幸福感、安全感，保持经济持续健康发展和社会大局稳定，为全面建成小康社会收官打下决定性基础，以优异成绩迎接新中国成立 70 周年。

2019 年经济社会发展的主要目标为：地区生产总值增速保持在 10%左右，全社会固定资产投资增长 10%以上，社会消费品零售总额增长 13%，城镇居民人均可支配收入增长 10%以上，农村居民人均可支配收入增长 13%以上，居民消费价格涨幅控制在 4%以内，城镇登记失业率控制在 3%以内，城镇调查失业率控制在 5%以内。上述预期目标，是在综合考虑全面贯彻落实党的十九大精神，确保“十三五”规划顺利实施，满足全区各族人民日益增长的美好生活需要，决胜全面建成小康社会等因素的情况下提出的，既兼顾了需要和可能，也强调了积极争取、主动作为，符合我区经济由高速增长转向高质量发展阶段实际。

三、2019 年经济社会发展的主要任务和措施

实现 2019 年经济社会发展各项目标，要着力做好以下六个方面的工作。

（一）把握高质量发展要求，全力打好三大攻坚战

一是打好精准脱贫攻坚战。大力实施产业扶贫，建成一批带动力强、群众参与度高的特色养殖基地，积极引导贫困群众参与从事家庭旅馆、旅游服务等，拓宽增收渠道。做好生态扶贫，通过持续提供公益林、天然林、湿地管护等岗位，让有劳动能力的贫困人口和低收入人口稳定增收。完成 26.6 万建档立卡贫困人口易地扶贫搬迁任务。继续推进“三岩”片区跨市整体易地扶贫搬迁，扎实推进极高海拔等特殊区域农牧民搬迁试点工作，实施风湿病易地扶贫搬迁。落实教育扶贫政策，严格落实贫困家庭大学生“三免一补”政策和高校招生倾斜政策。完善政策保障体系，对患有大病、重病和长期慢性病的重点人群分类救治，精准到村到户到人。落实好各项扶贫措施，确保 19 个县、15 万贫困人口全部脱贫，基本消除绝对贫困。研究制定巩固全区脱贫攻坚成果的指导性意见，督促各地市出台具体的政策措施，切实巩固好脱贫成果。

二是打好污染防治攻坚战。认真落实中央环境保护督察组反馈问题整改，采取挂账督办、专案盯办等

形式，全程跟踪整改进展，确保中央环保督察反馈问题全面整改、加快整改、彻底整改。进一步强化节能降耗工作，确保完成国家核定的单位生产总值能耗强度控制目标任务。进一步加强大气、水、土壤等污染防治，开展好自然保护区执法检查、环境基础设施监管等专项行动，力争地级以上城市空气质量优良天数比率达到 95%以上。全面落实河长制湖长制，推进羊八井国家地质公园建设。健全完善生态文明建设目标评价考核、领导干部自然资源离任审计等生态文明制度体系。严格环境准入和执法监管，坚持规划环评与项目环评联动，合理配置自然资源资产，加大对自然资源市场监管力度。切实加强和改进耕地占补平衡管理，严格落实基本农田特殊保护政策，确保全区耕地总量动态平衡。继续推进第三次国土调查工作。

三是打好防范化解重大风险攻坚战。做好稳金融工作，加大政策衔接力度，用好、用足、用活国家赋予我区的特殊优惠金融政策，引导在藏银行业金融机构保持定力，全面提升金融服务实体经济的效率和水平，提高直接融资比重和金融资源配置效率，确保金融资源更多投向精准扶贫、小微企业、民营企业、涉农和绿色信贷等实体经济、重点领域和薄弱环节。贯彻落实好中央关于防范化解地方政府隐性债务风险的意见和地方政府隐性债务问责办法，落实管控债务规模、规范债务管理、防范化解风险的主体责任，依法健全地方政府举债融资机制，建立举债终身问责制和债务问题倒查机制，建立隐性债务统计监测月报制度，建立财政、审计、银监、人行等部门监测数据共享机制，稳妥化解隐性债务存量，坚决遏制隐性债务增量。

（二）立足高质量发展落脚点，持续提升民生保障水平

一是实施就业优先政策。把稳就业摆在突出位置，重点解决好高校毕业生、农民工、城镇困难家庭、退役军人等群体就业，力争城镇新增就业 5 万人。完善就业政策相关配套措施，全面推广使用西藏公共就业服务信息管理系统，促进就业创业工作信息化、规范化。通过岗位援助、信息援助、政策援助、保障援助等多种手段，更有针对性的实施就业援助行动。贯彻落实好鼓励和支持高校毕业生返乡创业的实施意见，进一步强化创业扶持力度。积极转变高校毕业生就业观念，引导高校毕业生到内地就业、参军入伍、升学深造。通过订单式、定向式等方式，广泛开展客房服务、旅游服务、农畜产品加工等市场需求量大的技能培训，引导大学毕业生积极参与产业发展和项目建设，切实拓宽就业渠道。做好退役军人接收安置工作，保障退役军人合法权益。

二是促进农牧民持续增收。认真贯彻落实关于促进农牧民持续增收的 24 条意见。统筹推进乡村产业发展，重点发展青稞、牦牛、奶业、藏猪等产业，挖掘经营性收入增长潜力，夯实增收基础。完善就业创业政策，加强农牧区劳动力转移就业培训，加大劳务输出力度，鼓励和支持农牧民参与区内交通、水利、能源等基础设施项目建设，优先安排农牧民就地就近务工就业，拓宽增收渠道，促进工资性收入增长。培育壮大新型经营主体，引导龙头企业与农牧民合作社、家庭农牧场、农牧民构建紧密的利益联结机制，释放财产性收入增长红利。落实完善农牧业补贴政策，深化农村集体产权制度改革，拓展转移性收入增长空间。

三是加快社会事业发展。深入贯彻习近平总书记致西藏民族大学建校 60 周年贺信精神，扎实推进第三期学前双语教育行动计划，实施义务教育均衡发展工程，统筹普通高中与中等职业教育协调发展。加快推进西藏自治区医院、西藏藏医药大学新校区、西藏技师学院等重大项目建设。出台县艺术团管理办法，开展乡村民间文艺演出队扶持试点。办好第二届环喜马拉雅自行车极限赛。落实健康西藏行动计划，全面做好包虫病综合防治，力争年内实现三年防治目标。实施全民参保计划，不断完善机关事业单位、城乡居民和城镇职工基本养老保险制度，适时提高城乡居民基础养老金标准，推进养老机构管理服务标准化、科学化、规范化。制定出台我区基本公共服务标准体系。

四是全力推进边境地区小康村建设。坚持“屯兵与安民并举、固边与兴边并重”，深入推进“兴边富民”行动，重点围绕边民住房、配套基础设施、公共服务设施、产业建设和环境改善，加快推进项目建设进度。加大与国家相关部委的汇报衔接力度，争取国家更多的专项资金支持。按照自治区确定的“尽力而为、量力而行、节约为先”的原则，加大自治区资金整合力度，严禁住房大拆大建，严禁过高承诺、过度保障，避免超越阶段的过度福利化，多做雪中送炭的事，少做锦上添花的事，力争全面完成边境地区小康村建设任务。

五是统筹区域协调发展。坚持适度集中、规模发展的原则，加快推进拉萨山南一体化进程，推动形成以拉萨为中心，辐射山南、林芝、日喀则、那曲核心区域的3小时藏中经济圈。有序推进藏东南生态旅游、藏东交通能源、藏北现代高原畜牧业基地和区域物流中心建设。加快推进新型城镇化建设，实现城乡区域协同发展。

（三）强化高质量发展支撑，加快推动特色产业发展

一是大力实施乡村振兴战略。加快印发实施乡村振兴战略总体规划和各专项规划，加快补齐脱贫攻坚、人居环境和公共服务方面的短板，实施好自治区农村人居环境整治三年行动方案，积极构建乡村振兴新格局，大力建设产业兴旺、生态宜居、乡风文明、治理有效、生活富裕的乡村。加快农业供给侧结构性改革，因地制宜推动高原生物产业快速发展，加快培育农业现代化市场主体，推进产业化进程，积极推进森布日极高海拔生态搬迁配套产业项目，促进一二三产融合发展，认定自治区级农业产业化龙头企业5-9家、示范社100家、示范农场30家，全区农产品加工业总产值增长16%，全年粮食产量继续稳定在100万吨以上，其中青稞产量稳定在80万吨以上，肉奶产量达到90万吨以上，蔬菜产量达到97万吨以上。认真落实粮食安全责任制，确保区域粮食安全。

二是推动工业提质增效。优化资源配置，培育壮大产业集团，加快推进绿色工业和清洁能源产业规模发展，力争规模以上工业增加值增长12%以上。加快推进水泥等绿色建材项目建设。完善以铜、锂为主的优势矿产资源生产加工产业链，推动已建成的华泰龙二期项目稳定达产，玉龙二期、巨龙一期建成投产，协调推动阴极铜冶炼项目落户藏青工业园，加快盐湖锂资源开发。强化水资源勘查和保护，全力打造西藏好水品牌，加快推动福地天然饮品有限公司山南琼结县500万吨大包装水项目、西藏玉麦天然饮用水有限公司5万吨矿泉水项目建设。扎实推进水电站项目建设，积极拓展电力外送通道和消纳市场，确保已签协议落地生效。积极发展藏药现代化生产技术，推进藏药业标准化、规模化、集约化发展。

三是加快服务业转型升级。瞄准建设重要的世界旅游目的地目标，强弱项、补短板，创新发展方式，大力发展特色旅游文化产业。积极打造“地球第三极”旅游品牌，进一步优化“冬游西藏”优惠政策，加强全域全时旅游文化精品线路建设，加强A级景区评定，营造良好的旅游市场氛围，力争全区旅游接待人数达4000万人次，旅游收入达580亿元。大力发展高新数字产业，全力推进网络强区、数字西藏、“互联网+”建设。加快推进现代服务业、边贸物流业协同发展，加快教育、养老、医疗、文化等服务业发展，提升产品质量，改善消费环境，增强消费能力。实施金融支持小微企业、民营企业和私营经济的各项政策，提升金融服务质量，力争金融机构本外币贷款余额增长10%左右。完善农牧区商贸流通体系建设，降低物流成本，推进电子商务与快递物流协同发展。研究制定我区推进地产产品先试先用行动方案，着力提升我区地产产品市场占有率和综合竞争力。

（四）夯实高质量发展基础，全力抓好重大项目建设

一是切实做好稳投资工作。积极争取中央政府投资，继续加大向中央对口部委的汇报衔接力度，争取2019年落实中央政府投资600亿元以上。贯彻落实习近平总书记在全国民营企业家座谈会上的讲话精神，全面落实自治区关于支持非公经济发展的系列政策措施，积极实施“五放六支持”“八大工程”战略，放宽民间投资市场准入，优化服务，细化政策，为民营企业发展营造良好的营商环境。加大招商引资力度，切实发挥好招商引资在带动就业和培育主导产业方面的重要作用，力争引进企业数量、质量有明显提高，规模进一步扩大。加大援藏规划和年度计划执行力度，跟踪落实好援藏资金项目。加快财政预算执行，采取积极有效措施，加快项目实施进度。

二是加快补齐基础设施短板。贯彻落实好国家关于保持基础设施领域补短板力度的指导意见，聚焦关键领域和薄弱环节，进一步完善基础设施和公共服务，提升基础设施供给质量，更好发挥有效投资对优化供给结构的关键性作用。按照自治区全力推进重大项目建设工作领导小组分工方案，进一步明确责任、细化分工、倒排工期，抓好前期工作，抓好衔接汇报，全力推进党中央关心关怀西藏重大项目建设落实落地。加快拉林铁路建设，开工建设川藏铁路林芝至昌都段控制性工程、青藏铁路格拉段电气化改造工程。尽早

启动317、318国道整治、改道建设工作，拉萨至日喀则机场高等级公路工程全线开工。开工建设贡嘎机场第二跑道新建工程。开工建设阿里与藏中电网联网工程。加快推进拉洛、湘河等在建水利工程建设，力争开工建设宗通卡水利枢纽工程。加大环境基础设施建设，进一步提高污水垃圾处理能力。加快卫星通信应用推广，深入实施“宽带西藏”工程。加强项目管理，强化重大项目月调度，督促项目单位严格履行基本建设程序，确保投资项目开工符合法定审批程序和建设要求。全面启动自治区“十四五”时期国民经济和社会发展规划纲要前期研究和编制工作。

（五）激发高质量发展活力，全面拓展改革开放空间

一是深化供给侧结构性改革。深入学习贯彻习近平总书记在庆祝改革开放40周年大会上的重要讲话精神，坚持以供给侧结构性改革为主线不动摇，更多采取改革的办法，更多运用市场化、法治化手段，在“巩固、增强、提升、畅通”八个字上下功夫，巩固改革成果，增强微观主体活力，提升产业链水平，畅通国民经济循环。深化“放管服”改革，创新政府配置资源方式，加快推进“互联网+政务服务”、信用管理、风险管理、“双随机、一公开”等新型监管体制建设，基本实现重点领域和高频事项“一网、一门、一次”，自治区级政务服务事项网上可办率不低于80%，市县不低于50%。坚持“两个毫不动摇”原则，稳步推进国有企业改革，支持和引导民营企业健康发展，积极构建亲清政商关系，营造法治化制度环境。深化财税体制改革，全面降低企业的制度性交易成本和生产经营成本，推动实体经济健康发展，增强实体经济盈利能力。稳步推进财政事权和支出责任划分改革，全面实施预算绩效管理。进一步深化电力体制改革，稳慎推进输配电价改革。进一步深化涉农改革，加快承包地确权登记颁证，推动7个牧业县草原确权试点。

二是不断加大对外开放力度。加快拉萨综合保税区、吉隆边境经济合作区申建工作。加快推动中尼友谊工业园和旅游文化产业园区建设，重点建设国家文化出口基地等服务贸易产业园区。积极参加第二届“一带一路”国际合作高峰论坛。积极培育外贸自主品牌和服务贸易进出口企业，实施“西藏百企出国门”计划，力争进出口贸易总额增长10%以上。推动产业园区做大做强，着力提升园区产业竞争力，将园区打造成招商引资的平台和载体。落实好第四届藏博会签约项目。积极与对口援藏省（市）和企业对接，做好援藏轮换工作。

（六）营造高质量发展环境，确保社会局势和谐稳定

一是坚持党对经济工作的领导。认真学习贯彻习近平新时代中国特色社会主义经济思想，进一步树牢“四个意识”，坚定“四个自信”，做到“两个维护”，坚持党的治藏方略和依法治藏、富民兴藏、长期建藏、凝聚人心、夯实基础的重要原则，始终做到“三个牢固树立”，切实把思想和行动统一到中央和自治区党委、政府的决策部署上来。深化对做好新形势下经济工作的规律性认识，加强宏观经济调度，强化政策协同，有针对性主动引导市场预期，充分调动各方面积极性，形成做好经济工作强大合力，确保圆满完成各项目标任务。

二是抓好维护稳定工作。始终坚持稳定压倒一切，认真履行“一岗双责”，进一步压实维稳责任，落实维稳措施。深入开展反分裂斗争，加强民族团结，推进依法治藏，着力打造共建共治共享社会治理格局，确保社会长治久安和经济长足发展相互促进、良性循环。

三是强化安全生产。落实安全生产责任、管理制度和考核机制，严格监管执法，抓好道路交通、消防火灾、非煤矿山、食品药品、建筑施工、人员密集场所等重点行业领域的安全监管，深入推进安全生产大排查大整治，严防重特大安全事故发生，为全区社会大局持续稳定营造良好的安全生产环境。

四是加强防抗救灾体系建设。认真贯彻落实习近平总书记关于提高我国自然灾害防治能力的“六个坚持”“九大工程”要求，加快江达山体滑坡、林芝加拉村雅鲁藏布江堰塞湖灾后恢复重建规划编制和实施工作。重点抓好灾害风险调查和重点隐患排查、重点生态功能区生态修复、地震易发区房屋设施加固、防汛抗旱水利提升、地质灾害综合治理和避险移民搬迁、应急救援中心建设、自然灾害监测预警信息化、自然灾害防治技术装备现代化等“八大工程”建设，切实提升我区自然灾害防治能力。

各位代表，今年经济工作任务十分繁重，让我们更加紧密地团结在以习近平同志为核心的党中央周围，

坚持以习近平新时代中国特色社会主义思想为指导，按照自治区第九次党代会、区党委九届二次、三次、四次、五次全会和区党委经济工作会议要求，不忘初心、继续前进，敢于担当、主动作为，撸起袖子加油干，促进经济社会持续健康发展，为全面建成小康社会收官打下决定性基础，以优异成绩庆祝中华人民共和国成立 70 周年，西藏民主改革 60 周年。

附录 4：

关于西藏自治区 2018 年预算执行情况和 2019 年预算草案的报告

——2019 年 1 月 10 日在西藏自治区第十一届人民代表大会第二次会议上

西藏自治区财政厅

各位代表：

受自治区人民政府委托，现将西藏自治区 2018 年预算执行情况和 2019 年预算草案提请自治区十一届人大二次会议审议，并请自治区政协各位委员和列席人员提出意见。

一、2018 年预算执行情况

2018 年是改革开放 40 周年，是全面贯彻党的十九大精神的开局之年。一年来，在以习近平同志为核心的党中央坚强领导下，在自治区党委的正确领导下，全区各级各部门坚持以习近平新时代中国特色社会主义思想为指导，全面贯彻党的十九大精神和十九届二中、三中全会精神，深入落实中央第六次西藏工作座谈会精神，按照自治区第九次党代会、九届二次、三次、四次全会和全区经济工作会议部署，贯彻“五个坚持”要求，以处理好“十三对关系”为根本方法，坚持以人民为中心的发展思想，坚持稳中求进工作总基调，以推进供给侧结构性改革为主线，围绕发展稳定生态三件大事，统筹优化财力资源配置，切实防范化解重大风险，扎实推进财政各项改革，促进经济社会持续健康发展，预算执行情况良好。

（一）落实自治区人大预算决议情况

各位代表，过去的一年，得益于人大的依法监督和政协的大力支持，自治区人民政府及其部门坚持改革创新，加强沟通协调，认真落实自治区十一届人大一次会议有关决议。

1.进一步推进供给侧结构性改革。全面落实减税降费各项措施，自治区级行政事业性收费项目实现清零。规范政府投资基金管理，适度增加政府投资基金规模，支持特色农牧业、特色旅游文化等产业发展。

2.进一步规范地方财政收入。严格落实收入预算从约束性转向预期性的要求，按照实事求是、积极稳妥的原则安排财政收入预算，依法依规组织财政收入，确保财政收入真实可靠。严格按照四本预算分类核算收入。积极落实中央赋予我区的特殊财税优惠政策，加大税收政策监督检查力度。

3.进一步优化财政支出。科学合理安排财政预算，优化财政支出结构；瞄准区党委明确的重点领域和重点项目，突出抓重点、补短板、强弱项，转移支付重点向深度贫困地区、边境地区倾斜，突出财政的公共性和普惠性。落实中央八项规定，严格控制一般性支出增长，自治区本级财政拨款“三公”经费支出 1.85 亿元，下降 7.6%。

4.进一步加强预算执行。硬化预算执行约束，完善预算执行管理制度体系，依法办理预算追加和调整，提高预算执行效率。加强结转结余资金管理，自治区本级收回部门预算结余资金 22.2 亿元，统筹用于亟需资金支持的重要领域。积极构建全方位、全过程、全覆盖的预算绩效管理体系。积极主动接受人大依法监督，配合自治区人大推动预算审查监督重点向支出预算和政策拓展。支持人大预算联网监督系统建设。认真落实人大监督和审计发现问题整改。

5.进一步规范预算管理。进一步深化部门预算改革，不断完善基本支出定员定额标准体系，研究推进项目支出定额标准体系建设，进一步加强项目库管理，推动项目支出滚动管理。不断完善转移支付制度体系，修订完善均衡性转移支付、重点生态功能区转移支付、边境地区转移支付、县级基本财力保障机制奖补资金等管理办法。推进基本公共服务领域共同财政事权与支出责任划分改革。加强全口径预算管理，进一步做好四本预算的统筹衔接。深入推进部门预决算公开，积极主动回应社会关切。

（二）2018 年预算调整情况

按照《中华人民共和国预算法》规定，经自治区十一届人大常委会第五次、第六次会议批准，自治区本级一般公共预算收支规模调整为 1881.13 亿元，政府性基金预算收支规模调整为 40.46 亿元。

（三）2018 年预算执行情况

1.一般公共预算。

（1）全区收支执行情况。全区一般公共预算收入 230.35 亿元，为预算的 138.1%，比上年决算收入增长 24%，剔除一次性缴库因素，实际增长 12.9%。加上中央补助收入 1732.58 亿元，一般债务收入 42.25 亿元，调入预算稳定调节基金 183.8 亿元，其他调入资金 11.4 亿元，上年结转 94.08 亿元，全区一般公共预算总收入 2294.46 亿元。全区一般公共预算总支出为 2170.52 亿元，其中：一般公共预算支出 1972.71 亿元，比上年增长 17.3%；补充预算稳定调节基金 170.5 亿元，增设预算周转金 20 亿元，上解支出 0.31 亿元，债务还本支出 7 亿元。收支相抵，年终结转资金 123.94 亿元在下年度继续安排支出。

（2）自治区本级收支执行情况。自治区本级一般公共预算收入完成 39.29 亿元，为预算的 269.7%，比上年决算收入增长 59.6%，剔除本级一次性缴库因素，下降 9.9%。加上中央补助 1732.58 亿元，一般债务收入 42.25 亿元，调入预算稳定调节基金 135 亿元，调入其他资金 9.08 亿元，上年结转 75.4 亿元，一般公共预算总收入 2033.6 亿元。自治区本级一般公共预算总支出 1945.82 亿元，其中：一般公共预算支出 585.21 亿元，比上年决算支出增加 213.92 亿元，增长 19.3%，增设预算周转金 20 亿元，补充预算稳定调节基金 103.43 亿元，专项上解支出 0.31 亿元，对地（市）税收返还和转移支付 1219.88 亿元，一般债券还本支出 5.1 亿元，一般债券转贷支出 11.89 亿元。收支相抵，年终结转资金 87.78 亿元在下年度继续安排支出。

自治区本级一般公共预算收支执行情况具体如下：

收入项目执行情况。税收收入 3.22 亿元，比上年决算数增加 1.34 亿元，增长 71.3%。其中：企业所得税 0.62 亿元，资源税 0.53 亿元，土地增值税 1.91 亿元，耕地占用税 0.16 亿元。非税收入 36.07 亿元，比上年决算数增加 13.33 亿元，增长 58.6%。主要为：专项收入 6.05 亿元，行政事业性收费收入 2.46 亿元，国有资源（资产）有偿使用收入 26.54 亿元等。

支出项目执行情况。一般公共服务支出 68.16 亿元，教育支出 29.25 亿元，科学技术支出 3.5 亿元，文化体育与传媒支出 17.55 亿元，社会保障和就业支出 26.16 亿元，医疗卫生与计划生育支出 27.33 亿元，节能环保支出 8.12 亿元，城乡社区支出 4.46 亿元，农林水支出 26.98 亿元，交通运输支出 254.24 亿元，资源勘探信息等支出 6.23 亿元，商业服务业等支出 1.27 亿元，金融支出 1.33 亿元，国土海洋气象等支出 4.16 亿元，住房保障支出 5.6 亿元，债务付息支出 0.99 亿元。

对地（市）税收返还和转移支付执行情况。自治区对地（市）税收返还和转移支付 1219.88 亿元。其中：税收返还 71.37 亿元，转移支付 1148.51 亿元。

（3）地（市）收支执行情况。各地（市）一般公共预算收入完成 191.06 亿元，为预算的 125.5%，比上年决算收入增长 18.5%。加上自治区税收返还和转移支付收入 1219.88 亿元，一般债务转贷收入 11.89 亿元，调入预算稳定调节基金 48.8 亿元，其他调入资金 2.32 亿元，上年结转 18.68 亿元，一般公共预算总收入 1492.63 亿元。各地（市）一般公共预算总支出 1456.47 亿元，其中：一般公共预算支出 1387.5 亿元，补充预算稳定调节基金 67.07 亿元，债务还本支出 1.9 亿元。收支相抵，各地（市）年终结转资金 36.16 亿元在下年度继续安排支出。

2.政府性基金预算。

全区政府性基金预算收入 89.14 亿元，加上中央转移支付 9.71 亿元、专项债务收入 12.73 亿元和上年结转 19.79 亿元，全区政府性基金收入总量为 131.37 亿元。全区政府性基金总支出 120.42 亿元，其中：全区政府性基金预算支出 109.77 亿元，调入一般公共预算 10.65 亿元。收支相抵，结转 10.95 亿元。

自治区本级政府性基金收入 6.89 亿元，加上中央转移支付收入 9.71 亿元，专项债券收入 12.73 亿元和上年结转收入 13.91 亿元，自治区本级政府性基金预算收入总量为 43.24 亿元。自治区本级政府性基金总支出 40.47 亿元，其中：政府性基金支出 3.61 亿元，对地（市）转移支付 15.49 亿元，专项债券转贷支出 12.73 亿元，调入一般公共预算 8.64 亿元。收支相抵，年终结转 2.77 亿元在下年度继续安排支出。

各地（市）政府性基金收入 82.25 亿元，加上自治区转移支付 15.49 亿元，专项债务转贷收入 12.73 亿元，上年结转 5.88 亿元，各地（市）政府性基金预算收入总量为 116.35 亿元。各地（市）政府性基金总支出 108.17 亿元，其中：政府性基金支出 106.16 亿元，调入一般公共预算 2.01 亿元。收支相抵，年终结转 8.18 亿元在下年度继续使用。

3.国有资本经营预算。

全区国有资本经营预算收入 4.07 亿元，加上上年结转 4.1 亿元，收入总量为 8.17 亿元。全区国有资本经营预算支出 3.48 亿元（含调入一般公共预算 0.82 亿元）。收支相抵，结转下年 4.69 亿元。

自治区本级国有资本经营预算收入 2.54 亿元，加上上年结转 3.98 亿元，收入总量 6.52 亿元。自治区本级国有资本经营预算支出 2.12 亿元（含调入一般公共预算 0.45 亿元）。结转下年 4.4 亿元。

各地（市）国有资本经营预算收入 1.53 亿元，上年结转 0.12 亿元，收入总量为 1.65 亿元。各地（市）国有资本经营支出 1.36 亿元（含调入一般公共预算 0.37 亿元），结转下年 0.29 亿元。

4.社会保险基金预算。全区社会保险基金预算收入 247.6 亿元，其中：保险费收入 216.2 亿元，财政补贴收入 28 亿元，利息等其他收入 3.4 亿元。全区社会保险基金预算支出 221.4 亿元。收支相抵，当年结余 26.2 亿元，年末滚存结余 266.3 亿元。

上述预算执行情况待财政部批复决算后会有所调整。

5.地方政府债务预算管理情况。严格实行政府债务限额管理，将政府债务全部纳入预算管理。2018 年，国务院核定我区政府债务限额 198.3 亿元，我区发行地方政府债券 54.98 亿元，全区政府债务余额为 134.79 亿元，控制在了限额之内。

（四）2018 年主要支出政策落实情况

按照自治区的统一部署，围绕中心工作，统筹各方财力，切实保障和改善民生，积极推动各项社会事业全面进步，确保 2018 年主要支出政策有效落实。

1.持续发力坚决打好打赢三大攻坚战。一是积极防范化解重大风险。印发《西藏自治区人民政府关于全面加强重点项目建设管理的通知》（藏政发〔2018〕22 号）等文件，规范地方政府举债融资行为，坚决遏制隐性债务增量。加强地方政府隐性债务数据监测统计，摸清隐性债务底数，制定全区防范化解地方政府隐性债务风险实施方案，并报党中央国务院。稳妥处置地方政府隐性债务，有序化解存量隐性债务，逐年减少隐性债务余额。规范地方政府债务限额管理，做好地方政府债券发行工作，支持交通、易地扶贫搬迁、垃圾污水处理等重点项目建设。二是全力助推脱贫攻坚。统筹整合各级各类财政涉农资金 167.3 亿元，支持脱贫攻坚产业发展、小型基础设施建设、生态补偿脱贫、易地扶贫搬迁等。其中，落实脱贫攻坚产业发展资金 53 亿元；落实生态补偿脱贫岗位补贴资金 23.33 亿元，生态脱贫岗位增加到 66.66 万个，岗位补助标准提高到年人均 3500 元。全年 25 个县区达到脱贫摘帽标准，2100 个村居达到退出标准，18 万人达到脱贫标准。三是全面支持污染防治。认真落实全国生态环境保护大会精神，牢固树立绿色发展理念，强化生态安全屏障建设，突出支持大气、水、土壤三大领域的污染防治工作。落实资金 7 亿元，支持城镇污水垃圾处理设施项目建设。建立流域上下游横向生态保护补偿机制，严格落实环境保护目标责任奖惩制度。认真落实中央环保督查有关问题整改。

2.支持边境地区发展。两年统筹落实 94.6 亿元，支持边境小康村建设。落实边民补助资金 6.32 亿元，一线、二线边民补助标准分别提高到年人均 3700 元和 3500 元，积极引导边境地区群众抵边生产生活。支持玉麦幸福美丽边境小康示范乡建设。落实边境小康村广电户户通项目资金 1.1 亿元。支持推进边境自然村和重要交通沿线通信信号全覆盖。

3.支持实施乡村振兴战略。改善农村基础设施条件，落实农村公路建设资金 68.36 亿元，水利重点县及高效节水项目建设资金 8.66 亿元，落实农业综合开发土地治理及产业化经营项目资金 6.36 亿元，中小河流域治理资金 3.94 亿元，公益性水利工程和农村小水电维护维修资金 1.7 亿元，重点区域水土流失治理资金 1.27 亿元。加强对农牧业支持保护，落实农业支持保护补贴资金 3.83 亿元，农村饮水安全项目资金 3.76 亿元，农牧业防灾减灾资金 2.18 亿元，现代农业、特色优势产业发展等资金 1.26 亿元，草原承包经营权确权工作经费 1.26 亿元，防汛抗旱资金 1.05 亿元，集体经济扶持资金 1 亿元。统筹落实特色小城镇功能配套建设资金 5 亿元，美丽乡村试点建设资金 4980 万元。

4.支持保障和改善民生。一是完善社会保险体系。城乡居民基本养老保险基础养老金标准提高到月人均 170 元。继续提高退休人员基本养老金待遇水平。积极推进城乡居民基本医疗保险制度整合。二是完善社会救助体系。城镇居民最低生活保障补助标准提高到月人均 750 元，农村最低生活保障补助标准提高到年人均 4450 元，困难残疾人生活补贴标准提高到月人均 100 元，重度残疾人护理补贴标准提高到月人均 200 元。及时应对昌都江达金沙江山体滑坡、林芝市加拉村雅鲁藏布江山体滑坡等自然灾害。三是做好社会安置资金保障。积极落实离休干部、十八军（四路）进藏退休老同志特殊政策待遇。四是支持促进创业就业。统筹“双创”基金和就业创业补助资金，落实高校毕业生市场就业、返乡创业等补贴政策。落实政府购买公益性岗位补助资金 6 亿元。推进自治区技师学院建设。五是大力推进保障性安居工程。改造、新建各类保障性安居工程 5.6 万套（户），积极落实城镇困难家庭住房补贴政策。

5.支持社会事业发展。一是坚持教育事业优先发展。落实资金 20.96 亿元，教育“三包”标准提高到年生均 3720 元。落实农村义务教育营养改善计划资金 3.25 亿元，15 年免费教育资金 5.24 亿元，教育人才“组团式”援藏项目资金 3 亿元。支持高海拔学校供暖工程实施和义务教育薄弱学校改造。推动西藏藏医药大学建设。二是推进深化医药卫生体制改革。落实包虫病综合防治等重大公共卫生专项资金 9.45 亿元，公立医院综合改革补助资金 3.02 亿元，藏医药事业发展资金 0.78 亿元。基本公共卫生服务项目补助标准提高到年人均 75 元。继续实施全民体检政策。积极落实高海拔地区乡镇卫生院专业技术人员特殊岗位奖励补贴政策。落实资金 1.47 亿元，支持区妇产儿童医院建设。推进自治区中心医院建设。落实医疗卫生人才组团式援藏项目资金 1 亿元。三是支持文化事业发展。落实文化产业发展专项资金 4000 万元。继续实施公共文化场所免费开放政策。落实文物保护及非物质文化遗产保护资金 3.51 亿元。四是加大科技事业投入。落实应用技术研究与开发资金 2 亿元，科技特派员生活补助资金 0.66 亿元。

6.大力支持推进长治久安。积极推进监察体制改革和法检两院省级统筹试点，做好强基惠民、“先进双联户”创建、创新社会管理、基层党建等方面的资金保障。积极支持扫黑除恶、打非治乱、扫黄打非专项斗争开展，切实满足社会治安的需要。建立辅警员待遇动态调整机制。落实“先进双联户”创建活动经费 1.58 亿元。村级组织党建工作经费标准提高到每村每年 10 万元。支持安全生产监管、地质灾害治理能力建设。

7.支持实体经济发展。改善发展环境，全年累计筹集中央和地方预算内基建投资 185.95 亿元。制定招商引资优惠政策，设立 5 亿元招商引资奖励资金。大力支持实施“冬游西藏•共享地球第三极”活动。支持成功举办“第四届中国西藏国际博览会”。支持高原生物、特色旅游文化、绿色工业、清洁能源等产业发展。

8.扎实推进财政体制改革。一是加强预算编制管理。规范预算编报，减少代编预算规模和预算执行中的二次分配，加强项目库建设，全面实施中期财政规划管理。二是提高预算执行效率。硬化预算执行约束，强化“先有预算、后有支出”“没有预算不得支出”的要求，严格预算执行考核和规范预算支出管理。加强结转结余资金管理，盘活存量资金，统筹用于亟需资金支持的领域。三是完善对下转移支付制度。推进财政事权与支出责任划分改革，建立改革联席会议制度。建立健全一般性转移支付增长机制，进一步提高一般性转移支付规模和比例，将财力向偏远地区、贫困地区、边境地区倾斜。四是全面实施预算绩效管理。

建立科学规范、层次清晰、实用可行的预算绩效评价指标体系框架。对支出预算绩效进行全方位跟踪管理。开展重点项目绩效评价和政策评估。委托第三方机构对2019年部门预算项目绩效目标进行审查。

总体看，2018年财政运行总体平稳、稳中有进、稳中提质，财政改革发展不断推进，民生民计不断改善，经济社会持续健康发展。这是党中央、自治区党委科学决策、正确领导的结果，是全区人大、政协及代表委员们依法监督、加强指导的结果，是各级各部门和全区人民共同努力的结果。

同时，我们也清醒地看到，当前我区财政运行仍面临一些困难和挑战，主要是：产业基础薄弱，骨干财源不稳定，财政支出主要依靠中央支持，基础设施、民生保障、公共服务发展短板依然突出；财政收入中低速增长与支出刚性增长矛盾突出；财政支出结构有待进一步优化，支出项目只增不减的固化格局没有根本改变，资金使用碎片化问题亟待破解；全面实施预算绩效管理十分紧迫，一些地方和部门仍然存在重投入轻管理、重支出轻绩效的观念，绩效管理的广度和深度不足，尚未覆盖所有财政资金，一些领域财政资金低效无效、闲置沉淀、损失浪费的问题时有发生，绩效激励约束作用有待进一步增强；地方政府隐性债务风险需引起重视；一些地方在民生支出方面缺乏精算平衡，脱离经济发展水平和财力现状，设定过高民生标准，擅自扩大保障范围，影响财政可持续性。这些都需要以“坐不住”的责任感、“等不起”的紧迫感、“慢不得”的危机感，采取切实有效的措施加以解决，促进全区经济社会高质量发展。

二、2019年预算草案

2019年，是新中国成立70周年，是决胜全面建成小康社会的关键一年，也是西藏民主改革60周年，是我区全面消除绝对贫困的决战决胜之年。编制好2019年预算，做好各项财政工作，具有十分重要的意义。按照《中华人民共和国预算法》《国务院关于编制2019年中央预算和地方预算的通知》（国发〔2018〕40号）要求，根据年度经济社会发展目标、国家宏观调控总体要求和跨年度预算平衡的需要，参考上一年预算执行情况、有关支出绩效评价结果和本年度收支预测，结合中央经济工作会议、全国财政工作会议精神，按照规定程序征求各方意见后，编制形成2019年预算草案。

（一）2019年预算编制的指导思想、基本原则

高举中国特色社会主义伟大旗帜，以习近平新时代中国特色社会主义思想为指导，全面贯彻党的十九大和十九届二中、三中全会精神，认真贯彻中央第六次西藏工作座谈会精神，认真践行习近平总书记关于治边稳藏的重要论述，全面落实自治区第九次党代会，九届二次、三次、四次、五次全会和全区经济工作会议精神，在自治区党委的坚强领导下，统筹推进“五位一体”总体布局，协调推进“四个全面”战略布局，坚持稳中求进、进中求好、补齐短板工作总基调，坚持新发展理念，坚持推动高质量发展，坚持以供给侧结构性改革为主线，坚持深化市场化改革、扩大高水平开放，加快建立现代财政制度，以处理好“十三对关系”为根本方法，继续打好三大攻坚战，着力推进“十大工程”，聚力发展“七大产业”，着力激发微观主体活力，进一步稳就业、稳金融、稳外贸、稳外资、稳投资、稳预期，提振市场信心，增强人民群众获得感、幸福感、安全感，提高财政政策的精准度和有效性。促进积极的财政政策加力提效，大力实施减税降费，有效降低企业负担，调整优化支出结构，牢固树立过紧日子的思想，严格控制一般性支出，加大对重点领域支持力度，提高资金配置效率，完善转移支付制度，促进区域协调发展，全面实施预算绩效管理，强化地方政府债务管理，积极防范化解地方政府隐性债务风险，促进经济持续健康发展和社会大局稳定，为全面建成小康社会收官打下决定性基础，以优异成绩庆祝中华人民共和国成立70周年。

按照上述指导思想，预算编制着重把握以下原则：

1.坚持依法依规。以《中华人民共和国预算法》等法规制度为指引，自觉接受人大依法监督，严格落实预算编制的主体责任，依法理财，建设法治财政，结合全区财政中期规划管理要求，全面开展零基预算编制，不断完善管理机制，强化财政监督管理。

2.坚持实事求是。收入预算安排积极稳妥、讲求质量，科学预测，充分考虑宏观经济形势和国家减税降费政策因素，不脱离经济社会发展水平设定收入目标，确保收入预算安排符合实际。

3.坚持突出重点。支出预算安排统筹兼顾，突出重点，着力优化支出结构，着力加大重点领域和关键环节的保障力度，精准聚焦增强对经济社会发展大局的支撑能力。落实中央要求，做好必要保障，严格控制和压减一般性支出，节省的资金用于保障基本民生，支持扶贫、农业、教育、生态环保等重点领域。

4.增强财政可持续性。健全财政支出政策决策机制，加强重大项目财政可承受能力评估，着力清理规范过高承诺、过度保障的支出政策，科学合理设定民生支出标准，做到尽力而为、量力而行，确保财政可持续。

5.注重提高预算绩效。全面实施预算绩效管理，完善预算绩效管理流程，扩大预算绩效管理范围，加强评价结果应用，努力盘活存量、用好增量，提高财政资源配置效率和使用效益。

6.防控财政风险。硬化预算约束，规范限额管理，加强地方政府债务管理。规范地方政府举债融资行为，坚决遏制隐性债务增量，稳妥化解地方政府隐性债务存量。

（二）征询人大代表意见建议情况

2019 年自治区本级预算编制进一步完善征询机制，通过函询、座谈、调研等方式充分听取人大代表、政协委员以及区直部门、专家学者和社会各界对 2019 年预算草案的意见建议，对收到的意见建议进行了充分吸纳，并及时修改完善 2019 年预算草案报告。

（三）2019 年财政支持的重点

按照自治区总体决策部署，重点支持以下领域工作：

1.全力支持全面消除绝对贫困。积极完善扶贫投入体制机制，深入推进精准扶贫、精准脱贫，坚持扶贫增量资金向深度贫困地区倾斜。统筹安排扶贫资金 134.86 亿元，其中：自治区财政安排专项扶贫资金 83.28 亿元，增加 18.61 亿元，增长 28.8%。突出补齐产业发展和基础设施建设“两个短板”，瞄准建档立卡贫困人口精准帮扶，加大生态岗位脱贫投入力度，继续支持推进“三岩”片区跨市易地搬迁、极高海拔地区生态搬迁，确保实现 15 万贫困人口全部脱贫、19 个贫困县全部摘帽，提前实现基本消除绝对贫困的目标。加强扶贫资金动态监控，落实“两个一律”要求，自治区、地（市）、县（区）扶贫资金分配结果一律公开，乡、村扶贫项目安排和资金使用情况一律公告告示。

2.全力支持打好污染防治攻坚战。坚守阵地，巩固成果，支持打赢蓝天碧水净土保卫战，推进生态文明高地建设。安排生态文明建设投入 62.43 亿元，增长 63.8%。其中：安排重点生态功能区转移支付 16.61 亿元，拉萨山水林田湖草保护修复资金 10 亿元，极高海拔生态搬迁补助 2.5 亿元，环境保护专项资金 0.55 亿元。安排资金 1 亿元，支持中央环保督察有关问题整改落实。继续支持城镇污水垃圾处理设施项目建设。健全流域上下游横向生态保护补偿机制。

3.全力支持边境地区建设。坚持屯兵与安民并举、固边与兴边并重，统筹整合资金 54.5 亿元，加快边境小康村建设步伐，进一步改善边境地区基础设施和群众生产生活条件。安排 7.9 亿元，落实边民补助政策，一线、二线乡（镇）“普惠性”边民补助标准分别提高到年人均 4700 元、4500 元，引导群众抵边生产生活。安排资金 2700 万元，支持提升口岸服务功能、促进通关便利化。

4.全力支持乡村振兴战略实施。大力支持实施以“神圣国土守护者、幸福家园建设者”为主题的乡村振兴战略，坚持农业农村优先发展，着力构建完善财政支持乡村振兴战略的政策体系和体制机制，巩固发展“三农”持续向好形势。安排支农资金 114 亿元，增长 8.1%。农业方面，推动农牧业高质量发展，大力支持乡村建设，安排农牧业防灾减灾资金 6.82 亿元，现代农业发展资金 1.55 亿元，农牧业生产支持补贴 3.1 亿元，农业资源保护与利用及农村公益事业等补助资金 2.6 亿元。继续实施青稞肉奶增产奖励补助政策。林业方面，安排森林生态效益补偿、重点区域造林等补助资金 25.73 亿元，加大自然保护区专业管护经费保障。水利方面，安排农田（牧区）水利、中小河流治理等专项资金 9.54 亿元，山洪灾害防治及防汛抗旱等 3.36 亿元。农村综合改革方面。安排资金 5.86 亿元，继续实施村干部基本报酬和业绩考核奖励补助政策，进一步提高补助标准。支持村级组织活动场所标准化建设。

5.坚持教育事业优先发展。落实“一个一般不低于、两个只增不减”的要求，保持财政教育投入规模稳定增长。巩固城乡统一、重在农牧区的义务教育经费保障机制，改善乡村学校教学条件。强化教育、教学考核评估，提升教育服务水平和质量。安排教育事业费 191.78 亿元，增长 11.4%。其中：安排教育“三包”经费 22.38 亿元，各项免费教育政策保障经费 7.4 亿元；安排学前教育专项资金 1.83 亿元，职业教育专项资金 1.63 亿元，高校改革发展资金 1.99 亿元。支持教育人才组团式援藏。继续实施高校学生资助及基层就业代偿、建档立卡贫困家庭子女高等教育免费政策。推进高海拔学校供暖工程实施、薄弱学校改造和西藏藏医药大学建设。支持内地教育办学和教师培训。推动西藏技师学院建设，安排专项资金确保 2019 年开始招生办学。

6.着力保障和改善民生。坚持经济发展和民生改善相协调，尽力而为，量力而行，突出保基本、兜底线，提高保障和改善民生水平，让人民群众有更多获得感。安排社会保障和就业投入 92.26 亿元，增长 7.5%。社会保险方面。继续实施阶段性降低社会保障缴费比例政策。结合中央统一政策要求，合理调整退休人员基本养老金水平。城乡居民基本养老保险基础养老金提高至月人均 180 元。推进城乡居民医疗保险制度整合，将城乡居民基本医疗保险财政补助标准提高至年人均 555 元，增加个人缴费占比，健全可持续筹资机制。社会救助方面。安排 16.83 亿元，增长 6.3%。认真落实城乡低保、特困人员救助、孤儿及流浪乞讨人员救助等政策，城镇居民最低生活保障标准提高至月人均 800 元，“三老”人员生活补助标准月人均提高 50 元。完善城乡医疗救助制度，落实普通医疗救助和重特大疾病救助政策。安排贫困残疾人生活补贴、重度残疾人护理补贴资金 0.97 亿元。继续实施经济困难的高龄、失能等老年人补贴政策。就业方面。安排政府购买公益性岗位补助资金 6 亿元。安排人才引进及人力资源建设资金 1.03 亿元。社会安置方面。（略）。住房保障方面。安排棚户区改造、城镇低收入家庭住房租赁补贴等资金 3.91 亿元。

7.健全医疗保障体系。深入推进健康西藏建设，健全完善公共卫生服务体系。安排医疗卫生投入 42.38 亿元，增长 16.3%。其中：安排基本公共卫生服务项目经费 1.69 亿元，逐步扩大基本公共卫生服务项目范围。继续实施城乡居民大病补充医疗保险政策。安排医疗服务能力提升 7.18 亿元，全民体检经费 5.91 亿元，重大公共卫生补助资金 2.7 亿元，计划生育及妇幼健康保障专项资金 2.38 亿元，国家基本药物制度补贴 1.65 亿元，村医补贴经费 1.31 亿元，医疗卫生人才组团式援藏经费 1 亿元，藏医药事业发展专项经费 0.7 亿元。推进西藏自治区医院建设和自治区妇产儿童医院能力建设。

8.支持文化科技事业发展。文化体育方面，完善公共文化服务体系，推进文物保护利用和文化遗产保护传承，改善城乡公共体系设施条件。安排文化体育与传媒资金 11.17 亿元，增长 6.5%。继续实施博物馆、纪念馆、图书馆、文化馆等公共文化场所免费开放政策和体育场所低收费开放政策。安排公共文化服务体系建设资金 5.44 亿元，文化产业发展资金 4000 万元。安排广播电影电视发展专项资金 2.15 亿元。安排文物及非物质文化遗产保护资金 3.08 亿元。科技方面，综合运用以奖代补、投资引导等手段，引导企业加大科技投入，促进成果转化。安排科技投入 3.13 亿元，增长 4%，主要支持应用技术研究与开发、科学素质提升、农牧科技特派员补助等。

9.促进社会长治久安。做好创新社会管理、强基惠民、“先进双联户”创建、“两新”组织发展、基层党建等方面的资金保障，维护社会稳定发展。安排强基惠民工作经费 13.8 亿元，“先进双联户”创建活动经费 1.58 亿元。支持灾害防治体系和应急救援、安全生产监管等能力建设。安排青藏、拉日铁路护路联防经费 1.61 亿元。按平均 10 万元标准，调整安排全区 5461 个村（居）党建工作经费。安排基层党建及精神文明建设活动经费 0.7 亿元。

10.支持经济有力发展。加强基础建设投资，落实减税降费政策，营造良好的经济环境，促进民营经济发展。安排基本建设资金 11 亿元。安排公路建设资金 191.46 亿元，公路养护资金 22.31 亿元。安排招商引资奖励资金 5 亿元，经济社会发展目标综合考核奖励资金 3 亿元。安排旅游产业发展及“冬游西藏”补助资金 1.5 亿元。安排融资担保基金 1 亿元，普惠金融发展资金 0.86 亿元。安排非公经济企业补助 4000 万元。安排民航、通信、邮政普遍服务等特殊行业补贴资金 6.12 亿元。安排粮食风险基金、副食品储备等粮油事务资金 1.55 亿元。安排外经贸发展资金 4955 万元。

（四）2019年收支安排

1.一般公共预算。

（1）全区收支安排。

全区一般公共预算总收入1762.37亿元，其中：地方一般公共预算收入187.5亿元，比上年预算数增长12.4%；中央补助收入1304.34亿元，上年结转123.94亿元，动用预算稳定调节基金132.59亿元，国有资本经营预算调入1亿元，一般债务收入13亿元。全区一般公共预算支出安排1762.37亿元。收支平衡。

（2）自治区本级收支。

自治区本级一般公共预算总收入1499.78亿元，其中：地方一般公共预算收入14.09亿元，比上年预算数下降3.3%；中央补助收入1304.34亿元，上年结转87.78亿元，动用预算稳定调节基金80亿元，从国有资本经营预算调入0.57亿元，一般债务收入13亿元。

安排自治区本级支出709.35亿元（含自治区总体决策部署的重大事项以及根据实际情况需要在执行中分配下达的预留支出273.2亿元，上年结转专项支出87.78亿元）。主要科目支出情况为：教育支出27.24亿元，科学技术支出2.51亿元，文化旅游体育与传媒支出16.69亿元，社会保障和就业支出62.74亿元，卫生健康支出29.92亿元，节能环保支出7.34亿元，城乡社区支出0.72亿元，农林水支出53.83亿元，交通运输支出224.94亿元，资源勘探信息等支出2.78亿元，商业服务业等支出0.75亿元，自然资源海洋气象等支出4.75亿元，住房保障支出1.71亿元，灾害防治及应急管理支出3.41亿元。

安排本级预备费12亿元。专项上解支出0.31亿元。

安排对地（市）税收返还及转移支付778.12亿元。

（3）自治区对地（市）税收返还及转移支付情况。

2019年预算安排自治区对地（市）税收返还及转移支付778.12亿元。其中：

对地（市）税收返还32.87亿元。

对地（市）一般性转移支付617.63亿元。主要包括：体制补助11.01亿元，均衡性转移支付210.29亿元，县级基本财力保障机制奖补资金16.84亿元，结算补助19.91亿元，城乡义务教育转移支付151.63亿元，城乡居民医疗保险转移支付10.6亿元，重点生态功能区转移支付10.15亿元，固定数额补助73.03亿元，边境地区转移支付11.31亿元，贫困地区转移支付75.68亿元，其他一般性转移支付19.18亿元。

对地（市）专项转移支付127.62亿元，主要包括：科技1.11亿元，教育19.38亿元，文化旅游体育与传媒4.79亿元，社会保障和就业17.29亿元，医疗卫生与计划生育12.05亿元，节能环保5.4亿元，农林水47.04亿元，交通运输3.92亿元，商业服务业0.3亿元，自然资源海洋气象等10.28亿元，住房保障2.73亿元，其他专项转移支付2.88亿元。

（4）地（市）收支。

地（市）一般公共预算总收入1040.72亿元，其中：地方一般公共预算收入173.42亿元，增长13.9%；自治区对地（市）税收返还和转移支付收入778.12亿元，上年结转36.16亿元，动用预算稳定调节基金52.59亿元，国有资本经营预算调入0.43亿元。地（市）一般公共预算支出1040.72亿元。

阿里地区本级一般公共预算总收入67.16亿元，其中：地方一般公共预算收入2.76亿元，自治区税收返还和转移支付收入53.17亿元，动用预算稳定调节基金0.47亿元，上年结转10.76亿元。阿里地区本级一般公共预算总支出67.44亿元。

2.政府性基金预算。

全区政府性基金预算总收入75.36亿元，其中：地方政府性基金预算收入48.86亿元，中央补助收入8.55亿元，上年结转10.95亿元，专项债务收入7亿元。全区政府性基金预算总支出75.36亿元。

自治区本级政府性基金预算总收入23.83亿元，其中：政府性基金收入5.51亿元，中央补助8.55亿元，上年结转2.77亿元，专项债务收入7亿元。自治区本级政府性基金支出23.83亿元，其中：自治区本级支出7.92亿元，对地（市）转移支付8.91亿元，专项债务转贷支出7亿元。

地（市）政府性基金预算总收入 67.44 亿元，其中：政府性基金预算收入 43.35 亿元，自治区对地（市）转移支付收入 8.91 亿元，上年结转 8.18 亿元，专项债务转贷收入 7 亿元。地（市）政府性基金支出 67.44 亿元。

3.国有资本经营预算。

全区国有资本经营预算收入总量 8.43 亿元，其中：国有资本经营预算收入 3.74 亿元，上年结转 4.69 亿元。全区国有资本经营预算支出 8.43 亿元，其中调入一般公共预算 1 亿元。

自治区本级国有资本经营预算收入总量 6.5 亿元，其中：国有资本经营预算收入 2.1 亿元，加上上年结转 4.4 亿元。自治区本级国有资本经营预算支出 6.5 亿元，其中向一般公共预算调出 0.57 亿元。

各地（市）国有资本经营预算收入总量 1.93 亿元，其中：国有资本经营预算收入 1.64 亿元，加上上年结转 0.29 亿元。各地（市）国有资本经营预算支出 1.93 亿元，其中向一般公共预算调出 0.43 亿元。

4.社会保险基金预算。全区社会保险基金预算收入 182 亿元，其中，保险费收入 148.9 亿元，财政补贴收入 29.5 亿元，利息等其他收入 3.6 亿元。全区社会保险基金预算支出 161.5 亿元。收支相抵，预计当年结余 20.5 亿元，年末滚存结余 286.8 亿元。

5.地方政府债务预算安排情况。根据地方政府债券到期情况，2019 年安排债务还本付息支出 16.3 亿元，其中自治区本级 4.5 亿元，地（市）11.8 亿元。同时，积极争取新增地方政府债务限额，合理扩大专项债券使用范围，加强债券发行使用管理。财政部已提前下达部分 2019 年新增地方政府债务限额 20 亿元，其中：一般债务 13 亿元，专项债务 7 亿元。经研究，计划将一般债务全部用于自治区本级，其中边境小康村建设 3 亿元、易地扶贫搬迁 2 亿元、极高海拔地区生态搬迁 1.5 亿元、三岩片区跨市易地搬迁 1.5 亿元、公路建设项目 5 亿元。专项债务全部分配给各地（市），用于土地储备，其中拉萨市 3 亿元、山南市 2 亿元、日喀则市 2 亿元。预算（草案）经自治区人民代表大会审议批准后，2019 年一季度完成债券发行工作。

需要报告的是，2019 年预算年度开始后，全区预算（草案）提请自治区人民代表大会批准前，为确保必须支付的部门基本支出和项目支出顺利进行，我们已按照《中华人民共和国预算法》规定，安排了部分部门基本支出和项目支出，提前预下达了地（市）、县（区）固定部分的转移性支出等相关支出。依法依规进行上一年度结转的支出，法律规定必须履行支付义务的支出，以及用于自然灾害等突发事件处理的支出。

三、2019 年推进财政改革与管理的主要工作措施

2019 年，我们将继续切实贯彻落实党的十九大精神，坚持稳中求进、进中求好、补齐短板工作总基调，深化财税体制改革，继续推进完善八项重点措施，确保圆满完成各项预算任务。

（一）完善和优化财政体制

加快推进基本公共服务领域财政事权与支出责任划分改革，建立与之相适应的转移支付体系。建立地（市）、县（区）财力评估机制，建立对财政困难地区“三保”预算安排审核、预算执行约束和监督问责监控机制，完善一般性转移支付制度，进一步增加一般性转移支付规模和比例，确保基层政府在“三保”工作中不出现苗头性问题。清理整合专项转移支付，严格专项转移支付资金使用。

（二）深化预算管理制度改革

落实人大预算审查监督重点向支出预算和政策拓展的要求，提高支出预算和政策透明度，支持和配合人大依法开展预算审查监督。稳步推进项目支出标准化管理，将项目支出标准体系建设嵌入部门预算管理过程，实现标准建设与预算编制管理的有机融合。规范中期财政规划管理，强化财政规划对年度预算的指导和约束作用。推动部门项目资金清理整合，全力解决部门项目碎片化问题。

（三）全面实施预算绩效管理

严格落实《中共中央国务院关于全面实施绩效管理的意见》，强化各部门各地（市）预算绩效管理的主体责任，加快构建全方位、全过程、全覆盖的预算绩效管理体系，将政府预算、部门和单位、重大政策和项目全面纳入预算绩效管理，建立全过程预算绩效管理链条，完善全覆盖预算绩效管理体系，促进预算和

绩效一体化，切实做到“花钱必问效，无效必问责”。

（四）切实防范地方政府隐性债务风险

认真贯彻落实中央相关文件要求，坚持守土负责、守土尽责和谁举债谁负责，依法依规落实各部门各地（市）化债、控债、防范债务风险等债务管理工作的主体责任。健全规范举债程序和资金用途、明确债务偿还责任、考核问责等方面的制度。坚决遏制地方政府隐性债务增量，积极化解隐性债务存量。健全“举债必问效、无效必追责”的督查问责机制，对地方政府债务违法违规问题实行终身问责、倒查责任。加强隐性债务监控，坚决制止新增隐性债务，健全自治区隐性债务统计监测月报制度，建立完善财政、审计、银监、人行等部门监测数据共享机制。

（五）加大财政资金统筹

盘活存量、用好增量，加大财政资金整合力度，强化结转结余资金管理，将趴在账面上的资金盘活用好，把分散在各领域的财政资金整合起来，对结转规模较大或预算执行进度缓慢的资金，按照规定调整用于其他需要资金支持的领域或事项，提升财政资金的聚合效益。

（六）坚持政府过“紧日子”

坚定“政府过紧日子，百姓过好日子”的信心，严格控制和压缩一般性支出，从严安排“三公”经费预算，全区一般性支出压减 10%，“三公”经费支出压减 3%，节省的资金用于保障重点支出和实施重大改革、保障重大决策、重大战略所需支出。大幅度提高县级基本财力保障力度，增强困难地区和基层政府保工资、保运转、保基本民生的能力。

（七）狠抓预算执行管理

加强预算执行监测分析，提高预算执行效能，促进预算单位财政资金使用安全规范高效。全面落实各部门各地（市）对预算执行的主体责任，加大对预算执行主体责任落实的监督考核，加强考核结果在奖惩机制中的具体运用，严格执行预算执行进度与预算安排挂钩机制。提升预算执行考核层次，推动将部门预算执行情况纳入政府绩效考核范围和人大监督重点。

（八）继续做好预决算信息公开

进一步规范预决算公开范围、细化公开内容、完善公开机制，使预决算公开贯穿预算改革和管理全过程。加大监督检查力度，完善激励约束机制，共同推进预决算信息公开。

各位代表，我们将坚持以习近平新时代中国特色社会主义思想为指导，在自治区党委的正确领导下，不折不扣落实党中央和自治区党委决策部署，自觉接受自治区人大及其常委会的监督，认真听取自治区政协的意见和建议，不忘初心、牢记使命，攻坚克难补短板，开拓创新促改革，为实现我区 2019 年经济社会发展各项目标提供坚强的财力支撑，以优异成绩向中华人民共和国成立 70 周年献礼，喜迎西藏民主改革 60 周年！

附录 5：

2018 年西藏自治区国民经济和社会发展统计公报

西藏自治区统计局 国家统计局西藏调查总队

2019 年 5 月

2018 年，在习近平总书记和党中央、国务院的亲切关怀下，自治区党委、政府团结带领全区各族干部群众，坚持以习近平新时代中国特色社会主义思想为指导，全面贯彻党的十九大和十九届二中、三中全会以及中央第六次西藏工作座谈会精神，认真贯彻习近平总书记关于治边稳藏的重要论述和一系列重要指示批示精神，按照自治区第九次党代会和全区经济工作会议决策部署，贯彻新发展理念，坚持以人民为中心的发展思想，坚持稳中求进、进中求好、补齐短板的工作总基调，以供给侧结构性改革为主线，以处理好“十三对关系”为根本方法，全力打好“三大攻坚战”，着力推进“十大工程”，聚力发展“七大产业”，坚持推动高质量发展，认真落实稳增长、促改革、调结构、惠民生、防风险等各项措施，经济结构进一步优化，发展活力不断增强，人民生活持续改善。

一、综合

初步核算，全年实现全区生产总值（GDP）1477.63 亿元，按可比价格计算，比上年增长 9.1%。其中：第一产业增加值 130.25 亿元，增长 3.4%；第二产业增加值 628.37 亿元，增长 17.5%；第三产业增加值 719.01 亿元，增长 4.1%。人均地区生产总值 43397 元，增长 7.0%。按年平均美元汇率折算，人均地区生产总值 6558.0 美元。

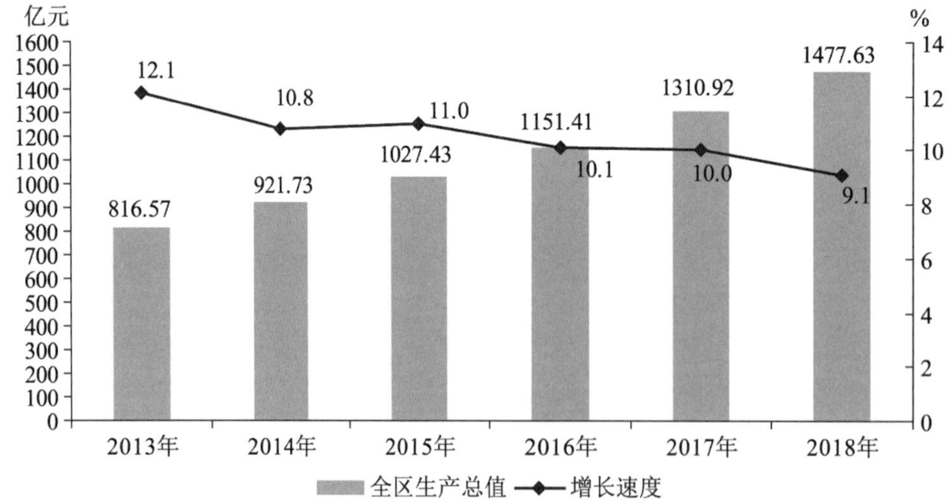

图 1　全区生产总值及增长速度

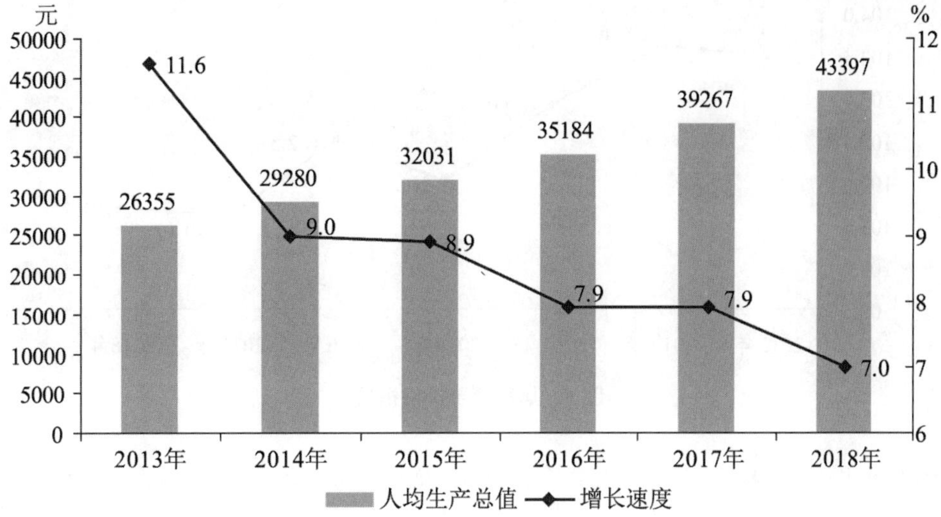

图 2　全区人均生产总值及增长速度

在全区生产总值中，第一、二、三产业增加值所占比重分别为 8.8%、42.5%、48.7%，与上年相比，第一产业比重下降 0.6 个百分点，第二产业提高 3.4 个百分点，第三产业下降 2.8 个百分点。

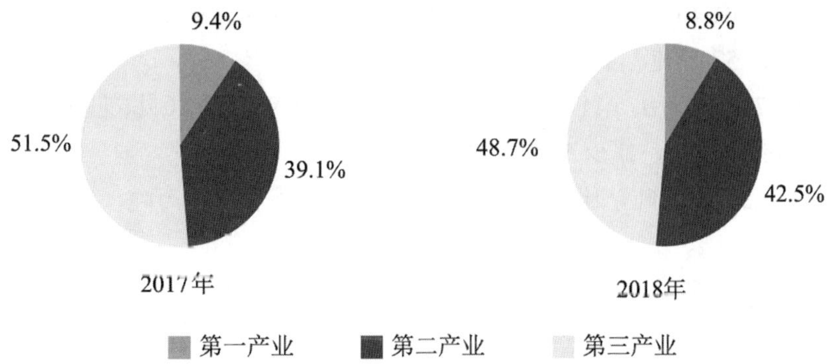

图 3

全年全区居民消费价格比上年同期上涨 1.7%。商品零售价格上涨 1.5%。农业生产资料价格上涨 1.0 %。工业生产者出厂价格上涨 0.1%。

表 1　2018 年居民消费价格指数

指　标	全　区	城市	农村
居民消费价格（上年=100）	**101.7**	**101.3**	**102.2**
其中：食品烟酒	102.3	101.3	103.2
衣　着	102.3	102.3	102.2
居　住	101.1	101.6	100.3
生活用品及服务	101.7	100.9	102.6
交通和通信	101.5	100.5	102.6
教育文化和娱乐	100.4	100.2	100.7
医疗保健	102.1	102.9	101.0
其他用品和服务	101.1	100.3	102.1

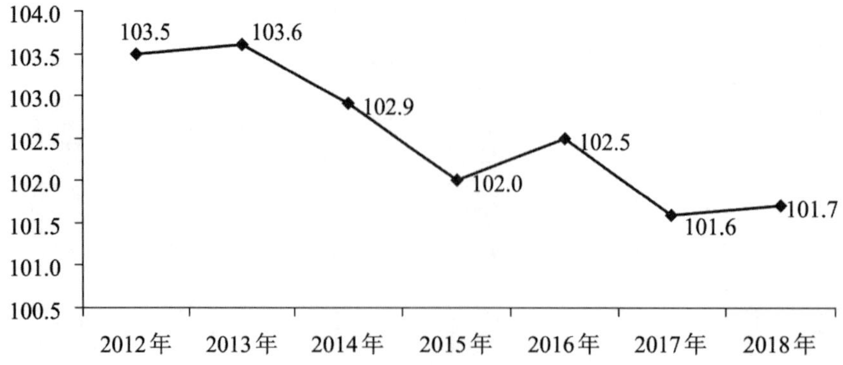

图 4　居民消费价格指数

年末全区有市场主体 27.44 万户，同比增长 20.9%；全年新增市场主体 4.75 万户，同比增长 30.2%。

二、农牧业

全年农作物种植面积 268.53 千公顷，比上年增加 9.8 千公顷。其中：青稞面积 139.58 千公顷，比上年增加 5.56 千公顷；小麦面积 31.73 千公顷，减少 7.62 千公顷；油菜籽面积 22.43 千公顷，增加 0.44 千公顷；蔬菜面积 24 千公顷，增加 0.73 千公顷。

全年实现粮食总产量 104.40 万吨，比上年下降 0.1%。其中青稞 77.72 万吨，增长 2.2%。油菜籽 5.82 万吨，下降 1.6%；蔬菜 72.57 万吨，下降 0.5%。

年末牲畜存栏总数 1726.46 万头（只、匹），比上年末减少 29.93 万头（只、匹）。其中：牛 606.73 万头，增加 14.11 万头；羊 1046.07 万只，减少 59.18 万只。

全年猪牛羊肉产量达 27.80 万吨，比上年下降 7.4%；奶类产量 40.87 万吨，下降 2.8%。

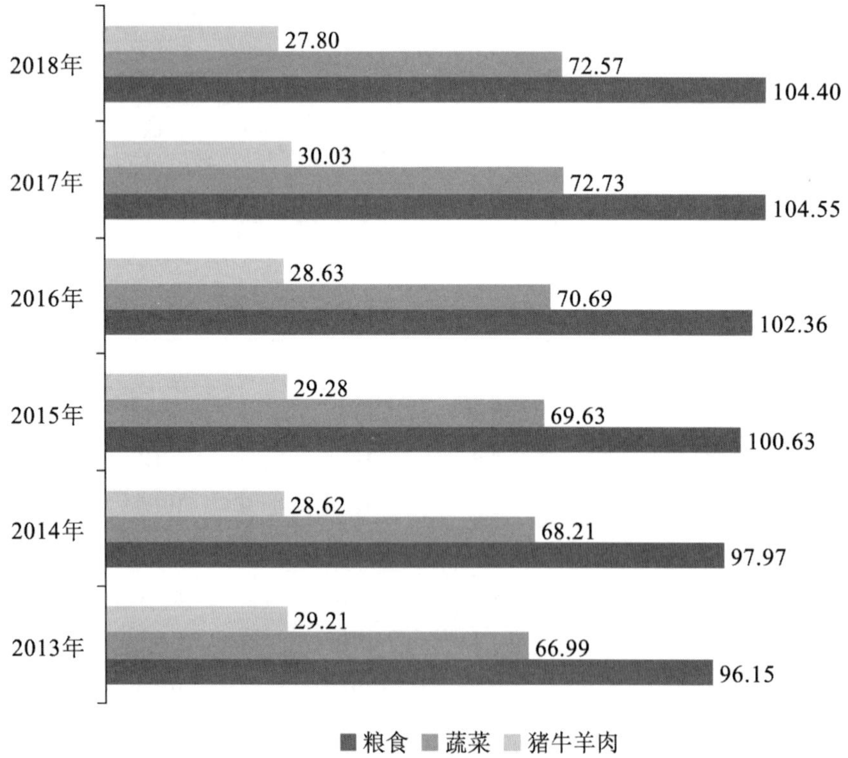

图 5　主要农畜产品产量（单位：万吨）

三、工业和建筑业

全年全部工业实现增加值 114.51 亿元，比上年增长 12.0%。规模以上工业增加值增长 12.5%。在规模以上工业中，分经济类型看，国有控股企业增长 21.7%；股份制企业增长 13.1%，外商及港澳台商投资企业下降 23.7%。分门类看，采矿业增长 6.4%，制造业增长 10.6%，电力、热力、燃气及水生产和供应业增长 23.2%。

全年规模以上工业中，黑色金属矿采选业增加值比上年下降 5.1%，有色金属矿采选业增长 6.1%，农副食品加工业下降 16.7%，食品制造业下降 0.9%，酒、饮料和精制茶制造业下降 30.4%，医药制造业增长 7.0%，非金属矿物制品业增长 37.2%，电力、热力生产和供应业增长 23.9%。

全年规模以上工业企业实现利润总额 17.41 亿元，比上年下降 37.8%。国有控股企业由盈利变为亏损，利润总额亏损 0.04 亿元。其中：股份制企业实现利润 14.76 亿元，下降 33.4%。外商及港澳台企业实现利润 3.01 亿元，下降 49.4%；规模以上工业企业产品销售率 101.5%。

全年规模以上工业企业完成水泥产量 913.03 万吨，比上年增长 42.2%；发电量 60.84 亿千瓦时，增长 10.9%，其中（水力、太阳能、地热等清洁能源占比达 96.3%）；啤酒 13.34 万吨，下降 25.7%；中成药（藏医药）2350 吨，增长 4.3%；自来水 13597 万吨，下降 0.5%；包装饮用水 61.74 万吨，下降 10.5%；铬矿石 6.59 万吨，增长 8.7%。

全年完成建筑业增加值 513.86 亿元，按可比价计算，比上年增长 18.7%。

四、固定资产投资

全年完成全社会固定资产投资总额比上年增长 9.8%。按产业分：第一产业比上年增长 116.7%；第二产业增长 15.9%；第三产业增长 5.5%。按经济类型分：国有经济完成投资比上年增长 2.8%；集体经济完成投资下降 84.3%；个体经济完成投资下降 66.1%；其他各种经济类型完成投资增长 32.6%。全年完成民间投资增长 28.6%。

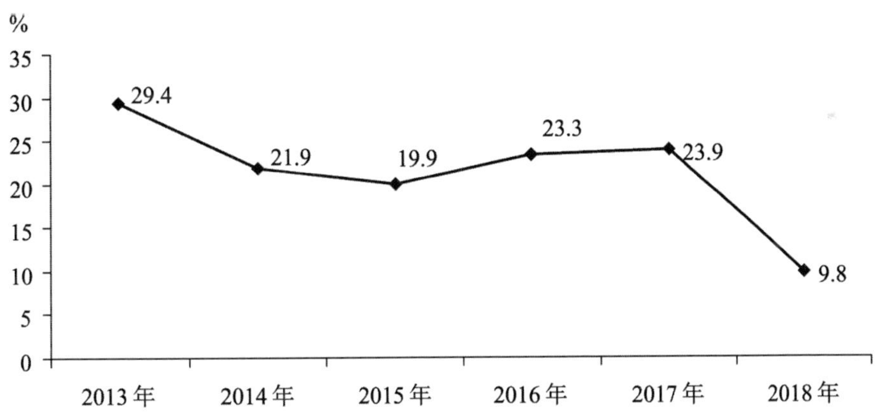

图 6　全社会固定资产投资增长速度

在固定资产投资中，农林牧渔业投资增长 80.4%；采矿业投资增长 51.5%；制造业投资增长 50.6%；电力、燃气及水的生产和供应业投资下降 15.8%；建筑业投资增长 526.4%；批发和零售业投资增长 2.0%；交通运输、仓储和邮政业投资增长 5.2%；住宿和餐饮业投资增长 26.1%；信息传输、软件和信息技术服务业投资增长 2157.4%；金融业投资下降 33.3%；房地产业投资增长 7.1%；租赁和商务服务业投资增长 99.3%；科学研究和技术服务业投资增长 196.6%；水利、环境和公共设施管理业投资下降 0.9%；居民服务、修理和其他服务业投资下降 61.0%；教育投资增长 21.0%；卫生和社会工作投资增长 87.2%；文化、体育和娱乐业投资增长 20.5%；公共管理、社会保障和社会组织投资下降 21.5%。

全年房地产开发投资 92.60 亿元，比上年增长 129.4%。房地产开发施工房屋面积 358.61 万平方米，比上年增长 56.0%；竣工房屋面积 49.94 万平方米，增长 14.6%；商品房销售面积 75.35 万平方米，增长 37.7%。

商品房销售额 52.82 亿元，比上年增长 49.7%。

五、国内贸易

全年社会消费品零售总额 597.58 亿元，比上年增长 14.2 %。按销售单位所在地分，城镇消费品零售额 501.33 亿元，增长 14.5%；乡村消费品零售额 96.25 亿元，增长 12.8%。按消费形态分，商品零售额 497.55 亿元，增长 14.2%；餐饮收入 100.03 亿元，增长 13.9%。

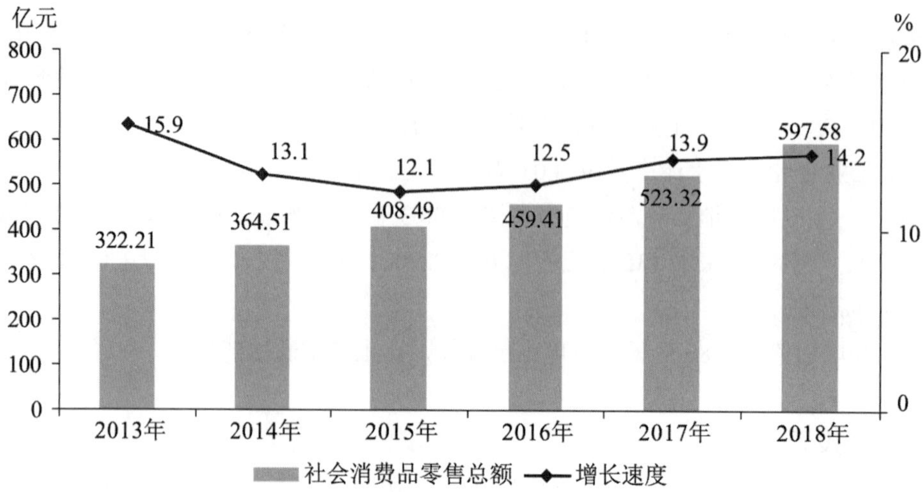

图 7　社会消费品零售总额及增长速度

在限额以上批发和零售业零售额中，增长较快的有：粮油、食品类增长 62.8%，服装、鞋帽、针纺织品类增长 25.7%；电子出版物及音像制品类增长 1.1 倍、文化办公用品类增长 61.1%，石油及制品类增长 19.4%，机电产品及设备类增长 50.5%。

六、对外贸易

全年进出口总额 47.52 亿元，比上年下降 19%。其中：出口总额 28.57 亿元，下降 2.5%；进口总额 18.95 亿元，下降 35.4%。

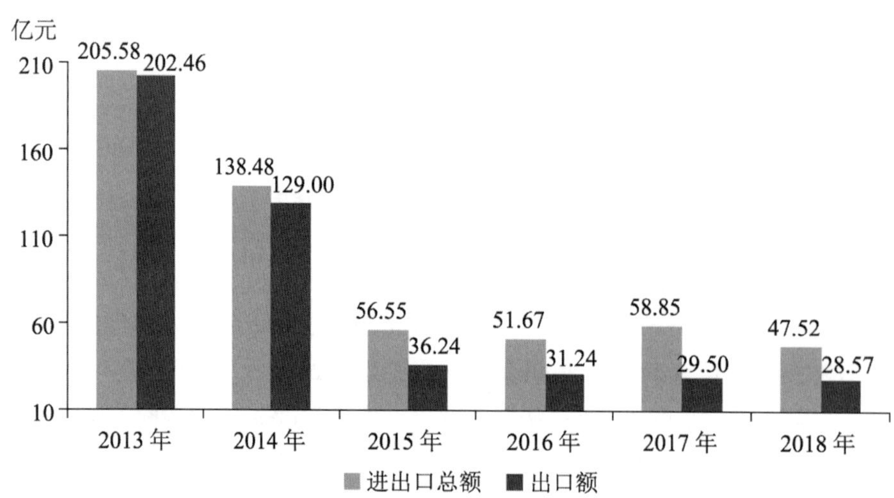

图 8　对外进出口总额

在进出口贸易中，边境小额贸易 24.12 亿元，比上年增长 4.0%，占 50.8%。其中：出口总额 23.85 亿元，增长 3.8%；进口总额 0.27 亿元，增长 26.3%。

全年西藏自治区与 80 个国家和地区开展了双边贸易。其中：尼泊尔联邦民主共和国为最主要的贸易伙伴，与其贸易总额达到 24.98 亿元,与上年相比增长 4.6%,占进出口总额的 52.6%。除尼泊尔外，与西藏自治区外贸交易居前三位的是法国、美国和香港,贸易额分别为 11.70 亿元、2.98 亿元和 1.14 亿元,比上年分别下降 2.3%、增长 13.4%、增长 8.3%。

七、交通、邮电和旅游

全年完成货运周转量 151.79 亿吨公里，比上年增长 10.0%。其中：公路运输 116.84 亿吨公里，增长 10.4%；铁路运输 33.22 亿吨公里，增长 9.0%；民航运输 0.55 亿吨公里，增长 33.5%；管道 1.18 亿吨公里。全年客运周转量 125.10 亿人公里，增长 17.1%，其中：公路运输 27.97 亿人公里，增长 4.9%；铁路运输 18.86 亿人公里，增长 4.2%；民航运输 78.28 亿人公里，增长 26.2%。

年末公路总通车里程 97387 公里，比上年增加 8044 公里，其中：有铺装路面总里程 27079.83 公里。

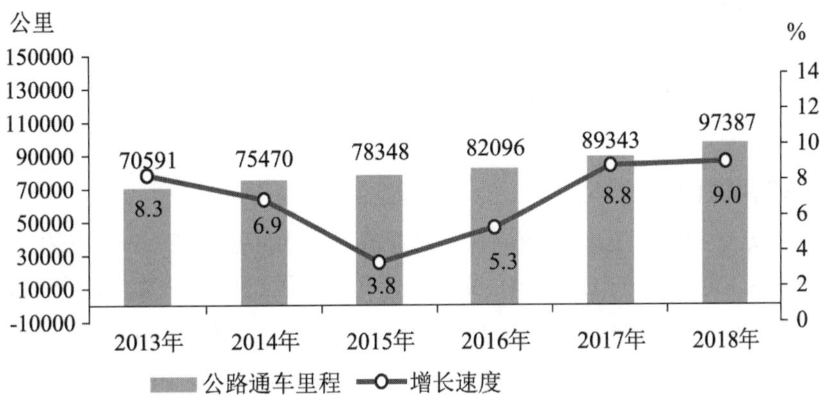

图 9　公路通车里程及增长速度

全年邮政业务总量 4.21 亿元，增长 22.4%。快递业务总量 725.8 万件，增长 27.9%；快递业务收入 2.42 亿元，增长 18.1%。电信业务总量 111.97 亿元，增长 142.9%。移动电话交换机容量达到 2820 万户，建设通信光缆总长度达 19.4 万公里。年末电话用户总数 372.5 万户，其中：固定电话用户 60.2 万户；移动电话用户 312.3 万户，本年新增 22 万户，移动电话普及率上升至 94.48 部/百人。固定互联网宽带接入用户 78.2 万户，比上年增加 17.0 万户，其中固定互联网光纤宽带接入用户 73.7 万户，比上年增加 18.3 万户；移动宽带用户 275.5 万户，增加 68 万户。移动互联网接入流量 1.07 亿 G，比上年增长 342.1%。固定宽带家庭普及率达 87.53%，其中农村地区宽带用户 12.1 万户，比上年增加 6.2 万户。全区行政村宽带覆盖率达 98.0%。

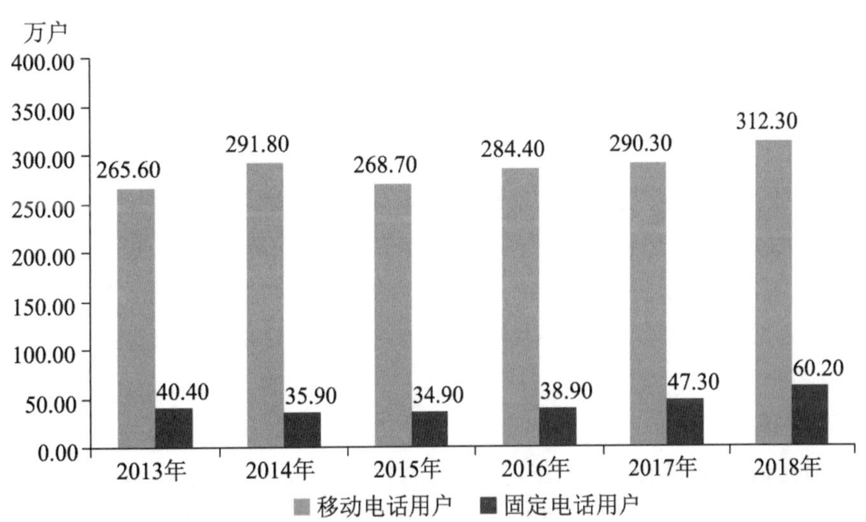

图 10　移动电话和固定电话用户数量

全年接待国内外旅游者 3368.73 万人次，比上年增长 31.5%。其中：接待国内旅游者 3321.11 万人次，增长 31.4%；接待入境旅游者 47.62 万人次，增长 38.6%。旅游总收入 490.14 亿元，增长 29.2%；旅游外汇收入 2.47 亿美元，增长 25.1%。

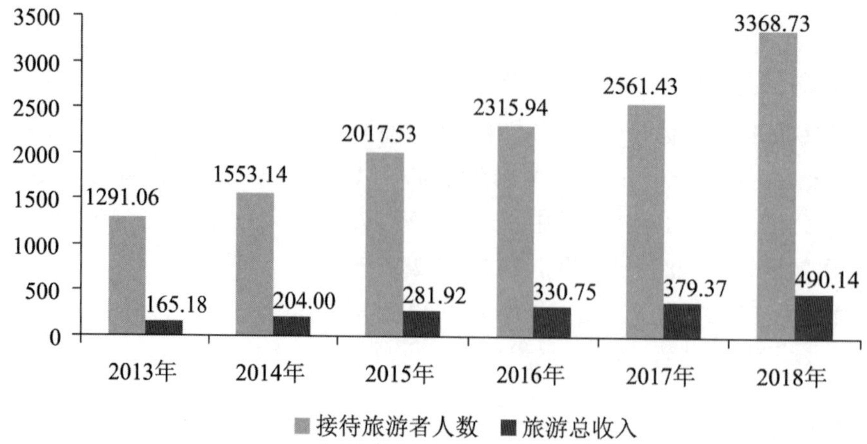

图 11　旅游情况（单位：万人次、亿元）

八、财政、金融和保险

全年完成地方财政收入 319.42 亿元，按同比口径计算，比上年增长 23.3%。其中：公共财政预算收入 230.29 亿元，增长 23.9%。全年地方财政支出 2082.48 亿元，按同比口径计算，比上年增长 17.8%。其中：公共财政预算支出 1972.71 亿元，增长 17.3%。与民生相关的支出中，社会保障和就业支出 108.20 亿元，下降 38.3%；教育支出 232.85 亿元，增长 5.8%；医疗卫生与计划生育支出 106.75 亿元，增长 5.0%；节能环保支出 45.65 亿元，增长 9.3%。

年末全部金融机构人民币各项存款余额 4928.40 亿元，下降 0.5%。其中：住户存款 925.24 亿元，增长 4.4%。全部金融机构人民币各项贷款余额 4555.50 亿元，增长 12.7%。

表 2　地方财政收入和支出情况

年份	地方财政收入（亿元）	#各项税收	地方财政支出（亿元）
2013 年	110.42	71.54	1049.06
2014 年	164.75	85.86	1240.27
2015 年	175.83	92.00	1424.82
2016 年	206.75	99.05	1644.52
2017 年	259.11	122.70	1768.17
2018 年	319.42	155.86	2082.48

全年保险公司保费收入 33.45 亿元，同比增长 19.4%。财产保险保费收入 22.16 亿元，同比增长 31.5%，其中：机动车辆险保费收入 11.22 亿元，同比增长 16.3%。人身险保费收入 11.30 亿元，同比增长 1.2%，其中：寿险保费收入 4.38 亿元，同比下降 5.7%；意外险保费收入 3.47 亿元，同比增长 5.0%；健康险保费收入 3.44 亿元，同比增长 7.2%。全年共支付各类赔款 18.0 亿元，同比增长 46.1%。

九、教育、科学技术

年末全区共有普通高等教育院校 7 所，年内招生 10437 人，其中：研究生 846 人，普通本专科 9591 人；在校生 37833 人，其中：研究生 2116 人，普通本专科 35717 人；毕业生 9805 人，其中：研究生 508 人，普通本专科 9297 人。中等专业学校 11 所，招生 9690 人，在校生 22817 人，毕业生 5228 人。中学 133 所，其中：十二年一贯制学校 3 所，九年一贯制学校 2 所，高级中学 26 所，完全中学 5 所，初级中学 97 所，高中招生 22682 人，在校生 61702 人，毕业生 19133 人；初中招生 46306 人，在校生 129405 人，毕业生 41795 人。小学 809 所，招生 59777 人，在校生 326334 人，毕业生 48929 人。特殊学校 5 所，招生 127 人，在校生 912 人。年末幼儿园 1477 所，在园幼儿 123333 人，比上年增加 16987 人。全区小学学龄儿童入学率达 99.5%，比上年无变动。

年末西藏气象系统共有 260 个自动气象站，其中：有人值守气象站 39 个，无人值守气象站 221 个。天气雷达站 8 个，其中：多普勒雷达站 7 个，数字化雷达站 1 个。

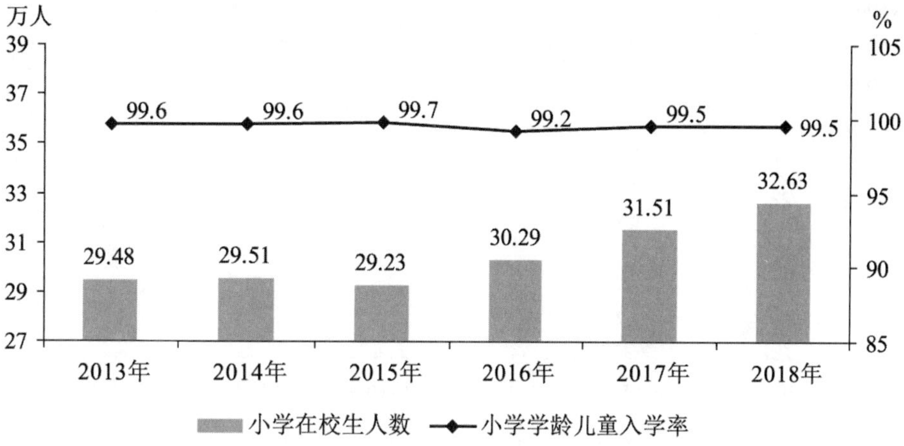

图 12 小学在校生人数及小学学龄儿童入学率

十、文化、卫生和体育

年末全区共有电视台 1 座，广播电视台 75 座，广播电台 1 座。广播、电视人口综合覆盖率分别达 97.14% 和 98.21%。

年末全区共有卫生机构 1548 个，其中：医院 157 所、卫生院 678 个，疾病预防控制中心（卫生防治机构）82 个，妇幼保健院（所、站）57 个。实有病床床位 16787 张，其中：医院 12604 张。卫生技术人员 19035 人，其中：执业（助理）医师 8283 人。每千人病床数和卫生技术人员数分别达到了 4.88 张和 5.54 人(以 2018 年全区人口数为 343.82 万人计算)。

表 3 卫生机构床位数和技术人员数

单位：张、人

年份	床位数	技术人员数	每千人拥有床位数	每千人技术人员数
2014 年	12024	12946	3.79	4.08
2015 年	14013	14364	4.33	4.43
2016 年	14882	15310	4.50	4.63
2017 年	16138	16503	4.79	4.89
2018 年	16787	19035	4.88	5.54

全年发放健身路径器材 570 套，新建农民体育健身工程 169 个。全区运动员在国际国内各种竞技体育比赛中共取得金牌 62 枚、银牌 48 枚、铜牌 69 枚。本年度认证社会体育指导员 681 人，其中：一级体育指导员 177 人；二级体育指导员 263 人；三级体育指导员 241 人。全年销售体育彩票 10.19 亿元，筹集体育彩票公益金 2.78 亿元。

十一、人口、人民生活和社会保障

根据人口抽样调查资料推算，年末全区常住人口总数为343.82万人，比上年净增加6.67万人。其中：城镇人口107.07万人，占总人口的31.14%；乡村人口236.75万人，占总人口的68.86%。人口出生率为15.22‰，死亡率为4.58‰，自然增长率为10.64‰。

全年全区居民人均可支配收入17286元，增长11.8%。按常住地分，城镇居民人均可支配收入33797元，比上年增长10.2%；农村居民人均可支配收入11450元，增长10.8%。

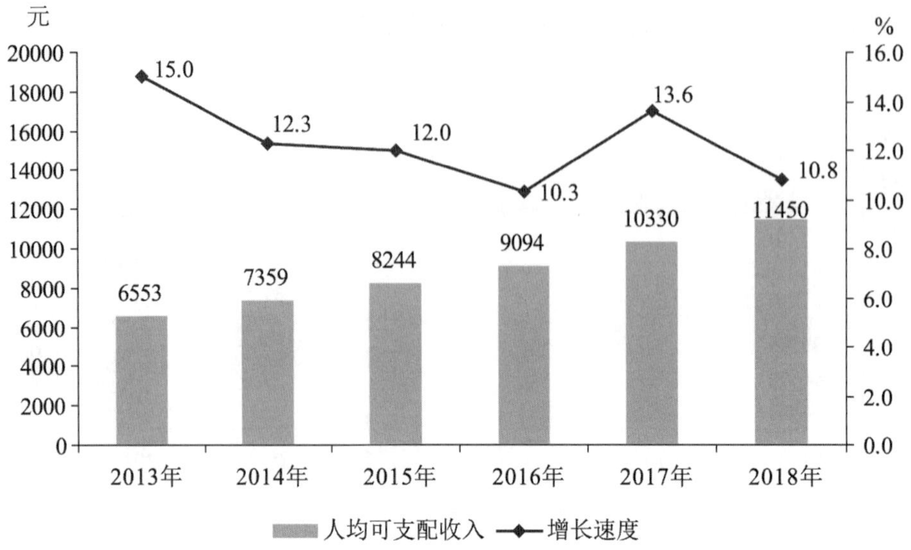

图13　2012-2018年全区农村居民人均可支配收入及增长速度

全区居民人均消费支出11520元，比上年增长11.6%。按常住地分，城镇居民人均消费支出23029元，增长9.2%；农村居民人均消费支出7452 元，增长11.4 %。年末城镇居民人均自有住房面积32.05平方米，农牧民人均自有住房面积38.58平方米。

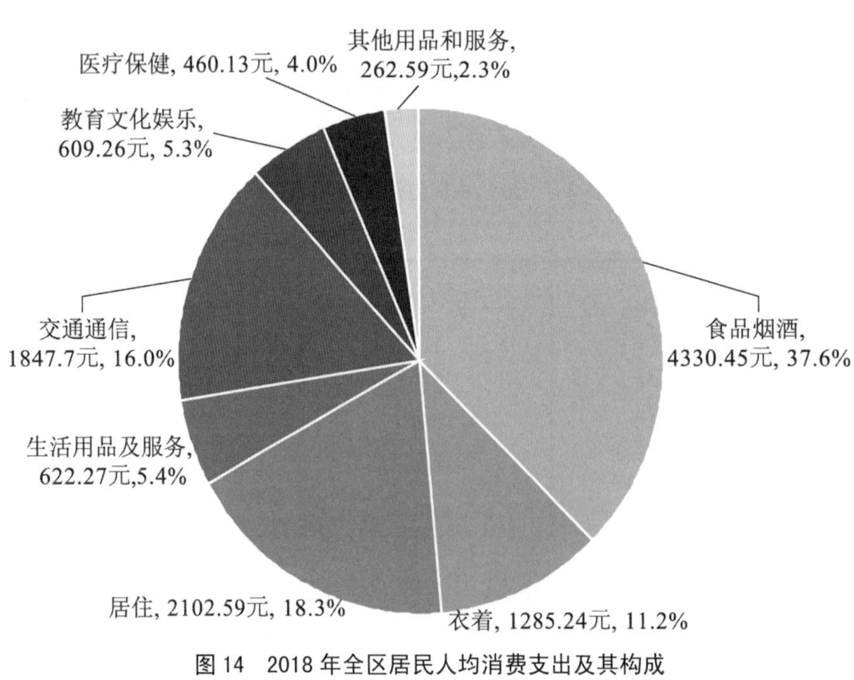

图14　2018年全区居民人均消费支出及其构成

全年全区城镇登记失业率为2.83%，城镇新增就业人口5.4万余人。年末全区参加企业职工基本养老保险人数为20.49万人，城乡居民社会养老保险人数为165.90万人，工伤保险人数为35.67万人，失业保险人数为 18.05 万人，生育保险人数为 31.63 万人；参加城镇基本医疗保险人数为 42.26 万人。

全区城镇居民共有 30313 人享受政府最低生活保障，发放低保救助金 2.10 亿元。农村居民有 18.76 万人享受政府最低生活保障，发放低保救助金 5.50 亿元。年末全区养老服务机构共有 97 个，公办儿童福利院 11 所，集中收养 5546 人；供养五保户 14198 人。全年销售福利彩票 23.97 亿元，筹集福利彩票公益金 6.74 亿元。

十二、矿产资源、安全生产

全年地勘系统新发现矿化点 70 处，有 4 种新增矿储量，实施地质勘探项目 230 项，经费投入 2.14 亿元，完成了钻探实物工作量 2.0619 万米。

全年共发生各类安全事故 317 起，比上年下降 15.7%；死亡 148 人，下降 20.9%。亿元 GDP 生产安全事故死亡率为 0.105，与去年同期相比下降 26.1%；工矿商贸发生生产安全事故 29 起，死亡 24 人；营运车辆万车死亡人数 0.59 人，工矿商贸就业人员十万人安全生产事故死亡人数 2.66 人。

注释：

1．本公报数据均为初步统计数，部分数据因四舍五入的原因，存在总计与分项合计不等的情况。正式数据以《西藏统计年鉴—2019》为准。

2．对外贸易、交通、邮电、旅游、财政、金融、保险、教育、科技、气象、环保、文化、卫生、体育、社会福利和保障、资源、安全生产方面的数据均由自治区有关部门提供。

3．地区生产总值及其各产业、工业和建筑业增加值绝对数按现价计算，增长速度按可比价计算。其他指标未特殊说明均按现价计算。